张凯元◎著

慢销售，卖得快

花山文艺出版社

图书在版编目（CIP）数据

慢销售，卖得快 / 张凯元著．—石家庄：花山文艺出版社，2017．7
ISBN 978-7-5511-3602-0
Ⅰ．①慢… Ⅱ．①张… Ⅲ．①市场营销学 Ⅳ．①F713.50
中国版本图书馆 CIP 数据核字 (2017) 第 183285 号

书　　名：慢销售，卖得快
著　　者：张凯元

责任编辑：李　爽
责任校对：杨丽英
美术编辑：胡彤亮
出版发行：花山文艺出版社（邮政编码：050061）
（河北省石家庄市友谊大街 330 号）
销售热线：0311-88643221/29/31/32/26
传　　真：0311-88643225
印　　刷：三河市兴达印务有限公司
经　　销：新华书店
开　　本：787 × 1092　1/16
印　　张：15
字　　数：213 千字
版　　次：2017 年 10 月第 1 版
2017 年 10 月第 1 次印刷
书　　号：ISBN 978-7-5511-3602-0
定　　价：39.80 元

序 言

PREFACE

与其把产品“推”出去，不如把客户“拉”进来

我每天起早贪黑做拜访，为什么业绩却停滞不前？

为什么费尽口舌理由说了一大堆，客户就是不买账？

为什么有时先期沟通得很顺畅，但一到要成交时客户却反悔？

攻坚多年的客户，为什么一夜之间却成了别人的 VIP？

……

这一连串的“为什么”揭示了当今众多销售面临的最令人头痛的问题——如何让客户成交。成交是一切销售活动的核心，没有成交，所有的销售行为就是浪费时间和金钱，正所谓“一切不以成交为目的的销售都是耍流氓”。但很长时间以来，对于如何成交，怎样提升成交率，我们都被严重误导了。

要效率！要神速！要秒杀！让客户无力招架，让对手措手不及！……在这些惯性思维引导下，你是否过度追求销售效率，讲求速售，就像饿狼遇见羔羊一样拼命向客户销售，恨不得客户马上掏钱下单？可问题是，愿意快速购买的客户没有那么多，往往你越是上赶着，对方就越不当回事。

我从事销售工作多年，屡次被评为“金牌销售”，也经常参与培训会和研

讨会，将自己的销售经验分享给更多的人。常常有人问我，你销售业绩这么好、这么成功，有什么绝招？我想说的是，推销如同下棋，下棋需要经历一个过程，总不能一开始就“将军”。销售也需要经历一个过程，一个与客户打交道的过程。毕竟没有人会把钱交给陌生人，因为信不过。下棋要一步步地走，做推销要慢慢地推进。

这里的慢，不是指行动迟缓，而是不急不躁，不急功近利，谋定而行，厚积薄发。一味埋头推销是不行的，与其每天马不停蹄到处拜访客户，不如事先精心准备一次拜访，清晰列出产品或服务的优点，有备而来才能胜券在握；与其滔滔不绝地劝客户赶快下单，不如先花时间了解客户的心思和需求，找到攻心的切入点；与其抱怨客户的态度不冷不热，不如提供更有说服力的解决方案……

一次成功的销售绝对不是偶然，而是需要坚持不懈的努力的结果。

慢，是一种全新的销售状态。与其把产品“推”出去，不如把客户“拉”进来！一个销售员只有经过理论、经验、实践的不断积累、碰撞、思考，点点滴滴地持续改进，成就自身无与伦比的素质和精准的销售力时，才有可能赢得客户的认可与信任，不由自主且心甘情愿地按照你的布局来成交。最后，愿你在学习了本书教的方法后，在实践中收获到优异的业绩，并经常由衷地感叹：

慢销售，才更快。

目 录

CONTENTS

PART5 绝对成交：给客户一个无法拒绝你的理由

PART6 挖掘潜在客户：扩大“销售基本面”，提升销售业绩

PART 1

黄金七秒钟：

做好万全准备，只为相逢一见

※

良好的开端，是成功的一半。

在销售过程中，你能否给客户留下良好的第一印象，

对能否成功销售起着关键作用。

第一印象的形成只需七秒钟，却需花费数百倍的时间去塑造。

与其四处向客户卖力推销，不如持续性的塑造自我形象，

在客户面前亮出一个更自信、更主动、更积极、

更完美的自己……只要你做好了万全的准备，

下一秒就能成交。

※

七秒定律：第一印象在七秒之内产生

有一段时间，我想尝试投资理财，便请人帮忙介绍投资界的专业人士给我认识。有个朋友推荐了他的表弟小 A。据说小 A 在国内一家顶级金融公司就职，虽然刚毕业没多久，但他是某名牌大学金融系的高才生，而且待人真诚，做事踏实，专业又靠谱。电话里小 A 简单介绍了几款理财产品，我觉得小伙子开朗幽默，思维活跃，恰好我对其中一款理财产品颇感兴趣，便约他第二天到一个咖啡吧里去细谈。

坐在咖啡吧等小 A 时，我几乎是跃跃欲试，幻想着几个月后拿这次的理财收入去来一场说走就走的旅行。但当小 A 穿得花里胡哨，风风火火跑着出现在我眼前的那一刻，我不禁皱了一下眉头，右手下意识地捂了捂口袋。尽管小 A 兴致勃勃地做着产品介绍，但我却一点儿也提不起兴趣来，没多久我便以公司临时有事的借口结束了这次面谈，自然我也没有买小 A 推荐的投资产品。

“电话里谈得好好的，怎么见个面就没谈成呢？”朋友打来电话，替表弟追问我。

“恕我直言，小 A 的形象确实让我没有办法相信他是一个专业的理财产品顾问，我想找的是投资专业人士，很抱歉，小 A 给我的印象不好，那天他穿着有亮钻的衬衫，带洞的牛仔裤，还有手上戴着的类似于儿童款的手表……实在有一种轻浮感，我不放心把钱交给他！我知道小 A 刚刚大学毕业，追求时尚和潮流，但职场上就该有个职业样，他若想成为一流的销售人员，就应先梳理自己的形象，先给自己包装包装……”

当我把销售员的形象放在销售第一位时，相信有不少销售是非常不屑的，认为只要销售的产品质量好、价格优，即使个人形象差一点儿，一样可以把产品销售出去。可在销售工作中，有太多的例子证明，由于销售员不注重个人形象，不但丢掉了订单，还严重影响了公司的形象和品牌，因为销售工作的关键是推销你自己。

很多形象顾问都曾经说过“你的形象价值百万”的话题，我不太确定你的形象是否真能换来真金白银，但却可以说明一点，销售员给客户留下的个人印象在整个销售过程中起着十分关键的作用，一旦你决定进入销售行业，就必须对自己的仪表进行投资，这种投资也绝对是值得的。

我们知道，销售与购买其实是销售人员与客户之间的一种交往活动。既然是一种交往，那么这就和我们平时交朋友一样，只有彼此之间产生好感，相互接受，才能够继续发展下去，并建立起比较稳定的关系。客户首先接受了销售人员，才会进而接受其产品。也就是说，假如你能够给客户一个好的个人印象，让客户愿意接受你、认可你，甚至信任你，那么你的销售也就已经成功了一半。

为什么小 A 以那个形象一出现就被我认定是“轻浮”呢？这样下结论是不是太草率了？面对有些人的疑问，我想说，我只是犯了一个大家都会犯的心理“怪圈”罢了——在两个陌生人之间，个人印象的形成是非常短暂的，往往取决于见面的前 7 秒。双方即由这个印象决定对彼此的感觉、感受，进而判定对方是否专业、是否合格、是否值得喜欢，是否愿意和对方继续交往下去，这就是“7 秒定律”。

通常，一个人留给别人的第一印象是很难被改变的。之所以第一印象很难被改变，是因为人们在认知过程中开始阶段的印象会一直存在，并在人的感觉和理性的分析中占据主导作用。简单点说，如果见面的 7 秒内第一印象相互产生的都是正面、积极的，那么双方就会愉快地继续交往下去，进而达成更大的商务目的；反之任何一方在“7 秒”环节给对方带来的是负面的、消极的、不专业的，甚至是令人生厌的印象，那么另一方就会想方设法逃开甚至拒绝接下来的交往或合作。

一眨眼的工夫，就把人定论了。你会认为这很不公平，你想别人应该认识真实的你。这可能不公平，但却是不可改变的事实。因为人的心理往往是在无意识的情况下进行，无关乎公平或合理性，尽管有时第一印象并不完全准确，但正如一句俗语所说“先入为主”，第一印象的建立如同在一张白纸上用墨水笔写字，写下了就难以再抹去。更何况，在生活节奏紧张的现代社会，各人都为诸事所缠，有谁会愿意花更多时间去深入了解、倾听一个留给他不好的第一印象的人呢。

我们大概都有过这种奇妙的经历：初见一个人几秒钟，对话不超过三句，就能知道自己喜不喜欢 TA，甚至能推测自己能不能和 TA 成为朋友；许多情侣回忆初次见面的一刻，也都有“眼前一亮”的心动，甚至只需看一眼就会爱上对方，瞬间的心跳扑通扑通，“在哪里，在哪里见过你”，简直太神奇了……

在销售失败的原因当中，有 80% 是销售人员留给客户的第一印象不好。无论一个销售人员叙述他的产品有多么好，有多少知名人士都在用他的产品，即便他的销售推介很专业、很到位，但如果自身衣冠不整、个人形象邋里邋遢，留给客户的第一印象不好的话，那么客户大多都会有这样的想法：如果这位销售人员说的都是真的，那他为什么会穿得如此落魄呢？如果客户不接受你，纵使你有最好的东西，也无济于事。

常常遇到一些初涉销售行业的新人跟我抱怨，为什么客户总是不能接受自己，为什么对方总是不耐烦或冷言相拒？为什么自己学问高、知识博、产品好，却输给了一位除了衣着光鲜之外，别的都不如自己的对手呢……别抱怨了，你有没有想过这一切一切的“凶手”，很多时候都是因为你的外在形象不过关。

回想起刚入销售这行时，我的工作是推销各种防盗门窗。上班的第一天，老板就交给我一个很重要的任务，到一个有钱客户家里推销防盗门。当我敲开门正待说明来意时，客户只扫了我几眼，二话没说便“砰”的一声关上门，随后门里传来一句“讨厌”。

当时我的脸都快烧起来了。在回去的路上，当我经过一家商店的广告橱窗时，我看到了镜子中自己邋遢的身影：满面胡楂，衣服脏兮兮的，一条裤腿还掖在袜子里！我这才恍然大悟，原来今天自己的形象这么不得体。很明显，我给客户的第一印象很不好，所以客户也就没有给我推销的机会。

知道了自己的失败原因后，我决定好好包装自己一下，第二天当我刮了胡子，穿着一身合体而精致的正装，神采奕奕地再次敲响客户的家门时，客户这次没有立即给我吃“闭门羹”。听我做完自我介绍后，他友好地请我进了屋。结果是，我在客户家里待了一个多小时，喝掉了十几杯茶水，虽然我表现得有些紧张，但出人意料的是客户却当场在合同上签了字，买下了价值一万元的防盗门。

事后，该客户说在这之前他原本已经看好了其他品牌的一款防盗门，但他却愿意选择和我签单，原因很简单，“你的形象告诉我，你是一个真诚、值得信任的人，这让我相信你的产品也是可靠的。”

同样一个人，两种截然相反的形象，得到了客户完全不同的对待。毫不夸张地说，这次销售的成功源于我个人形象的转变。瞧，我们就是天生的视觉动物，即便书的内容一样，我们还是会根据自己的喜好选择不一样的封面。明知道颜值不能代表什么，但依然会不自觉地把很多好品质与之联系。

销售是一场没有硝烟的战场，各个商家竞争激烈，如何让客户选中你，这是不是你一直在思考的问题？不同的人可能有不同的答案，但那些一流的销售人员肯定知道一点，好的开头是成功的一半，你一定得像第一次见初恋情人一样，把自己完美的第一印象留给客户，让对方“一见钟情”。

第一印象就是业绩，就是经济效益。所以千万不要成天借口忙于工作，而忽视了自身良好形象的塑造。当你开始特别关注自身的形象，给客户呈现一个完美印象时，相信你会把客户的眼光、信赖、好感吸引到自己身上来，进而节省不少后续的精力，更容易成交。

会面七秒钟，背后十年功

此时此刻，相信你已经认识到了个人形象的重要性。具体来说，所谓的个人形象，就是个人给予外界的整体印象，它通常指能引起别人思想、情感或审美活动的个人形态或姿态。其构成上主要包括：仪容、服饰、表情、举止、谈吐、待人接物，亦称个人形象六要素。

如何打造良好的个人形象呢？其实就是把“个人形象六要素”做好。

仪容，指一个人个人形体的基本外观。

在正常情况下，仪容尤其以面部容貌更为引人注目，以干净整洁，自然舒适为主。通常男士胡子要刮干净或修整齐，鼻毛不可以露出鼻孔，头发要保持整洁、不凌乱，最好不留长发，也不能留过于时髦、怪异的头型；女士则不剃光头，不剃眉毛，不留长指甲，腋毛不外露，妆容以淡妆为主，发型以干练利落为佳。

同时千万不能忽略细节，像身上有体味、口臭、头皮屑或是牙齿上有菜渣等，这些小瑕疵都会让你的形象大打折扣。为此，建议最好每天刷两次牙，工作时间最好不要吃大蒜、臭豆腐之类有异味的食品，早上出门时可多嚼口香糖；勤剪指甲、勤洗头、勤洗澡、勤换衣，以免身上发出汗味或其他异味。

服饰，是对我们着装打扮的统称。

穿着要得体，这是最基本的要求。所谓得体，就是服饰要和你的身份、年龄、气质、场合相协调。和客户见面时，穿着一身运动服，或短裤、拖鞋、露肩装等，显然是非常滑稽的。我的建议是，只要天气允许时，男士一定要穿西装扎领带，这是一种职业气质的体现。天热时，也要穿短袖衬衣和西裤。女士最好也穿西装套裙，裙子的长度和宽度要适宜。无论男女，着装应遵循三色原则，也就是全身服饰的颜色要在三种及三种之内，否则会显得凌乱，不够庄重，也不正式。

除此之外，我一般会在档次上做文章，尽量使衣服与产品的档次、定位相符。这一点应该很容易理解吧，例如你卖得是宝马、奔驰，可是穿得很寒酸的话，怎么和那些富翁打交道？可是，如果你卖得是百元左右的产品，却穿着一身几千元的西装，那会让客户觉得一名销售都穿得这么好，他们的产品一定利润很大。

表情，通常是一个人的面部表情，包括眼神、笑容及其面部肌肉的综合运动等。

面对客户时，不论是表情过度夸张，还是过于沉重，抑或面无表情，都是不应该的。切忌眼神呆滞、漠然、偷窥、挤眉弄眼、开口大笑等，最适当的表情应当是亲切、热情、友好、自然。观察那些优秀的销售人员，他们都会面带微笑、表情自然、神情专注，而且表情会随着交谈的深入而不断变化，同交谈的气氛融为一体，他们用丰富的表情感染客户、打动客户，使交易最终成功。

举止，就是我们的肢体动作。

站要如松，挺拔笔直、舒展俊美，不要探脖、塌腰、耸肩；坐要如钟，不可前倾后仰、歪歪扭扭、高跷二郎腿；行走如风，步态要协调稳健、轻松敏捷，不能弯腰驼背、歪肩晃膀、扭腰摆臀、左顾右盼等。站有站相，走有走样，坐有坐姿，会显得整个人庄重大方、精力充沛、积极向上，只看一眼就会让人印象深刻。

同时，打招呼、致意、告别、欢呼、鼓掌都要注意力度大小、速度快慢、时间长短，不可过度；向人致意、鞠躬、介绍、递物、接物时要正面对人，双目平视，若需侧身说话，不可只转头部，而应上体与腿同时转动面向对方，以示尊重；尤其不要当众抠鼻孔、掏耳朵、剔牙、咬指甲、吹口哨、吐痰等。

谈吐，即一个人的言谈话语。常言道：言为心声。一个人的谈吐，除了可以传达其思想、情感之外，还能反映出一个人的素质、修养及能够被人信任的程度。

与客户进行交谈时，一定要遵照国际惯例，态度要诚恳、亲切；声音大小要适宜，语调要不急不缓，平和沉稳；不要随便打断别人的话，适时应用敬语、尊称、礼貌用语等，如日常使用的“请”“谢谢”“对不起”，第二人称中的“您”等。初次见面为“久仰”，请人批评为“指教”，麻烦别人称“打扰”“给您添麻烦了”，托人办事为“劳驾”“请多关照”，求给方便为“借光”，等等。

所谓待人接物，具体指与人相处时的表现，亦即为人处世的态度。做事要厚道，不弄虚作假，不隐瞒欺骗；为人要真诚善良、热情友好。最重要的是，要善于尊重别人、理解别人、关心别人，这样就能使客户感到舒服，喜欢和你交往，愿意接受你的推销，并且认为和你合作是一件很快乐的事。

会面七秒钟，背后十年功。

个人形象的塑造，是一个把好的方面不断展现给他人，把不好的地方逐渐改善的过程，而且涉及言行举止的方方面面。这并非一日之功，需要通过自身的日积月累，循序渐进，并持之以恒。相信终有一天，你将会看到众人惊讶的表情——他们不明白你为什么如此与众不同、魅力四射！

即使在“上帝”面前也不能失去自信

我自己带销售团队已有多年，也多次开展销售方面的培训，期间我经常提及一位日本推销高手的故事。他每天早上起床后，都会到洗手间对着镜子，将一只手的大拇指与食指放进自己的口腔内，进行肌肉扩展，一边扩张一边大声说：“我是最棒的！我是最好的！”然后，才出门开始拜访客户。

为什么提及这个故事？在我认为，销售员的自信对于销售成功是一个关键因素。

我见过一些销售新人，因为不够自信，面对客户时眼神闪烁、目光游移，笑起来肌肉僵硬，说起话来不是张口结舌，就是惜字如金，只能简单地回答“是”“不”“行”等词语，甚至有坐立不安、手足无措、唯唯诺诺等尴尬表现，结果不待详谈几句，就被客户三言两语打发走了。

客户在做出购买决定之前总是有很多顾虑，对产品，对公司以及对销售员本人。此时，如果你连自己都不相信的话，那怎么可能让客户相信你呢？如果你连自己销售的产品都不相信是最好的，那你的表现肯定会很糟糕，客户就更不会相信你的产品了，我甚至会怀疑你从事这份工作的动机。

很多时候别人并不是在拒绝你，而是拒绝你所推销的产品或服务。即使是拒绝你，那也是正常的，不拒绝倒不正常了，客户凭什么要接受你？

销售的过程就是说服客户购买的过程，当你准备向客户销售的那一刻起，你就该拿出让客户相信你的理由。最简单的方法是，你必须衣着整齐，挺胸昂首，双目有神，表现出一种生龙活虎、朝气蓬勃的精神面貌，以一个自信的、专业的形象展示在客户面前，无形中去感染客户，打消客户的诸多顾虑。

当然，真正的自信不是“装”出来的，而是对自己“自然的确信”，是由内而外自然散发出来的一种气质。所以在和客户交往中必须树立这样的信念：我是最棒的，我的产品是出众的，我们公司也是优秀的。销售成功对你来说只是时间问题，客户接受你的产品和服务也只是时间问题……

现在你需要一面镜子，在镜子里可以完整地看到自己的腰部以上的部分。站在镜子前，后跟靠拢，收腹，昂首，面带微笑，深呼吸两次，积极而坚定地望着镜子里面的自己，选择一些肯定式的、富有激励性的语言，坚定地、大声地对着自己说出来。这是许多销售高手常用的心理技巧，练到一定时间就能潜移默化地产生作用。

但我们也应认识到，培养自信的心理训练是在销售实践中进行的，离开销售实践只靠头脑、单凭心理活动是难有成效的，因为自信的表现和发挥需要一定的基础——“专业”。你在刚开始做推销时可能会有自信心不足的感觉，因为这对你来说是个新的开始，尚未取得足够的经验。当自信缺失了“专业”，往往会给客户留下华而不实的印象，令其产生抗拒、排斥等心理。

所以，当你没有自信心时，不要急于去见客户或打电话，要慢下来细细了解产品、业务、用户需求、市场行情，掌握有效的沟通技巧等，然后再开始拜访客户或打电话。当你熟悉了业务、积累了经验，提高了能力，你心中会有这样一种感觉——不管销售中遇到什么问题，你都能解决，都能完成任务。客户不懂的，我们教他让他懂；客户不明白的，我们耐心说服他让其明白；客户自己信心不足的，我们能提供合理有效的证据让其信心十足，最后由心动转变为行动顺利成交。

从这种意义上讲，销售员的自信心是在不断汲取销售经验和逐步做到办事胸有成竹的过程中建立起来的，是从销售实践中通过刻苦努力一步步培养起来的。

除了一些销售新人不够自信外，我还注意到一些平时谈笑风生的资深销售员初见客户时也会有不自信的一面，有些人甚至当众表示客户就是上帝，为了让客户成交，就到处求人、低三下四。这让我有些怒气，原来销售是这么被人所理解的，难怪现在招个销售这么难了。

去年去一家房地产公司准备购房时，我就曾遇到过这样一位小伙子，一见顾客上门就一路小跑着过来，还没说话就“啪”地来了个三十度的大鞠躬，紧接着就开始点头哈腰地自我介绍。这样的场面让我有些尴尬，来不及细看房型我就准备返身离开。临走前，我对小伙子说：“你用不着这样谦卑，你推销的是你的产品，而不是同情。”

面对销售，客户难免会有一种天然的心理优势，我是甲方，你是乙方，不论你的产品多牛，你是来求我付钱的。你的每一次上门拜访都被认为是推销，你的每一次电话寒暄都被认为是催单。在这种身份设定下，低三下四的销售姿态不但会使产品贬值，也会使企业的声誉和自己的人格贬值。你的腰弯得再低，即便低到尘埃里，也只会助长客户的优越感，而不会因为可怜你而买单。

所以，千万不要觉得做销售低人一等，是靠求人施舍才能生存。你要相信，销售与其他行业一样，只是具体的工作内容不同。销售人员不是把产品或服务强加给别人，而是在帮助客户解决问题。你是专家、是顾问，你和客户是平等的。当然了，正因为公司的产品对顾客有用，你才不辞辛苦地赶来向他介绍、推销。你是来帮忙使他满足、解决各种要求的，你为什么没有信心呢？

销售不是一个卑微的行业，能否做好销售工作完全是一个人自我能力和技巧的结合。我们每个人都是独一无二的，我们面对的客户他们同样是人，也是独一无二的，透过自身的技巧和对人性的把握，使自己的产品和服务被客户认知，体会为目标而努力奋斗的乐趣，并不卑微。

从广义上来说，我们每个人何尝不是天天在推销和销售自己呢？面对父母撒娇的你是不是在推销自己的某个想法或为了从他们手中多争取些零花钱？面对心爱的恋人你炽热表白或步步猛追，是不是在推销你自己？面试时，你是不是会努力说服面试官你的优势是能胜任工作的合格职员？撒娇有技巧，恋爱有技巧，面试有技巧，说白了这些都是销售技巧，你能说谁比谁更高尚吗？

每个人都希望发挥自己的才能，为自己的梦想而努力，这既是实现自我的一种心理需要，也是一种对人生价值的追求。对于销售人员来说，既然从事了这一职业，就该全身心地投入进去，用努力换取应有的回报。当你以这样一种端正的心态来对待这份职业时，你就会自信满满地投入工作。

为此，你不妨给自己设计一下“关键词”，就是能让别人认识你的鲜明记号。好好地思考一下：自己有什么特长？优势是什么？然后，在和客户自我介绍时用“关键词”概括自己，如“我很专业，很值得信任”“沟通能力强”“业绩一直突出”等，总之就是把自己的特长和卖点“语言化”，进行明确地自我推销。

相信自己的工作能力，相信自己所销售的产品及服务，信心十足、精神饱满地去面对你的每一位客户，并保持一种平等交流、不卑不亢的态度，这样自信的你、积极的你，会使客户用期待的目光迎接你。毫无疑问，一个个成交的契机就这样出现了。

“一见如故”是一种能耐

销售中令很多人“头痛”的一件事情是，陌生或者不熟悉的客户常常会把自己摆在对立的一方，往往没说上三句就宣告哑火，好不容易与对方搭上话，却不断被拒绝，谈话的氛围被“冷空气”包围了。显然，这样的沟通是很难成功的，因为沟通得越不深刻，距离感就越强，心始终是排斥对方的。

对于客户而言，我们是“陌生”的，陌生人之间常见的现状就是防备心理强、不容易接近、惯性拒绝。我们设身处地地想一想，当你面对一个陌生人上前来，想要给你推荐一款产品时，是不是也会表现出厌烦情绪？因此，向客户销售时，我们要在最初的几秒钟营造一种一见如故的感觉。

“故”字的力量不可小觑，在所有条件都相同的情况下，人们更愿意从朋友那里购买产品。而所有的条件都是不平等的情况下，人们仍然倾向于从一个朋友那里购买。如果一个客户把你当成朋友，就算你这里的产品和别家的类型一样、质量一样，即便价格上贵那么一点儿，他也乐意捧你的场。

有些人会问：和陌生人一见如故多难啊？彼此不了解，怎么可能一下子就熟得上来呢？其实，既然有“一见如故”这个词，就说明现实中有一见如故这样的事。而想要做到一见如故，首先把自己放在是客户熟人的位置上，开口第一句不是陌生人间的寒暄，而是老朋友间的畅谈。

与客户的第一次接触是个难题，也是个门槛，最容易被客户拒绝的情况也发生在这个阶段。如果这个阶段的工作富有成效，后面的工作就很容易展开。这也就意味着，当你将自己摆在熟人的位置上，让客户对你一见如故的话，你会很容易获得客户的好感，进而赢得一次成功销售的机会。

母亲和我说过这样一件事情：

一天，母亲独自去菜市场买菜，走到半路时突然腰疼。母亲知道这是老毛病犯了，便在路边的便椅上坐下休息，一手还不停地捶打腰部。这时，一个扎着马尾辫的女孩走过来，以熟悉而亲切的口吻问母亲："阿姨，您腰疼好点了吗？"说完，还蹲下来帮母亲轻轻地捶打起了腰部。

母亲是一个性格比较内向的人，从来不喜欢和陌生人说话。此刻，女孩如此亲切的问候和举动，让母亲认为自己认识这个女孩，但一时想不起来了，连忙笑着问："不好意思，我们见过吗？你有什么事吗？"

"我看您坐在这儿捶腰，就忍不住心疼，"女孩笑了笑，说道，"虽然我们是第一次见面，但不瞒您说，我妈和您一样也有腰疼的毛病，干点家务就酸痛，有时都直不起腰来，看了好几家医院都治不了根。我很心疼我妈，下定决心一定要帮她治好腰。为此我从老家来到这儿，开始学习针灸按摩……"

两个人足足聊了一个小时，始终充满了笑声。女孩临走前，母亲主动提出交换联系方式，并表示愿意试一试针灸按摩。

在生活中，我们常会遇到这样的推销员，一见面就说："我是某某公司的，希望能和您谈一谈。"我们的回答通常是一句"不需要"，这是陌生人和陌生人之间的交谈方式，凭什么相信一个陌生人推荐给我们的一种不是很需要的东西呢？我们有掏钱的理由吗？而这个女孩却以亲切的态度关切母亲，言语举止之中表明我们是熟人，这让母亲有种一见如故的感觉，置之不理说不过去。

众所周知，与客户初次见面，第一印象是最为重要的。金牌销售都拥有自己独特的销售技巧，其中一点就是善于在第一时间内拉近与客户的心理距离，让客户产生一见如故的舒适感，这样对方就会不自觉地消除戒备心、约束感，并愿意进一步进行交流，接下来的合作沟通也就变得十分顺畅。

要达到一见如故的效果，销售员是可以通过一些技巧来实现的。

（一）说好开场第一句

与客户初次见面，彼此双方都很在意对方的第一句话，这里面透露着很多信息，说话者是否真诚，对自己是否有亲切感，有没有戒备心理等等。因此，如何说好开场第一句至关重要，其中攀谈式开场未尝不是一个好方法。一般来说，对一个素不相识的客户，只要事前做一番认真地调查研究，你都可以找到或明或隐，或远或近的亲远关系。而当你在见面时及时拉上这一层关系，就能一下缩短彼此的心理距离，使对方产生亲切感。距离缩小了，接下来就是接单谈价喽。

美国里根总统在访华时曾用过这种方式，起到了极好的社交效果。

1984 年夏天，美国里根总统受邀访问上海复旦大学。在一间偌大的教室内，里根总统看着台下 100 多位初次见面的复旦学生，他的开场白是这样的："其实，我和你们的学校有着较为密切的关系。你们的谢希德校长同我的夫人南希是美国史密斯学院的校友。由此看来，我和各位自然也算得上是朋友了！"话音刚一落地，全场便响起了雷鸣般的掌声。短短的几句话，消除了国与国之间的种种隔阂，有意识地拉近与学生们的距离，以使彼此间的交流能更好地进行下去。

世界上没有真正的陌生人，任何两个人之间都能找到相互的连接点。

比如，第一次拜见客户时可以这样问："您就是刘总吧？最近生意可还兴隆？"

比如，"你是北大毕业的，我也曾在北大进修两年。说起来，我们还是校友呢！"

再比如，"您是棋坛老前辈了，我是棋坛票友，相当痴迷，我与您可算'近亲'啊！"

这几个例子，一个比一个牵强，但听起来却让人感觉顺耳，这就是攀谈的效果。

（二）尝试做同样的事情

丹尼尔古德曼在其畅销书《社会智商》中提到，人类大脑的最基本部分包含阅读别人的表情和动作的能力，以确定那个人是朋友还是敌人。这不是一门精确的科学，大多数情况下，你需要在言行举止上或多或少用些心思。在与客户沟通之前，你要认真观察与这个人有关的东西，从对方的举止动作、职业身份、服饰爱好等方面入手，然后做同样的事情，这些都可以带给对方一见如故的感觉。

例如，当你会见的客户是一位程序员，你可以穿一件 Polo 衫，戴一块智能手表；如果你与财富 500 强企业的首席财务官见面，你可以穿一件阿玛尼，戴块劳力士；如果客户微笑，你就微笑；如果客户看起来忧心忡忡，你就表现一个关切的、担心的样子；如果客户说话快，你也应当适当调快自己的语速。

我说的是“或多或少”，不是要你完全照模照样地模仿客户，就像一个哑剧假装在一面镜子里。你的言行举止不能太明显，否则会让对方一眼识破你只是在模仿而已，这就弄巧成拙了。你只要表明你处在一个与客户协调的情绪状态，向客户传达出我们是同一类人，让客户感受到你的友好就对了。

一见如故，这是与客户沟通的理想境界。无论是谁，当你具有了跟初交客户一见如故的能耐，给客户留下亲切而深刻的印象，成交就不再是难事。为此，我们平时需要广泛收集客户的详尽资料，并且多多益善。当你对客户的情况了解得越透彻，你的工作就越容易开展，越易取得事半功倍之效。

当你笑时，全世界都在微笑

在参观一次画展时，我曾见过这样一幅奇怪的画：两张人的嘴，其中一张嘴嘴角下撇，像一个倒扣的勺子，结果从上面掉下的金银珠宝都顺着“勺底”滑到了地上；而另一张嘴却是嘴角上翘，一脸笑眯眯的样子，整个嘴巴就像一个正放的勺子，结果从上面掉下的金银珠宝一个不漏地落进了嘴里。我不解其意，便私下询问作画者，对方对这幅画的解释是：微笑是财富的源泉。

那时的我不以为然，直到在销售行业滚打摸爬多年，遇到的客户有冷若冰霜者、有爱发脾气者、有刻薄挑剔者、有出言不逊者、有咄咄逼人者，才渐渐对微笑的作用有了深刻的理解和体会。微笑往往比口若悬河更有效，无论面对什么样的客户，只要你会微笑，你就能稳控局面，最终达成成交目标。

刚入行时我没有什么销售经验，总是容易紧张。有一次上门拜访客户，站在客户的家门口时，我手脚都在不由自主地发抖，迷迷糊糊中摁了门铃。虽然我已提前准备好了说辞，但当客户打开门的那一刻，我居然因紧张大脑一片空白，不知自己该说什么，只是向他微笑，客户好像被逗乐似的也向我微笑，并友好地请我进了屋，我们谈了一小会儿，最终他欣然接受了我所推销的产品。

还有一位客户，面对我的推销时，他曾不屑地表示自己已有固定的合作伙伴，不会考虑我的商品。面对无情的拒绝，我没有放弃，一次、两次、三次……我不厌其烦地来了很多次，每次都被回绝，但我始终都洋溢着笑容，脸上没有一点儿不悦的表情，微笑着进来，微笑着离开。终于有一天，该客户说我的微笑感动了他，问我是否愿意一起吃个午饭，期间我向他介绍了很多关于我的产品的情况，我们的谈话轻松而愉快，最终这位客户不仅购买了我的商品，还和我成为长期合作伙伴。

微笑意味着真诚和友善，微笑意味着尊重和理解，一刹那间足以温暖人心，赢得别人的喜爱和尊重。有谁肯拒绝微笑呢？试想，如果一位陌生人对着你微笑，你是不是感觉到有一种无形的力量推着你和他接近；如果你看到的是一张“苦瓜脸”“冰箱脸”，肯定也会对这种人敬而远之的。记住，任何一个客户都是花钱来消费的，可不愿意看到销售员愁眉苦脸的样子。

生活是一面镜子，你对它微笑，它也对你微笑。其实，与客户交往何尝不是如此，你对他微笑，他决不会对你蹙眉。当我们与客户交谈时，因为不熟悉、利益冲突等，心中难免忐忑。如在此时，你投过去一个真挚的微笑，往往就能使紧张的神经松弛，消除彼此间的戒备心和陌生感，相互产生良好的信任感和亲近感，甚至化解对方的攻势，这就为深入沟通与合作创造了温馨和谐的氛围。

当你笑时，全世界都在微笑。

有人会说，当今销售竞争压力巨大，人与人之间也越来越冷漠，我甚至已经忘记还有微笑这个表情了。微笑是一种天生的能力，如果你真的已经忘记了它，那么从现在开始，在生活中有意识地去练习微笑吧。只要你肯去训练，任何人都能在销售中“一笑平天下”。

也许大家都听说过“一张笑脸价值百万美元”的故事吧！

日本保险推销之神原一平资质平平，其貌不扬，身高也仅 1.45 米，当初他去应聘保险公司销售员工作时，惨遭淘汰，人事经理对他说：“保险销售员必须有一张迷人的笑脸，而你却没有。”原一平的倔强性格不但使他没有泄气，反而促使他一定要练出一张迷人的笑脸，他每天在家里大笑百次，弄得邻居以为他因失业而发疯了；他站到大街上，不断微笑着和来来往往的行人打招呼。

看到原一平这副快乐的样子，有一位绅士很受感染，便邀请他共进早餐。尽管他饿得要死，但还是委婉地拒绝了。当得知原一平是保险公司的推销员时，绅士便说："既然你不赏脸和我吃顿饭，我就投你的保好啦！"就这样，原一平靠着微笑签下了生命中的第一张保单。更令他惊喜的是，那位绅士是一家大酒店的老板，帮他介绍了不少业务。最终，原一平连续16年荣登推销业绩全国第一宝座，成为日本历史上最出色的保险推销员，他的微笑，亦被评为"价值百万美元的微笑"。

一个微笑所包含的意义就是："我很高兴看到你，你带给我快乐，我喜欢你。"作为销售，你不需要把聪明挂在脸上，但时刻不要忘记把微笑挂在脸上。

从现在开始每天带一面镜子，找一切机会慢慢练习吧！对镜子摆好POSE，像婴儿咿呀学语一样说"E——"，让嘴的两端向后缩，微张双唇，或者轻轻浅笑，一点点减弱"E——"的程度，这时能感觉到面部肌肉被拉向斜后上方。相同的姿势每天反复几次，练到自然为止，坚持一周即可见效。

当然，发自内心的微笑才是最自然、坦诚的，也才更有打动别人的力量。不知你是否见过"皮笑肉不笑"的笑，尽管脸部肌肉全方位运动，嘴角线条也向上提升了，但是你会觉得他的表情很"机械"，像一块冰一样寒气扑面而来，完全没有一点魅力，看着这样的一张"笑"脸，谁会真正开心呢？所以，试着用内心去理解微笑的含义，去调控内心的情绪，使微笑源自内心，有感而发。

你的情绪会持续好吗？这个说不好。我们每个人、每一天，都极有可能遇到不顺心的事情。这些不顺心的事情必然会导致情绪不好。我们不可能每次都等到情绪好时才去销售，很多时候我们会怀着极度不好的情绪去见客户。人最难把控的，就是自己的情绪。那么这时候，我们该怎么办呢？

闭上眼睛，放松自己的神经，调动自己的感情，充分发挥想象力，想象一些比较开心的事情，比如回忆你慈祥的父母对你的宠爱、你那群兴趣相投的“狐朋狗友”和你一起时的嬉笑打闹、你和你的知心爱人间的甜蜜回忆，或展望一下美好的未来。仔细感受，你是不是感到五官不知不觉地就被调动起来了。

嘿，开始微笑吧！

我不愿在教养上不如任何人

我被无数人追问：“如何快速赢得客户的好感呢？”

我回答：“细节啊，细节最能打动人心。”

又有人问：“什么才是细节？”

我回答：“教养，教养就是细节。”

教养是一个高频词，时下，如果说某人没教养，就是大批评、大贬义了。什么是教养呢？辞典上说是“文化与品德的修养”，但我更愿意理解为“因教育而养成的优良品质和习惯”。一个销售员可以貌不出众，可以资质愚钝，甚至可以没有气质，但是绝对不可以没有教养。

第一次害怕销售，是在我年轻的时候。年轻到体内激素分泌失调，皮肤出油，脸上长满了青春“美丽”痘，这让我在人前总感到难为情。某天，我在超市洗护用品区，准备选一款祛痘洗面奶，这时旁边的一个女导购一直盯着我的脸看，可能她意识到一桩买卖要来了，眼神中流露出一种按捺不住的激动。我心理感受怪怪的，往前面快走。这时，该导购身子往前一靠，挡住了我的去路：“小伙子，你这满脸痘痘真不雅观，赶紧试试我们的洗面奶，祛痘快，不留疤！”我当时脸一黑转身就走了，该导购却嘲讽似的和周围的另一个导购继续说着，“嗨，自己的脸有问题，还不让人说了……”这是我一生难忘的窘境，至于她家的产品，我没买，并且再也没光顾过。

我来自一个小城市，自登上离家的火车起就时时警醒，不论发生什么情况，都不能让自己“没教养”。许多销售可能口才好、销售能力强，但如果行为粗鲁、出言不逊的话，那么往往会惹得客户望而却步，或者心生厌恶。我相信，不少销售员出现过这类的错误，甚至有很多人直到今天仍然不知改进，这让我感到很焦急。

销售员为什么要讲究教养呢？

这是因为，教养是一个人骨子散发出来的最佳魅力，往往是衡量一个人文明程度、道德水平的重要标准。我们说一个人有教养时，不仅说明他的外在行为好，而且还说明这个人的内涵、道德品质是好的。

销售有很多技巧可言，但最直接的销售技巧就是你的礼仪，尤其是在细节上注重礼貌。美由心生，礼行于外。没有人喜欢不讲礼貌、不懂得尊重的人。有时一个不恰当的举动就会影响客户对你的看法，即便此后表现再好，也很难打开“心结”，因为每个人都倾向找更多的证据来证实已形成的判断。

所以在任何一位客户面前，我们都一定要杜绝没有修养的行为，用教养展现自己的人格魅力，这样才能让客户感到受尊重、感到愉悦，从而对你产生好感和信任，继而愿意购买你的产品、与你合作，你也就为自己创造了一种有助于持续发展的良好人际环境。

有没有教养，无关知识、无关金钱、无关地位，而是体现在一举一动中。其实，教养就是一件件很小的事情，细微的表现无时无刻不在告诉别人，你的家教、人品、性格、价值观是什么样子。不经意间，你是什么样的人，明眼人都会了然于心。

新东方董事长俞敏洪说过一句话：“教养就是当你走到一群人中间，你的行为恰当得体，让人感到礼貌和愉悦。”多年的工作中，我遇到过不少有修养的销售，与他们合作，双方都处于一个舒适、愉悦的状态，会忘了这是一场买家与卖家的博弈。

一次，我所在的汽车 4S 店想要找一家汽车零件生产商，达成一个长达五年的合作，许多汽车零件生产商前来和我们洽谈合作。我是参与者之一，经过一番严格地挑选，最终挑中了一家新成立的公司。有人对此有些不理解，于是问我们：“那个小老板有什么优势呢？他既没有别人的推荐，也没有丰富的经验，为什么选他？”

我给出的答案是："的确，他都没有，但有很多东西更可贵。他敲门的响度适中，隔一小会儿，再敲几下，进门后随手关上了门，这说明他懂礼貌、有教养；进了办公室他先脱去帽子，回答我提出的问题时也是干脆果断，证明他既尊重别人又有真材实料。"顿了顿，我接着说道，"在办公室门口，我提前放了一个小的汽车零件，其他所有人都从汽车零件上迈了过去，而这个小老板却把它捡起来，用卫生纸擦干净并交给了我，表明他做事谨慎、细致，这些细节就是最好的证明，这些修养是一个人最重要的品牌形象。"

是的，有时候客户购买的并不是产品本身，而是购买产品时带来的感觉。一般来说感觉越好，产品的价值越高。而销售员的修养，恰恰就能带给客户一种更愉悦、更舒适的感觉，进而使客户在情绪、情感的影响下，最终产生购买行动。

要对人微笑，不要严肃绷着脸；

敲门时，记住初见客户的名字；

赴约时，从不迟到，不让客户等候；

交谈前把手机调至静音；

握手时双目注视对方，微笑致意，以示尊敬；

做自我介绍时，表情、态度和姿势自然，面带笑容地看着对方；

用双手递交名片，跟着说一句"请多指教"之类的话；

接受名片也用双手，并跟着相应回复"谢谢，不敢当"；

不轻易打断别人的谈话，插话前打个招呼；

公共场合别抽烟，抽烟要经过别人允许；

递东西给别人时，尖的一边不要对别人；

不要拿着筷子、刀叉或汤勺做手势；

提前离开时，应对旁人说声"不好意思"；

……

这些日常的小举动，让人感觉如沐春风。我想，这就是对教养最好的解释了。

教养是一种内敛的修为，是在潜移默化中的自省和提炼；教养是一种沉淀的魅力，是足够的经历和智慧的浑然天成。一个人的教养不是一蹴而就的，是一种习惯的积累。为此，我们必须注意自己的日常行为，不断加强自身学习，提高自身素养。

别让不好意思害了你

本节开始之前，我们先来做一个测试：

上课或开会时，如果可以自由选择，你喜欢坐在什么位置？

A．角落里或后排的位置

B．前排

C．主位两旁的位置

不要小看这个问题，因为你的选择关乎你的业绩。

众所周知，坐前排好处多多，首先听得清楚，好像老师（领导）专门在给自己讲；其次看得清楚，黑板上的一切，包括老师（领导）的表情都能尽收眼底；而且，不容易被其他人所干扰。但是，不少人总会习惯性地往后坐，于是经常后排人潮如涌，前排寥寥无几。

你是不是也经常如此呢？那你有没有想过这样做的原因呢？你是不是担心处在前排那样瞩目的位子，一旦被老师（领导）拎起来回答问题会很尴尬、难为情？而后面的位子很不起眼，被老师（领导）提问的可能性小，而且身后的眼睛少一点，你也会感觉轻松和安全一些？如果你的答案是肯定的，那么你在与客户的合作关系中，也将处于一种被动状态。

工作中，我见过不少销售员这样跟单，约客户时，当客户说“我现在忙，以后再说吧”，他会说“好，我们再联系”；当客户说考虑考虑时，他说“那好，你考虑吧，考虑好了给我打电话”；当客户好不容易合作，说“我抽时间去打款”，他说“那你打完了通知我一下”，然后就一直等通知，结果不知不觉就丢单了……问他为什么不催，他说不好意思。销售员卖货到最后，因为不好意思逼客户下单导致丢单的大有人在，我只能说不好意思问他要钱，那你还做销售干吗？

在某一网站上，曾看过这样一段话：

乞丐不好意思要饭，结果饿死了！

商户不好意思要账，结果店铺关门了！

不好意思向心仪的人表白，结果她跟别人走了；

不好意思让客户签单，结果客户在别人那里成交了；

……

现在已经不是“酒香不怕巷子深”的时代了，被动就会落后。一个总是隐藏自己的人，会让人忽略和遗忘。只有主动，才会有人关注你，才会有更多的机会。试想，在一场演讲会上，演讲者发名片，谁最有可能得到？一定是坐在前排积极听讲并主动索要名片的人；在一场集体面试会上，谁能首先获得面试的机会？同样是坐在前排跃跃欲试的人。

尤其是销售行业，销售工作很大一部分内容就是开发客户，这是销售员业务开拓、业绩增长的需要。从一定意义上说，主动亮出自己就是推销自己。如果你缺乏主动展示自己的勇气，总是不敢也不愿在人们面前展现自己，即便你的产品再优秀、服务再完美，他人也无法注意到你，就更别提进一步地了解你、认识你，接受你的推销了。既然做了销售就不能不好意思，这是你的职业。

我们常说一句俗语：“撑死胆子大的，饿死胆子小的。”主动是一种反映在人的思维、行动以及整体气质面貌上的积极状态。用勇气代替懦弱和恐惧，用主动出击替换等待和退缩，毫无疑问这种由内而发的精神状态，不仅能增强别人对你的好印象，而且还会对你增加信任，一个个成功的契机就这样出现了。

我的一位朋友是保险公司的销售冠军，当我问他是如何销售保险的时候，他说在大学的时候，他和全校几乎所有的美女都约会过。

我很纳闷：“这跟保险有什么关系？”

朋友回答说：“很有关系，因为这些所谓的校园美女，大部分的男士都不敢主动追求她们，都怕被拒绝，都不好意思。但是我知道，哪个女人不喜欢被追求呢？这些美女看似高冷，但只要主动出击，主动介绍自己，打个电话啊，嘘寒问暖啊，她们还是很受用的，起码知道了有我这么一个人，慢慢也就了解。”

朋友笑了笑，继续说道：“正因为我跟学校所有的美女都约会过，所以当我从事保险业的时候，我就想，这些成功的人士，大家一定都不敢去拜访，或者认为他们已经买了保单，不好意思再去打扰他们。而我不断地主动出击，不断地拜访他们。当我把自己推出去时，也就有更多的人知道了我是干什么的，这样当他们想投保的时候，自然就会想到我，我的业绩也就提上去了。”

由此可见，在销售工作中，销售人员应该有一种积极主动的态度，以一种敢于主动出击的魄力，去接近我们的客户、了解客户，推介我们的产品，赢得客户的信赖。当你主动把自己推出去，设法让更多的人知道你的职业，销售的商品时，你就能在第一时间获得更多的成交机会。

PART 2

给客户想要的：

慢下来，挖掘客户的深层需求

※

在任何销售活动中，三流的销售随处可见，
他们整日求着客户购买自己的产品，
却总是不对人家的口味，所以总是成交不了。
记住：客户不会仅仅因为产品或价格而付钱，
客户永远是为他的需求而付钱！
永远只给客户想要的，千万别给自己想给的！
慢下来，挖掘客户的深层需求，
并通过友好的提醒和引导来满足客户的需求，
这是销售成功的关键！

※

不卖产品，卖需求

谈到销售，很多人认为销售就是卖东西，这只是片面的理解。我见过不少这样的销售，不问客户需要什么，见人就推销，但效果不尽人意，总在发愁怎样才能把产品多卖一些出去，也总是在纠结是不是产品不好，还是价格高了，客户不接受呢。

举个例子，一位推销员喋喋不休地向一位顾客推荐一件商品，推销员说得头头是道、口干舌燥，但顾客迟迟不做表态，甚至兴趣也越来越小。到了最后，推销员问顾客："请问你需要什么？"顾客回答得很干脆："钱。"毫无疑问，这是一个典型的失败案例。

心理学研究表明，人们的购买行为首先是由需要开始的，由对某一产品的需要而产生购买动机。购买动机是指能够引起人们的购买活动、推动人们去满足某种需要的念头和欲望。要想实现推销成交，就必须要了解客户的购买动机，也就是说要知道客户是在什么思想支配下做出购物选择。

有一个典故叫"牛不吃水强按头"，意思是牛渴了自然会低头喝水，它要是不渴，人怎么强按牛头，它也不会低下头去喝水的。换位思考一下，当你没有某一购物需求，身边却有一个人拼命地向你推销时，你会有什么感觉？

记住，客户不会仅仅因为产品或价格而付钱，客户永远是为他的需求而付钱！从这个角度来讲，销售实际上是一个分析需求、判断需求、解决需求、满足需求的过程。所以，销售工作，并不仅仅是进行一种产品的销售，而是针对客户的需求进行的销售。与其一个人滔滔不绝地推介产品，不如在和客户交谈的过程中，练就察言观色、洞察人心的能力，善于从客户的衣着外表、言谈举止等细节上慢慢揣测其心理，必须要完整、清楚地了解到客户的明确需求。这个“清楚”指的就是不仅要知道客户需求什么，而且要知道客户为什么会产生这种需求。

下面我来说一个故事，也许大家就会有一定的了解了。

小区门口新开了两家水果摊，这天张大妈想买一些苹果，便来到第一家水果摊前。摊主很热情地介绍自己的苹果有多甜多脆，可张大妈看了看并没有买。来到第二个水果摊前，第二个摊主并没有先夸自己的苹果，而是问：“大妈，我这里的苹果有好几个品种，有酸的，有甜的，您要什么样的呢？”

张大妈说要买酸点的，小贩好奇地问，“别人都喜欢又甜又大的苹果，您为什么买酸的？”

张大妈说，“我儿媳妇怀孕了，想吃酸的。”

小贩马上说，“您对儿媳妇真好，我这有一种苹果还真酸，而且富含维生素，天天给您儿媳妇吃的话，您儿媳妇一定生一个漂亮健康的宝宝。”

张大妈一听很高兴啊，马上买了五斤苹果。当张大妈要离开的时候，小贩又说：“我天天在这里摆摊，每天进的水果都是最新鲜的，而且品种齐全，苹果、李子、葡萄都适合孕妇吃，您可以换着买，保证儿媳妇和宝宝都吃的有营养。”

从此张大妈每天在这里买水果。

在这个故事中，我们可以看到：第一个小贩急于推销自己的苹果，根本没有探寻顾客的需求，自认为自己的苹果很好，结果什么也没有卖出去。第二个小贩没有马上推荐商品，而是询问顾客需要什么、为什么需要。当明确了顾客的需求后，他推荐了对口的商品，很自然地取得了成功。

有人需要健康，什么产品代表健康，这就是他需要的；有人要安全，什么产品代表安全，这就是他需要的；有人要尊贵，什么产品代表尊贵，这就是他需要的……慢下来，在推销产品之前，挖掘客户深层次的需求，分析客户的购买心理与动机，再有针对性地为客户推荐合适的商品，做到“有的放矢”。当你做到了这点，你就能将客户引领到所期望的方向，最终实现自己的销售目的。

真正的销售高手不卖产品品质，只卖产品需求。

为了通俗易懂，举一个我朋友的真实例子：

我的一位朋友薇在微信朋友圈卖阿胶糕，众所周知如今微商的生意已经大不如从前，不少人在朋友圈都被无情地“拉黑”了，但薇却将生意做得如火如荼。而且，在我们传统的观念里，阿胶糕的主要客户就是女性，但薇近一半的客户是男性群体。所以大家都很好奇，薇的买卖究竟是如何做成的。

“现在做微商的很多人有一个毛病，每天不停地在朋友圈发产品图片，发到人家都不愿再来看你的朋友圈了，甚至受不了把你拉黑了，这样营销是不行的”，薇说道，“而且针对男性，你要是直接问他要不要买阿胶糕，那肯定也是不行的，我的方法是，不卖产品，卖需求，当我把需求卖给客户时，也就是他们掏钱的时候了。”

听起来很玄，是吧？但看看薇的广告，相信你就不对此奇怪了。薇在朋友圈发这样的信息：“我表哥今年都32岁，还找不到老婆，以前只知道给女孩送花、送衣服、送化妆品，这也太俗气了点。后来为了照顾我生意，表哥就改送阿胶糕了，没想到阿胶糕送出去，人家女孩子吃得好，皮肤越来越好了，就经常找他帮着再买，一来二往，两人就好到一块儿去了，终于找到老婆了。”

还有一次，我见薇发了这样一个信息：“我有一哥们，可讨媳妇欢心了，他天天被媳妇伺候得周周到到，就因为他经常送媳妇同一样礼物，而且这礼物价格一点儿都不高。”信息发送出去后，肯定会有很多男人好奇，包括我，一次我追问：“送的什么啊？”这时，薇回复我：“女人都爱美丽，你也希望她美丽对不对？你可以给她送阿胶糕啊。阿胶糕补气养血，肌肤细嫩，媳妇年轻又漂亮，带出去你也有面子啊！”这理由简直没法反驳，于是我也乐呵呵地掏钱买了几盒！

瞧，通过挖掘客户的深层次需求，是不是能很好地销售出你的产品？看到这里，相信聪明的你，一定可以举一反三，既然阿胶糕可以这么卖的话，那化妆品、香水、皮包等，是不是也都可以这么销售呢？只要你用心一点儿，只要你能挖掘出客户的需求，还愁卖不出产品吗？还怕收入不多吗？

客户需要的不是产品本身，而是产品所能带来的价值，也就是能否满足他的需求。现在做一个小测试，假设你的产品是一款超小、超薄、性能又极佳的笔记本，如果要分别卖给贝克汉姆和 Lady Gaga，你会如何介绍呢？

告诉你正确的方法，还是需求。面对贝克汉姆时，要介绍这款笔记本的强大性能，同时介绍它的便携功能，差旅携带很方便。面对 Lady Gaga 呢？则要重点介绍这款电脑很炫、很时尚，用这台电脑你可以观看视频、欣赏音乐，带上这款电脑，可以让你在人群当中显得非常有个性。

先别急着帮客户下结论

老销售最容易犯一个错误，到现在我也偶尔会犯。

一般老销售在和客户打交道的过程中，自以为很了解客户，自以为知道客户的想法和动机，自以为一切都会按照自己从前的经验发生，自作聪明地急着帮客户下结论，而忘了：客户才是销售的主导力量，客户才是销售成功与失败的决定者。结果，聪明反被聪明误。

当我在一家汽车4S店做推销员时，这天一位老客户来店里找我，说自己最近打算买一辆新车。我与这位老客户打过数次交道，自诩对这位客户是非常了解的，因此得知这位老客户想要买车时，我甚至没有询问他的任何需求，就根据自己对客户消费能力的判断，推荐了一款十万左右的车型。最后，在一番选择之后，这位老客户订购了一款大众POLO，并约定一星期后提车。

一星期后，这位老客户如约来提车，正巧看到店里新摆出来的一辆宝马越野车，惊讶地问我："你们店里原来也卖这款车啊？"

我点点头，回答道："是啊，您有兴趣看看吗？"

老客户摇摇头，有些惋惜地说道："这辆车我上星期就已经买了，就是在你们店里订POLO的那天。那辆POLO是买给我女儿开的，我自己一直打算换辆SUV，那时候也不知道你们店里有卖，就去了对面那家店订上了。要早知道你这里有，我就不用跑那边了，跟你买过几次车，对你我比较放心……"

听到这话，我真恨不得抽自己几个耳刮子。

即便销售能力再强，都不可能完全了解客户。

生活中，我们都知道这样一个事实：你要想钓到鱼，其中最重要的东西就是鱼饵了。因为，不同种类的鱼对于鱼饵的喜好不相同，由此，你就必须得站在鱼儿的立场上去思考它们喜欢吃什么，用对了鱼饵，这样你才有可能钓得上鱼来。同理，作为一名销售人员，你要站在客户的角度思考问题，弄清楚客户的心里到底在思考些什么，这样你才能更顺利地实现成交，提升业绩。

人性是非常复杂的，哪怕你与一个人朝夕相对数十年，也不意味着你就能完全看透这个人，因为人性会受环境、教育等影响一直发展变化。客户的需求同样如此，是会随着自身经济状况的变化、消费环境的变化、个人偏好的变化而变化的。

客户的需求发生变化后，客户自己最清楚需要什么样的产品和服务，这时销售员应该做的不是妄下结论，而是要适时地慢下来，善于发现客户需求的变化，关键是找出客户新需求的特征是什么。例如，是对产品的款式还是质量提出更高的要求，或者是越来越喜欢产品的节能性等，也只有如此，才能及时做出应对和调整，更好地满足客户的需求，真正做到以客户为中心的销售。

之前我从没想过一个枕头能要价千元以上，想着即使有，我也不会去买的，抢钱嘛！这天，我来到一家常常光顾的寝具店选购枕头。按照以往的消费经验，我的选择是百元左右的荞麦枕头，但这里的销售员没有一上来就给我介绍荞麦枕头，而是说新到了好几款枕头，并询问我买枕头主要给谁用?

“我最近睡不好，想买一个舒适的枕头。”我回答。

“知不知道原因呢？”该销售员问道。

“颈椎不好，睡不踏实。”我回答。

该销售员想了一下，拿给我一款乳胶枕头，“荞麦枕头冬暖夏凉，很舒适，但您可以考虑一下乳胶枕头，这种枕头结合力学，人体工学设计，40 度仰角，符合头颈部的生理曲线，而且弹性佳不易变形，可保证舒适睡眠一整夜。”

我看了一会儿，追问道：“我的妻子最近工作压力大，上火，也睡不好，能用这种枕头吗？”

“能用是能用，但效果不太好，”该销售员摇摇头，“给您推荐一款茶叶枕，茶叶有降火清热、安神镇静的作用，清新的茶叶香味更易催眠哦。”

当我提到年迈的父母也需一款舒适枕头时，该销售员问我：“叔叔阿姨平身体挺好吧？”

我回答：“不太好，上了年纪了嘛，难免得一些老年病。”

这时，该销售员又给推荐了一款决明子枕头，说决明子种子坚硬，可对头部和颈部穴位进行按摩，对脑动脉硬化、心血管等疾病均有辅助作用。

乳胶枕头一千多，茶叶枕三百多，决明子枕头八百多，虽然价格比较贵，严重超出我的预算，但为了让家人拥有一个好的睡眠质量，身体健健康康，我觉得值了。结果是，我花四千多块钱买了几个枕头。

很多人会质问我说，到底有多少人愿意在挑枕头的时候花这么大力气？其实还是有很多人愿意的，当你对品质有追求的时候，你是愿意把事情搞清楚，做一个尽可能明智的消费决策。别急着帮客户下结论，慢慢挖掘出客户的种种需要，再把你的产品详细地展示出来，他会觉得你很厉害。当客户把产品搞清楚了，他自然会根据自己的需求做出取舍，这也是我们的一种消费习惯。

更何况，有些客户在请你帮着出主意时，心里其实已经有了明确的主意，而且觉得这个主意很好，之所以向你求助，只是希望得到你的支持和认同，并从这种支持与认同中获得一种心理满足。这时，如果你急切地表达自己的看法，而这种看法又与对方想法不一致的话，反而不利于成交。

当你以为你“了解”一切的时候，或许正在远离真相。

切记，永远只给客户想要的，千万别给自己想给的！

真心想买货的客户才会嫌货

导购：这款产品是我们刚上市的新产品，您看看。

客户：价格太贵了吧！

导购：新品的样式都是最好的哟。

客户：这样式也没什么特别嘛！

导购：怎么会？这款是我们的畅销款，很多人买呢！

客户：我看着质量一般般。

导购：&#……/(ㄒ o ㄒ)/~~

一件商品，看价钱、挑质量、论服务、问售后，话题缠住你团团绕。说他有兴趣要买了，可是他又这也不满意，那也不满意。

我相信这样的情景绝对不是个案，身边不少销售也都在感慨，如今的客户越来越精明，越来越挑剔，生意越来越不好做了。有些销售一遇到挑三拣四的客户，甚至心存芥蒂，不是态度上表现得不耐烦，就是干脆撂挑子不干了。这固然能避开一场辛苦的买方、卖方拉锯战，但也难以实现成交。

难道真是客户刁难？难缠？无理取闹？答案当然是否定的。很多时候，客户之所以“嫌弃”你的产品或服务，正是说明他对你的产品或服务产生了兴趣，有了购买的心理需求。客户有了兴趣和需求，希望进一步了解，才会认真地加以思考，这样自然就会提出更多的意见。

嫌货才是买货人，是销售中的一个规律。美国著名销售大师汤姆·霍普金斯就把客户的异议比作金子：“一旦遇到异议，成功的销售员会意识到，他已经到达了金矿；当他开始听到不同意见时，他就是在挖金子了。”

的确，如果一个客户对你的任何建议都无动于衷，对你的产品没有任何的异议，一点儿挑剔都没有。不用猜了，这个客户几乎没有一点儿购买的欲望或需求。因为在他看来，你的产品好与不好和他根本没有什么关系，对他也没有影响。既然如此，他自然不必浪费心思、浪费精力和你讨论产品的好坏。

打个比方，如果你向一位客户推销一款汽车，你口若悬河地和对方大谈什么绿色环保、动力十足等，可你说了半天，对方只是笑着听你说，一直不发表什么意见。那么这时，你就要考虑换一款汽车向客户推销。因为，你现在推荐的车型根本无法引起客户的兴趣。如果他对你推销的车型感兴趣的话，他会问你很多关于这款汽车的详细信息，并且会就自己不满意的方面提出质疑。

在销售的任何阶段，客户都有可能对我们的产品的任何方面提出异议，这是销售中必然的现象。顾客的不同意见既是销售障碍，同时更是成交的良好机会。因此，遇到问题多多、意见多多的客户，销售人员要时时刻刻做好心理准备，千万不要否定客户的购买欲望和需求，而是要理解客户的心理需求，不怕人嫌、不怕比较，在客户的异议中寻找销售契机，进而完成交易。

当我们购买某一产品的时候，最怕的是什么？质量不好、价格高、售后服务不好等等，这些原因多少都有。几乎所有客户在面对不熟悉的产品时，都会害怕上当、吃亏、花冤枉钱，担心这种商品或者服务根本不值这个价钱，进而会挑三拣四、处处比较。谁不是呢？买东西买的就是一种心安。

那么，怎么做才能让客户安心购买呢？很简单，你要尽量展示产品的优点，传递产品的价值，使客户觉得自己所购买的商品物有所值。你还要向客户保证，他们决定购买的动机是非常明智的，而且钱也会花得很值。如果你能从根本上消除客户的顾虑心理，接下来的成交就变得简单得多。

比如，有一位消费者原本想采购一种电子用品，但是他没有用过，一直挑剔、指责产品。聪明的销售会马上说："我了解你的想法，您不确定产品的功能是否可靠，对不对？关于这一点，请您放心，如果出了问题，我们会负责到底……”在关键时刻，纯熟的成交技巧会让客户的疑虑全消。

客户花钱买东西总是希望获得完美的产品，因而对你提供的产品总是怀着挑剔心理。但俗话说“金无足赤，人无完人”，产品也是如此，没有哪件产品能做到真正完美无缺，但你要以销售员的专业水准让客户明白，你的产品虽然不如他理想中完美，却是目前最实际的选择。如果你做到了这些合情合理的解说和描述，客户的挑剔心理将会消失。

我的朋友王老板经营一家家具专卖店，他的一次销售经历给我留下了深刻印象。

那天我和王老板正在家具店闲聊，一位顾客慢悠悠地在店里转了一圈，东摸摸西看看，然后边端详着一款沙发边说：“你的沙发看起来也不怎么样啊。”

王老板满脸堆笑，不紧不慢地说道：“这个您放心，我的沙发虽然不敢说是最好的，但是质量绝对不次，结实耐用，美观大方，保证是这一带最好的。要不，您先坐下来感受一下？”说完，还拿出茶点让顾客坐下来慢慢聊。

顾客摇着头说：“这沙发款式有点老气，我想买个当下流行的款式。”

王老板还是笑眯眯地说：“流行年年都在变，这款沙发突出的特点就是古典，大气而沉稳，实用又耐看，永远都不会落时的。”

可是顾客仍然摇了摇头：“你这价格也太贵了，能不能便宜点儿？”

王老板仍然非常耐心地笑着说：“一分价钱一分货，这沙发比别家质量都要好，而且我们本来就是薄利多销，真的不能再低了。不信，您可以到别家转转，比较比较，要是您买贵了，我二话不说给你退款。”

最终，顾客笑着买下了那款沙发。

这位顾客嫌完了质量、嫌款式、嫌价格，但不管顾客怎么挑剔，王老板一点儿也不生气，始终面带微笑为顾客服务。这不只是说明王老板服务好、有修养，更重要的是他对顾客心理具有深刻的洞察力，明白该顾客正因为有购买需求才嫌东嫌西。当他把顾客所挑剔的问题解决了，顾客自然乐于掏钱了。

瞧，销售的过程就是不断地解决客户提出的异议，直至达成交易的过程。当然，销售能力也是在不断解决顾客异议的过程中不断增长的。面对客户的挑三拣四，与其抱怨、被动，不如多一点耐心，把好处说够，把道理说透，消除客户种种疑虑，满足客户的心理需求，把嫌弃变成爱。

麻烦就是需求，难题就是商机

不少销售说，这是一个市场萎缩、商机难觅的时代。

我却说，这是一个最坏的时代，也是一个最好的时代！

因为我们身边并不缺少商机，而是缺少发现商机的眼光。

因为销售困境中蕴含着商机，利用商机就能转化为财富。

小区正门口的A饭店最近悄悄关门了，与之形成鲜明对比的是，前不久它的竞争对手——稍远处的B饭店不仅扩大了店面，生意还好得火爆。无论就餐环境、消费均价，还是食材口味，这两家饭店都是旗鼓相当的，为什么命运如此不同呢？管中窥豹，从我所经历的事情中或可有所启发。

原先想，既然两家饭店差不多，那就方便程度来说，离家最近的A饭店当然是第一选择，特别是对带小孩出门吃饭的父母来说。然而实际情况是，在带孩子去了三次之后，我真不想再去那里了——不满五岁的儿子吃饱后，总是没耐心等大人吃完，一会儿要上厕所，一会儿想买饮料，一会儿东张西望，很容易把椅子闹出声响。虽然我几次制止，服务员还是会过来一遍遍提醒“请管好您的孩子”，且时不时摆出不耐烦的冷脸，结果弄得我再不想去该饭店就餐了，便转战稍微远一点的B饭店。和几个相熟的邻居交流起来才知道，他们也有过相同的遭遇。当然结果也是相同的。

同样面对孩子吃饭不安生的情况，B饭店的做法则完全不同——服务员表示理解，很亲切地夸赞小朋友活泼可爱，而且B饭店闲置的一角还辟有一个带护栏的儿童游乐区，且他们还安排了专人协助看护孩子，大多数孩子们一吃完饭就跑过去和小朋友一起玩耍，这样不但能够让大人们安静就餐，还能保证孩子们安全的玩耍。我有些不好意思：“真是给你们添麻烦了。”服务员笑呵呵地说："这有什么麻烦的？让顾客愉快就餐本就是我们的工作嘛！"可想而知，我成了B饭店的常客，连同不少像我这样带孩子就餐的顾客，最终B饭店的客流量和营业额上去了。

销售是一个主动满足客户需求，帮客户克服困难、解决问题、排除障碍的一个职业。

很多销售员有时感觉找不到销售机会，也就是很难找到一个客户有强烈需求的产品或服务。怎么办？一个简单的方法就是慢下来，好好探寻一下客户的麻烦和难题，如客户有什么烦恼事儿、拿不下的难事、不方便的地方……这些来自客户的反馈，对我们来说，都是发掘市场及推销的绝好机会。

千万不要围绕着你的产品做文章，一定要围绕着客户的问题做文章。客户买的不是电钻，是墙上的洞。当你只单方面介绍产品时，客户并不会去关注你，他只会关注你能不能帮他解决他的问题。客户买你的电钻，不是你的电钻有多么好看，而是你提供的电钻能够帮助他打洞。就是这么简单。

索尼创始人井深大喜欢听歌剧，只要一有空暇，他随时随地都想听上一段，但一直提着录音机，实在太不方便了，他便和同公司的盛田昭夫抱怨自己的烦恼。盛田昭夫顿获灵感，一款名为"Walkman"的超小型放音机，也就是我们所熟知的"随身听"豁然面世，其体积轻巧，携带方便，改变了世人欣赏音乐的方式。

面条是日本人的传统食品，日本人以爱惜时间闻名于世，但即使是在上班的时候，为了能吃到一碗热面条，不少人不得不在饭馆前排成一条长龙。安藤百福注意到这一现象，他想："做面条太费时间，为什么不让它更简便呢？那样人们就不用如此浪费时间和精力排队了。"有了这样的想法，安藤百福马上开始试制，后来发明了只需一杯开水就能填饱肚子的方便面，并引发了爆发性畅销。

葡萄酒的储藏很讲究，通常是恒温（温度最好是6~18 ℃）、恒湿（湿度应保持在60%~70%）、无震动，这样苛刻的存放条件一直令欧洲人头疼。海尔针对这个难题，在组合厨具上设计了一款独立式新型酒柜，即"飘威酒柜”，用户可以自行设定温度，并保持恒温，为酒类储存创造了良好条件。飘威酒柜一经推出，深受欧洲人的欢迎，全球酒柜市场呈现出海尔“一枝独秀”的格局。

……

这些成功的销售，起点都在于对客户“麻烦”“难题”的关注。

想一想，你可以从中得到什么启发？

从背后真正的原因出发，显然比单刀直入地介绍自己的方法要容易得多。与其一味地向客户做推销，不如放缓速度，透过现象看本质，客户真正需要的是什么？客户向你购买的背后是解决哪些问题？当你着手解决客户的麻烦和难题时，就是迎合了客户的需求，在这个过程中，你会惊喜地发现无限良机，赚得盆满钵满！

麻烦就是需求，难题就是商机。由于多种主客观原因，有时客户对自己的麻烦和难题，暂时没有迫切感，他们也许能够意识到这些问题，但想着以后再解决。这时候就需要销售员的引导，要试图帮客户将问题做到未雨绸缪。当客户的困难进一步的演化，就会表现出很多问题，需求也就由不急变得着急了。

我的朋友米凯是某综合展厅的业务拓展员，前段时间他苦闷极了，自己向客户推荐展位时态度诚恳、苦口婆心，然而客户们就是不“心动”，一个个地都拒绝了他。没有客户使用展位，工资自然提不上，这日子怎么过？后来在我的建议下，他决定改变下推销策略，这次的客户是某服装厂的刘主任。

米凯：“刘主任，您好！我是 ×× 综合展厅的业务，请问贵公司有招聘的需要吗？”

刘主任：“有的，我们在招一个电工。”

米凯：“那要不要考虑来参加我们本周六的综合招聘会？200 元钱，效果很好，很超值。”

刘主任：“不好意思，虽然这个职务我们招了一个月也没招到，但老板也没提这个事，也不着急，所以暂时不需要，谢谢。”

以往米凯在这时会说“好的，那您有需要时再给我电话好吗？”，但这次他继续说道，“刘主任，老板没提这个事可能是因为他事情太多没注意到这个问题。但您想到没有？万一在电工没到位这段时间，工厂的电器或电路发生问题该怎么办呢？一停电，机器设备都没法正常运转了，影响的是生产效率啊。”

刘主任一阵沉默，显然他已经开始思考这个问题。

米凯：“我了解，您的工作一向做得很棒，老板非常认可。但很多事情不怕一万，就怕万一。老板们最在乎的是什么？利润！如果因为电工不到位，导致生产效率降低了，那老板肯定是会不高兴的。您为这家公司也付出了很多，如果因为一件小事情而受到影响，肯定划不来，你不觉得电工的及时到位对现在的工作很重要吗？”

刘主任：“你说的好像有点道理，那就帮我预留本周六的一个展位吧。”

你从这个案例中学到了什么？激发客户需求的方法：替客户未雨绸缪，使问题变得严重、紧迫和必要。一些老练保险推销员经常会发一些灾难事件给一些目标客户，意思就是说：这些隐患随时会在你身边发生，不买保险不行，买还得趁早，万一呢？有些人看多了就怕了，自然就乖乖地掏钱买单了。

真正的销售高手都很安静

前段时间公司要招聘一位资深销售人员，但大家对两位候选人摇摆不定。一位候选人口才很棒，热情洋溢，面试表现很突出；而另一位候选人则稍显沉稳，话语较少，但其简历显示其销售能力突出。我在面试中提问了一个销售人常遇的冷场难题，第一个候选人不等我说完，立即滔滔不绝，讲了很多解决方法；而第二个候选人思考了十几秒后，只用了几句话就讲得比较透彻。面试之后我力荐录用第二个候选人，虽然领导仍然比较难舍第一个候选人，但最终采取了我的建议。

在刚入职的一个月，这位销售员的业绩平平，领导委婉地向我表达了对这位新员工的失望。我却不以为意，让他再观察一段时间再说。事实证明我的推荐是正确的，这位销售员很快为公司拿下了两大单生意，第一季度的业绩是所有人中最高的。当领导问及我当初选择的理由时，我笑着这样告诉他：真正的销售高手都是安静的，第二个候选人明显比第一个候选人要安静得多。

真正的销售高手都是安静的，这一结论似乎与常识相悖，因为在我们大多数人印象里，销售是一个说服客户的过程，靠的就是自己的嘴皮子。但将口才作为销售能力高低的评判标准，这既是一种误区又是一种风险。就拿第一个候选人来说，他不假思索地回答问题，没有留给自己思考的时间，表示他做事容易莽撞。另外，他没等我充分讲完就接话甚至抢话，让我感到了不舒适。

这并非我这个人矫情，而是对方犯了销售大忌——只知表达自己，而不懂得倾听。美国汽车销售员乔·吉拉德被世人称为“世界上最伟大的销售员”，谈及自己的成功秘诀时，他也着重提到了这一点——“销售员只知道噼噼啪啪地说个不停，向客户不停地进行游说，会引起客户的反感，他们的业绩总是平平。相反，销售员对客户倾听得越久时，客户就越是愿意接近我们。”

为什么如此强调倾听呢？很简单，每个人都有表现自己、表达自己的欲望，都希望获得别人的尊重，受到别人的重视。而倾听所传达的正是一种肯定、信任、关心乃至鼓励的信息，可以说倾听是对客户最好的恭维。当销售员耐心倾听客户说话时，客户自然会喜欢你、信赖你，那么成交的机会就大了。

这个道理很明显，回想一下日常生活，你和我也都会了解这种情况。当你在说话的时候，是不是希望别人能够认真听你说话？当有人全神贯注地倾听你所要表达的内容时，即便对方没有给我们提供什么实际的指点或帮助，你是不是也会感到自己被关注、被重视？对对方产生好感，愿意与之交往下去？

更何况，任何工作都是建立在客户需求的基础之上的，只有认真聆听客户的话，才知道客户真正的需要是什么。多年的工作经验告诉我，80%的成交靠耳朵完成。所以，销售时一定不要一见到客户就急着讲解自己的产品或服务，甚至令客户无从插嘴，而是要慢下来，先认真学会倾听。

有人或许会问，倾听不是很简单吗？为什么还要花时间去学呢？然而，看似简单的事情往往是难以做到的。一个是卖家，一个是买家。一个爱要价，一个爱砍价。从一定程度上说，销售与客户之间是一种对立关系。面对销售员，客户不一定完全是反感的，但他们往往会隐藏自己的想法，不愿意被人获知，这就很难了。而很多销售人员，基本上倾听都是处在表层，没有认真分析客户的言下之意。

那么在倾听的过程中，我们到底应该着重听些什么呢？

（一）听需求

必须记住：你是来了解客户信息、满足客户需求的，倾听时要全神贯注，精力集中，思维紧跟对方走，尽量不要让其他的人或事分散注意力，并及时给予对方呼应。比如，明白了对方诉说的内容，要不时地点头示意；如果没有听懂对方的重点表达，可以用自己的语言重复对方所说的内容；还可以适时适度地提出问题，这能够向客户传达这样的信号：我在真诚、仔细地听你说话。

一定要让客户畅所欲言，我们听得越多，才能越清楚地摸清对方的底。我之所以说真正的销售高手都是安静的，这里的安静并不是说他们不同人交流、沟通，而是他们知道应该更多地倾听客户的声音，在充分地倾听之后，掌握客户的信息越多，提供的解决方案就越有针对性，往往只需简练叙述就能打动客户。

就语言来说，当客户对你说“这东西多少钱？有没有其他颜色？”“如果我买的话，你们什么时候能够安排送货？能周三之前送到吗？”等类似这样的语言时，基本说明，客户已经决定要和你成交了。如果销售员在这时候没有听出客户的真实意思，没能及时满足客户相应的需求，可能就会失去成交机会。

（二）听情绪

客户讲话的态度能够表现自身情绪，是开心还是不开心的状态，决定着我们回应的方式。当客户感觉到愉快或不满，通常在对话中会通过一些字、词表现出来，如“太好了”“真棒”“不可能”“为什么”等，这些字眼都表现了客户的深层看法。

一次，一个客户给公司市场部售后中心打来电话：“你看你们这么好的公司，全球知名企业，结果呢？产品买回去才几天时间就坏了，不可能吧。”当时售后是一个新来的姑娘，她一听是投诉电话，赶忙回道：“我们的产品质量不可能不好……”结果客户不高兴了，电话又直接打给了我，我给他的回应是：“实在对不起，可能当时我们确实没有做对，让您产生了这样的感觉。这样，您把产品送过来，我看看哪里出了问题。”我之所以这样处理，是因为客户的话听起来是批评，但表达出来的情绪是一种失望：我是信任你们的产品质量的，现在我有些吃惊了它居然坏了，究竟怎么回事？他希望得到的是解释，是配合以及及时的处理，这是一个内心的深层次的需求。

（三）听问题

销售是做什么的？有人说是把产品卖给客户，有人说是为客户服务，有人说是为客户提供解决方案。不论答案是什么，销售之所以成功，是因为产品或服务可以帮助客户解决问题。在实际的销售对话中，客户的问题多种多样，真假难辨，无法预料，而我们的任务是听出客户真正的问题所在。当一些最核心、最关键的问题，客户不愿意向我们坦白时，我们要配合提问来引导。

比如，我们问客户对价格怎么看，他说还行吧，虽然他嘴上说的是还行吧，但其实他没有表达出来的，可能还是有问题，如价格比别人高，难以做决定；价格比预想的低，担心质量问题，再考虑考虑等。一些善于倾听的销售代表此时会听到对方没有表达出来的想法，继续往下深入挖掘：“听上去好像您还有其他的疑问，不妨说一下？”然后再深入探究其需求，最终达成成交目标。

我欣赏那些在销售时懂得停下来倾听的人，因为这些人尊重客户、有头脑，并善于思考，做事会更加妥当。如果你是，恭喜你！你做得不错！

为什么都听客户的，客户却不满意

你有没有遇到过这样的情况：当你计划向客户推销某一产品时，你已经先了解客户的需求，当客户提供了具体需求后，你辛辛苦苦按照客户的要求做了，并万分坚信客户会对你提供的产品给予高度的认可，你觉得客户很快就要“买单”了，最后得到的却是绵绵无绝期的等待，甚至是客户的不满意。

为什么我们听客户的，客户却不满意？

在这里，大家需要搞清楚两个概念：客户需求与客户要求。你的客户说他想要星星，这个叫客户要求，但是客户要求是不是就等同于客户需求呢？不一定，你一定得了解，他为什么要星星？星星的用途是什么？他想要什么样的星星？诸如此类，从需求出发才能真正地满足客户的要求。

前段时间我接触到一家图文设计公司，对方声称自家的设计团队一流，价格实惠，真诚想和我们合作。恰巧公司近期有一场促销活动，需要定制一批杯子，我便说：“你们先帮我们设计一款带 LOGO 的杯子吧。”两天后，对方发来一个“杯子”图片，除了印有我们公司 LOGO 外，和市场上常见的杯子并没有两样。我有些失望，强调说我们需要的是新颖、有创意，两天后对方又发来一个“杯子”图片，这次创意是有了，个性却不太符合我们公司的高端客户定位。当我再次无奈地表示失望时，对方说我们都是诚心诚意按你的要求做的，你怎么三番五次变换要求呢……

是我变换要求吗？我认为真的不是，因为他们看似是按我的要求做了，却没有考虑杯子的用途。看似他们诚心诚意做了，却总是做不到位。当我说要一个“杯子”时，我要的不是一个单纯的“杯子”，而是一个动态的场景，一个当客户使用杯子时的场景，这个场景要让客户能联想到我们公司，并获得一种愉悦的体验。你想想，商务人士喝茶的杯子和“单身狗”要用的杯子能一样吗？

说到这，我们不妨一起来看一个有趣的实验。

一家科研机构的研究人员每天给固定的猴群发一箱香蕉，一段时间后，改为每天加一个香蕉，但突然有一天，研究人员把添加的香蕉给去掉了，猴群顿时喧闹起来。为什么会出现这种情况呢？显然是猴群的预期没有达到。当研究人员恢复以往的做法后，猴群的心情马上得到了平复，而当研究人员把香蕉加倍时，猴群又开始喧闹起来。当然，这次的喧闹不同于上次，这次是因高兴而喧闹。研究人员的做法超越了它们的预期，结果受到它们的热烈拥护。

在消费过程中，任何客户都会通过个人认知对所要购买的产品有一个心理预期，比如所期待的性能、能承受的价格等。每分每秒，你的客户总在积累自己的感觉，而且很快会对你以及产品下结论。在客户与你的互动中，如果他们收到的待遇比预期好，他们将对你产生正面的感觉，那么成交就会变得容易。反之，如果客户感受到的待遇普通或糟糕透了，他自然不会买你的账。

举个现实中常见的例子，大家就更容易理解一些了。

我们去饭店就餐时，遇到人多的情况时经常需要等位，等位一般都会坐在椅子上等，一般大家聊聊天时间很快就过去了。可如果等位的人较多的话，后面的人就会抱怨，甚至有人会选择离开。而恰巧此时服务员走过来，送了一些水果和糕点给等位的客人，大家都会觉得这个服务太贴心了。在这个场景中，给等位的顾客提供椅子坐，顾客觉得这些是理所当然，一般不会兴奋或惊喜。而在顾客等位过程中，提供的水果和糕点因超出客户的预期，客户一般会异常兴奋或惊喜。

超出客户的心理预期，是销售制胜的关键。所以，销售时你不仅要了解客户的需求，还要试着超越客户的心理预期。你要明白，大家都能做好的，那是基本要求。你需要不断地问自己，“我做到让客户满意了吗？”“我能不能做得更好？”，并要求自己做得比别人更好、更迅速、更正确。当你比别人“更好”了，就与普通销售区别开来了，也就有可能给客户提供“超值”体验了。

我曾对上海的一家酒店印象深刻，在此一定要跟大家聊一聊。

一年我去广东出差，一位生意伙伴向我推荐了一家五星级酒店。说实话八百多的房价挺贵的，但是我依旧每次都去，因为这个酒店让我住得非常满意。一进客房，环境干净、整洁，有舒适的床、可以挑选的枕头、免费的瓶装水，这都是一个酒店让客户满意的基本条件，所以我觉得还算 OK。当我打开电视时，突然发现屏幕上有以我名字开头的欢迎词，这让我心里一下子有些小喜悦。

第二天我出门后晚上再回来，发现桌上凌乱的物品被一一归类摆放在洁白的底布上，还有一杯温热的牛奶；床上的钱包还在，袜子却没了。仔细一看，我在床头发现了一张纸条：“尊敬的顾客，您好，今天发现您的袜子没有洗，我们已经帮您把袜子洗干净晾在卫生间，有时间您可以收回去。”作为长期在外面出差的男士来说，这绝对是非常好的体验，再一次超越了我的感受。我被这些细节所感动，不用该酒店的人向我推介，我也会成为这家酒店的“回头客”。

瞧，成交其实很简单，就是不仅要令客户满意，而且要与客户的期望赛跑，不断让客户的心理感受超越预期。客户的需求是无止境的，永远不会停留在一个水平上。在工作中，我们要慢下来，不断思考如何利用有限的资源尽量解决客户的问题，挖掘客户深层次的需求，然后最大限度地去满足客户。

“海底捞”打造品牌的根本方法，就是日复一日地在店内为顾客创造惊喜和感动。一位客人吃完饭时想把剩下的切片西瓜带走，服务员说：“对不起，打开的西瓜不能打包。”客人只好作罢，结果临走时，服务员给打包了一个完整的西瓜，说“西瓜切开打包，怕走了味道，我们送您一个西瓜”，这就叫超越心理预期。

给客户供货，客户诉求是产品质量好，送货及时，价格公道等。你做到了，客户大多时候就是满意的，但这只是提供了产品的基本服务。如果你能更多地了解客户订货的诉求，计算客户的库存成本，按照客户的生产进度化整为零地适时供货，帮助客户省钱，那么客户购买到的就不仅仅是产品本身，还有贴心的服务和关怀，那你就超过了客户的预期，客户的满意度自然就提高了。

让潜在需求变成实际需求

怎么让客户对你的产品产生兴趣？

怎么让客户改变初衷而被你说服？

怎么让客户做出购买产品的决定？

……

销售是一场心理博弈战，如果你想成功得卖出产品，必须读懂客户内心和了解客户需求。知人难，知人心更难。对于销售员而言，更是“千难万难”。因为客户的需求有时不显性，需要用心挖掘才能发现。

客户的需求一般分为显性需求和潜在需求，显性需求是客户明确知道自己想要什么，希望要什么，并可以用语言描述出来的一些需求；所谓潜在需求，又称间接需求，是指由于各种主客观原因，客户也不能完全清晰感受和用明确的、具体的语言描述出来的需求。

对于客户的显性需求，我们通过观察、沟通等途径就能直接提供相应服务；而对于潜在需求，因其隐蔽性而不直接从外在形式表现出来，所以较难发现和挖掘。而潜在需求是十分重要的，因为购买行为中，大部分需求是由潜在需求引起的。谁能满足用户潜在需求，谁就能取得制胜先机。

以微信来举例，作为一款移动通信产品，无论是实时对讲、视频聊天，还是多人会话，微信都是为了满足用户通信这一显性需求而服务的。但如果微信只停留在满足用户的显性需求的话，我相信不可能取得像今天这样的成就。恰恰是“附近的人”、“摇一摇”和个人二维码等功能，满足了广大用户快速结识朋友、拓展人脉、追求个性化等隐性需求，让用户一次次感受到了惊喜。

潜在需求是一眼看不到的需求，是真正一本万利的“富矿”，往往事半功倍。因此，要想更多的实现成交，销售员不但要着眼于客户的显现需求，更应提高自身的观察能力、逻辑推理能力、分析判断能力，要有“眼力见儿”，透过现象看本质，找准客户的潜在需求，进而采取行之有效的推销措施。

大企业一旦通过市场调查知晓了消费者的潜在需求，在充分把握市场动态的前提下，凭借雄厚财力、先进技术，率先实现满足消费者的潜在需求，进而掌握市场领导地位，其中表现突出的是日本的轿车工业。

20 世纪 70 年代，中东地区发生了政治动荡。面对这一个情况，日本汽车行业立即做出了生产轻便、家用、廉价的新一代节能汽车，以占领美国市场的决策。当时大部分的美国人都喜欢大体积的车型，很多人认为日本汽车行业的这一决策是昏了头了，绝对是不明智的，肯定没有什么市场。结果，中东地区的政治动荡发展为战争，世界范围内的石油供给出现了短缺，油价很快从每桶 18 美元猛增为 32 美元。很长一段时间里油价一直没有明显下降的趋势。为了节约用油开支，美国公众急需体积小又省油的汽车，日本新一代节能轿车投放市场后，在美国大受欢迎，结果一举取代了美国轿车工业在世界上的领先地位。

想一想，你能从中学到什么？

事实上，潜在需求不是难挖掘的，而是可以激发的。有时客户对于如何实现自己的潜在需求，并不一定能够做出正确的选择，这时如果我们销售人员能先挖掘问题的原因，通过外在表象找出内在需求，那么就比较容易将客户需求引导到自己产品上来，成功使“潜在需求”转变为“显性需求”。

一天，我的朋友杰瑞本想买一个电钻，却乐颠颠地在一家婚介所交了三千元的介绍费。这都哪儿跟哪儿啊，对吧？但听完他的故事，我想大家都不会诧异了。

这天杰瑞上街买电钻时，中途遇到一个在婚介所工作的朋友。朋友问杰瑞做什么？杰瑞说买电钻。朋友一拍手：“前几天我刚买了一个电钻，用了一次就没再用。我一百元买的，干脆五十卖给你得了。”一下子省了一半费用，杰瑞自然很乐意，并和朋友约定明天上午亲自去取。

按理说，朋友把电钻卖给杰瑞就行了，但朋友追问杰瑞买电钻做什么？杰瑞解释道，自己想在墙上打一个洞，买一幅油画挂上去。朋友又追问为什么要买一幅油画，个人喜好吗？杰瑞无奈地摇摇头，解释道："因为房间里显得太空旷了，不够温馨。你也知道的，我是一个程序师，忙得没时间找女朋友，晚上加班回家又很晚，天天对着一块大白墙，感觉很凄凉，没有家的感觉。"

朋友一拍脑袋，大笑道："费劲买什么电钻、油画啊，来我这，都解决了。"随后，朋友开始介绍起自己的婚介服务，并带着杰瑞乐颠颠地交了钱。

好了，现在你发现没有，对于一个买电钻的人，婚介所也有机会。买一个电钻、一幅油画，这是杰瑞的显性需求，而这位朋友通过深挖，发现杰瑞要的其实是"马斯洛需求层次理论"的第三层——社会交往（爱、情感、归属感），最终他通过介绍自己的婚介服务，把潜在客户变成了实际客户。

潜在需求，经过量的累加或外部因素的刺激可以转化为显性需求。而显性需求一般情况下不会再转化为潜在需求，它只会在不被满足或未发现的情况而又转化为潜在需求。

一段时间，我每次去拜访零售户王某时，王某都表示出很大的热情和积极性，一次交谈中王某反映零售 8 元的 C 品牌动销率很差，而我当时因其滞销带有普遍性而未引起重视，这导致了王某对我的不信任。当下一次我再去拜访王某时，发现王某的态度有些冷淡，对我推荐的产品也一口回绝，我有点"丈二和尚摸不着头脑"。后来才知道，这是客户的显性需求在特定环境下又转化成了潜在需求。

做销售时，我们不仅要努力挖掘客户的潜在需求，而且要重视潜在需求的激发和引导，尽可能避免客户的显性需求转化为潜在需求，给自身带来被动和不必要的损失。

PART 3

攻心至上：

先懂客户的心后推销，似慢实快

※

金牌销售不会单方面向客户推销产品，

而是站在客户的立场帮助其购买产品。

他们总是用自身的言行举止向客户传达这样一种信息：

我是在为您谋利益，而不是为了获得您口袋中的钱。

要达到这种境界，一味地埋头推销是不行的，

还应“慢慢”地揣摩客户的心理，找到攻心的切入点。

可以说，销售是一场心理博弈战，谁能够读懂客户的内心，

谁能够掌控客户的内心，谁就能实现成交的目标，

谁就能成为销售界的王者！

※

首先，熟知客户常见的消费心理

商场如同战争，我们凭什么去吸引客户？

许多人认为，只要有优质的产品和服务，就能打赢这场营销战。是这样吗？

不妨自问一下，你是否遇到过这样一些令人困惑的问题：

为什么别人卖得比你贵，还比你卖得好？

为什么你拼命向客户推荐，可客户却始终没有动心？

……

相信你是不甘的，对吧？但你想过没有，客户凭什么来购买你的商品。事实上，任何产品都付出了一定的劳动，或者说你为客户提供了服务，但是这些并不值钱。客户愿意购买你的产品只有一个原因——要想钓到鱼，最重要的东西就是鱼饵了。心理，一定要从消费心理入手。

从品牌、定位到差异化，从定价、促销到整合营销，莫不都是在针对客户消费心理采取行动。现在的市场营销将越来越依赖于对客户消费心理的把握和迎合，从而刺激客户的购物动机，最终达成产品的销售。一句话：消费心理营销，研究客户的消费心理当要之急、势在必行。

经过多年工作中的学习、观察和总结，我发现以下九个消费心理具有相当的普遍性，具备很好的营销价值。现列举如下：

（一）求实心理

这是客户普遍存在的消费心理，这种心理的核心是“实惠”“实用”。具有求实消费心理的客户，在选购商品时特别重视商品的质量、功能和实用性，喜欢货比三家。相对而言，他们对商品的造型、款式、色调、线条及商品的“个性”等特点不是特别强调，也几乎不考虑商品的品牌、包装等非实用价值的因素。只要某一商品物美价廉、经久耐用，一分钱一分货，他们就满足了。

家庭主妇、年长者以及相当一部分低收入者具有这种消费心理。另外，人们在购买日常生活用品时，也大都以求实为主。例如，在购买床上用品时，我们面临的选择总是很多，不同颜色、不同质地、不同款式……这时候，你会如何进行选择呢？你会关心被罩的款式是否流行，床单的颜色是否符合你的喜好，但更主要的，你会关心被罩的质地如何，手感是否舒服，是否耐用、耐洗，对吧？

针对客户的求实消费心理，你提供的产品要在实用性上有所注重，坚持“质量第一，货真价实”的原则，具有很高的性价比。记住，不要急于成交，给客户足够的挑选、比较的时间。当客户犹豫不决，迟迟下不了购买决定时，尽量多提商品的实用性、物美价廉等，还可以让客户亲自试用一下，当客户相信了这个商品，消除了内心的疑虑，那么接下来的营销就不成问题了。

（二）求美心理

爱美之心，人皆有之。在求美消费心理的支配下，客户选购商品时特别重视商品的颜色、造型、款式、外观、包装、工艺等因素，讲究商品的造型美、装潢美和艺术美，以便达到艺术欣赏和精神享受的目的。这在高学历，中、青年女性，以及从事文化、时尚、教育等工作的人群中比较常见。精美的外包装、圆润的曲线造型、舒服的色彩搭配等，都可以满足求美心理，激发客户的购买欲望。

对于休闲零食，我平时关注不多，但“水晶之恋”果冻却深深地惊艳到我了。精致的心形盒子，封盖上两个漫画人物相拥而望，里面装着若干颜色不同的心形果冻，每种颜色的果冻代表着一种“爱的语言”，多么浪漫。很多女孩都喜欢男孩送她水晶之恋，因为希望他们的爱情也像水晶一样纯净……

（三）求新心理

求新心理是指客户在购买产品时，往往特别钟情于时髦和新奇的商品，喜欢追求新功能、新款式，好赶“潮流”，对于商品是否经久耐用，价格是否合理则不大考虑，这种类型的用户大都为经济条件较好的男女青年。新产品往往因其新潮、时髦、畅销而博得青睐，不信你去看看商场中最畅销的商品，是不是如此呢？

对此，我们要出奇制胜，要做出特色，不落俗套。无论是外观形状还是功能设置，产品一定要新颖别致，富有创意，这样才能吸引客户的第一眼视线，直接刺激他们的购买欲望。例如，把U盘做成打火机、口红、子弹壳等形状，大家一见会觉得非常好玩、很有创意，这比普通的要好卖数倍。

（四）求利心理

这是一种“少花钱多办事”的消费心理，其核心是“廉价”，这种客户多经济收入较低，当然也包括部分经济收入较高，但节俭成习的顾客，他们在选购商品时对质量、花色、款式、包装等都不会过分挑剔，但对降价、处理价、减价等非常感兴趣。只要价格有利，经济实惠，必先抢购为快。当价格较贵时，他们便讨价还价，有的会为了一元钱或几角钱争论不休，致使想买的东西买不成。

这种客户是低档商品、残次品、积压品的主要推销对象，当遇到因价格犹豫不决的情况时，我们要善于营造一种便宜感，当然这不是要你一味地把东西贱卖，而是说你可以把10元的东西包装成价值50元的，再减掉25元，让客户感觉享受了五折优惠。真正的物美价廉几乎是不存在的，都是心理感觉罢了。

（五）求名心理

这是一种以购买名牌产品来彰显自身地位和气质的购买心理，具有这种购买心理的人存在于社会各个阶层。比如，同样是一部汽车，不论是宝马还是一般的大众汽车，它的基本功能就是以车代步，但是被赋予一定品牌时，汽车对于具有求名消费心理的客户而言最重要的价值就不是一种工具了。在他们看来，宝马更多的象征着财产、成功、荣耀、高贵等。

如果你的产品是名牌最好，如果不是，你可以利用一些权威组织或符号认证你的产品，例如有意地向客户展示或提供产品的商标注册、质量认证、名优认定、资质荣誉、专利申请等相关的权威信息；在产品设计上尽量使用统一的标志，可以对客户产生权威的心理暗示，衍生为品牌意识和消费冲动。当然，还可以有更多方法，比如专家说、明星说、知名人物实例之类的。

（六）偏好心理

这是一种以满足个人特殊爱好和情趣为目的的购买心理，有偏好心理动机的客户，往往喜欢购买某一类型的商品，而且比较理智，指向也比较稳定，具有经常性和持续性的特点，例如“我只喝那种放冰块的苦咖啡”“这种冰淇淋我只在一家店里才吃”“看外国电影，我只看原声的”……

偏好心理具有个性化，与其费尽心思去征服大众，不如用心寻求差异、另辟蹊径，选择有个性的行业及产品，即用不同的产品和服务满足不同群体的需要。如定制个性衣服，开个 80 后怀旧店等，这样既满足了客户个性化的需求，又体现了一种品位、一种时尚，你也有很大的利润可赚。

（七）求便心理

求便心理以追求购买过程简便、省时为主要特征，这种客户关心能否快速方便地买到商品，而讨厌烦琐的购买程序、过长的购买时间和低效率服务，同时希望购买的商品携带、使用和维修方便。具有这类消费心理的大多是事业型的男性顾客，对此我们在推销活动中要给客户带去距离、时间、服务等诸多方面的便利信息。例如，24 小时营业，送货上门服务等，成为客户的首选。

（八）安全心理

这种客户在购买商品时最关心的就是安全、质量问题，他们会十分注意食品是否过期、药品是否正规、电器用品是否漏电、交通工具是否安全等。在销售人员解说、保证之后他们才会放心的购买。近年来，有机食品、绿色食品的热销正是安全心理引导下的消费热潮。

安全心理源自买卖双方之间的信誉危机，要想消除客户的不信任，你就要让客户真正参与进来。例如，如果你是卖西瓜的，可将西瓜大量陈列出来，并当场剖开，让顾客了解西瓜的质量及熟度；如果你是卖肉的，那就将“放心肉”的证明挂牌吊挂于贩卖台上，强调质量保证，绝不缺斤少两，绝无注水肉出售等，最好现场处理、分割或烹调，等他们看个一清二楚了，自然就会安心购买了。

（九）隐秘心理

出于自我保护的本能，有些客户存有隐秘消费心理，表现为购买产品时不愿为他人所知，常常采取“秘密行动”。他们一旦选中某件产品，而周围无旁人观看时，便迅速成交。例如，女青年购买卫生用品，男青年为异性朋友购买女性用品，常有这种情况。

事实上，大多数人在选择商品时都需要一定的自由度，尊重他人的个人空间这很重要。例如，每次我走进一家店的时候，总是喜欢有一个自己挑选商品的时间，而不希望销售人员马上过来询问我需要什么，然后热情地向我推介，这会让我感到自己的自由被侵犯，便会逃离似的赶紧离开了那家店。

所以，销售时你只要做到礼貌待客即可，微微点头，打个招呼，适当地介绍。期间，你要表现出沉稳，不慌张也不急躁，有针对性地解答，营造一种让双方舒适、轻松且便于交流的环境。如果客户没有多大购买欲望，那就千万别一味地表现出热情，紧紧地尾随其后，喋喋不休地推销。

真正的推销并不在于说了多少商品优点，运用了多少专业知识，而在于是否了解客户的消费心理，并积极应对。一个聪明的销售顾问应该多观察、多分析，清楚知道客户的消费心理，然后在销售中对“症”下药。相信看完以上内容后，你一定会豁然开朗，明白以后该怎么做，最终轻松俘获客户的“芳心”！

因为有软肋，所以有卖点

很多销售员，见到客户就向客户不断阐述自己产品的好处，有些客户也知道产品是很有好处的，但就是不肯买单。为什么？

回答这个问题之前，先和大家分享个故事：

阿喀琉斯是海神之子，《荷马史诗》中提到的大英雄之一。据说，阿喀琉斯的母亲为了帮他练就金刚不坏、刀枪不入之身，在他还是婴儿的时候，曾把他浸在冥河之中。因冥河水流湍急，母亲只好捏着他的脚后跟不敢松手，于是全身留下了唯一一处“死穴”。长大后，阿喀琉斯作战英勇无比，不曾打过败仗，这令敌人很头痛，大家纷纷研究如何才能对付他，终于太阳神阿波罗发现了他的致命处。在著名的特洛伊战争中，阿喀琉斯杀死了特洛伊王子赫克托耳，这惹怒了赫克托耳的保护神阿波罗，于是阿波罗用毒箭射中了阿喀琉斯的脚后跟，一代勇士就这样命终而逝。

在这里，我之所以提及这个神话故事，是想告诉大家一个事实，每一个人都有自己的弱点，再难缠的客户也有软肋，如有的客户怕丢面子，有的客户虚荣心强，有的客户爱随大流……有时你之所以销售不成功，不是因为你的产品不好或你的销售能力不好，而是你没有找准客户的软肋。

每一场谈判和说服都是一场心理战，销售不仅仅是利益的抗衡，更是智慧的较量。谁能掌握对方的弱点，谁能洞悉对方的心思，谁就掌握了主动权。要想成功说服客户，就必须掌握这个诀窍：抓住客户的软肋，激发对方的兴趣点。

那么客户的软肋到底在哪呢？根据多年的销售经验，我汇集和提炼了几种最常见、最有效的方法，分享了向不同客户销售时的针对策略，如何抓住对方心中的敏感点，如何深度洞晓对方的心思，如何瞬间引起对方的兴趣，如何快狠准地打动对方等，希望对你今后的工作实践有所裨益。

（一）你给客户留面子，客户给你签单子

“爱面子”是人们普遍的一个心理弱点，这是一种极有自尊心和上进心的表现，处处不能比别人差、不能比别人矮三分、不能被别人看不起等。资深推销员都明白这样一个道理：在推销商品时，时时刻刻都从客户的“面子”问题出发，把客户的面子保护得越好，推销活动就能进行得越顺畅。

而要实现这一目标，对客户发自内心的尊重便是首要任务。用态度温和、言语轻柔带着一种尊重跟他述说；别抢话也别插话，要考虑客户的感受和意见，并且容忍其与自己相左的观点，必要用一些建议性语气如“我觉得我们应当……你觉得怎么样？”“我想……你认为如何？”等来提醒客户进行改正，保全客户的面子不受到损坏，客户就能愉快地接受我们的建议以及产品或服务。

刚推销汽车时，我经常遇到一些固执的客户，他们会质疑我的汽车质量，甚至说汽车的功能如何不好，这时候我越反驳自己的汽车好，客户就会越拒绝，结果弄得我最后什么也卖不出去。这些教训让我明白，和客户争辩是一件多么愚蠢的事情，在与客户争辩的时候，尽管你有可能获得争辩的胜利，可是客户的面子却被你深深地伤害了，哪个客户会买伤害自己面子的推销员的产品呢？后来，当客户产生怀疑或者拒绝我时，我不会争辩，更不会反驳，而是态度温和地和客户继续探讨。

比如，一次我向一位客户推销一款经济型轿车，客户说：“我还没有换新车的打算，我现在使用的那款汽车虽然有些破旧，但是功能却还不错。”我早就看见了该客户的“坐骑”，它已经磨损得不成样子，不仅颜色有些褪掉了，还有多处划痕，看起来破破旧旧的。但我没有直接说出来，毕竟这辆车已经为它的主人服务了那么多年，不能随便说换就换的，况且直接说出这些看法

肯定会让客户的面子受损，于是我就换了一种说法：“您的汽车确实很耐用，但车子用得越久越费油、动力越差，对吧？如果您用这辆汽车换一辆新车，既可以节省一笔油费，又能节省上下班时间，岂不是更好？”听到我的陈述，客户想了一下，说会认真考虑我的建议。一个月后，客户下单。

（二）赞美听得越多，钱包瘪得越快

只要是人，就都希望获得别人的赞美。带有赞美、表扬等意义的话语，是对人们的某种行为给予的肯定和奖赏，这输送的是一种正面的信息，能给客户带来一种积极、愉悦的心理感受，不自觉地就会放松戒备心，而且会对销售产生一种好感，结果是赞美听得越多，钱包瘪得越快。

大家都应该有过这样的体会，我们经常听到商家在介绍商品时也会赞美客人，见了女人就说“漂亮”“有气质”，见了男人就是“好帅”“有魅力”。诸如此类的话虽然没有什么区别，你也知道商家只是恭维而已，但你绝不会感到厌恶，而是脸上禁不住微笑，就算再内向、再腼腆的人也会在心里沾沾自喜，这就是人性。

我业绩长虹的重要秘诀之一就是：我非常善于赞美客户。

有一天，有一位男客户选中了一款奔驰轿车，但因嫌价格太贵而迟迟没有付账。看到了这种情形，我脑子一转，马上微笑着说：“先生，这款车可是国内主流的高级商务车，价格自然会贵一些，但相对于您来说，这应该不算贵。一看您这身打扮，就知道您是一位成功人士。像您这样的身份，只有这样高档的汽车才配得上啊！”那位男客户听到这里，便不再讨价还价，而是笑呵呵地付了账。

还有一次，我在车展上遇到了一位非常有气质的女士。当我上前准备递上名片时，那位女士的脸一下子阴了下来，态度冷漠地说道：“我知道你们这些推销员很会奉承人，专挑好听的说，不过我今天只是来看热闹，你还是节省点时间吧。”“是的，您说得很对，但像您这样的顾客我还是很少遇到的，特别有自己的主见。您瞧，您的语言反映了您有敏锐的头脑，而您的冷静又衬出了您的气质。即便您不会成为我的客户，但能认识像您这么优秀的人，我会觉得十分荣幸。”我微笑着，不紧不慢地说道。女士的脸已由阴转晴，微笑着接受了我的名片。

没有客户不爱被赞美，只有不会赞美的销售。

不要说客户没有什么可以让人赞美的地方，要知道，每个人身上都有闪光点。比如，对于经商的人，可以称赞他头脑灵活、生财有道；对于知识分子，可称赞他知识渊博、宁静淡泊；对于年长客户，可以称赞他成熟稳重、富有阅历；对于年轻客户，可以称赞他神采飞扬、活力四射，并举几个例子证明他前途无量……

另外，赞美并不一定仅局限于一些固定的词语，见人就直接说对方多好多好。有时候，你可以借助于身体语言，比如投以赞许的目光、做一个夸奖的手势或送一个友好的微笑等，这些都能够让你的客户由衷地感受到你对他真诚的赞美，并对你产生一定的好感，如此他想拒绝你，恐怕比接受你还要难。

（三）哪里人越多，越往哪里走

营销中有一种奇怪的现象，如果一个东西没有人买，就谁也不买，生意无人问津；一见有人排队买东西，不管三七二十一，就加入进去；一见别人都夸这东西好，赶快掏腰包，生怕错过机会。即使东西不怎么好，也会在心理上自我安慰，毕竟大家都在买，肯定差不了，上当也不是自己一个人。

你是不是这样呢？没什么不可思议的，这就是从众心理，人人都有的。

心理学研究表明，在人类的潜意识中有一种强烈的归属感，就是不希望被群体所排斥。当个人与大多数人的意见发生冲突时，就会感到一种心理压力。为了消除这种心理压力，我们通常就会放弃自己的想法，而与大多数人保持一致。从众心理是最典型的弱点之一，也是人性中隐蔽性最强的弱点。

从众心理好与不好，这个问题难以回答，我们也暂且不论，但对于善于利用这一心理对我们销售来说，可谓好处多多。因为“哪里人越多，越往哪里走”“哪个卖的最红火，就去买哪个”，看众人的行动而行动，这是一种很庞大的力量。稍微玩一下，就可以让销售进展更顺利。

具体来说，你可以这样做：

“这款产品很热销的”“这类产品现在几乎人手一款”“你没听说过这款产品吗？你落伍啦”……无论在怎样的场景下，别人也在购买或使用你的产品，这类话一定是要强调的。千万不要小瞧这句话，大家都在用（做），可激发客户不落人后的从众心理，心理上得到一种安全保障，且“大家都有了，我没有？”的好奇心理会让人不由自主地对你的话题或你的产品产生兴趣，进而增强交易的可能性。

对自己的产品进行广告宣传、新闻媒介报道时，一般来说宣传得越热越好。因为常常是舆论一“炒”，人们就容易跟着“热”。例如，看到或听到一句“3亿人都在使用的某某软件”，你是不是也就一起去使用了？或者，你可以雇用亲朋好友等扮演买家，这也就是我们常说的“托儿”，如“房托”“车托”“衣托”等。

利用从众心理就是让客户情不自禁地跟随你、听从你。但这绝对不是蛊惑对方，万万不能让客户觉得我们在忽悠他，产生被欺骗和被愚弄的感觉。所以，利用客户的从众心理进行营销时要注意适度，关键的是不能弄虚作假，要货真价实，要物美价廉，这样才能保证取得良好的效果。

一句老话说得好：没有卖不出去的东西，就怕你不会吆喝。

别再一见到客户就急着推销，慢下来，站在客户的角度想问题，了解对方的心理弱点，也就捉住了他的软肋，然后顺藤摸瓜地走下去，使他得到心理上的满足，也就提高了成功推销产品的概率。当然，这需要很高的悟性，很强的学习力、执着的践行力与日积月累的经验累积。

多看效应：一回生，二回熟

我经常训责一些新业务人员，因为他们太急于快速出单了，总是希望第一次见到客户时就成交。而期望越高，失望越大，一旦被拒又很容易打蔫。

之所以训责，是想让大家明白，一次性成交，老鬼也办不到。如果真有一刀见血快速成交的销售技巧，有人早就光靠卖这些技巧变成亿万富豪了。销售是一件急不得的事情，你再急，也不管用。毕竟，销售的达成需要先建立与客户之间的信任感，而建立信任，往往是需要时间积累的。

大家都知道“日久生情”的说法，生活中我们也常常能发现这种现象。例如，我们新认识了一位朋友，初次见面时觉得他其貌不扬，经过一段时间的相处后，逐渐觉得他顺眼多了，有时甚至会发现他在某些方面很有魅力；就像经常在领导身边出现的人，往往容易受到领导的信任，被委以重任……

这种对越熟悉的东西越喜欢的现象，在心理学上被称为“多看效应”。

“多看效应”是什么逻辑呢？从心理学的角度来看，记忆有四个基本的过程：识记、保持、再认和再现。识记和保持是人们感知和经历过的客观事物在大脑皮层上留下来的痕迹，“多看”就是再认和再现。当一个事物重复呈现时，则可以使大脑中的这个痕迹加深和固定，记忆越深刻，也就产生了感情。

关于“多看效应”的影响，我得出的结论是：一次见面的时间长，不如见面的次数多。也就是说：我们要多创造和客户接触的机会，平时越能多见几次，就越能提高彼此间的熟悉度。由此，相互之间可以产生更为强烈的吸引力，进而促成更为紧密、彼此信任的人际关系。

不用惊诧，的确如此。我们不妨做个假设：如果你有两位远近程度相差无几的朋友，一位与你住在同一座城市中，你们经常见面，每次都聚半天；

而另一位则住在另一座城市，你们每年见一次面，但每次在一起的时间长达一个星期左右。几年过去了，你会更喜欢谁？与谁的关系更为亲密呢？一般来说，大多数人会更喜欢那位经常见面的朋友，彼此之间的关系也将更为亲密。

所以，我经常对业务员说："多制造与客户见面的机会，如此才能'一回生，二回熟'。"就算你不懂那些高超的营销技巧，只要你多到客户那里转转，哪怕只是露一个脸，小坐一会儿，客户"看"得你多了，对你越来越熟悉、越来越信任，当他需要相关产品或服务时，自然会首先想到你。

我就曾运用"多看效应"原理，取得了很好的业绩。

一次，我们想向一家公司推销产品业务，一般公司这方面的负责人员就是采购部门。但是这个采购经理每天都很忙碌，几位同事前去拜访了几次，只要看见对方有一点儿空闲时间，便拉住他喋喋不休地介绍，结果引起了对方的反感，导致推销失败。久攻不下，我便决定亲自试一试，这次我汲取大家的教训，改变了下推销策略，不求与采购经理见面时间过长，只求与其见面的次数。

第一次见面时，当然寒暄是肯定需要的。这个过程中，我先简单介绍了自己，名片也给了，但我没有向采购经理详细介绍我的产品如何如何，而是直接将自己的资料放到办公桌上，微笑着说："您有时间的时候可以看看，这次我就是来拜访您一下，也算是来给您报道一下，以后市区的销售是我负责了。"说完这些，我就做结尾了，"看您今天要接待的人还挺多，我就不打扰了。"

大约一周后，我又前去拜访，采购经理早把我忘记了。我只是告诉他，我是上次来的 ××，接着又递上自己的名片，说自己是哪个公司的，然后将资料递交到对方手上，照样没有向他介绍产品如何如何。见对方很忙碌，我就又撤退了。等了一个多小时，只用三分钟就出来了，大家都替我不值，但我觉得可以再等等。

到第三次的时候，情况变了，采购经理看见我就笑了。一进去，他就热情地伸手说："来来来，我虽然叫不出你名字来，但看着你好眼熟。你这是第几次来了？快把你产品资料拿出来我看看……"就这样，几次见面后，对方顺利成为我的客户。

举这个例子是想说明，我们在初次接触客户时，不要急于出单，不如慢下来，没事儿的时候给客户去个电话，打通了就说没什么事儿，就是问候一下，然后就挂掉。不为别的，就为了增加一次交流机会；多到客户那里转转，每次时间也不要太长，哪怕待了一两分钟就走呢，就为了混了个脸熟。

"多见"是为了加强客户记忆，但请注意，"多见"的次数是有界限的，不考虑客户的接受心理，不停地长时间重复，试图强行要求客户记住你及你的产品反而会适得其反。在逆反心理的支配下，即使客户接收到信息，也未必愿意储存；纵使储存了，也未必愿意接受你、信任你，"多见效应"的作用将大打折扣。

所以，"多见"一定要遵循适度原则，切忌不分时间、不分场合地拜访或联系客户，要以不影响对方的个人时间为前提。

人情味最容易打动人心

我有个朋友在一家食品公司的市场部工作，他给我讲述了一个非常有趣的故事。

该食品公司刚成立时没人气、没市场、没销量，第一年一直亏损。怎么办呢？再这样下去，公司只能破产倒闭，这时有人提议组织一场大型的促销活动，在各地的大型超市或者商场，举行免费试吃活动。既然是免费的，那应是无利可图的，怎么可能挽救销量呢？奇怪的是，促销效果对于销售业绩的提升非常显著。原来，不少人在免费品尝了之后，都会感到有些不好意思，想一想都吃了别人的东西了，再说味道也还不错，不买一两包怎么好意思呢。

这是什么原因呢？请大家注意这句话——客户免费品尝了之后“感到有些不好意思”。是的，“免费试吃”从眼前来看是不盈利的，但这种做人情的方式让客户背负了心理债务，进而回报厂家的付出。接受过别人帮助与恩惠的人往往会想方设法去回报对方，这在心理学上被称为“互惠定律”。可不是嘛，吃人的嘴软，拿人的手短，因为对方有“惠”于我们，所以我们必须还之以“惠”。

举例来说，原本我和你素不相识，也就谈不上有什么交情，但是前几天我们偶然见了面，也随便聊了几句，想不到到了午餐的时候，你大方地请我吃了一顿饭。那么，我们再次见面的时候，你知道我的心里首先考虑的会是什么吗？我一定会提醒自己务必回请你吃一顿饭，好对得起你上次的付出。

按照这个道理，如果销售人员通过一些巧妙的方法，在成本没有增加的情形下面，合理地提升了人情的价值，利用人情来拉拢客户的心，那么所获得的回报也会高许多。因为当你让客户感到欠了你一个“人情”时，他会因不好意思拒绝你而购买产品，而这正是我们强调人情珍贵的关键所在。

一位哲学教授正在举办一场哲学知识的宣讲班，他注意到，在一群年轻的大学生中间坐着一位中年人，他上课的时候听讲很认真，还时不时地提出一些问题同教授进行讨论。在宣讲班结束后的一天，这位天天来听讲的中年人找到了哲学教授，诚恳地说："这次的宣讲会对我来说太有益了，在这期间我多次看我记下的听课笔记，发现您有很多话都说得很好。但是我现在仍然有几个地方有点疑问，所以就冒昧地找您来了。"教授对这样一个好学的人自然十分热情，欣然给出了问题的详细解答。在回答完中年人的问题以后，教授向中年人说出了自己心中的疑惑："抱歉，我能知道你的职业吗？"中年男子很直接地回答说："我是人寿保险公司的推销员。"

哲学教授平时对保险推销员的印象并不怎么好，甚至有些反感。但是这位推销员能够每天坚持上自己的课程，并且能够提出非常有深度的问题，这使他不由得对这位推销员有了新的看法。看到哲学教授的迟疑，中年推销员开口说："那请问教授，我以后能不能遇到哲学问题后登门拜访呢？"教授听了连忙说："当然可以，这是我家的地址。"说完递给了推销员一张写着自己住址的纸条。

在这以后，推销员三番五次地带着问题和诚意来拜访哲学教授。当推销员提议是否应该为教授买一份保险的时候，教授爽快地答应了。

这无疑是一个聪明的推销员，也是一位说服高手。教授不喜欢推销员，但是这并不是问题，他有需求的东西，他希望自己的哲学课有人听，需要感到自己的价值所在。而在这个时候，保险推销员则恰如其分的担当起了这个角色。就这样，在某种程度上，教授在心里认为自己受到了推销员的恩惠，欠了推销员的一份人情，作为回报，那么买推销员的一份保险，也变得理所应当了。

很多做销售的朋友抱怨：跟客户关系差，不会做人情。其实，不要把人情想得那么复杂，也不要去搞一些所谓的"套路"，因为打动人心的，可以是惊心动魄的大举动，也可以是很简单的一言一行。只要抓住了以情动人的根本，真诚的与客户交往，你在这“无形的战场”上总会有所收获。

一段时间，我一直在跟一位难缠的客户 M，她对人总是不冷不热，任凭你说自家实力强、口碑好，她始终就是一句话：谁家的性价比高做谁家的。一段时间，我得知她在仔细分析和对比着好几家品牌，尽管我对自家产品有信心，但也难免患得患失！后来我想通了：每个没成交的客户，都是成长路上的垫脚石，慢慢来吧。在这种心态下，我不再急着催 M 下单，而是学着真诚以待。

例如，我开始给 M 发送周末愉快短信，平时关心问候也不少，一般一周 2 到 3 次短信；听说 M 身体不太好，我便在书店精选了几本养生的书籍，赠送给她，还介绍了一些有效的健身强体小动作；当时电影《捉妖记》很火，小孩子都很喜欢胡巴，我就买一个胡巴公仔送给 M 的儿子……人情做到这个地步，什么价格类似的东西都不再是问题。渐渐地，M 觉得我是在用心交往，态度越来越好，并给我贡献了一笔大单。

人情最容易打动人心，人心换人心，你真我就真。

再来看一则小案例，也是掌握了细节，最后取得好成绩：

日本千什县有一家石井药房，每天来药店买药的顾客都会留下病历卡，病历卡上都写有患者的出生年月日。根据这些病历卡，石井药房得知了每一个顾客的生日，然后按月、日顺序详细整理、记录下来，每年给顾客们发送一张生日贺卡，在上面写着：“您的健康是我们最大的心愿。如果你完全康复了，请告知我们一声；如果您不幸仍需要用药，也请告知我们一声，我们将竭诚为您服务。衷心祝您生日快乐，健康幸福！”如此充满温情与亲切的问候，让人感动，就这样只要光顾过的顾客都会很满意地记住这家药店的大名，下次生病也会自然想起它而再次去光顾。

别总是急着向客户推销，不妨让自己先慢下来，经常去拜会客户，每周发送关心短信，平时过节送上祝福，客户生日时送去蛋糕，生病时及时看望……一个关切的举动、几句动情的话语，看似再平常不过，却人情味十足，更容易获得客户的好感和信赖，你的销售工作必将事半功倍。

所有人都是很好奇的

一位销售新人问："同质化竞争激烈，如何吸引客户注意？怎样成功把东西卖出去？"

我没有直接回答，而是反问了一句："男人究竟喜欢什么样的女人？"

男人究竟喜欢什么样的女人？美女？才女？淑女？

这些答案都对，又都不对，因为男人最喜欢的是神秘女子。你瞧，有些女人约会时话语不多，欲言又止，看不真切，看不明白，而且想走就走，似乎一点情面都不给男人留。但就是这样的女子最让男人勾魂摄魄，也最让男人牵肠挂肚，"她在想什么？""她到底喜不喜欢我？""她那个眼神是什么意思"……

男人为什么喜欢神秘女子？说白了，每个人或多或少都有一种好奇心理。男人也好，我们的客户也好，永远对未知的人和事物，有一种想要知道、看个究竟的强烈欲望。所以，与其急着向客户推销，不如营造一种神秘感，吸引客户来一探究竟。

普通销售员总是想方设法地说服客户，反复陈述自己的商品，不厌其烦；销售高手则会激发客户的好奇心，让客户像一个好奇心十足的孩子一样，颇有兴趣地探询"这是什么""为什么这样""如何做到的"，并乐此不疲。这两种方法哪一种更省力，更有效呢？想必大家都知道。

一个人或一件产品最大的魅力，就是能让大家有尽可能多的想象空间。

例如，苹果手机之所以能在国际上做得这么成功，就是因为不管它宣传的多么猛烈，在正式开售之前，iPhone 的全貌是不会出现在大众面前的，而且苹果员工也不可以透露新产品的信息，这就为 iPhone 营造了一种神秘感。

“它到底是什么样子？”“有哪些功能”等，正是这些悬念，牢牢地吸引了人们的好奇心，时刻关注 iPhone 的进展，直至发售当天出现通宵排队的盛况。

进入销售行业的前几年，我经常做的一件事情就是，客户给我打电话问我事情时，我会客气地回复道：“不好意思，我现在在忙，待会给您回电话。”虽然那时候我的业务量并不多，有时压根就没有事干，但我知道如果客户打电话进来，我都说自己有空的话，客户就会感觉我比较闲，说明我的业务量做得不多，或者我的产品市场欢迎度并不高，说明我的价值也没有多少。

我也不会轻而易举的约见客户，一次，二次，当第三次约我的时候客户已经来不及想了解产品了，因为客户觉得见我一面很不容易，很不容易的结果就是见了我之后就迫不及待地购买我的产品，因为他觉得这一次如果不购买的话，下一次又不知何时了，万一再脱销了呢？这就是神秘。

与其卖力地说服客户，不如慢一点儿，营造一种神秘感，让客户不断地产生好奇心。这不仅是一种营销的技巧，更是一种营销的境界。

最简单的方法是，介绍产品时尽量从边缘模糊的功能说起，给产品制造一种神秘感。

例如，推销一款防水手表时，你一般会怎么做呢？苦口婆心地向客户介绍这款手表防水性能真的很好？或者干脆把手表放到手中，当着客户的面做一个真实实验？这些方法都行得通，不过若是你说“手表也能洗澡，你信吗？你敢吗？”“下雨天，你需要的是一个给你撑伞的人，也需要一个陪你淋雨的它”之类的话呢？

瞧，这样是不是更吊人胃口？让客户感到不可思议。强烈的好奇心会让他们想了解一下这个产品到底是什么样的？干什么用的？当客户开始注意你的产品，并主动开口询问你时，你就达到了主要目的。你不就有了一个愿意给予你时间和注意力的好奇客户了吗？这就为下一步的成交打下了基础。

在这一点上，“人人购”就做得很好。人人购是干什么的？噢？不明白？但听过它的宣传语——“机器猫的神秘口袋”，你或许会明白个七七八八吧。“机器猫”“神秘口袋”好有劲儿的噱头，对，它就是很神秘。这是一家购物网站，每天只卖一样东西，客户买不买随便，卖的是什么只有你买了拿到了才知道——可能是一个创意台灯、一件涂鸦 T 恤，也可能是一台液晶电视。听起来牛哄哄的吧，但生意却十分火爆。

营造神秘感时一定要有创意，直击产品卖点才行。

因人而异，制定个性化销售方案

俗话说“林子大了，什么鸟儿都有”。在推销工作中，我们会遇到形形色色、不同类型的客户。每一类型客户有着不同的性格，他们或善解人意或咄咄逼人，或处世谨慎或大大咧咧……对此，销售员也要采取不同的应对技巧，否则即便你再能言善辩，也难免落个“口才不错，成交不行”的结果。

这一点不难理解，因为人是销售中最关键的因素，商品的最终目的也是服务于人。而性格是一个人对现实中稳定的态度和习惯了的行为方式中表现出来的人格特征，会直接影响我们的价值观、人生观、世界观，因此要想提高销售技能，就必须回归人性的研究，研究客户的性格与心理，制定个性化销售方案。

这其中有什么秘诀吗？以下分别介绍针对四种类型客户可采取的策略：

（一）随和型客户

随和型客户一般性格温和，善解人意，态度友善，有良好的沟通能力，乐于听取别人的意见及看法。他们看起来很容易接近，也十分愿意和你交朋友，也很愿意拿出好的态度和热情来聆听你的销售游说，但是性子比较慢，情绪不稳定，做事缺乏主见，在购买的节骨眼上总是犹豫不决，不容易做出决定。

对这一类客户我们态度要和善，要从心里喜欢他们，把他们当朋友一样去对待，用你的服务感动他们，攻破其心理防线，使其没有拒绝的理由；详细说明产品的优点，提出各项说明文件及保证，给予让他们最放心的承诺，当对方迟迟不做决定时，可以用老客户做见证人来进行促销，也可适当营造一种紧张气氛，如现货不多、不久要提价、已有人订购等，使对方认识到只有当机立断做出购买决定才是明智举动。

在从事汽车销售时，我曾接待了一位非常有意思的客户。那是一位四十多岁的女士，她连逛了好几家汽车 4S 店后，走进了我们的车行。她似乎没有什么明确的目的，只是绕着展厅随意打量，看见一辆自己喜欢的车，她就随口夸赞几句。最后，她在一款红色的新款车前停了下来。很明显，她喜欢这款车。这时候，我赶紧适时上前，详细地为她介绍这款新车。这位女士听完之后非常心动，但却还是很犹豫。此时凭借多年的经验，我已经看出，这位客户的性格，是属于犹豫不决型。不过，长期与客户玩“暗战”，我早就练就了高超的“本领”。

“我先带您试驾一下，您可以仔细体会一下它的性能”，之后我热情地带着这位女士试驾了一番，并认真、耐心地讲解该车的各种功能。女士试驾完之后告诉我，她的感觉非常好，但还是表示想要下次来买。我微笑着说：“这辆车是最新的车型，现在非常走俏。您下次再来买当然可以，只是如今很多店里都缺货，您下次来买，可能得等上一阵子。一般来说，客人们都得等上一个月左右，才能提到车。我们店里最近提来的这批，仅剩下这一辆了。”女士听完又犹豫了一会儿，终于还是拿出了银行卡。但在付款前，她又犹豫了：“我今天只是随便进来看看的，才这么一会儿时间就买了辆车，是不是太仓促了？”说完，她下意识地将已经递出去的银行卡又拿了回来。

我很清楚，这位女士此刻内心斗争很激烈，犹豫不决的性格使其很难真正做出决定，必须要“帮”她一把了：“大姐，您有这样的感觉就对了！这款新车，无论是从外观的设计上，还是从车子本身的性能上，都会让人有种冲动立马想要买的感觉。实话告诉您，现在我们是促销季，这价格比其他店里都便宜不少，好多顾客都这样‘冲动’了呢。而且，我们将提供免费洗车、定期保养等一系列售后服务，让您买得放心，开得省心。冲动一回，绝对值得！您说，是吧？”那位女士不再犹豫，很快办理了付款手续。

你看出来了吗？我之所以可以推销成功，主要原因在于，对这位女士的性格做出了正确的判断，看出了其犹豫性格。当然，找出了病因，再对症下药，就不是很困难了。关键时“添了一把火”，及时唤醒了对方的危机感，让其联想到拖延会带来的损失。又适时地下了一剂猛药，向对方大打保票，更加坚定了对方买车的决心。最终，自然是顺利成交！

（二）力量型客户

力量型客户的性格特点是高高在上，自尊心强，咄咄逼人，自主独断，力求在各方面都占据上风，喜欢命令和控制别人，他们习惯专注于大方向、大重点和大原则，不注重细节，待人态度总是很冷峻，不给人说话的机会，甚至是刻薄的拒绝，给人一种难以接近、难以沟通之感。向这种客户推销时往往需要花费较长时间和精力，但一旦建立起业务关系，便能够持续较长时间。

在与这类客户打交道时，销售员必须事先做好思想准备，拿出尊重而真诚的态度进行讲解，多赞美客户的眼光独到、产品如何与客户相配等，让客户在内心深处感到被重视；当对方提出自己的意见时，及时地对其正确的观点表示认同，并感谢他们提出的问题，满足其控制欲。就算我们知道客户是在诡辩，也不可以指责或点破对方，可以一方面表示认可他的说法，另一方面设法改变话题，从其他方面再跟他谈论下去。另外，如果我们能够提出有力的事实依据或是权威证明等，对方也比较容易接受。

当然，不要一味地顺从、迁就对方，更不能因对方的盛气凌人而屈服，否则对方可能会误判，觉得我们没有底气，在价格上肯定会做出让步，最后的结果可能会很难成交。必要时，以适当的方式打击一下对方的傲气。例如，我们可以采取激将法，说上一句：“既然贵公司没有这个能力，我就不再打扰了。”如此这般以引起对方辩解表白，刺激对方的购买兴趣和欲望，有时反而更容易促成交易。如果不能成交，也就算了，毕竟不是人人都能成为我们的衣食父母。

（三）内敛型客户

内敛型客户大多感情及思维活动更加倾向于心灵内部，感情比较深沉，不善言辞，遇事认真，处世谨慎，分析和观察能力强。他们对人对事都很挑剔，讲求事情的准确性，不会轻易相信一个人。在与销售员打交道时，他们只相信自己的眼睛和决策，注重细节，在意性价比，总会精挑细选，有时任凭销售员口若悬河地讲解，他们依然气定神闲、无动于衷，属于比较“难缠”的那一种。

对于这种客户，取信于他是关键。要有真诚而热情的态度，表情自然，语言得体，让对方感觉你比较诚恳，是值得信任的；不要采用劝说鼓动的方式，更不要夸大其词，产品介绍要客观而专业，任何产品都有优点和缺点，适当地讲讲产品瑕不掩瑜的缺点，会让他感受到你的真诚；提供足够准确的数据、资料或案例供他们参考，比如其他顾客使用的效果等，多方分析、比较、举证，消除他们的疑虑；适时保持沉默，给客户和自己都留有思考和回旋的余地，销售更容易达成。

我之前做过一种产品，技术不是特别成熟，但是同类产品其实都不太成熟，都有缺点。跟一位客户谈的时候，该客户很谨慎，一直顾虑重重，而我为了能尽快成交，也会有意回避技术方面的话题，结果却引得客户更担心，觉着这个产品可能存在更多问题，最后不了了之。现在想起来，最好的方法应该是主动的、直言不讳地告诉他缺点在哪里，这个缺点会导致哪些结果、哪些风险等，把这些都说明白了，客户反而会想：同类产品都不成熟啊，没有完美无缺的产品，这个销售员很诚实，进而会对我很信任。

（四）冲动型客户

性急、心直口快、心浮气躁，大大咧咧，忍耐性特差，这种客户常因一时之冲动而下决定，很多时候根本不会“货比三家”，也不会“讨价还价”，只要看着产品性能不错、价格合适，就会直接下单子购买。他们善变，在某个时间段内购买意愿会非常强烈，但是一旦过了这个热情劲，这类客户往往就变成无效顾客了——因为客户根本就不想购买了！

与这样的客户交往，我们不需要拐弯抹角，要直奔主题，抓住重点，语言简洁明快，一针见血，冲着他的需求说，讲解时不妨动作大一点儿，手势多一点儿，牢牢抓住他们的注意力，当他们听得渐渐入神对你另眼相待的时候，你的产品就能顺理成章的销售出去；预先洞察对方的真实意图和购买动机，顺其心意，说到点子上，你的介绍只要有一点抓住他的吸引力，加上多鼓励、多煽动他尝试购买使用，就可以将他们带入销售的氛围中。不要觉得过意不去，好像“宰”客户一样。要知道，这种客户最不喜欢磨磨叽叽，没及时帮客户选到真正想要的，那才是真正的罪过。

当然，我所列举的以上四种性格类型只是笼统概念，不足以代表全部。由此我们应该很容易看出，销售过程中慢一点儿，仔细摸清客户的性格类型，做出不同的应对策略，就等于点准了客户的穴位，销售才会尽在掌控之中。性格原因会导致不欢而散，千万别让它发生在你的身上。

不懂投其所好，很难做得好销售

在销售过程时，我们往往会遇到这种情况，有些客户不是在听我们说，而是自顾自地，或想别的事情，或嘴里应付着你，眼睛却注意别处，或转移话题，跟你瞎扯……遇到这种情况怎么办呢？投其所好。打动人心的最佳方式，是跟对方谈论其最感兴趣的、最珍爱的事物，这就是投其所好。

每一个人都对别人有意的推销行为，有一种戒备和抵触心理，这种心理会严重阻碍谈话的进程。而在与客户交流时，如果我们能从对方感兴趣的事物开口，投其所好，这样不仅能消除对方的心理戒备，还可以博得对方的好感和信任，也就让我们的角色由被动变为主动，使成交变得愉快而简单。

当我还在汽车销售公司工作时，在一次汽车展销会上结识了一位五十来岁的中年男子。当时这位客户对我们的一款越野型汽车十分感兴趣，而且根据他高档的着装、成熟的气质，我断定这绝对是一个优质客户。当我走上前做详细介绍时，对方的态度却很冷淡，也不做任何的表态。我将这款车型的宣传页交给了中年男子，并告之我的具体联系方式，可是他一直没给我任何回复。后来我两次试着打电话联系这位客户，邀请对方前来车行看车，对方都推托说工作很忙。

后来，我改变了自己的做法。经过多方打听，我得知这位客户品味高雅，尤其酷爱打高尔夫球。于是，我上网查找了大量有关高尔夫球的资料，一个星期之后我掌握了一些打高尔夫球的基本功，还对周边地区所有的高尔夫球场都做了深入了解。再一次给该客户打电话时，我只字不提销售汽车的事情，只是告诉客户，自己无意中发现了一家设施特别齐全、环境十分优雅的高尔夫球场，并诚恳地邀请对方周末一起打高尔夫球。当然，这次客户没有拒绝我，而是高兴地接受了邀请。

周末，我很顺利地在那家高尔夫球场见到了这位客户。我们一边打高尔夫球，一边聊天，我对高尔夫知识的了解让那位客户刮目相看，大叹自己“找到了知音”。在返回市里的路上，客户主动表示自己喜欢驾驶装饰豪华的越野汽车，这时我很自然地回答道：“我们公司正好刚刚上市一款豪华越野汽车，上次您在车展也看到了，这是目前市场上最有个性和最能体现品位的汽车……”

就这样，一场开端良好的销售沟通开始了。

我费尽心机想做成的一笔买卖，最后通过对方感兴趣的东西才获得成功。

瞧，在销售过程中，同样是购买行为，客户当然愿意与看来是知己的人签单。推销时直奔主题，虽然快，效果却并不理想。在难以正面突破的时候，寻找与客户交流的“契合点”则会事半功倍。这个“契合点”就是选择客户感兴趣的事情，它犹如一张通往客户心灵的“入场券”。

当然，投其所好并不是要你胡投，很多人虽然懂得这一销售技巧，随便了解到的客户爱好和兴趣，就盲目地投。比如，听说某一客户喜欢收集邮票，你就赶忙送去一套以奥运会为主题的邮票，然而客户已经有了，他想要的是一套最新版的十二生肖邮票。显然，这种投其所好就是做了无谓的投资，让效果大打折扣。

因此，投其所好不仅要投，还要投得准、投得妙，如此才能真正从内心打动客户，有效激发客户的购买欲望，从而达成销售目的。

为此，在接触客户之前，我们就要尽力去搜集有关客户的信息，第一次拜访客户时更要深入的、近距离的对其了解。一个优秀的销售员都有一个职业习惯，那就是无论在哪里都会多观察，到了客户那里更会用余光将客户所在的环境全部装入大脑。通过快速的浏览，既可以对客户的性格、爱好、习惯等等做出初步的判断，也可能将这些因素里面的某些点用于自己今后的沟通与公关。

我们公司应用了将近五年的《客户黄金档案》，就是一套供员工使用的完整了解客户信息的工具，里面记录了所有客户的姓名、家庭成员、性格、爱好、习惯、兴趣等，就是为了见到客户时能及时、准确地和客户沟通交流。而且，每年我们都要根据客户的变化，对《客户黄金档案》里的内容、素材进行修改、填充，这对于下一步的工作以及长期的客户维护，都起着关键性的作用。

在这一方面，我的领导就是一个难得的“高手”。跟任何一位来访的合作伙伴交谈，不管对方是甲方还是乙方，他都能用三言两语赢得对方的好感。他的秘诀就是：在接见合作伙伴的前一晚，必花一定时间详细了解对方的基本情况，特别是对方最感兴趣的话题。这样，一交谈就能有的放矢，切中肯綮。

要特别注意一点，对客户投其所好时，你最好也对这种事物、话题等同样感兴趣，这样的互动才是和谐的、自然的。如果只有对方对某种事物、话题感兴趣，而你却表现得兴味索然，或者内心排斥却故意表现出喜欢的样子，那对方的谈话热情和积极性马上就会被冷却，也就无法实现推销目标。

为此，除了有必要花时间和精力对客户的喜好和品位等进行研究外，我们在平时不妨多培养一些爱好兴趣，多积累一些各方面的知识，例如至少应该培养一些比较符合大众口味的兴趣，比如体育运动和一些积极的娱乐方式等；多关注时下大众比较关心的焦点问题，如房地产是否涨价、如何节约能源等。

幽默用得好，成交的机会就多

对于销售员来说，向别人推销你的产品或服务就是你的工作，不过让客户高高兴兴地掏钱却不是一件容易的事，因为每个人对外界都多少存有防备心理，有着本能的拒绝，尤其是对“心有所图”的推销员。很多人一见到推销员就像见到“坏人”似的，紧张、警惕，甚至不予理睬或敬而远之。

遇到这种情况，你是不是一筹莫展？别着急，幽默会助你一臂之力。

幽默是一种最有趣、最生动、最实用的沟通方法。回想一下，你身边什么样的人最受欢迎？有幽默感的人，对吧？和幽默的人在一起，我们会有一种轻松感，并且精神愉快，彼此气氛融洽，沟通起来更顺利；幽默的人可以活跃气氛，把紧张的环境顷刻变得轻快，即便表达反对意见也不让人反感……

遗憾的是，很多推销员却忽视了这点，以为和客户沟通是一件严肃认真的事，表现得一本正经、不苟言笑、没有活力……每个人其实还是可以接受推销的，只是我们的接受是有选择性的，只会接受自己喜欢的东西或形式，而在推销过程中压抑沉重的气氛，只会让客户“避之不及”。

初涉销售时，一位前辈曾给我上过一堂“幽默课”。

一段时间我陷入了职业的迷茫期，跟客户沟通的时候，尽管我很卖力，说得头头是道，但客户总是不下单。这天，一位经验丰富的前辈决定给我几个锦囊妙计。这位前辈形象看起来差强人意：身材矮小、圆圆胖胖，还有些秃顶，可言谈举止间洋溢着一种幽默的活力，是我认识的人中人缘最好的。

我们一起拜访一位重要客户，前辈一说明自己的来意，该客户就向我们喊道没兴趣、没时间，并说之前有推销员来过，已经被拒绝了。我沮丧地叹了一口气，准备离开，却见前辈咯咯咯地笑了起来。客户莫名其妙地瞪着我们，只见前辈直了直身子，笑着说道："我们做销售的，不仅要产品好、服务好，还要口才好。那孩子口才不好，哪像我能说会道。不瞒您说，我精通各国语言。"

"哦？"客户似乎有点兴致的样子，我却很质疑，因为之前从没听前辈说过外语啊。

"热闹的马路不长草，聪明的脑袋不长毛"，前辈指着自己有点秃顶的脑袋，不急不忙地解释道，"人不可貌相，我可以用法语、德语、汉语、日语、西班牙语等表示沉默。但是我比较爱国，只要我一开口，我就只说汉语……"

客户一下子被逗乐了，邀我们就座："咱们谈一谈吧，或许我会有兴趣的。"

期间，前辈不时说几句幽默的话，还讲起发生在自己身上的一些趣事，该客户饶有兴致，被惹得大笑了好几次，交谈进行得十分愉快。意料之外，情理之中，最终该客户选择了我们。

这位前辈看似无心却有心的幽默开场，让客户放下警惕的戒备心理，轻松进入到接下来的交流之中。由此可见，这位前辈是加以幽默的方式来推销产品的，而客户从他的笑声中知道对方不仅是位经验丰富、业务精湛的推销员，而且是一位幽默风趣、可信可亲的朋友，自然就产生了购买的兴趣和行为。

这次推销经历让我认识到，幽默的语言具有一定的新鲜性和趣味性，很容易吸引人们的注意力，从而打开话题，进而打动人心。在推销中如果你能够让客户笑，那你就能够让他们买单。所以，面对心存戒备的客户，在与客户沟通不畅、面谈不顺时，不妨适时切入幽默的言谈举动，让对方对你打开心扉。

说到这，有人会说，幽默很简单嘛，不就是开玩笑呗，于是便油腔滑调、插科打诨，甚至讲一些趣味低下的“段子”。但别忘了，我们评价一个人的素质和品位，正是通过观察其生活当中的言行举止的小细节得来的。幽默绝不是简单地制造一些笑料，而是智慧和风趣的体现，给人意味深长、回味无穷之感。

《不列颠百科全书》被认为是当今世界上最知名、最权威的百科全书，囊括了哲学、数学、医学、考古学等各方面的知识。据说此书最初几版曾收纳“爱情”条目，并用了五页的篇幅来“解说”，内容非常详细。但二战后这一条目却被删掉了，取而代之的是新增的“原子弹”，霸占了原来“爱情”条目的篇幅。

有一位读者为此觉得很不满，气愤地斥责编辑部：“你们是一群多么无知的家伙，你们鄙弃了人类最美妙的情感，却热衷于杀人的兵器。”这话可不怎么顺耳，但该书的总编辑约斯特却没有恶语相向，他幽默地做出了这样的解释：“亲爱的读者，你说的一点儿也不错，爱情的确是一种美妙的情感。所以，对于爱情，读百科全书不如亲身体验；而对于原子弹，亲身尝试不如读这本书好。”

面对读者的指责和嘲讽，约斯特的解释是多么富有智慧、多么豁达啊！更主要的是这段话还包含了很深的哲理，将爱情和原子弹进行比拟，既有礼有节地回答了读者的质问，又表达了他和读者一样，盼望人类最美妙的感情，不愿原子弹真正成为“杀人凶手”的思想。

看到了吧，幽默是一种高层次的语言艺术和思维智慧，真正的幽默需要深刻的思想、高尚的人格，也一定是以健康高雅的话语、轻松愉快的形式和情绪去揭示深刻、严肃、抽象的道理，使情趣与哲理达到和谐统一，还具有高尚的人格魅力，让人开怀的同时还会受到一定的启迪和思考。

伟人高尚纯洁的人格魅力，我们一时或许难以企及，至少可以在和他人幽默沟通的同时保持一定的精神品位，不谈那些格调低下的、庸俗不堪的东西，而应该注意人格魅力的培养，平时广泛涉猎，丰富自己的谈资，多一些高尚的内容，多一些精神交流，这样的幽默才具有强大的感染力和吸引力，有效地激发客户源自内心深处的好感，赢得比他人更多的成交的机会。

客户的身体语言会告诉你真正的答案

搓手代表焦虑、鼓掌表示兴奋、顿足代表生气、摊手表示无奈……人的心理情绪通常会通过身体语言表现出来。人在面对面的交流中，纯语言部分只占不到35%，而身体语言部分却占到了65%。说到身体语言，我们常提及的是销售要适当运用身体语言促成销售，却经常忽略了我们的沟通对象——客户的身体语言。

在销售过程中，客户说的话有时具有隐蔽性，片面性，但为了获得更好的产品或服务，客户通常都会不自觉地用自己的各种肢体动作来表达自己的想法。销售人员如果不理解对方身体语言所代表的含义，或者理解有偏颇，那么就有可能使“蒸熟的鸭子”飞掉。

如果客户平时寡言少语，而在和你交流时却喋喋不休地诉说，这不是他对你热情，而多半是他想对你隐瞒什么；当看到对方用手托着自己的腮帮子认真听你讲话时，千万不要认为对方对你的谈话无比入迷，或许这是已经厌烦之兆；下意识地摸下巴、摆弄衣角或将手藏在背后，则有可能是说谎的表现。

在这一点上，我就曾吃过大亏。

一次在与某一重要客户交谈时，该客户提出价格再下降30%就马上成交的想法，说这话时对方用手快速地摸了一下鼻子，这其实是对方表现出紧张的一种迹象，因为他可能也意识到自己的要求有些过分了，他重点是在试探我的价格底限。但当时的我并不懂，以为那只是对方的鼻子发痒了而已。我非常渴望达成这一次合作，冒着自己不拿公司提成的决心，表示价格只能下降25%，真的不能再低了。

当我说出自己的决定时，竟然发现客户双臂交叉抱于胸前，在现在看来，其实客户这样的表现就是说明表示肯定，表示同意，暗示“我们可以成交了”。但当时我并不了解，以为对方因没有达到自己的要求而失望，于是我便苦苦等待着对方有一个明确的口头承诺。而对方也在一直等着我表态，最后因为这点误解，我们不欢而散。

由此可见，销售人员正确理解客户传递的身体语言是非常重要的。嘴巴可以欺骗人，可身体语言却是实实在在的，一个小小的动作就能表露出内心的想法。销售员通过观察客户的身体动作及变化，才能更准确地了解客户的意愿，掌握客户的心理动态，实现销售过程的主动性，进而提高自己的销售业绩。

作为销售人员，你能回答下列问题吗？

我在做产品介绍时，客户的坐姿突然改变意味着什么？

客户微笑，是“成交信号”吗？

客户的微小动作预示了他的哪些心理变化？

……

下面是我根据多年经验总结出的客户身体语言及其寓意，并给出了一定的处理方式。

如果客户轻揉鼻子、眉毛上扬，那代表对方认为你在花言巧语，不相信你，对你所说的话无法产生兴趣。此时应想办法建立信任，通过需求分析，问出客户所在意的兴趣点。

伸懒腰、打呵欠、东张西望、手指不断敲打桌面、双手互捏、眼神四处游离等动作，代表对方对与我们所进行的交谈已经厌倦了，没有多大的耐性了，可能是你说得太多，可能你的语言太苍白无力，此时要停止滔滔不绝的讲述，换一种方式来吸引客户的注意力，如鼓励客户去接触，亲自体验一下。

客户脸上肌肉麻木，面无表情，甚至无视你或低头俯视等，这往往是内心充满敌意的表现，表示客户根本没有购买的欲望，此时不要急着去促成，建议先使用一些赞美、幽默等语言，努力化解他们的敌意，然后再谈及接下来的销售。如果对方一直不表态，你可以及时撤退，再拜访或直接放弃。

闭缩眼睛、握紧拳头、抚摸后脑、眯着眼，这些都是反对信号，这表明客户不同意你的说法。针对这种情况，不要强去促成，而是要注意制造和谐、友善的气氛，例如话题上跟进、互动，让客户感觉到你对他的尊重，这样就能赢得客户的好感，客户会暂时放下自己的观点，愿意听你说一说。

频繁地眨眼睛、眼睛向一侧转动，用手挡住嘴或稍微触及嘴巴或鼻子，下意识地摸下巴、摆弄衣角或将手藏在背后，说明对方想隐藏内心的真实想法，这是一种说谎的表现。这时你要提高警惕了，仔细分析客户这样做的原因，了解客户最真实的想法，然后再对“症”下“药”地进行讲解。

当客户咬指甲代表不安、犹疑，摸耳朵或紧拉着耳朵时，表示他现在不能作决定，还在犹豫。此时你要坚持，可试着帮他决定，再重复说明下，或者摆出有利的观点去化解他此刻的犹豫，也就很容易促成了。

交谈时，如果客户与你面对面、四目相对很久，轻拍或抚摸头发、睁大眼睛、面颊泛红等，一般在这时，我们的好运就要来了，因为这是客户感兴趣或同意的信号，是促成的大好时机，进一步深入引导客户，很容易促成交易。

在销售活动中，成交的时机是非常难于把握的，太早了容易引起客户的反感，造成签约失败；太晚了，客户已经失去了购买欲望，之前所有的努力全部付诸东流。那怎么办呢？告诉你，当成交时机到来时，客户会给你一些“信号”，只要你留心观察，乘胜追击，就一定可以把握成交时机。

当然，观察客户时也不能单一地依靠身体语言而轻易下结论，最好能与对方口头表达的话语相结合，全面性地进行了解，进而准确掌控对方心理，实现成交目标。

PART 4

顾问式销售：

成为客户决策的设计师

※

成交率的高低是决定销售人员水平的重要指标，

要提高成功率就要努力完成自我提升，

必须从告知型销售转变为顾问型销售。

不以销售人员的身份出现，

而以该行业专家顾问的身份出现；

不以单独地卖你的产品为目的，

而以协助客户去解决问题为目的；

不以自己的脑袋去想，而用客户的头脑去想，

成为客户决策的设计师。

※

顾问式销售：基于专业态度的指引

怎样做好一名销售员？关于这个问题，真是各有各的说法，有人说脸皮要够厚，嘴要够甜，手要够勤；有人说销售就是推销自己，做好自己才算好；有人说销售就是社交，要善于灵活运用沟通技巧……各种说法，无法归一！

给大家带来一个故事，或许能进一步说明：

几年前我去上海拜访一位重要客户时，临时想买一两件衬衫来搭配新西装，于是走进了上海百盛商场的男装楼层。在走到第一家、第二家、第三家男装店时，导购们都会过来招呼我："我能为你服务吗？"或"有需要帮忙的吗？"当我表示想买一两件衬衫时，导购们都会热情地领我到整柜的衬衫前，然后一件件从架上取出来摊开，"我们这的衬衫都很好，你觉得这件怎么样？那件呢？"我看得眼花缭乱，难以抉择，只好不好意思地退出来，然后匆匆忙忙走开。

我仍然决定买两件衬衫，所以谨慎地走进了第四家男装店。这是一位年长的男导购，他从店中央迎面微笑向我走来，当我说自己想买一两件衬衫时，他采取了一种我从未见过的举动，这种举动是我后来从所有顶尖销售人员身上学到的——

男导购双眼注视着我："请问，您想在什么样的场合穿这些衬衫？"

"见客户。"我回答。

男导购："您要穿这些衬衫搭配什么颜色的西装呢？"

我回答："我平时喜欢穿黑色或深灰色西装，这样显得更成熟、稳重。"

男导购点点头，继续问我："您比较喜欢什么颜色、什么款式的衬衫？心里有想法吗？"

“最好时尚一点儿吧”，我如实回答，“不过我还没想好要买什么价位的。”

男导购想了一下，说：“那么，让我给你看一些较新款的衬衫，然后向你解释一下材质和价格上的差异，之后你就可以决定哪些衬衫更适合你了。”之后，他向我展示了一些新款衬衫，并且一一解释这些衬衫材质、剪裁、缝制、袖口、价格以及维护方式，而且他还向我解释了不同衬衫如何搭配领带以发挥最大的魅力。

我受宠若惊并且一直问问题，男导购都能够不厌其烦并且以非常专业的方式回答。我非常高兴受到对方这么真心的关怀，并帮助我得到需要的东西，于是我很乐意地听他的话。半个钟头之后，我拎着两大袋衬衫和领带走出那家男装店。

怎样做好一个销售员？这里的关键是你做告知型销售，还是顾问式销售。两者有什么区别呢？我简单解释下，告知型销售是以销售为目的，重点强调的是产品本身，而不是从客户需求角度出发。顾问式销售更多注重的是客户的需求，从客户的角度出发，提供完整的、适合的解决性方案和产品。

我为什么最终选择在第四家男装店购物，就是因为这家的导购利用自己的专业知识销售时，懂得从我的需求和利益出发，会考虑我穿衬衫的场合、搭配的西服、适合的领带等等，他在用心帮助我选择最适合自己的衬衫，而不像前三家的导购只知道一味地推销自家的衬衫，丝毫没有建设性的意见。

很多人谈到销售，就认为是“卖东西”，于是我们看到不少推销人员拼命地预约、讲解、讨好客户，跑折了腿、磨破了嘴，可客户就是不买账。追其原因，其实就是分析、判断、解决需求有了偏差，以卖自己的产品为目的，客户的需求得不到满足，问题得不到解决，如此成交目标自然很难达成。

这一点很好理解，每一个客户在购买活动中常常存在着不同程度的购买风险，比如买了一台冰箱，但他使用后发现这台冰箱在质量和功能上不尽如人意，这就造成一定程度的需求不满足。因此，客户在购买活动前总希望寻找更多的信息，求助于可靠的信息来源，以此来降低购买风险。而顾问式销售恰恰就是以该行业专家顾问身份出现，以帮助客户解决问题为目的，运用分析、判断等能力帮助客户正确选择产品或服务，满足客户的现有或潜在需求。

举一个例子，假设你在职业选择上遇到问题，恐怕连自己的问题出在哪里，应该怎么去选择都搞不清楚。这种情况下，你会需要什么？是不是希望得到专业化的职业咨询服务，能够给自己提供专业化的建议？客户也是一样，对于销售人员的专业化，始终会有一个期望。

再次审视自己，你怎样才能从竞争中脱颖而出呢？你是更快、更灵活、更聪明，还是更便宜呢？是时候回答这个问题了——专业化是成功的关键。成交率的高低是决定销售人员水平的重要指标，要提高成功率就要努力完成自我提升，必须从告知型销售转变为顾问式销售，用专业做“武器”。

具体如何做呢？这就需要我们掌握基本的专业技能，这包括面对客户时，我们要把自己调到最佳精神状态，具备较强的沟通、说服能力；对自己的产品了如指掌，对竞争对手的情况了解如数家珍；了解、分析市场行情，发展现状及存在问题等，能够回答客户提出的各种疑问，并解决客户所遇到的各种难题。

凯特经营着一家知名的化妆品公司，是这家公司的老板。为了扩大公司产品的影响力，她一直都使用自家生产出来的化妆品。她不建议公司职员使用其他公司的化妆品，认为那对自己的公司没有一点儿好处。正因为如此，所以她不能理解凯迪拉克轿车的推销员开着福特轿车四处游说、人寿保险公司的经理自己不参加保险。她认为，这种做法完全从根上就错了。

可是有一次朋友聚会时，我居然发现凯特正在使用另外一家公司生产的粉盒及唇膏，我有些惊讶：“老天爷，你不会是在使用别家公司的产品吧？”

凯特的脸微微地红了，回答道：“没错，我是在使用别家公司的产品，可是我必须这样做！”接着，凯特对我讲了自己的一段经历：“前段时间，我失去了一名客户。您肯定想象不到，我失去这位客户的原因。很简单，只是因为我在和客户聊天的过程中，客户问了我一些其他公司产品的问题。很遗憾，我对其他公司的产品一无所知。您知道吗？那位客户临走时说，如果一种产品看不到另外一种同类产品的长处，那么这种产品也肯定没有长处。所以，我开始着手去了解别家公司的产品。”

凯特为什么会失去客户？原因很简单！那是因为，在她与客户交流的过程中，她断了一环。当客户问到她别家公司的产品时，她一无所知。凯特的经历让我倒吸了一口凉气：是啊！如果有一天，客户问到其他公司产品的长处，我自己是不是也会就此哑口了呢？事后我得出了结论：要想说服客户，就必须具备专业技能。于是，我坚持每周上一两次行业内的专业网站，每月看一两本专业杂志、书籍。

顾问式营销不仅要将产品“销售”出去，更要赢得客户的信赖与认可，通过高水准的服务和专业知识，提供专业化的指导意见，给予朋友般的贴心关怀，帮助客户做出符合自己需要的选择，如此不但能赢得客户的信任，而且能将购买行为从一次性的消费转变成长久性的友好合作关系。

顾问式销售基于专业态度的指引，充当“顾问”，实现“双赢”。但也必须承认，我们对所有的知识不可能样样精通。如果遇到不甚了解的问题，绝不能用“大概”“可能”“也许”“差不多”这样的话来搪塞客户，而是应实事求是向客户解释。如果遇到的客户是这方面的专家，那么应虚心向对方学习，以丰富自己的知识。不懂装懂，不但坑害客户，也不利于自己业务的顺利开展。

例如，一位顾客向推销员咨询不同皮肤适用何种化妆品时，这位业务不精的推销员唯恐顾客不肯买自己的化妆品，甚至担心顾客看不起自己，于是乱侃一通，结果使这位顾客差一点儿毁容而诉诸法律。这样虽然表面上完成了一次销售行为，本质上却毁了销售的目的，断绝了一个长期客户，是得不偿失的。

体验时代，你一定要懂体验式销售

“冬天的太阳晒起来确实很舒服，但你得亲自去晒，别人替你晒不来。”这句话出自周作人先生的一篇小品文，话中蕴含的道理同样可以运用到销售中来。

不少销售人员舌如莲花，说得头头是道，几乎句句说到客户的心坎里，但到了最终的成交环节，却发现客户总是迟迟不下单；有时明明谈得好好的，客户最终却跑单了。为什么？我们时时处处都在围绕着产品高谈阔论，却不知如何让客户获得切实的体验，去真正感受产品所能带来的服务。

空对空的喊大话不足以打动客户，而让客户走到产品空间里、促销区内或者其他销售氛围中去获得哪怕三秒钟的切身体会来得更直接和生动。

当初苹果 iPhone4s 上市时，我恰好想换一部新手机，但在手机卖场看到苹果 iPhone4s 和苹果 iPhone4 在外观上并没有太大差异，如果套一个手机壳，根本就看不出来是 iPhone4 还是 iPhone4s，但 iPhone4s 比 iPhone4 的价格要贵不少，为什么贵？我对此有所疑虑，便询问销售人员这两款的区别。

第一个销售人员这样回答：“它俩的配置不一样，iPhone4s 在性能方面上提升了不少，包括采用了最新的 A5 双核处理器、全新的 iOS 5 等，反应更灵敏；iPhone 4s 摄像头具有 800 万像素，比 iPhone 4 的摄像头多出 60%。另外，定制镜头使用 5 个精密元件对射入的光线进行校正，令整个图像更加清晰。”

听完这样的介绍，大家有什么感觉？反正我当时没有什么感觉，也没有购买的欲望。

这时，另一个销售人员拿出来一个 iPhone4，一个 iPhone4s，分别把照相机都调了出来，让我拿着 iPhone4s，他拿着 iPhone4，然后和我说：“我喊

123，我们同时按拍照键”。当我们同时按下拍照的时候，我发现 iPhone4s 立刻成像，而 iPhone4 却慢了很多。销售人员将两个手机放在一起，让我再比较刚拍的图片，很明显 iPhone4s 的图像更清晰、更逼真，于是我痛快地选择了 iphone4s。

相信如果没有对 iPhone4s 的使用体验和对比，我还是很难做出一个好的决定。

让客户获得实实在在的体验，往往比我们口吐莲花更管用。因此，我们必须正视一个无可辩驳的现实——现代营销已进入“体验时代”。

好吧，现在我们来为体验经济下一个定义：在体验经济中，销售人员提供的不再仅仅是商品或服务，它需要提供最终的体验，并充满了感情的力量，给客户留下难以忘却的愉悦记忆。此时客户消费的也不再是实实在在的商品，而是一种感觉，一种情绪上、体力上、智力上，甚至精神上的体验。

在普通销售中，买卖双方的关系是我要买，你要卖，买卖做完就走人。但体验营销呢？它伴随着心理消费。在“体验营销”中，消费不是一种产品，也不是某种服务，它是一个过程，即通过购买行为获得新奇刺激、高雅浪漫，或是愉悦幸福的感受。

我知道瑞士有一家出名的潜水运动品牌店，这个新兴户外运动品牌说它不卖爆款，卖的是真实使用场景。也是遵循这个逻辑，团队并没有在线上渠道做太多东西，而是基于线下的观摩和体验。银光闪闪的照明环境，诸多海扇贝以及扇贝形图案、触手水母、反光镜和老式船舶，呈现出一个斑斓的海底世界。显示屏上播放着潜水者拍摄的海底世界，使顾客仿佛置身其中，妙不可言。

俗话说，“百闻不如一见”，因此销售中不必急于推销你的产品，不妨让客户切实的置身于体验之中，让他们通过不同的感官体验到商品的真实一面，这样他们才能真真切切地体会到产品魅力，才会对产品产生情感上的依赖，从而产生购买欲望和需求，并且有可能成为产品忠实的顾客。

让客户参与进来，这是体验营销最大的亮点。如何做呢？仅仅是给客户体验一下产品而已吗？当然不是，例如试乘试驾是汽车销售中最能体现产品体验的关键环节，但客户试乘试驾之后就会买单吗？肯定不是，客户很有可能非常喜欢这辆车，但他体验过之后反倒不喜欢了，最终放弃了购买。因为世上没有十全十美的产品，只要客户没有满足于商品带来的所需感受，他总能找到一些不足之处，如发动机噪音太大、减震效果不太好等而放弃购买。

体验式销售成功的关键之处，是把目标客户的某种生活态度和潜在期望放大后表现出来。怎么讲？产品体验中要有预谋、有策划地展示产品的优势，根据产品和客户双方的特点来量身定制体验方法，因此我们销售人员要懂得挖掘和提炼产品的核心内涵、外延和产品所处社会上的背景。

一次王先生来我们4S店购车，他绕着一辆SUV车型看了两圈，也听我里里外外地介绍了一遍，但还是有些不太确定地问："这车子到底怎么样呢？"我没有直接回答他，而是说："王大哥，这车子怎么样，前面我已经给您介绍过一遍了，但俗话说百闻不如一见，我说得再好也没用，建议您最好亲自体验一下。"

在试乘试驾前，我并非随意选择路线，而是预设好了一条试车路线图，那是一段泥泞的坑洼路面。为什么呢？因为这样才能体现SUV优越的通过性能。当穿越那段泥泞的坑洼路面时，汽车一只轮胎陷入其中，但我们只稍微转动了下方向盘，就轻松地脱离了困境，完美显示了车辆优越的防滑驱动性能。

在惊呼声中，王先生虽然对汽车的满意度大增，但依然有些犹豫。这时，我又适时地下了一剂猛药，"您不觉得，这款车真的很配您吗？您平时工作很忙，想想看，周末放松一下时，当您把这款车开在林荫道上时，欣赏着野外的美景，听着美妙的音乐，让醉人的暖风吹进来，那感觉多美啊！您说是吗？"

最终，王先生被我的话吸引住了，不再犹豫，很快办理了付款手续。

你看出来了吗？我之所以说服王先生，主要原因在于，我预先设定了试车路线图，让客户觉得这样的产品体验非常专业。同时，我还向对方描绘了一幅“人在车中”的美丽画面，更加坚定了对方买车的决心。至此，可以得出一个清晰的结论：使客户切实获得美好体验是完善销售的催化剂。

最近，一个从事房地产工作的朋友，请我就“体验营销”做进一步说明。

我们知道，房地产传统营销的方法是带客户去看房子，然后跟客户介绍房子的房型、地段等等这些，具体到体验营销该怎么做呢？

先在房子里做好三口之家、四世同堂等角色情景扮演，当客户走进房子时，家庭中的女主人会带着客户到厨房、卧室等处给客户演示；男主人带着客户去体验书房、小酒吧、视听房，向客户讲述自己每天怎样体味生活；如果看房的有老人，那么好，陪他们坐在老人房中畅谈儿女经，抱着孙子戏耍……

让客户在看房过程中真切体验他们买房后的幸福生活，使原本枯燥的看房变成了一种愉悦的享受，这就是体验营销。

“我不在办公室，就在星巴克；我不在星巴克，就在去星巴克的路上”——星巴克的这句经典广告语已为越来越多人所熟知。一杯普通的星巴克咖啡二三十元，对于大多数人来说价格偏高，想喝一杯你往往都要排队。它口感不一定是最好的，一杯星巴克也展示不了你的身份。那么，星巴克到底靠什么成功俘虏了我们的心？先看看它成功地创立的一种“星巴克消费体验心理”。

星巴克是以消费者感受为己任的，例如，经常鼓励消费者与员工之间进行关于咖啡口感、改进等进行口头或书面的交流体验，使人有一种轻松自在的感觉；星巴克的座椅不大不小，坐下去正好承托住后背，十分舒适；星巴克不仅环境优美，无线上网，无烟区域，更使消费者视这里为约会、工作、发呆的地方。再拿星巴克的咖啡说吧，种类繁多，消费者的选择性较大，你可以喝到任何一种咖啡，大、中、小杯，浓的、淡的，也可以根据自己的偏好选择活泼、浓郁、粗犷、低因四大口味，这种产品的多样化能满足不同或同一个人的不同体验感受需求，这是具有强烈吸引力的。消费者若想再次获得这类体验就得再来，而且是不请自来，威力很强大吧。

体验营销是很难用一般的数量指标来衡量优劣的，但当你在销售过程中给客户留下深刻、美好、愉悦的印象时，他们就会心甘情愿为这种体验付费。

组合销售的“秘密”

进入销售行业以来，我切身体会到这是一个非常有前景的行业，我也付出了非常多的努力，取得了一些成绩。但是和最优秀的同事比起来，一段时间里我的业绩总是差了一些，这让我颇为不解。当我向一位前辈请教时，听到了这样一个有趣的故事：

18世纪法国有个哲学家叫丹尼斯·狄德罗，一天朋友送给他一件质地精良、做工考究的高档睡袍，狄德罗非常喜欢，可当他穿着新睡袍在书房走来走去时，总觉得家具不是破旧不堪，就是风格不对，地毯的针脚也粗得吓人，总之屋里一切都不协调了。为此，他更换了新书桌、新地毯，使书房焕然一新才肯罢休。

狄德罗这是怎么了？当我表示不解时，前辈抛出了一个名词——配套心理。人们在拥有了一件新物品后，为了和这个新物品相匹配，会不断配置更多的新物品，直到达到心理上的平衡，获得足够的心理满足，这就是配套心理。这一消费现象因最早被狄德罗发现，因此就叫“狄德罗效应”。

这听起来很不可思议，但仔细回想，很多人其实都有过类似的经历。原本去商场只打算买一件衬衣，买下后觉得旧裤子不顺眼了，于是又买了一条新裤子，有了新裤子又觉得鞋子太老土了，只好又买了一双新鞋。

“狄德罗效应”有一个有趣的特点，那就是它是不断向上攀升的，到达一个阶段，各方面都要求配套上升，越用越贵，越用越奢华，越用越复杂，鞋子要搭配礼服，礼服要搭配名钻，名钻要搭配名车，名车要搭配豪宅……

“我们做销售时也会把相关产品搭配起来卖给客户，这叫搭配营销。准确点说，搭配营销是通过消费品之间的配套组合，来激发客户想要保持完整的心理，认为这些都是不得不拥有的‘狄德罗商品’，若有所缺失就会心有缺憾，从而购买更多更好的商品。”前辈进一步解释道，“这就是组合销售的秘密。”

在前辈的指导下，我顺利拿下一个大单，过程是这样的：

我的一位老顾客打算换一辆新车，在我的推荐下，他选择了一款丰田卡罗拉。按照以往的销售经验，客户打款提车后，我拿提成就可以了。但这次，我决定向客户推荐一些组合型的产品：“这款丰田卡罗拉的性价比很高，但如果您能适当地提高下配置，那就更完美了。我们这有一个万元大礼包，包含氙气灯、胎压监测、导航倒影、倒车雷达、防炫目后视镜等，建议您考虑一下？”

客户摆摆手：“我使用以前的车近十年了，没觉得这些东西值得购买。”

“新马配新鞍，新车加新欢”，我说道，“汽车的大灯就像人的眼睛一样，‘视力’好不好关系到安全。目前大多数车型配备的是卤素大灯，但卤素大灯的照射亮度及照射距离远没有氙气灯好，特别是在夜间跑高速路，你会发现卤素灯真的很吃力，很没有安全感。如果再没有防炫目后视镜，那简直是雪上加霜。”

客户双眼注视着我，见对方有了兴趣，我继续说道，“轮胎的胎压关系到行车安全、油耗、轮胎磨损等，平时我们需要自己定期用胎压计去测量胎压，这样才放心。如果有胎压监测这个配置，就省心多了，它能够像管家一样管理四条轮胎的胎压，监测它们的变化，为我们的行车安全保驾护航。”

在我的推销下，客户有些心动了，但还有些犹豫。于是，我继续劝说，“多花钱，绝对值。万元大礼包是活动价，平时安装这些设备得一万五六，而且我们4S店产品安全放心，出了问题即便厂家不保，我们4S店也会负责。”

最终，客户被我成功说服，当然我的提成也高了不少。尝到组合销售的“甜头”后，在接下来的销售中我又如法炮制，业绩节节攀升。

组合销售说起来简单，但组合的方法却不少，得有“法”可依才靠谱。根据个人工作心得，我简单总结如下：

（一）功能组合

所谓功能组合，指的是将使用范围相同，功能各异又相互辅助的两种或多种商品作为组合项，组合成一个系列来进行营销。例如，卖桌子时，也可以卖椅子；卖茶壶时，可以一起卖茶杯；卖冰箱时，也卖空调。这些在人们头脑中一直就是一个整体，客户冲动性购买的发生也就变得方便了。

（二）格调组合

在色彩、风格、档次等方面，商品搭配要讲究和谐统一，这是一种格调上的组合。例如，上衣和裤子在色彩上要相互搭配，家具和地板的风格不能冲突，宝马汽车最好配劳力士手表。对于某些商品来说，可能客户处于可买可不买的心理边缘，但这种涉及主观感觉和偏好的格调组合，往往会传递给客户一定的心理满足感，激发其难以抑制的购物冲动，尤其是对有品位的客户而言。

（三）捆绑组合

捆绑组合大多适用于具有互补性的两个或多个商品，例如用一款高价商品搭配一款低价商品，大多为“买一送一”的形式；超市经常将几种不同的蔬菜，如将西红柿和鸡蛋、蒜和大葱，捆绑成一份销售；旅行社则对整个旅行路线进行定价，如北京一日游：故宫 + 鸟巢 + 水立方 + 八达岭长城。

这种“捆绑”形式的好处是，可以囊括众多个商品，降低单个产品的价格敏感度，令客户有“占到便宜”的感觉，赶紧下手买下。如果商品本身的定价标准本来就不明确，客户就会更加迷糊、更加无法判断价格了，进而产生需求心理。比如，冬虫夏草通常卖得很贵，单一产品不一定能够达到预期的销量，但如果你搭配一包免费的有机枸杞（价格是普通枸杞的八九倍），就会让对方无法估计商品的价格，进而变得很容易卖。

要知道，有些产品之间的关联是显而易见的，有些则不是。重要的是，你的“设计”要让客户能感受到它的逻辑性，能在想象当中把两件事物关联起来。例如，出售办公用纸的人员可以提供打印机墨盒，毕竟没有墨水，纸张毫无用处；在销售移动电话时，你可以介绍手机号码、缴费服务等等。

以上几点综合起来都做好的话，银子就轻轻松松赚到口袋里啦！

客户利益至上，销售再“慢”也无妨

销售的终极目的就是订单，所有的介绍、宣传、推广等，都是为了最后的订单。但成单不易，丢单却很容易。销售中最常见的事就是丢单，几乎所有的销售都丢过单。常在河边走，哪能不湿鞋。总结丢单，当然这里也包括单子停滞不前的原因，除了竞争对手比我们“凶猛”外，不外乎以下几种：

1. 客户觉得买这些东西根本没用，不合适当然不买；
2. 客户没有预算的钱，更重要的地方需要用钱，你的事靠后站；
3. 客户不知道买了会怎样，买不买都可以；
4. 在某个特定时间，客户暂时不想买，以后再说；
5. 客户对销售员没有信任感。

而因为客户没有信任感而导致的丢单，比前 4 种因素所导致的销售失败的总和还要多。

客户为什么不信任我们？原因也可以列出很多很多，如客户对你印象不好，觉得你像个骗子；客户认为你在夸大自己的东西，不能托付生意等。但无论列示多少条，归根结底客户不信任我们的地方只有一个：他认为你的动机不纯！你只是想卖出自己的东西，而不是在真心关心他的利益。

如果留意观察，你会很容易发现一个现象：人与人之间交流，用得最多的一个字就是“我”。这说明了什么？说明了不管你是什么人，也不管你在干什么，在任何时候，你的内心深处都非常关心自己。换句话说，你的利益，永远是最重要的。将心比心，你是这种心态，那么客户也是这种心态。

有些人认为销售就是以自己盈利为目标，所以急匆匆地催着客户下单，甚至为了提高销售业绩，不惜诱导客户购买一些质劣价高的产品。或许这样可以短期内获得不菲的收益，但从长远来看，这样的销售员不但成不了最优秀的，甚至往往是在业绩中总垫底的，原因就是没考虑客户利益。

什么是客户的利益？

对于客户来讲，他们从来不关心自己买的是什么，真正关心的是自己得到了什么，自己的问题是否得到了解决，境地是否因此而变得更好。比如，女人买化妆品，真正关心的是使用后是否能改善自己的肤质、使自己看起来更漂亮；顾客买汽车，真正关心的是车辆是否可以使生活变得更便利、更尊贵；男孩请女孩子喝咖啡，真正关心的是女孩是否因此感受到了他对她的爱意……这些都隐藏在产品背后，客户真正关心的东西就是利益。

讲到这里已经非常明朗了，任何产品和服务都是载体，只有利益才是客户真正在乎的！而透过产品所承载的利益，这才是我们真正要贩卖的东西。

在销售中，如果你没有把你的产品功能和客户的利益建立连接，你就是自说自话，客户会认为你只想卖东西，而不是想帮助他。相反，如果你能从关心你的产品变成关心客户的困难、风险、利益等，信任感立刻就可以建立起来了。因为这时你已经从你的船上跨到了客户的船上，这就叫同舟共济。

毫无疑问，当你在销售过程中慢下来，表现出对客户利益的关心，甚至做到比客户更关心他的利益，那么你的推销在悄无声息中已经成功了一大半。

小刘和小田都是我一手带出来的推销员，两个人都很勤奋、很努力，也很优秀，而且两人推销的产品是一模一样的，但小刘的业绩总是没有小田好。为什么？在这里，我举一个实事说明，他们都曾到同一个客户那里推销过商品，但结果却大相径庭。

小刘到了客户家里，还没有来得及喘口气，就开始迫不及待地介绍起了产品。他的口才不差，滔滔不绝地讲述自己的产品，绘声绘色，妙语连珠。他从质量讲到销路，又从现况讲到前景。但是得到的结果是，被客户不耐烦地打断：“很抱歉，先生！我知道你的产品很好，也很实用，但是我完全不需要。所以，你可以停止演讲了。”小刘愕然，只能尴尬地笑笑，然后讪讪地离去。

小田到这个客户家里去推销时，却是另外一种情况。他是怎么做的？我们来看：

刚到客户家里，小田就利用和客户闲聊的空当，悄悄地观察起对方的家具布置，并以此揣测出了其生活档次和消费品位。当然，他做这项工作的时候，只是用眼睛快速扫过，仅仅用了几秒钟而已。但就是这几秒钟，给了他判断客户的依据。于是，他在向客户介绍产品时，先询问对方需要什么样的款式和档次，并且他根据自己的判断，仔细地为客户分析产品能够为其带来多少潜在的利益。比如，会为对方省下多少开销，几年时间能省下来多少钱等。这些话就像是丝丝甘泉，沁入了对方的心里。到了最后，小田也没有向客户力推自己的产品，而是告诉对方，公司过段时间会推出一款新机型，这款新机型会更适合客户的需求，并为其节约更多的开销。正因为如此，所以他建议客户等一等，过段时间再选择购买产品。结果是，客户被小田深深地感动了，认为他是一个值得信赖的人，毫不犹豫地购买了产品。不仅如此，在新机型推出时，客户再次购买了新产品。之后，小田和客户建立起了良好的朋友关系，合作得非常融洽。

我们来分析一下，小刘失败和小田成功的原因。没错，小刘的口才是很好，但他在还没有弄清楚客户需求的情形下，就开始贸然推销自己的产品，而且一上来就给客户猛灌产品知识，只关心卖出自己的产品，这会让客户觉得你就是来做业务的，就是来赚我的钱的。如此，怎能说服客户，焉有不败之理？而小田敏捷地捕捉到了客户的需求，进而依据需求推销自己的产品，并且他关心客户的利益，告诉对方如何可以用这款产品获利、省钱等。当然，他做得最巧妙的地方就是向客户推荐了一款新产品，这种举措让客户切实感受到：这个人是真心实意在地在为我着想，为了我的利益，他宁可不卖自己现在手上的产品，这样的推销员值得信赖。在客户信赖的基础上，小田自然成功成交。

瞧，销售其实并不难吧。

客户不怕你考虑自己的利益，却惧怕你不考虑他的利益。一直把客户的利益至上，善于替客户分析利弊，这不是一个销售技巧的问题，而是一个销售思维的问题。也就是说，你必须时时刻刻具有双赢的思维，时刻为客户的利益着想，表现出足够的理解、关心和帮助，最终通过为客户谋利益而实现成交。只要你一直把客户的利益放在第一位，你销售得再“慢”也无妨。

当然，信任的建立是一个渐进和长期的过程，除非你在每一次销售拜访中都不停地对这个问题加以注意，客户对你的信任感才会大大增强。否则，你就会发现，在一个不经意的时刻，你前期辛辛苦苦建立起来的信任感，顷刻之间就会化为泡影。要赢得客户的信任，谁也不能一劳永逸！

对某些客户，我们要敢于说“NO”

对于从事销售工作的人来说，我们平时的学习、培训都是教大家如何说“YES”，然而，今天我要告诉你如何说“NO”。你是不是怀疑我搞错了，我们不是应该迎合客户吗？怎么现在要否定客户呢？这不是砸自己的饭碗吗？告诉你，你说“YES”，有时客户反而不会跟你成交。

这一点，我也是过了很多年才渐渐明白。

刚进入销售行业时，我几乎每一次报价时，客户们都会说高，在最初我对我的产品不是很熟的时候，我只能被动地一再妥协。但每次我这样轻易地降价之后，客户依然认为我们的产品价格比别人的高，一再压价。当时我记得市场部部长不止一次试图点醒我：“当心啊，你越让步，越妥协，客户越得寸进尺。”但那时的我急于出单子，为了留住客户，我认为自己只能这么做。

一次，一位经销商说：“你给我的商品报价是每件 4700 元，这个价位太高了。”

我想以诚待人，而且很期望这次合作，便实话实说：“每件商品的成本价是 4100 元，我卖 4700 元，利润空间并不大。”

经销商摇头说：“我们是第一次合作，彼此都不了解，你希望我买你的商品，就应该便宜些，我最多只能给 4000 元。”

我不想失去这一单，只好赔着笑脸说：“4000 元真的太低了，我连成本都收不回来。要不，您给 4200 元吧！”

经销商还是有些犹豫，频频摇头。

最终，经过我的一番劝说，经销商才同意以 4100 元的价格买下商品。

然而，当这批商品货款两清后，我才发现，4100 元的卖价根本就是赔钱，所挣的一点儿利润还不够运输费用的。仔细分析这次推销过程，我才意识到自己在谈判中让步太大了，压缩掉了全部利润。

其实，客户压价是情理之中的事情，谁都希望能以更低的价格进货，他只是试探性地报出 4000 的价格，没想到我会主动大幅度让步到 4200 元，这一下子让经销商看到了大赚一笔的希望，才会试图将价格压到更低。最终，我们双方成交在了 4100 元这个一方大亏而另一方大赚的价位。

我以为这位经销商捡了便宜后，会成为我的长期客户，但之后他很长一段时间都没有再来过。为什么？我们可以做这样的设想，这位经销商在捡了便宜后，心里并不高兴，相反还会有些郁闷。他会想，若真是 4100 元的成本能仅高出 100 就卖出吗？连运费都不够，成本一定是更低。如果自己开始时的价格不报 4000 元，而是更低一些，最终的成交价格一定会更低。如果他继续思考下去，就会想是不是我这批商品质量不过关呢？不然他怎么能卖得这么便宜，一定在制造过程中偷工减料了，下次不能进这家伙的商品。

后来，我的原则是——决不妥协。我跟客户在谈的过程中，事实情况全盘托出，我可以做什么，不可以做什么，什么事情有空间可以发挥，什么样的行为我要明确拒绝。

万一我们说“不”，客户不买单怎么办？这是大多数销售员担心的问题。事实上，现在的客户越来越成熟、越来越精明。如果我们处处讨好客户、迁就客户，客户反而会怀疑你的动机和产品。因为只有你的产品有问题，你才会急于想出手。要不你这么好说话，好产品还担心卖不出去吗？

所以，要想做好销售，不但要懂得迎合客户，同时也要懂得拒绝客户。哪怕你心里已经认同了对方，也不能急于表现出来。因为你急，对方就不急，他会感觉自己吃亏了。你不急，对方反而急，因为他感觉自己占便宜了。人总是有一种惯性，不论对物还是对人，我们总是珍惜努力得来的，却对容易得来的不太在意。

我曾经做过一次地板销售，我的报价很合理，但客户还想再便宜一些，而且他还是一个砍价高手，明摆着意思：我要你的货，你不让步，你就会失去这一单。客户本来出的价钱我们也可以销售，但是我没有答应他："说实话，做生意有一定的合理利润，我是赚了您的钱了，但我是诚心要和您合作的，我已经尽量降低我的利润了，不会比其他家贵。若按您的价，我就不赚，换成您，您会做没利润的生意吗？"

我一直没有答应该客户的要求，但始终微笑。因为我知道一个本身想买，一个本身想卖，谁先让步谁先输，结果是，客户转身离开了。可把店老板急了，他问这样的价钱卖了不亏，你怎么不卖呢？不急，我知道这个客户会再来。因为如果客户不认同产品的价值，你即使降价他也一样不要。如果客户认同了产品的价值，你不降价他照样买，必定会返回来再买。结果，客户下午就来拉货了。

销售员越是有原则，有底气，越能获得客户的信赖。更何况，敢于说"NO"恰恰是我们专业的体现，是我们对客户最有用的价值。

我举个简单的例子，你生病了，你到医院去看病，你告诉医生怎么给你治疗，有的人甚至是在网上查了查资料，或者曾经有别的医生给这个病开过药方，然后你给医生说你要吃什么药，想怎么治疗，这时医生会怎么做？相信大多数医生会对你说"NO"。为什么？因为医生比你更知道怎么治疗。

回到销售上，为什么我们能和客户说"NO"呢？一般较客户而言，我们对自己的产品更了解或者说更专业，与其听客户这个"外行"指导，不如我们利用专业知识来告诉客户什么是更好更省时的方案。一旦你有足够耐心为客户提供一个完美的解决方案，客户会把你当作值得信赖的专家，接单也就不远了。

当然，在说"不"之前，我们要留出充足的时间思考，判断可能出现的情况，要理清自己的思路，更要整理出说"不"的条件，让客户清楚地知道，我们说"不"的目的是对客户有好处的、是双赢的。要达到这种程度，我们必须比客户更了解自家的产品，比客户更知道客户的所需。

还是做地板销售的时候，我曾接待过一个客户，该客户一上来就要白色地板。因客户地板用量较多，约 1000 平方米，为了稳妥起见，我详细询问客户地板的用途。当得知是公司所用、办公用品多为棕黑色时，我并没有急于下单，而是建议客户重新选择一款深色地板，因为白色地板一般适合宁静的家居气氛，而深色调地板的感染力和表现力很强，厚重踏实，而且易与整体形成统一感。

客户再三考虑后，听取了我的建议，并要求两个工作日内到货。虽然我内心也想尽快下单，但我们的地板都是有工期的，一般为一个星期。于是，我笑着对客户解释道，“如果要求两个工作日内到货的话，也不是不可以，但我们的工人就要赶工。您知道的，慢工才能出细活，赶工的时候，很容易忙中出错，如果因此影响到地板的质量，还得重新返工，耽误您的时间，那就划不来了。”

我为客户考虑到了地板的使用场景，以专业的知识引导他的选择，以客户的利害关系进行解说，这让客户感受到真诚和专业，最终他自然很乐意为这样的产品和服务买单。试想，如果我当初急于成单，按照客户的要求提供白色地板，当地板铺好后，客户发现风格不搭，必定会迁怒于我，岂不是糟糕？

记住，销售绝不是降低身份去取悦客户，也不是委曲求全去满足客户，而是像朋友一样给予合理的建议。你刚好需要，我刚好专业，仅此而已！

客户黏性来自于“依赖感”

一位销售给我写了一封邮件：“我参加工作两年多了，中间换了三四家单位，都做的是销售工作。现在做配电柜外壳的销售工作，都是自己在联系客户，而且自己到处跑。每次给客户送资料过去，客户就说有需要再联系。我很茫然，但是又不能不跑。每天都过得很累，但是感觉每天都在浪费光阴，怎么办？”

我给出的建议是，尝试去做客户的顾问，培养客户的依赖感。

在这里，我想谈一谈“客户黏性”这个词。所谓客户黏性，指的是客户对于品牌或产品的忠诚、信任与良性体验等结合起来形成的依赖感和再消费期望值。依赖感越强，客户的黏性越高；再消费期望值越高，客户的黏性越高。客户的黏性越高，就越乐于从你这里，而不是别人那里购买产品或服务。

黏性是怎么来的呢？我个人认为，提高客户黏性的关键在于让客户对你产生依赖感、安全感，他习惯了使用你的产品，他习惯了你的销售服务，习惯了你的做事风格和方式。

一个人因为某个人、某些事而养成的习惯，往往很难被改变。

当你外出就餐的时候，你会选择点哪一样菜？

当你和朋友约会聊天时，你会选择哪一家咖啡馆？

当你想要购买日常用品时，你会最先想到去哪一家超市？

此时，每一个人心中都有一个清晰的答案。

我们想要消费的时候，总是会想起最近让自己感受最好的消费体验。又或者，因为消费习惯的作用，即使上一次没有获得满意的消费体验，我们也仍旧愿意再试一次。

拿我自身来说，我每到一个陌生的城市，如果想喝一杯咖啡时，只要有星巴克，我一定会毫不犹豫地走进去。因为我熟悉的口感在任何一家星巴克都是一样的，我永远不用花时间去不熟悉的咖啡馆进行口味辨识。像我这样的人绝对不少，而显然星巴克也意识到了这点，无论产品交替多么快，星巴克永远会保留一个或多个热销产品的原汁原味，新产品用来刺激顾客新的消费体验，保留原汁原味的产品则用来带动顾客的消费习惯记忆，而让顾客不由自主地做出第一选择。

别总是去习惯客户，要让客户习惯你才是本事。准确地说，这种习惯是一种需要，被人需要是一件很重要的事情，因为只有有求于你的人才会需要你，并且对你产生一定程度的依赖，这就证明了你在他们心中占据着非常重要的位置。如果你不被别人所依赖，就代表别人不需要你，如此你还怎么销售呢？

那么，现在你要认真想想了，你被客人依赖了吗？如何让客户依赖呢？

八个字总结：子欲取之，必先予之。

要做到这一点，你就得掌握主动权。

比如，当客户向你询价的时候，你除了报价之外，还要适当跟他聊聊他的产品卖得如何，有没有遇到什么问题？可以的话给他推荐几个解决方案，供为参考，并且通过分析利弊建议他选其中的某一个，但是决定权在客户。长此以往，客户会习惯慢慢让你来给他推荐方案，有问题也先找你。

或者，你在客户那里拿到订单之后，最好给客户列一份大概的产品生产计划表，并且按时向他汇报进度，而不要等他来问。这样，他会慢慢适应你的风格，并且把重心和订单多给你点，因为省心、省力啊！一旦你哪天不给他汇报进度了，他就会有一种安全感缺失的感觉，黏性就来了。

在这一方面，美国著名的杰尔森食品商店做得非常好。

有一段时间，我前往美国洛杉矶出差。在我下榻的酒店附近，有一家杰尔森食品商店，这里货品齐全，完全可以满足日常零碎物品的购买。这里的工作人员一直很稳定，而且服务非常好，对我换零钱的需求总是笑脸相迎，而且当我挑选好东西时，他们总会笑着说："我们会为您把熟肉切好！""柠檬不能和虾、牛奶等一起食用，我们给您贴个安全提醒""牛奶现在喝吗？需要加热吗？"……最重要的是，他们提供电话送货服务，比如水果，虽然酒店附近就有较大的超市，但是开车去又嫌近、走路去又嫌累的情况下，能够提供同品质甚至是最新鲜的水果，当然这里就成了首选。

一天，我要去一个地方办事情，因为人生地不熟，我便提前准备了一张地图。在杰尔森食品商店买早餐时，我随口问了一句工作人员路程有多远。工作人员笑着说："这里的交通线路比较复杂，我给您说说比较方便的行走路线，好吗？"我当然求之不得。于是，工作人员将地图摊放在茶几上，先用铅笔标出我们当时所在的位置，再标出我想去的位置，然后告诉我，哪几路公交车可以到达，并且建议我走一条比较远的路，因为近路红灯多、塞车多，远路比较通畅，用时反而较少。我按照工作人员指点的路线坐车，非常顺利。办完事后，我有意从另一条路返回，果然一路红灯不断，多花了将近一个小时。要是去的时候走这条路，对办事多少会有影响的。之后，每次出门办事时，我都会习惯去杰尔森食品商店找工作人员问询一番。以后再去洛杉矶时，我选择酒店时的重要依据也是附近是否有杰尔森食品商店，因为那样会省心许多。

显而易见，杰尔森食品商店的工作人员，处处都在培养着顾客的消费习惯。当我们习惯了这种贴心的服务时，黏性就完全产生了。

与其迫不及待地向客户推销，不如慢慢地培养客户的黏性，像蚕咬食桑叶一样逐步"收服"客户。这个事情做得越晚，自己的市场越危险。你想呀，市场的饼就那么大的一块。如果你不能让客户依赖你，客户选你或选别人都可以的情况下，你就得四处和别人争客户，这样撕扯的成本肯定大于蚕食！

循循善诱是一项你必须学会的本事

人是一种本能动物，在人际交往中，我们心中往往会本能地砌上一道墙，因为害怕自己遭受某种不确定的损失。所以，有时无论销售员怎么努力地推介，有些客户就是丝毫听不进去。怎么办？告诉你，解决这种情形最有效的办法，就是循循善诱客户，让客户的思路在不知不觉中被掌控。

我遇到过不少保险业务员，从心里相当反感和抵触，因为他们通常会一见面就发动猛烈攻势，热情地介绍着保险品种，滔滔不绝得我几乎插不上嘴，并且总是喜欢说“如果被保人身故了，将可以得到多少保额”之类的话，这让我感觉很不舒服，所以经常因为实在无法忍受而打断对方：“我一点儿也不需要，再见！”直到一天，我竟然和一个推销保险的小姑娘聊了三个小时，最终还买了一份保险。

无疑，这是一个精彩的销售故事。内容简单摘录，如下：

姑娘：“先生，我想请教您一个问题。一个人一辈子再有本事，两件事无法控制：那就是疾病和意外！对吧？如果在人生的旅途中可能遭遇三种不幸的事故：失业、残废、死亡。依您的看法，哪一项是最严重、最可怕的？”

“当然是残废了！”我毫不犹豫地回答，“本来是一个好好的正常人，突然变成残疾了，那心理上一定很痛苦。而且残废之后，一般就上不了班了，没有收入，怎么生活？怎么养家？如果生活能自理还好一点儿，不能自理的话，还需要各方面的照顾，比如医疗、家人看护，生活方式将彻底改变。”

“的确是这样”，姑娘微微一笑，接着说道，“据我所知，当一个人残废之后，他只能依赖四种经济来源，依赖家人、依赖朋友、依赖社会福利、依赖保险。假如您可以自主选择的话，请问您会选择哪一种？”

说实话，我是一个独立惯了的人，没想过依靠别人，所以一时无法作答。

姑娘：“我有一个好建议，供您参考，最好选择保险！”

我：“为什么？”

“在许多大灾难前，我们往往无能为力”姑娘叹了一口气，“您想，残疾了得治疗吧，家里再有钱，一下子支出一大笔钱，家人以后得省吃俭用吧，生活品质明显下降；家里没钱的话，就算人缘好，能借到钱，面对一大堆经济和人情债务，谁心里能好受？靠社会，拿低保，给多少是多少，您觉得有尊严吗？”

这些都是实话，让我听得莫名的辛酸……

姑娘：“一个人无论发生什么变故，都不能丧失尊严。您说是吧？”

见我微微点点头，姑娘又说：“保险是自己创造的，当您躺在病床上时，送您 1000 元的可能是亲戚朋友，送您 10000 元的可能是兄弟姐妹，送您 50000 元的是父母和子女，但送您 100000 元、200000 元、500000 元……让当事人安心治病，而且不用还的只有保险公司！从这个角度说，保险就是尊严。您同意吗？”

我：……

人是不能被说服的，人都是要自己领悟的。客户成交之前，需要给自己一个充分的购买动机。客户充分的购买动机来自哪里？是你喋喋不休的介绍吗？是你“填鸭式”的猛烈攻势吗？当然不是，而是通过循循善诱，一步步地去引导客户，让客户发觉自己需要这件商品或这项服务，认同这件商品或这项服务可以改善他们的人生或是给他们带来便利，如此自然地就会产生购买的欲望。

但凡优秀的销售都不会强加任何观点到客户身上，因为他们很清楚，强加是没有用的，必须想办法让客户自己认可。正如上述案例中，保险员并没有一味地向我推荐保险，而是通过不显山不露水的提问，巧妙地融入了自己的业务，进而做出深入的剖析，刺激了我对保险的需求，很值得学习和应用。

所以，不要再想着怎么去说服客户了，与其急迫地向客户灌输自己的产品或服务优势，不如采取循循善诱的方式，以简洁的语言、严密的逻辑、有条不紊地将观点阐述给客户。一番言辞犹如层层剥笋，最后露出笋心，这样才能做到丝丝入扣，打进对方心灵深处。如此，客户也就无法轻易拒绝了。

循循善诱其实就是一个诱导的过程，虽然看似简单，但谈话之前是需要经过深思熟虑的。第一句该怎样说？对方能怎么回答？接下来应该怎样问？每一步都环环相扣，才能诱使对方掉进早已设好的“陷阱”里。只要有一环失算，对方就会立即跑开，再想重新开始诱导，将又是一个艰难的过程。

在这一点上，一则故事能很好地说明：

卡连·韦伯是美国费城电力公司的推销员，他的业务内容是向费城郊区的农场主推销公司新研发的农场新式采光设备。由于是新产品，价格也不便宜，所以推销工作很是艰辛。但经过韦伯不断地讲解和劝说，不少农场主已经购买了，但远郊的一个老妇人是比较棘手的客户，尽管韦伯来拜访过很多次了，但每一次都被谢绝。怎么办呢？经过一番认真思索，韦伯决定改变一下销售方法。

这天韦伯又来到这家农场，这位老妇人见韦伯正朝自己走过来，不等韦伯开口就准备关门，她连介绍的机会都不想给韦伯。这时，韦伯笑着抢先说道：“尊敬的太太，请您等一下。很抱歉，打扰您了！我知道您对我们的产品不感兴趣，我这次登门不是来推销的，而是来向您买一些鸡蛋。”

听韦伯这么说，老妇人转身把门开了一条缝，用警惕的眼光盯着韦伯，问道：“为什么大老远地来我这里购买鸡蛋？”

韦伯不慌不忙地回答：“上一次来您家，我看到您在用小米、青菜等喂养鸡，便回家和太太提起。太太觉得好吃的蛋必须是吃天然饲料的鸡下的才行，便让我来买一些。”

听韦伯说完，老妇人从门里走出来，态度比以前温和了许多，并且主动聊起了鸡蛋的事。

简单聊了几句后，韦伯问道：“据我所说，用自己配的天然饲料喂鸡，不如喂成品饲料的长得快，下蛋量也少，这样您岂不是很吃亏？”

老妇人叹了一口气，“成品饲料营养不高，鸡蛋的质量也不好。我想做点良心生意，不想被利欲熏心。虽然我的鸡蛋产量低，但个个都很有营养。”

“做生意当然要讲良心，”韦伯紧接着说道，“其实用天然饲料喂鸡，也能实现高产量。这样的话，您又能做良心生意，又能挣到更多的钱。”

此时，老妇人对韦伯最初的反感已荡然无存，追问：“真的吗？怎么做？”

这时，韦伯才缓缓深入到主题，他告诉老妇人，鸡舍如果能够安装新式的采光设备，让鸡多晒一晒太阳，就可以增快发育，提高产蛋量了。

老妇人若有所思了一会儿，表示愿意试一试新式采光设备。

韦伯之所以能成功说服固执的老妇人，原因在于他不急于求成，转而采用循循善诱的方法，以买鸡蛋为引子，打开老妇人的心扉；再以天然饲料和成品饲料为题，讨论老妇人的得失，促使老妇人思考自身的问题。当最后话题再回到用采光设备上时，老妇人已经视韦伯为自己人，韦伯说什么她都会听。

学会循循善诱，层层深入，一步步引导客户慢慢承认自己对产品的需求，更希望有人能解决自身的问题时，也就在心理上接受你所说的话。从理论上讲，这种沟通技巧符合心理学的基本规律；从实践结果看，只要运用得恰当巧妙，就能取得理想的沟通效果，这是所有销售员需要熟练掌握的一门高招。

PART 5

绝对成交：

给客户一个无法拒绝你的理由

※

人们无论做什么事情，都喜欢为自己找一个理由，

客户的购买行为也是一样。

与其磨破嘴皮说上一万条理由劝说客户，

不如通过细心的洞察与把控，给客户找一条无法拒绝的理由。

此做法看似慢，实则是成交的最好捷径！

切记，让客户最终选择你，不是因为你有多么好，

而是因为客户无法拒绝你。

一个无法拒绝的成交，由众多的步骤与细节构成，

想一想，你平时做到了吗？

※

完美准备虽慢，成交却快

凡事预则立，不预则废。做销售，如果不做好功课，就准备失败。

记得有一次，我在家接待过一位医疗机械公司的业务员，一个二十来岁的小伙子。一进门小伙子先亮明身份，然后就开始信心满满地向我介绍自己的产品，并不时地劝我购买。也许是职业的关系，我很乐意和销售人员交流，不过我也是一个身经百战的人，自然不会因为对方几句话就购买他的产品。

“你们产品的价格相比较同行要贵啊！”我装作漫不经心地问道，余光却观察着对方的神情。我当时希望的是，小伙子将自家产品的优点讲出来，告诉我贵有贵的道理，一分价钱一分货，但遗憾的是，小伙子不自然地挠挠头，解释道：“这都是公司的定价，您先看，如果有合适的，价钱还可以再商量。”

那段时间我有些失眠，想买一款足疗机，便问小伙子：“现在有样机吗？我能试用吗？”

小伙子说：“不好意思，没有带。”

“那带了产品资料没有？”我接着问。

小伙子开始在他的包里翻找，我不经意瞥了一眼，只见他的包里乱七八糟的，他手忙脚乱地翻了半天，额头都渗出了一些汗水。过了好一会儿，小伙子才抬起头回答：“不好意思，我忘记带了。”可能见我眉头微微皱了一下，他又紧接着说道，“不过，这款足疗机真的挺不错，我们一直卖得挺火的。”

后来，我继续追问产品的运作原理，小伙子的脸微微红了，说话也变得支支吾吾了。看得出来，他对自己手头的产品并不是很了解；或者是虽然了解，但并不知道如何解说。再问到小伙子所在企业的生产规模和能力、产品类型等时，小伙子表情尴尬不已，还有些手足无措。

这时，我只好以“我要出去见个朋友”为由婉拒了小伙子。

瞧，销售人员去拜访客户前如果没有做好充分的准备，常常会导致在拜访客户时，谈话内容空洞无物，对自己所销售的产品知之甚少；总是谈不到点上，不知道哪些信息才是客户想知道的；语无伦次，想到哪儿说到哪儿，不断重复已说过的话。当客户见到这样的销售员时，会怎么想？一定想到这家企业的管理是多么差劲，怎么还敢与你合作。

销售的重点工作之一——销售前的准备工作，这是非常有必要的。看到这里，你可能会说“没有时间”“没有精力”来做准备，但有一点我们必须要知道的是：销售的成功，其实百分之八十的时间需要放在销售前的准备工作上。如果我们的准备够充分，那么后期的成交自然不是问题。

开一家公司，我们要先对它有经营计划；做一次推销，我们要对这一次的推销做一次全方位的准备。不打无准备之仗，那些顶尖的销售员之所以成交率高，很大程度上就在于他们不急于向客户推销产品，而是懂得慢下来，事先积极做好准备，无论客户提出什么疑问、问题、难题，都可以提供完美验证。

那么，我们具体应该准备什么呢？

（一）推销要点的准备

什么是推销要点？就是你打算用什么来说服客户购买你的产品，你的产品有哪些特点、具备哪些优势、基本的功能。客户在购买任何产品时，都是为了满足自己某一方面的需求，因而他们在决定购买你的产品之前，首先就要确定你的产品是否真的能够很好地满足他们的需求。当客户对此进行询问时，如果我们不能顺利地回答客户的提问，必然会使客户对产品产生怀疑。相反，如果我们对答如流，就能大大提高客户对我们所销售产品的信任度。

所以，销售员必须掌握足够丰富的产品知识，应对自己所销售产品的以下方面有深入地了解：产品功能、特性、卖点；产品的使用及注意事项；与同类、同档产品相比有何独特优势；原材料、生产过程及生产工艺技术；产品的售后保证措施。另外，我们对自己的企业也要充分地熟悉，如企业的生产规模和生产能力、企业在同行中的地位、企业的销售策略，企业的服务项目等。

（二）推销策略与技巧准备

用什么方法接近客户，赢得客户好印象；如何在较短的时间内演示或介绍产品，迅速吸引客户的注意力？用哪种提示技巧激发客户的购买欲望？用什么促成技巧促使客户最终采取购买行动？把哪些交易条件作为“撒手锏”最后使用？如何使客户相信产品，消除客户的异议。如果事先不将这几个问题想好就去做销售，你很有可能在谈话时走偏了方向，很容易会不自觉地被客户“牵着鼻子走”，有时还可能会被客户的反对意见激怒了，就算脸红脖子粗地争辩，最后也无法成交。

在拜访客户之前，我一般会准备一份证明材料，因为任何客户在购买产品之前都非常渴望销售人员能够提供一份绝好的证明，因为那是客户所需要的，他们希望证明材料来打消自己的购买顾虑。另外材料比任何优秀的销售人员都具有说服力，如果证明材料连自己都能够说服，那么说服客户也就是一定的了。

当客户以各种理由拒绝我的时候，我不会急着推介或辩解，而是会拿出能够说服他们的证明材料。比如，当客户抱怨“价格太贵了”时，我会拿出事先整理好的同类产品的价格表让他们过目；当客户对产品质量有所怀疑时，我便拿出相关的合格证、质保书等，现场亲自演示，有时还会拉一些老客户来说明。

（三）事先进行模拟谈话

销售是讲究互动性的，和客户互动顺畅了，成交才有可能。因此，我们要对整个谈话的结果去做准备，事先要进行一场模拟谈话，拟定自己的开场白、该问的问题、该说的话以及可能的回答。同时，还要事先推测一下，列出客户可能提出的各种问题，然后提出几种答案，再从中选择最佳的，这可以使我们不至于在谈话的时候出现纰漏和答非所问的现象，最终解除客户的抗拒点。

在此基础上，我们还要做好销售工具的准备。“工欲善其事，必先利其器”，一套完整的销售工具是绝不可少的战斗武器。销售工具有很多，包括产品样品、宣传物料、说明书、照片和产品模型等等。销售工具具有直观性、真实性，能使客户有更加深入的了解，因而在销售中更具有说服力。

一次，一家日用品连锁店的业务员来公司推销卫生纸，这是一种最新的水溶性卫生纸。据说这种纸纯天然，可以直接丢进马桶，30 秒内就能溶解，不会堵塞下水口，可有效提高公司的清洁卫生标准。说实话，我们之前没有用过这种水溶性卫生纸，不知好坏，而且这种纸价比普通的要贵，所以有些怀疑和犹豫。

这时，业务员拿出一包所推销的水溶性卫生纸和一包某一品牌的普通卫生纸，将它们平铺于桌面，让我们依次触摸每一张样品纸，感受其柔软度；然后又让我们将样品纸巾用相同的力度向两边拉扯，观察断裂情况。如此之后，我们发现，水溶性卫生纸比普通卫生纸更柔软、更细腻，更有张力、韧性更强。

随后，业务员又拿出一个打火机，依次点燃水溶性卫生纸和普通卫生纸，并让我们注意观察燃烧过程以及燃烧结束后纸灰的情况。普通卫生纸有一股淡黑色的烟，水溶性卫生纸的烟则呈较浅的自然灰，而且纸灰细腻、不黏手。业务员解释道，“添加过量荧光剂或胶质的纸，用火燃烧时有黑烟，纸灰也不干净、较粗糙。这点上，我们的水溶性卫生纸采用纯木浆、无添加，更健康，更放心。”

我和采购部经理互视了一下，微微点了点头。这时，只见业务员又迅速从包里拿出两个一次性透明杯子，各倒上了半杯矿泉水，然后撕下一部分水溶性卫生纸和普通卫生纸，分别扔进了两个杯子里，让我们连续数 30 下。当 30 下数完后，普通卫生纸在水杯中黏成一团，水溶性卫生纸则完全溶解了，而且水质看起来非常纯净。

看得出这位业务员是下了一番功夫的，当然他的功夫并没有白费。看完这场精彩的“表演”后，我们确定这种水溶性卫生纸总体还是不错的，虽然价格偏贵，但更健康、更环保，可以放心购买，当即便订购了一大批。

每一个客户都是你未来开花结果的种子，在取得一鸣惊人的成绩之前，必先做好枯燥乏味的准备工作。这样看似是比较麻烦的、费事的，但往往能够一次性成交客户，这样对双方都是省时的、高效的。

把客户当作终生朋友，绝不做“一锤子买卖”

在销售界，有一种说法十分流行：赚小钱靠技巧，赚大钱靠做人。

这一说法有些深奥，那么就讲一个百姓故事吧：

一次国庆回老家时，我得空陪父母一起去赶集。大集上人群熙熙攘攘，小贩的叫卖声、顾客的砍价声杂糅在一起，好不热闹。母亲想吃葡萄，我就信步来到一家水果摊位前买了五斤巨峰葡萄。当时我明确地问该商贩葡萄够斤数吗？对方回答是。结果回家后一称，我发现五斤重的葡萄竟然缺了半斤的秤。碰上这样的商贩，着实让人恼火，于是我又返回水果摊前，生气地质问商贩，谁知对方给出的理由是：“平时来赶大集，哪家不缺点秤？几块钱的事何必计较，再说这里的价格比商场、超市便宜得多。”

其实，这钱倒是没什么，关键是原则问题，要是个个摊主都缺斤短两，而且这么理直气壮，我们还敢来赶集吗？当时我还想和这个商贩争辩，却被善良的母亲拉走了。不过，此后我再也没有光顾过这家水果摊。

为了区区几元钱，损失了一位顾客。哪头轻？哪头重？

回顾我们身边，有多少人奉行的是就是这种“奸商法则”，小到缺斤短两，大到无视道德，规则解释权归己所有，能赚一笔赚一笔，风口过后就不再。我常想，小商人之所以是小商人，除了个人能力、资金等硬性资源外，为人不诚，惯做一锤子买卖的行为，是不是导致其发展的关键呢？

有相当多的销售员犯着同样的错误，认为只要将产品推销出去，就算大功告成了。和客户打交道时只看眼前，不看长远，做人没诚信，做事不厚道，为了将产品推销出去不惜坑蒙拐骗，甚至为了眼前的一点儿蝇头小利就争抢拼夺，也从不考虑客户购买商品后的使用情况，结果给客户留下不愉快的购物经历，做一个客户砸死一个客户，如此客户越来越少了，工作自然越来越困难。

所谓权衡利弊，两利相权取其大，两害相权取其轻。道理很简单，销售时不能以成交多少作为唯一的权衡标准，要把眼光放长、把眼界放宽些。重长远轻眼前，观大局淡小利，着力和客户建立比较长远的关系，这样才可能将对方变成自己的合作伙伴，而不是一次性交易者。

在4S店做汽车销售时，我见过的客户虽然不是最多的，但我的回头客却是最多的，所以整体业绩一直不错。为什么？因为我经常会这样告诉自己，现在你和客户做的不是一锤子买卖，而是长久的合作关系。不要每天都去思考怎样设陷阱欺诈客户，而应该时时琢磨：如何靠更好的、更多附加值的、更有爱心的、更卓越的产品质量、技术和总体服务来赢得客户、扩大市场。

例如，在和客户交谈的过程中，我会本着诚信原则，对客户坦诚相待。当客户看中SUV汽车时，我会提醒客户，SUV汽车动力强劲，但耗油量大，尤其是户外行驶时，要有充分的思想准备；低端车虽然价格实惠，但经常会出现一些小毛病，如果不在乎价钱的话，可以考虑买好一点的……与其遮遮掩掩，不如坦诚相告，这使我很容易取得客户的好感和信任，从而提高成交概率。就算有时也会跑单，但我的客户并没有流失，打过交道后还会结交我这个朋友。

同时，我还重视和客户保持友好的关系，注意服务跟进。比如，在向客户推销了一辆汽车后，每隔三个月我就要跟客户打个电话询问汽车的使用状况，询问是否需要帮助，客户很乐意接到这样的电话，汽车运转良好时，他们会感动我的真诚以待。一旦汽车出现故障时，客户总是率先想到我，来我们4S店维修或购买汽车零件等，以后汽车更新换代也会想到要我给他推荐一款新车。

销售绝不是“一锤子买卖”，它是一种长期的过程。如果实现了商品销售，没有和客户保持良好关系，推销活动刚刚及格；如果实现了商品销售，又和客户保持了良好关系，推销活动才算优秀，这样才能留住客户的心，你的客源会变得源源不断，从而使业绩越做越好。

“我相信推销活动真正的开始在成交之后，而不是之前”，这是我的偶像乔·吉拉德的一句名言，他坚持不做一锤子买卖的故事经常被我提及，引为自勉。

乔·吉拉德的口才很棒，但有时也会遇到“坚决”的顾客，无论他怎么介绍，对方都不买账。这时候，乔·吉拉德不仅会向对方表示感谢，还会邀请对方随便转转，说不定就会有心仪的汽车。即使这些顾客真的不需要，乔·吉拉德也会保持礼貌和尊敬，这给人留下了很好的印象，吸引他们下次再来光顾。

在销售过程中，乔·吉拉德始终坚持“以顾客利益为先，追求利润次之”的原则，当二者发生冲突时，他会主动地适当降低利润，有时甚至不拿提成。有同事觉得这种做法有点傻、有点吃亏，但乔·吉拉德却说：“做生意应懂得细水长流，这一次你不挣钱，价格实在，你就会获得客户的信任，吸引他们来第二次，第三次……”

乔·吉拉德始终保持与客户们联络，他制订了一项“写客户信计划”，坚持每个月给所有客户寄出一封信，目的就是希望着客户不要忘了自己，失去自己的联系方式，以保证对客户负责到底。在推销生涯的后期，乔·吉拉德每月要寄出 15000 张卡片，也就是说每年要寄出 210000 张，以至于他的客户曾开玩笑说：“当你从乔手中买下一辆汽车后，你必须要出国才有可能‘摆脱’他。”

当然，乔·吉拉德的客户也十分爱他，在 15 年里的汽车销售生涯里他总共卖出 13000 辆，而最多的一年竟卖了 1425 辆。

一名优秀销售员达成一笔交易往往会有三笔财富，一笔财富是工资和提成，另一笔财富是经验的积累，第三笔财富是良好的客户关系。成交并非是推销活动的结束，而是下次推销活动的开始。将每一个交易客户当作终生的朋友，用真诚和负责的态度去对待他们，你坐着就能一直收钱。

用好“沉锚效应”，让客户无法说“不”

有时候，说服客户需要调动多方面的技巧。生活中，有些客户看似非常难以说服，无论我们销售员说什么都不买账，简直到了“软硬不吃，水泼不进”的地步。但这都只是表象，这些客户并非没有办法说服，只是我们没有找对正确的方法而已。解决这类问题的方法，就是采取正确的技巧。

相信大家都听过两家粥店的小故事。

一个商业大亨在一条食品街上投资开了两家早餐店，分别位于路南和路北，整条街上每天都是川流不息、人山人海的。然而，每到同一时间结算的时候，路南的早餐店总是比路北的早餐店少几百元的收入，而且天天如此。这是为什么呢？商业大亨很是纳闷，一番探访过后，发现问题原来是出在服务员的询问过程。

走进路南的早餐店，等顾客点完早餐后，服务员会微笑着问道：“请问，你要不要加一个鸡蛋？”如果顾客说加，那么服务员就给顾客加入一个鸡蛋。顾客有说加的，也有说不加的，大致各占一半。走进路北的早餐店，服务员也是微笑着迎上前，问道：“加一个鸡蛋还是两个鸡蛋？”这样，爱吃鸡蛋的顾客就说加两个鸡蛋，不爱吃鸡蛋的顾客就会说加一个。也有的顾客要求不加鸡蛋，但是很少。一天下来，路北的早餐店要比路南的早餐店多卖出一倍以上的鸡蛋，收入自然会多些。

事情有时就是这么奇妙，都是加鸡蛋，“加不加鸡蛋”和“加一个鸡蛋还是加两个鸡蛋”所引发的消费结果却大相径庭。路南的早餐店不问对方要不要加鸡蛋，而是把“加一个鸡蛋还是两个鸡蛋？”抛出来让顾客去选择，这样就会让顾客从“要加鸡蛋”“不要加鸡蛋”的选择中，转变为“加一个鸡蛋”还是“加两个鸡蛋”的选择，就能增加推销的成功率。

这种技巧的关键在于，你让对方选择的两个东西，都是你所期望的。

按照心理常识来看，我们每个人都有自主意识，希望自己的事情自己做主。这种“二选一”的攻心战术，本应该激起我们内心的不满和逆反心理才对，我们怎么情不自禁地就会接受候选项目的“忽悠”呢？原来这是受“沉锚效应”所影响。“沉锚效应”是指人在做决策时，思维往往会被得到的第一信息所左右，第一信息会像沉入海底的锚一样把你的思维固定在某处。

不相信吗？那问你一个问题：“假如你现在口渴了，你是喝可乐呢，还是喝雪碧呢？”请迅速说出你的答案。扪心自问，你是不是会拿可乐和雪碧比较一下，然后决定自己到底喝什么。你忘了吧？你还可以选择矿泉水、奶茶或者干脆什么也不喝。瞧，人就是很容易被候选项目“迷了心智”的。

当客户难以说服时，如果你一味追问“您要买吗？”“现在下单吗？”那很可能会得到否定的答案。但如果你巧妙地利用心理上的“沉锚效应”，问“您现在决定买了吗？还是再看看再说？”“您现在下单，还是一会儿下单？”这样就把对方引到别无他选的境地，从而将自己的商品顺利地推销出去。

当然，你还要强调两个选项中其中一项的缺点或者优点，使两个选项形成一个对比。这样选其中看起来更好一点的，就看似是最明智的选择了。

例如，当你向客户推销可乐和雪碧的时候，如果你倾向于将雪碧推销出去，不如这样说：“最近天气炎热，喝可乐和雪碧都能解渴解暑，不过雪碧里带一点柠檬味，很清爽，喝完后精神百倍！”如果你倾向于将可乐推销出去，那不妨就这样说：“可乐有一股好喝又让人爱喝的微苦味，令你回味无穷……”显然，这样的说辞更能够取得明显的说服效果，在一般情况下，人们一定会选择你所希望的那一个。

利用“沉锚效应”时，你还要注意观察，清楚客户的心理需求是什么。商品信息如此丰富，买同一类商品，有人优先考虑价格，有人优先考虑品牌……因此，“锚”的设置要根据不同客户优先考虑的商品信息来确定。也就是说，我们要通过巧妙“沉锚”来改变“优先信息”，使其成为提升成交率的

“利器”。

例如，如果发现客户更注重产品的质量，你就可以向对方重点强调质量上的优势；如果对方更注重产品的外观，那你就可以多说“造型别致”“很美观”之类的话。如此一来，客户的注意力会被“锚”定在你提供的点上。经过客户自己的权衡及你的建议，相信他会及时做出选择，使买卖顺利完成的。

二选一，让客户不说 NO 的选择！这种技巧在销售中有着非常大的运用空间，那你是准备现在就试试，还是待会儿试试呢？

利用“零风险承诺”，彻底打消客户的顾虑

在销售产品的时候，障碍只有两个：第一个是信任问题，第二个是风险问题。我们经常遇到一些客户面对一个产品或者服务，很想得到，价格也合适，但是一直在顾虑，就是怕有风险，不放心，“东西是不是符合商家的描述，达到预期的效果呢？”“万一有什么问题，自己可就受损了，怎么办？”

毫无疑问，这种顾虑会导致一部分潜在订单的流失。

既然这种情况经常遇到，为什么不在乒乓球飞过来时来一个漂亮的接球呢？这个“漂亮的接球”是个比喻，就是彻底打消客户的担心和顾虑，给客户一个无法拒绝的理由。怎么做呢？零风险承诺！既然是零风险，就说明要在交易中的任何一个环节消除客户可能存在的交易风险。

也就是说，在这个策略中，我们销售员要承担和客户交易中的所有风险，让他们知道一个事实：只要你不满意，只要你不喜欢，或者你对我有任何的疑问，你都有权利要回你付给我的每一分钱。当销售员承担了交易中的全部风险时，整个销售行为将会变得非常有吸引力，销售过程会非常顺利。

每一个人在一般的经济行为中都是理性的，都希望低风险、高收益，购买行为也如此。一个人的承诺总能带给另一个人安全感和信心，客户会认为，这样都敢承诺，你应该是对自己的产品或者服务非常有自信了。我自己去买东西，如果看到敢做出零风险承诺的，承诺得越狠，我越坚信他产品的质量。

前段时间我去市场买菜，经过一家猪肉摊位时，我停了下来。因为这个摊位的顾客特别多，而附近几个摊位也是卖猪肉的，但是顾客却稀稀拉拉。同样是卖猪肉，为什么唯独这家的生意忙不过来，附近的那几家却生意冷淡呢？出于好奇，我便走上前去。

老板赶紧笑脸相迎，客气地问道："您看您想要点什么肉呢？五花肉、后臀尖、里脊肉，我们可都有啊！我告诉您这可是刚杀的猪啊，新鲜着呢！"

我一边仔细端详着案板上的猪肉，一边质疑地问道："是吗，刚杀不刚杀，谁知道？"

"嗨，"老板笑了，拍拍胸脯，"不是刚杀的，我不要钱！"

"肉质好吗？"我追问。

"好！肉品鲜嫩，吃着放心，"老板回答，"不好，我退钱。并且，我让你在摊位这里怎么骂、怎么说都可以，我也不会还口！"

结果，我就这样被成交了。因为没有风险，万一不好，我让他退钱就行。也正因为这样强有力的承诺，我现在如果想买猪肉，肯定去他那里买。一个简单的零风险承诺，就让我成交了，还成了忠实客户，真是厉害！

质量行不行？价格实不实惠？售后服务好不好……这些都是客户比较关心的问题，也希望能得到肯定的保证。当你希望客户成交时，与其磨破嘴皮说上一万条理由劝说客户，不如用零风险承诺的方式，保证自己产品和服务的质量，增加客户对产品的信任度，从而大大提高了成交率。

熟悉网购的朋友应该有发现，现在不少天猫、淘宝店铺强调"七天无理由退换货"，声称在不影响二次销售的前提下，"颜色、款式不喜欢""老爸、老妈不喜欢"、"蓝颜闺蜜不喜欢"、"男友的宠物狗狗不喜欢"……英雄不问出处，退换不计理由，这种承诺很大程度上就刺激了网友们买、买、买。

"如果您对产品不满意，随时可以退换货。"

"保证正品，专柜验货，假一赔三。"

"5 年内产品有任何问题，我们会免费上门维修。"

"见效后再付款。"

……

假设你是客户，听到这样的话，是不是心上一块石头落了地？

对客户的承诺一定要兑现，没有任何的理由，销售人员都要做到这一点。别以为你可以蒙混过关，那纯粹是一种侥幸心理。客户既然当时会因为一定的承诺增强购买决心，就表明他们对你承诺的内容是比较关注的，如果他们发现你最终没能兑现承诺，即使不加以追究，可是对你的不满也已经形成了，也就不会再信任你以及你的产品，那最终的损失可要比失去一次销售严重得多。

当然，零风险承诺策略是要有前提条件的，那就是必须有优质的产品作支撑。如果你的产品是个坑货，质量不好，你自己都不能 100% 自信，千万不要用这方法。如果你的产品是良心货，确实过硬，就算是做出零风险承诺也不怕什么，因为几乎不会出现退款、退货或者补偿等等这些情况。

我有一个上海的朋友在做一款有机花生油的推广业务，这种油品质好、口感棒，所以价格相比普通花生油来讲贵了很多。当时市场上的普通花生油在 10-12 元 / 斤，而他的有机花生油卖到了 20 元 / 斤。虽然只要是吃过这种有机花生油的顾客基本可以成为回头客，但是高价格还是限制了销量的增长，上海市场的开拓一直进展不顺。后来我给朋友出了一个主意，我让他和厂家商议生产了一批半斤装小油瓶，将小油瓶绑在大油桶上，然后在上海的高端社区搞了这样一次促销活动——买一大桶有机花生油，赠送一小瓶，买回去后大桶先不要拆封，先吃赠送的那一小桶的油，如果觉得不好吃，把大桶送回，全额退款！因为这种有机花生油的品质是百分之百没有问题的，炒菜的时候色泽鲜亮、香气扑鼻，营养更丰富、更健康，立即就能将市面上普通花生油远远甩在身后。活动推出后不到两个月的时间，小区里至少 40% 的家庭都成了我朋友的客户。一个小区一个小区地做下去，最终朋友成功打开了上海的市场。

注意，所谓“零风险”指的是客户零风险，对于你来说，风险增加了很多。虽然高风险意味着高收益，但是也必须学会在可控的范围内尽可能地降低风险。例如，设定一定的条件或标准，不要承诺你无法承担的风险；在商品描述或者跟客户交流中，尽可能详细地将基本操作和注意事项讲明白。

然而，有一些产品（比如化妆品），都要使用一段时间以后才能见效的，所以不要简单地说“不见效，就退款”之类的话，最好列出你的标准，“依据产品使用说明，只要你去行动，在使用一周内没有达到想要的效果，我们无任何条件地全额退款”。

为此，我们可以测试一下，控制风险的范围，比如前一百个用户才享受这样的零风险承诺的优惠；或者将零风险承诺规定一个测试期，以一个星期或是一个月，然后看看零风险承诺期间你的营销额或对你的利润影响如何，是正的还是负的。然后根据结果再做适当的修改或者优化。我相信，你一定能从零风险承诺的策略上获益很大。

借好品牌的力量：做加法不如做乘法

当你要吸引一个潜在客户光顾生意的时候，有一个极为重要的问题必须思考：为什么客户会选择你，而不是其他竞争对手？相信你可以给出很多理由，如你的企业实力强、产品质量棒、服务态度好等。这些理由都对，但我们往往忽略了一个心理层面的、决定生死的东西，这就是“品牌”。

为什么要单独谈谈品牌呢？这源于一件让我印象非常深刻的事情：

我有幸受邀参加了一场手机拍卖会，拍卖会进行到第二场时，或许是为了活跃现场气氛，主持人竞价时有意将这款手机的LOGO遮住了。平心而论，这款手机的确很不错，配置强大，外观惊艳。一时间，大家都围绕着看起来像“苹果”，还是像华为的“Mate7”讨论个不停，一些人开始轮番叫价，最后与我同行的一个朋友以四千元成功拍得。但问题是，当主持人将手拿开时，我们看到了手机背后的LOGO，一个很低端的手机。尽管这是一款如此好的、“美到窒息”的、可以“秒杀苹果”的手机，但朋友还是深感不值，因为这不是一款品牌手机。

在商业领域，产品、质量、一般技术，日常管理这些，基本都是“加法”。但不是你的产品做得比别人好，客户就认可你了。产品好，这是一个必要条件，而不是一个充分条件。这个世界，还有一种东西叫“乘法”。品牌就是这么一种东西。

什么是品牌？一谈到品牌，无论男女老幼都能一一道来，可口可乐、耐克、佳能、LV、iPhone、尼康、富士、茅台、五粮液、海尔、长虹、奔驰、宝马等等，这涉及各行各业。品牌是一种“信号标准”，意味着高质量、高信誉、高效益、高保障、高服务，同时赋予使用者高品位享受。

“我只用LV包包哟，限量版的，一万多元呢！”“这家店的衣服都是名牌的，我超喜欢，已经光顾过很多次了”……生活中不少人追求名牌，买东西一定要买名牌，再贵也不多做计较。有时我们还会看到，任何物品只要贴上“名牌”标签，就会受到追捧，甚至没有人去追究它的真伪，这是一种求名心理。

品牌不是技术层面，是心理层面。品牌也不只是产品，而是一个撬动大众集体潜意识的工具。只要我们系统而有效地建立和利用好这个工具，就能有效地激发客户的购买欲望，促使成交。

有人会认为品牌很高端、很时尚，殊不知品牌的个性与内涵全部是由人去赋予的，目的就是促进销售，附加值才是品牌更高层次的卖点与最大利益。品牌差异也并不在于产品本身，而在于为这个品牌所赋予的内涵。

大家都说，可口可乐的配方很厉害，但是对不起，可口可乐的配方没有那么厉害；雀巢速溶咖啡的那袋粉末，也没有那么厉害。耐克厉害的，也不是他的服装设计，更不是他的服装面料。就像我们知道的那样，耐克标语是：Just do it。翻译过来就是想做就做，这是一种勇于拼搏、敢于争先、坚持不懈的精神。在体育竞技当中，我们应该提倡这种精神，在生活中，我们同样也离不开这种精神的指导。相信很多人在选择耐克产品的同时，会因这种精神得到一种满足，一种源自心灵深处的满足。

品牌是怎么出现的？生意之初，是没有品牌一说的。后来做生意的人多了，生意的品种也越来越多了。为了方便消费者识别自己家的东西，一些生意人就开始取名字、打广告，于是就有了品牌。可见，品牌是主观努力的结果，是可以打造或创造出来的。

比如，当中国电冰箱还处在凭票供应、供不应求的年代时，海尔就通过痛砸一批仅有微小瑕疵的冰箱，激发了海尔员工“零缺陷”的质量意识，向全中国乃至世界宣告了海尔“品质第一”的理念。这就是一种主观的品牌意识，也是为什么如海尔这样的企业，能够优秀至今的重要原因。

一家小店，如果能坚守某种信念，那它也是一个伟大的品牌。我们居民小区门口的一家理发店就能给以启示：

理发店一直存在着门槛低、起点低等问题，美发师多为打扮潮流的年轻人，有些人造型上还很夸张，但我们居民小区门口的一家理发店却很讲究：员工们进行统一形象管理，从工服铭牌、指甲发型到员工编号、接待礼仪等都进行了统一。店内还增设形象墙文化区，展示各种奖项与奖证、美发养护理念、员工文化生活与培训再教育，名人明星各种美发造型图等内容，形象墙后是一个大LOGO，整体环境干净整洁，给人一种高素养、高职业的感觉。

一般理发店以洗剪为主、烫染护为辅，前者占到顾客人数的七八成，某种程度上是赚辛苦钱。这家理发店将自己的服务定位为“您的私人形象顾问”，以洗剪吹拉染烫盘为主，还辅以形象设计，配备形象设计师，开设形象设计专区。他们会告诉顾客什么样的发型适合你，什么款式、颜色的衣服更能凸显你的优点，什么样的配饰和你比较搭，什么样的妆容更符合你的气质，甚至还会做成顾客美发档案。

为了方便顾客购物，并致力于向广大顾客传递前沿的时尚、健康、美丽的精神文化，这家理发店还开设了美发专业展柜，销售美发专业产品，如护发素，头发修复产品，假发等；销售彩妆产品，如小梳子，小指甲刀，眉笔等；销售小饰品，如头饰，挂件等。在这里随时都能买到需要的用品，这样热情周到的服务得到了居民们的认同，“您的私人形象顾问”的品牌形象深入人心。

如今，市场竞争早已从产品竞争到价格竞争，并最终升级到了品牌竞争的阶段。做加法不如做乘法，重视品牌化营销，是销售员提升销量、打造业绩的不二法则。

当然，一个品牌名称无论怎么美，它都是一个抽象的词汇或者是一个符号，是很难打动客户的。只有把它具体化，赋予它生动、具体的形象，它才能真正地活起来，才能与人们进行深层次的交流，人们才会对它产生情感，才会喜欢它。因此，我们要善于建立起品牌与目标顾客的一种情感联系。

传播快乐文化的迪士尼是非常成功的商业帝国，自从沃尔特·迪士尼在

1923 年创建了迪士尼动画公司，米老鼠、布鲁托、古菲、唐老鸭已经让全世界的孩子充满欢笑。而到了 1955 年，沃尔特在美国加州建立了第一家迪士尼乐园，他的理念是将动画片中的魔幻和快乐场景“复制”展现在人们生活中。他对乐园的热情甚至超过了电影，“电影交出后就再也不能变动了，而乐园是可以永无止境地发展下去的；增建、改变，简直就是个活的事物，这一切太有意思了！”

迪士尼明确提出，我们出售的不是迪士尼乐园这件商品，而是“欢乐”。那么，迪士尼乐园是怎么把欢乐卖给游客的？迪士尼的每一步设计、每一个细节，就连设施附近的一草一木，都是环环相扣，为一个故事主题服务的。这里的所有员工们都会身着演出服装，以米老鼠、唐老鸭、白雪公主等角色出现，热情招待进入自己家庭的“客人”，陪游客聊天、合影、玩游戏等。同时，引导游客参与营造欢乐氛围的活动，例如参与电影配音、小型电视片制作等。在这里，游客们玩的不只是刺激，更是进入到一个故事的世界，实现动画电影里的梦，充分享受这梦境般的愉快。

你真的了解你所销售的产品吗？你怎么理解产品的内涵？或者说它能带给客户什么？你能否赋予品牌生动、具体的形象？好吧，如果你能保证做到这些，那么恭喜你，你有机会。切记，品牌营销是一项长期的事业，不能急功近利，要有耐力、有坚守，避免投机心态，这是做品牌应有的态度。

会卖故事，就很容易抓住客户的心

销售就是卖故事，无论你在卖什么，你都是在卖故事！这话你信吗？

别不信！客户之所以心甘情愿掏钱包，很多时候购买的不只是商品，更重要的是在购买商品背后的故事。试想，如果钻石不代表爱情，不代表永恒，女孩们还会为收到一颗钻戒而怦然心动吗？如果日本丽卡娃娃没有身世，她就只是一个纯粹的玩具，大家还会天真无邪地想和她做朋友吗？

或许你看过不少人的销售，销售内容并无特别之处，却可以紧紧抓住客户的心，让客户点头买单，而这关键的差别仅在于——有没有对客户说一则好的故事。

为什么我们这么喜欢故事？其实不只我们，我们的大脑也很喜欢故事。当我们试着去理解一件事情时，大脑会开始自我挑战，不断寻找建立联结和刺激的方法。我们喜欢一切有情节的东西，当看到一出好戏、一篇好的新闻，我们会产生情绪上的反应，这是大脑接受资讯后开始产生的刺激。

在一家理发店里，有个长头发的顾客喋喋不休地询问理发师："为什么你给我理发的时候，总是讲一些魔鬼和强盗的故事呢？"理发师笑着说："对不起，先生！你知道吗，当我讲这些故事的时候，你的头发就会竖起来，理发就容易多了。"这就是故事的力量，它来源于对人情绪的控制。

将故事内化到产品，无论这件产品多么平凡无奇，都会给人以想象的空间，这时客户会不自觉地积累对品牌的感觉，把品牌深植心底，最终激发消费行为，这就是故事营销的奥妙所在。老鼠很讨人厌，米老鼠却"咸鱼翻身"人人喜欢，不就是因为它被人性化了、活泼可爱、打动了你我的内心吗？

销售是故事高手的过招，这是肯定的！

有朋友邀请我去野外郊游，去的地方倒没什么特别，就是太行山下的一个山区旅游地，葱葱郁郁的树木，蜿蜒的小道，田地里种满了各类果树，正直初夏果实累累，山地间随处可见大大小小的绵羊。每个人都很兴奋，心情也舒畅，导游大概讲了下行程，我们便满怀向往地向着小山村跑去，接待我们的是一个老村长，他向我们推荐了本地的特产，一种新的护肤产品——手工绵羊油。

市场上的护肤同类产品已经很多了，而且我认为自己一个大男人根本没有护肤的必要。但村主任对我们讲了一个故事："你们知道吗？在很久以前，我们村里有一个勤快又孝顺的媳妇，她每天给丈夫、婆婆洗衣做饭，寒冬腊月，她的双手泡在冰冷的河水里，结果后来变得又红又肿，什么都干不了了。丈夫和婆婆见此，便将媳妇撵出了家门。这位伤心的媳妇无家可归，便在山脚下的一个窑洞里住了下来，并帮附近的一位老人放羊，她常常抚摸羊毛，渐渐地手疾竟然痊愈了，原来羊毛中有一种油脂，有治疗皮肤病的功能。

"于是，这位媳妇开办起了手工绵羊油，带着全村人走上了勤劳致富之路，虽然这已经是很多年前的事情了，但我们勤劳的本分没有变，"讲这段话的时候，村主任有些小骄傲，"按辈分算，我们现在算第十二代传人了。我们靠自己勤劳的双手养家糊口，也希望能将这种美好传递给更多的人……"

我知道这十有八九是一个杜撰的故事，多少也有夸张的成分，但不可否认的是这个朴实的故事吸引了我，使我情不自禁地对这种绵羊油产生了一些兴趣，并最终决定购买几瓶试用一下。我们一行总共有一百人，一人平均买了两瓶，一瓶 20 块。那一天这位村主任总共赚了多少钱，大家可以算算。

可能有很多人觉得这不是一次营销行为，我也不想将它当作一次营销行为，但偏偏它就是营销，不管是不是刻意为之，它都是一次非常好的营销。的确，营销的理论生硬而教条、理论性强、内容抽象，使人昏昏欲睡；相比之下，如果用故事来讲述营销知识，不仅通俗易懂、生动活泼，更重要的是它包含着深刻的寓意和智慧。

所以，你若想实现推销目的，最直接、也最神奇的做法就是把产品变成故事，增加产品的内涵，将客户带进你创造的故事情境中，让你的推销变得有血有肉。这样，你就能使客户通过产品和故事的结合获得一种情感满足，他们自然会乖乖地成为“买单人”，还会真心感谢你的故事分享，何乐不为？！

你会讲故事吗？别急着去讲，先做到以下几点吧。

（一）突出产品的优势

在讲故事前，一定要搞明白自己的目的是什么？你的目的自然是要客户乖乖消费，但消费你产品的什么呢？齐全的功能？可靠的质量？周到的服务？所以，故事最好要突出产品的优势、最大的卖点，这一切是很难复制的，会使你的故事富有个性，“润物细无声”地悄然滋润客户的心田。

（二）故事要以人为本

虽然讲故事的方式多种多样，但炒作也罢，创造也罢，虚构也罢，诉说也罢，故事最主要的要以人为本，就是说要用一种理性目光去洞察客户的需求，找到品牌与消费者之间的契合之处，这样才能讲到客户的心里去，而不能自信满满地醉心于自己的创作，毕竟你的产品是由客户来购买的。

（三）态度一定要真诚

即便故事并不完全是真实的，但只要你态度真诚，讲述时要声情并茂，自己为此感动并有所启发，那么你就有可能让客户也信服，乐颠颠地为你消费。千万不要把客户当作傻子，一味地自吹自擂，自己都不信的故事却试图“忽悠”他们。情节生硬，内容空洞，这就像绣花枕头，是中看不中用的。你的效果会好吗？不会！这样故事就变成了骗人的鬼话，还不如不做好！

最好的利益关系是共赢关系

如今我们常听到“双赢”这个词汇，何谓“双赢”呢？百度百科这样认为，“双赢”来自于英文“win-win”的中文翻译。营销学这样认为：双赢是成双的，代表了利益平衡的交换，也代表了合作的准则。说白了，双赢就是销售员与客户双方的利益兼顾，即所谓的“赢者不全赢，输者不全输”。

双赢听起来是一个很容易接受的概念，但是却非常难做到。为此，我们不妨先做一个分析，看看我们和客户交往中，会有哪些情况出现：

（一）我赢你输

或低买高卖，或以次充好，为使自己赢得更多的利益，你利用自身的销售技巧“忽悠”客户，客户头一晕买了你的东西，你赚了，于是他赔了。可是你总有露馅的时候，客户也总有清醒的时候，他一旦醒过来怎么办？既然他吃亏了，就绝对不可能再和你合作，还会到处宣传你的不道德，如此双方就都输了。

（二）你赢我输

在一笔交易中，客户赚了，你赔，这通常表现在价格上，客户把你砍得头破血流。但接下来你怎么办？拿不到提成怎么养家？你老板又怎么看你？客户得寸进尺怎么办？当这些压力扑面而来的时候，你是不是开始想办法偷工减料来搪塞客户，争取羊毛出在羊身上？可问题也来了，客户又不是傻子，当他发现自己被剪羊毛时，他要么不再和你合作，要么也会考虑报复，这又是个双输。

（三）你输我输

这个不用多讲，烂产品卖低价就是一种典型的做法，这也是最令人头疼的事情。最活生生的例子就是我们和客户谈得已经差不多了，突然半路杀出个“程咬金”，对方给出的价格比自己低，这时有些贪图小利的客户就会“跑单”。可结果呢？我们的产品没卖出去，客户花钱买了一个教训，彼此都不痛快。

（四）你赢我赢

你顺利拿到了订单，客户则得到了想得到的东西，产品、服务、心情等等，这是最好的结局了。因为客户满意了，他下次买东西还会想着你，甚至无论你卖什么东西，他都会愿意从你这里买，这就是一个长期的合作伙伴。

结论已经很清楚了，除非你或者客户有一个是骗子，否则没有可能存在单方面的“赢”。作为销售，你要早早放弃那种动不动就和客户拼个输赢的想法，而要时刻想着如何“双赢”才是正道，在为自己着想的同时不能忽视客户的利益，谋求两全其美，否则长期的信任是不可能建立起来的。

在金牌销售的理念里，客户从来不是上帝，只有合作伙伴，他们自始至终把销售的成功看成是一种双赢的结果，把客户当作利益共同体、事业共同体，乃至命运共同体。一个优秀的销售员对于利益的把握也是非常精准的，他们是非常善于利用供给和分配的，尤其懂得强调与客户利益的共同点。

我曾看过关于美国著名成功学家戴尔·卡耐基的一则故事，这也是我在许多演讲中多次讲述过的案例，这里和大家分享下：

卡耐基每个季度有将近一个月的晚上包下纽约的一家大型旅馆的大礼堂，

因为他要在那里口授社交训练课程。有一个季度，卡耐基刚到达礼堂进行准备工作，就接到了旅馆的通知。通知说，礼堂的租金比原来的多出了 3 倍，如果他不付给旅馆足够的租金，那么就将取消他的预定。卡耐基非常气愤，因为当时课程的入场券已经印好，课程准备已经就绪，课程很快就要开始，想要更改也来不及了。

卡耐基直接找到旅店的经理，他原本可以对经理进行指责，因为这显然是一种不讲信用的表现。但是他没有，而是用平静的语气对经理说：“我刚接到你们的通知时，有点儿震惊。不过，这事并不怪你，假如我处于你现在的位置，或许我也会做出和你一样的决定。你是这家旅馆的经理，为这家旅馆尽可能地盈利是你的责任。不这样做，那么恐怕你经理的位子也保不住了。不过，如果你执意要增加租金的话，那我就暂且以一个朋友的身份，和你来谈一谈这样做的利弊吧。

“先说增长租金的好处，”卡耐基耐心地说，“旅店的大礼堂不租给我讲课用的话，就可以租给其他人举办舞会或晚会，这些活动的时间通常都比较短，他们能够一次性支付高额的租金，这样你们就能获得更高的利润，显然比租给我要合算得多。但是，”卡耐基话锋一转，接着分析起了现状，“你增加了我的租金，事实上是降低了你的收入，因为这样高的租金并不是我能承担的。为了能够继续办培训班，我必然要去别的地方办班，你就失去了一个客户。此外，还有一件事不知道你是否注意到了，我的这个培训班的学员都是受过良好教育的中上层管理人员，而成千的学员到你的旅馆来，无疑会在中上流客户中提升你的知名度，即使你花费五千元在报纸上做广告也请不来这么多中上流社会人士来这里参观！你认为你损失的那点租金，不值这样的宣传效果吗？你认为我在这里办培训班，你会不合算吗？请你仔细考虑之后，再答复我吧。”

卡耐基说完这些话，就站起身离开了经理办公室。很快，经理就做出了让步，他们只收取原先约定的租金，让卡耐基继续在这里开班授课。

卡耐基的谈判之所以能够取得成功，正是因为他自始至终都是站在旅店经理的角度来想问题。他其实什么也没有做，只是告诉对方：继续我们原来的合作关系，你将赚得更多。在无形之中，他让对方成为自己的利益共同体。很显然，他说服了对方。最重要的是，他达到了自己的目的。

瞧，这个世界并不是“非黑即白”“非对即错”，销售员和客户也不是你得利我就损失的关系，而是一种利益上的共赢关系。每个客户在购买东西前通常都会考虑是否符合自身利益，只要你看准客户的利益，说无穷的利害变化，使对方认为你是为他着想，而且你的想法能够给他带来诸多利益，完成这场交易是他最明智的选择。此时，对方就会听从你的建议，无形中接受你的销售。

另外，很重要的一条就是：多说“我们”，少说“我”。乍一看，就差了一个字，也没什么特别。但仔细想想，给人的心理感觉却是完全不同的。我们有些销售“我”字讲得太多，动辄“我认为”“我想”等，结果给客户留下标榜自我的印象，他们会认为你只注重自己能赚多少钱，根本不考虑他们的感受，东西适不适合他们，他们喜不喜欢，如此自然不买你的账。而“我们”这个词表明你是站在双方共有的立场上的，会让客户感受到你的诚意，有一种共同朝着某一目标迈进的合作心理，那么他们就会乐于接受你，甚至建立长期的伙伴关系。

我的客户之一麦克是一家家具店的老板，说实话他的家具质量、款式等并不是最好的，但却是最受顾客欢迎的，他的生意一直很红火，令其他家具店望尘莫及。麦克有什么经营秘诀吗？请看一下他是如何推销桌子的。

这天一个顾客进店了，他对麦克说：“我想买一种自由折叠，高度可以自动调节的桌子。”麦克将几张桌子指给顾客看，顾客转过来转过去，左看看右看看。此时，麦克轻松地耸耸肩，“这几款桌子都是我们店的畅销货，您好好看一下，买东西不精挑细选的话，我们是会吃亏的。”一会儿，顾客选中了一款桌子，却仍然不满意地说：“这张桌子不错，但款式有些旧。”麦克微笑着说：“您说得很对，我们现在已经不仅仅把桌子当物品用了，还希望它外表美观大方，就像装饰品一样，这张桌子嘛，结构是有些简单了。”说完，麦克用力地踩了踩桌子，继续说道，“不过这桌子倒是挺结实，质量错不了，我们能用得久一些，您说呢？”顾客脸上露出喜悦的神色，当即买下了这张桌子。

事例中，麦克和顾客本来是利益矛盾的两个人，麦克是怎么说服顾客的？他没有一味地向顾客吹嘘“我”的桌子有多好多好，而是说了很多温暖人心的“我们”的话——“买东西不精挑细选的话，我们是会吃亏的”“我们现在已经不仅仅把桌子当物品用了”“质量错不了，我们能用得久一些”，这使顾客感觉两人处于相同的立场上，在无形之中拉近了彼此的距离，从而达成生意，实现双赢。

当然，双赢并不是一件一蹴而就的事情。麦当劳花了十年的时间，才和俄罗斯达成协议，在莫斯科建成了第一家汉堡店。而事实上，这种投资对于俄罗斯也有利，但是麦当劳却也需要下一番功夫才能谈判成功。这就证明，双赢也是好事多磨，并非一帆风顺，你要做好“持久战”准备。

PART 6

挖掘潜在客户：

扩大“销售基本面”，提升销售业绩

※

销售界流传这样一句话：

“争取订单的道路是从寻找潜在顾客开始的。”

没错，所谓销售就是找到客户，把产品或服务销售出去，

客户数量的多少将直接影响销售业绩的高低。

但一个销售区域，甚至一个客户的销售量肯定有限，

要想增加销量，就要最大范围地寻找并挖掘你的潜在客户。

当你的“销售基本面”越大时，你的销售业绩就有可能愈高。

※

如何识别潜在客户，实现精准营销

销售员最宝贵的资产不是产品或服务，而是客户。当我正式成为一名销售人员，拿着手中的产品走出办公室，面对着大街上来去匆匆的行人时，我心中直嘀咕："我该向谁推销呢？"

没错，如今只依赖产品自身的优势去吸引客户已经不能在市场立足了，销售员找不到客户的话就几乎无法将产品推销出去。然而，客户在哪里呢？没有人在脸上贴个标签说"我需要某某产品"。所以，作为销售人员，从零到一的质变就是能够清楚地知道自己的目标客户并与之见面。

什么是目标客户？在众多的潜在客户中锁定目标，潜在客户即变成了目标客户。什么是潜在客户？即对你的产品或服务存在需求且具备一定的购买能力，但因为种种原因还没有成为你的客户，有待开发的一类人。一旦你能最大范围地寻找并挖掘你的潜在客户，你的业绩就有了基本的保障。

如何识别潜在客户，使他们与你成交呢？

文章正文前，先来分享一则案例——《把梳子卖给和尚》。

文章大概的梗概是这样：几个人去参加一销售岗位应聘，经过一轮激烈的初试之后，只剩下了甲、乙、丙3名应聘者。主考官出了一道实践题目：把梳子卖给和尚，并交代以十日为限，上报销售情况。甲、乙、丙感到困惑不解，"和尚无发，买梳何用？"，但他们都没有放弃这次应聘机会，便带着梳子上路了。

十日期到，三个人都回来了。

主考官问甲："卖出多少把？"答："一把。""怎么卖的？"甲讲述了自己历尽的辛苦，他先是到一所寺庙游说和尚应当买把梳子，无甚效果，还惨遭和尚的责骂，好在下山途中遇到一个小和尚一边晒太阳，一边使劲挠着头皮。甲灵机一动，递上木梳，小和尚用后满心欢喜，于是买下一把。

主试者问乙："卖出多少把？"答："10 把。""怎么卖的？"乙说他去了一座名山古寺，由于山高风大，进香者的头发都被吹乱了，他找到寺院的住持说："蓬头垢面是对佛的不敬。应在每座庙的香案前放把木梳，供善男信女梳理鬓发。"住持采纳了他的建议。那山有十座庙，于是买下了 10 把木梳。

主试者问丙："卖出多少把？"答："1000 把。"主试者惊问："怎么卖的？"丙说他到一个颇具盛名、香火极旺的深山宝刹，朝圣者、施主络绎不绝。丙对住持说："凡来进香参观者，多有一颗虔诚之心，宝刹应有所回赠，以做纪念，保佑其平安吉祥，鼓励其多做善事。我有一批木梳，您的书法超群，可刻上'积善梳'三个字，便可作赠品。"住持大喜，立即买下 1000 把木梳。得到"积善梳"的施主与香客也很高兴，一传十、十传百，朝圣者更多，香火更旺。

这是市场营销的一个"经典"，这个案例有多个版本，大家可以自行查阅，与之类似的还有"把卫生巾卖给小学男生""把羽绒服卖给北极熊"……在我看来，这些事例确实足够新奇，当个故事讲讲或许可以起到哗众取宠的效果，但是如果奉为经典，去引导自身的营销工作，那就是一个笑话，只会反映出推销者的无能。

为什么我这么说？因为和尚和梳子彼此之间不匹配，诱导客户购买自己并不适用的产品，它展示的是一种说服技巧，是凭"三寸不烂之舌"的力量，近乎欺骗，而不是有效传达产品的有效价值。这样，只会将自己引入单纯以赚钱为目的，不择手段追求销量的误区，注定是要被淘汰的。

同样是广泛流传的营销故事，把鞋子卖给光脚的人要值得称赞得多。

两家皮鞋工厂各自派了一名推销员到太平洋上的某个岛屿去开辟市场。甲乙两位销售人员几乎同时登上海岛，他们发现海岛相当封闭，岛上的人与大陆没有来往，祖祖辈辈靠打鱼为生，而且岛上的人衣着简朴，几乎全是赤脚，他们一打听才知道这里的人没有穿鞋子的习惯。

看到这种状况，甲心里凉了半截。他二话没说，立即乘船离开了海岛，返回了公司。与甲的态度相反，乙看到这种状况，顿时心花怒放，他觉得这里是极好的市场，因为这里的海边都是礁石，很硌脚，还容易划伤脚，很有必要穿鞋。于是，他挨家挨户做宣传，告诉岛上人穿鞋的好处，并把带去的样品送给了部分居民。这些居民穿上鞋后感到松软舒适，走在路上他们再也不用担心扎脚了，于是纷纷向同伴们宣传穿鞋的好处。乙公司在岛上建立了皮鞋市场，狠狠赚了一笔。

是什么决定你的客户群体呢？当然是产品。

我们不否认销售需要技巧，但是无论在何种情况下，销售都不能够偏离产品本身。对于推销的产品，销售人员要有一个透彻的解读，要了解产品的定位，进而准确定位你的目标客户群体，也就是准确锁定自己的潜在客户，将产品的价值有效传达给客户，进而成交。

举一个例子，假如你的产品是一款“训练型跑步鞋”，那你直接针对的客户群体就是对训练型的跑步鞋有需求的，而不能笼统地将需要运动鞋的客户群体视为自己的潜在客户，因为“训练型”不是他们最根本的需求，这些人可能需要的是其他速度型、舒适型的跑步鞋等。

找到人，找对人，实现精准营销。

电影《大腕》结尾的精神病人有一句话非常有意思：“周围的邻居不是开宝马就是奔驰，你要开一日本车，都不好意思跟人家打招呼！”这句话很直白地点明一个事实，同一群体的客户都具有相似的、鲜明的特征，所以我们要想实现精准营销，就要细分客户群体，找准潜在客户的消费阶层。

所谓消费阶层，是指由具有相同或类似社会地位、利益、价值观的社会成员组成的相对持久的消费习惯，也就是说，不同阶层的客户在产品选择、需求特点、消费动机等方面具有显著的差异性。拿参加工作的职场人士和在校的大学生为例，这两个群体通常不会光顾同一家服装店，在同一家酒吧喝酒，或穿同样的衣服、鞋子等。为什么？因为他们不属于同一个社会阶层，这中间的差异并不仅仅是因为钱，显然其中还反映出社会阶层不同而形成的消费偏爱和需求。

现在被神话般推崇的“小米模式”，其实我们深入分析，也没有什么神秘的，主要就在于小米锁定了一个客户群体：在校大学生、刚进入社会不久的青年白领，收入不高或经济状况不好，但是喜欢创新的、高科技的东西，并且喜欢通过网络来表达意见、建立社交。小米非常明显的标签就是“低价”“顶配”“交互”，和这个群体简直绝配。

客户的细分有很多方法，对此我总结了一些，供大家参考：

（一）按客户特征细分

一般来说，客户的需求主要是由其社会和经济背景决定的，因此对客户的特征细分，即是对其社会和经济背景所关联的要素进行细分。这些要素包括社会（性别、年龄范围、职位、工作行业、经济收入、受教育程度、家庭成员数量等）、地理（居住地、行政区、区域规模等）、心理（个性、生活形态等）和消费行为（置业情况、购买动机类型、品牌忠诚度、对产品的态度等）等要素。

（二）按客户价值细分

不同客户给我们带来的价值并不相同，有的客户可以连续不断地为我们创造价值和利益，因此我们需要为不同客户规定不同的价值。一般都是根据客户的购买量进行划分，忽略了客户的成长性及风险因素等，这并不科学。除了考虑客户的购买力之外，还应将客户影响力、客户利润贡献、忠诚度、推荐成交量等，并根据几项的综合考量，将潜在客户分为 VIP 客户、重要客户、普通客户、小客户等。

（三）按客户需求细分

从客户需求的角度来看，不同类型的客户需求是不同的，选定最有价值的潜在客户群体，分析其社会阶层、消费能力、消费习惯、兴趣爱好等，提炼他们的共同需求，提供有针对性的产品和服务、提供差异化的营销组合，往往能赢得、扩大和保持高价值的客户群，吸引和培养潜力较大的客户群。

当然，这并不是什么难事。例如，百威啤酒之所以能获得“啤酒大王”之称，除了首屈一指的高品质啤酒外，与其产品多样化也有着重要关系。百威纯生、百威冰啤、百威劲爽，每种品牌针对不同的消费阶层采取差别定价，满足不同水平消费者的需求。

通过什么方式分析潜在客户呢？一般有活动问题调查、有奖调查问卷，在设计问卷时不要仅限于常见的内容来问，同时除了选择题外应当有开放式问题，让客户能够充分自由发挥。为方便客户参与，我们可通过邮件、上门、网站、电子邮件、产品包装内附、服务现场表格等多种方式进行。

当然，客户细分是一个需要不断学习的过程，因为时代在进步、客户在成长、市场在变化，细分方法也需要不断调整和优化，将上下而求索。

经营人脉圈子，挖掘潜在客户

如果有一天你突然发觉：自己的业绩已经很久没有“进展”了，这时你首先会检讨什么？多数人可能会想，自己的才能或知识不够了，考虑应该上个培训班或者再去学校拿个文凭，提高一下专业知识水平等等，很少会有几个人想：我的人脉关系是否够用了，是不是需要扩展或改进了？

中国有句俗话，叫作“一个篱笆三个桩，一个好汉三个帮”，说的就是无论是谁，要想做成大事，都离不开别人的支持与帮助，都需要建立在一定的人脉基础上。西方社会也有类似的说法——“一个人能否成功，不在于你知道什么，而是在于你认识谁”，同样是在彰显人脉的重要性。

根据我多年的销售经验，毫不夸张地说，有 50% 以上的销售业绩都是凭人脉完成的。日常生活中，我们听到关于人脉的比喻简直太多了：人脉好比存折、人脉好比金矿、人脉好比大树……人脉不是直接财富，为什么却能催化财富呢？不如一起来看下我的亲身经历，你就明白了。

进入汽车销售行业不久，我有幸成了总经理的一名“跟班”，经常跟着他出入各种高档的场所，也认识了很多有钱的老板。有一次总经理带我参加 T 老板的饭局，我之前也见过几次 T 老板，去他的公司推销过汽车，他是我们的意向客户，但是他的态度很冷淡，所以去的路上我心里有点发怵。

果然，一见到我，T 老板的表情就有些不自然了，有些怒气地问总经理：“你怎么带了一个小毛孩过来呀？”好在总经理维护我：“T 老板，这是我的助手、哥们儿，我带他来见识见识。”让我很意外的是，在总经理说完我是他助手、哥们儿后，T 老板对我的态度好了许多，笑着叫我入座。吃饭时，T

老板还说了这样一句话：“我和你们总经理是哥们儿，以后我就把你当成小弟了。”后来，我再去拜访T老板时，他的态度来了一个180度的大转弯，并且没多久就通过我买了辆新车。

后来我明白，如果没有总经理的关系，我是不可能和T老板坐在一起吃饭的，更别说让对方从我这里买一辆十几万的汽车了。

做销售要具备一定的人脉圈子，通过人际关系来寻找潜在客户是最快捷和有效的方法。你有父母兄弟吧？你有亲戚朋友吧？你有同事邻居吧？你有老客户吧？这些人都可以纳为我们的潜在客户，即便是陌生人都可以，只要你愿意为彼此提供沟通和交往的契机。如此，提高业绩便是极容易的事情了。

说到这里，我们可以参考国外研究者的一个案例。

德国巴黎市区的一位烤肉店的老板，一直希望和自己喜欢的美国好莱坞影星马龙·白兰度坐下来聊聊天，他强调的是“希望”，因为这是不可能的事情，白兰度和他素不相识。不过，一家德国报纸得知这一消息后，决定帮助这位老板圆梦。很多人觉得这是一件不可能完成的事情，但经过了几个月，报社员工发现马龙·白兰度与烤肉店老板两个人之间只经过不超过6个人的私交，就可以联系在一起了！原来，烤肉店老板有一个朋友住在美国加州，刚好这个朋友的同事是电影《这个男人有点色》的制作人的女儿的蜜友的男朋友，而马龙·白兰度恰恰主演了这部片子。

“寻找马龙·白兰度”的案例证明了一个理论：我们地球上的所有人，从某种意义上来说都可以通过个人的关系网联系起来——任意两个人之间的最短距离都不超过6个人。

看到这里，你是不是会惊呼——哇！这个世界原来这么小。这也就意味着，潜在客户一直都是存在的，即便有时离我们很远，但只要我们努力搭建“关系网”，他们中的每个人其实都有可能成为我们的客户、甚至朋友。不管他现在是在镁光灯照耀的舞台上，还是在地球的某个角落。

我们的日常活动不会在隔绝的状态下展开，你认识的人有多少呢？不可否认，即便是一个社交活动很少的人他也有一群朋友、同学和老师，还有家人和亲戚等，这些人都有可能成为你的潜在客户。即便你的某一个朋友不需要你的产品，但是朋友的朋友你能肯定不需要吗？

是的，社会就是一张巨大的网，每一个人就是网上的一个节点。我们可以清楚地看到，它以自己为中心，把周围的人按照亲疏远近来画圈：最里面一圈是父母、兄弟、姐妹，稍外一圈是亲朋好友，再外一圈是邻居、同事、熟人，最外一圈是一些素不相识的人，层层分明，一目了然。这个人脉圈子一旦建立起来，就可以为我们提供人力、信息、品牌等一切助我们成功的资源。

如果说那些优秀销售有什么特别的话，其中很重要的一点就是：他们平时把经营人脉看作自己工作的核心内容，随时随地都在拓展人脉，随时都在想着“人”和“关系”。

哈维·麦凯就是通过一人带一圈，走上成功巅峰的。

哈维·麦凯从大学毕业那天就开始找工作，雄心勃勃的他面试接连失败，这给了他不小的打击。哈维的父亲是一位记者，他认识一些政商两界的重要人物，其中有一位叫查理·沃德，他是全世界最大的月历卡片制造公司的董事长。靠着父亲的人脉关系，哈维得以在沃德的信封公司谋得了一个卖信封的职位。在工作中，哈维熟悉了经营信封业的流程，懂得了操作模式，学会了推销的技巧，可是他认识的人太少了，信封卖得很不理想，收入非常低微，连普通的公寓都租不起。更不幸的是他的母亲也过世了，家境陷入了艰难境地，他急切想找到一条成功捷径。

怎么办呢？哈维苦思冥想，当他听说明尼亚波里斯市有一个乡村俱乐部委员会，那里有300多名会员，他们在高尔夫联盟的成绩一向排在后面，他的主意来了。哈维只身拜见了俱乐部的主席，请求对方允许自己免费加入，为什么请求免费呢？因为那里的入会费高得惊人，哈维是无法负担得起的。“主席，我会打高尔夫球，我曾经赢得过两次市冠军，而且还是州立高中竞赛的亚军。希望我的加入能为俱乐部的发展带来更好的契机，比如帮助俱乐部赢得市联盟冠军赛，让俱乐部的口碑和身价迅速提升，并获得更多的收入，请您给我一个机会。”哈维诚恳地请求道。

面对眼前这个只有 22 岁、没有人认识的小伙子，俱乐部主席很迟疑，但最终还是决定让哈维试一试。哈维是有实力的，他不仅个人积极地为比赛做准备，而且还研究对手们的比赛风格，统筹俱乐部的作战计划，最终帮助俱乐部赢得了那场冠军赛，也实现了他免费加入俱乐部的愿望。300 多个会员，就意味着哈维有了 300 多个潜在的客户，而事实也证明，这些客户有很大一部分都在哈维以后的事业中起到了关键的作用，帮助他最终成为全美著名的信封公司——麦凯信封公司的老板。

从哈维的经历中，难道你还看不出人脉到底在你的人生中占据着多大分量吗?

寻找潜在客户的过程就是寻找朋友的过程，很多人今天是你的客户，说不定明天就会成为你的朋友，也许他还会介绍更多的朋友给你，你只要不断累积，客户人脉网便可轻松搭建起来了。人脉越宽，人脉越广，你的销售机会就会越多，也就越容易通往财富、荣誉、成功之路。

明白了这些，你就赶快开始吧。不管你从事什么销售工作，无论你处在职业的哪个阶段，建立人脉圈事不宜迟。为此，你可以通过各种关系，参加一些有影响力的组织和圈子，积极参加圈子里的活动，主动尝试和陌生人交往等。

当你碰到一个人，他走进了你的五步范围时，请友好而热情地自我介绍，千万不要急着推销，不妨先谦逊地递上名片，微笑着告诉对方：“我猜想，可能某一天有为您或者是您的朋友服务的机会，为此事先致谢。”把潜在的客户置于重要的地位，他们觉得自己对你很重要，很可能采取行动帮助你。

通常，下面三种情况是有利的。

· 对方同意打电话与你进一步讨论。

· 同意让你打电话给他们，进一步讨论。

· 对方不感兴趣，但将帮助你向感兴趣的人推荐。

现在你得到了什么？认识了一个你几乎没有可能认识的人，得到一名潜在客户，甚至有可能被推荐给别的潜在客户，多值。

做销售要有耐心：有些客户是磨出来的

如今社会不缺少客户，缺的是开发客户的人。任何事情都不是一蹴而就的，挖掘客户，与客户建立、发展关系，也不可能总是一帆风顺的。尤其是现在的客户正趋于理性，很少会对某个人或某件商品一见钟情，这就需要我们在开发客户时不能急，要用足够的耐心把客户给磨出来，进而扩大“销售基本面”。

我见过不少销售员自尊心太强、面薄心软，禁不住客户首次拒绝的打击；只要前进一受阻，就感到气愤羞恼，甚至与人争吵，再扬长而去。这些人看起来像很有几分“骨气”，其实是只顾“面子”而忘记目的，越发显出他们过分的脆弱和不堪一击罢了，而且这种态度显然是于事业无益的。

做销售是从客户兜里掏钱的，有时脸皮不妨厚一点儿，碰个钉子，脸不红心不跳，不气不恼，依然要心平气和地陈述你的观点，只要还有一丝希望就要全力争取，不达目的绝不罢休。俗话说“只要功夫深，铁杵磨成针”，有时耐心地牺牲一点儿时间，常常会促使客户改变初衷，最终买你的账。

所有销售冠军都是拜访客户的冠军，一次不行？10次还不行？好吧，再试30次行不？

当然，“磨”不是消极地耗时间，也不是硬和客户耍无赖，而是让对方有一个认识、了解、接纳你的过程。在这个过程中，你要做好长期作战的心理准备，还要善于采取积极的行为影响对方、感化对方，促进事态向好的方向转化，把潜在的客户变成现实的客户，这是一个循序渐进的过程。

有一次我登门拜访客户时，遇到一位干练的女办公室主任，当时心想：“女同志，应该好说话。”没想到这位主任一口回绝，说已与另一家企业达成口头协议。接下来无论我怎么说，这个主任就是不同意用我们的产品，并婉转地下了逐客令。我想，这是个大客户，绝不能就这样放弃，于是再一次登门拜访。这次，这个主任的态度非常生硬，说："你不要再来了，我们不会订购你们的产品！"说完，推托有事要办，转身就走了。当我从办公室走出来时，泪水忍不住流了出来，因为感觉太委屈了：为了推销产品，我们得赔着笑脸，看别人的脸色……那一刻，我真的想放弃了，但我是个倔脾气，转念一想，这点委屈都受不了，怎么争取更多的客户呢？

当我第三次登门拜访时，我已经通过各种渠道摸清了这位办公室主任的性格爱好，又通过熟人介绍，为这次登门做好了铺垫。当这位主任再次看见我的时候，终于有了笑容，她感慨地说："我真佩服你了，过去好多人来联系，吃了闭门羹，就再也不来了，可你与他们不同，就冲你的服务态度和诚意也应该买你的产品。不过，我们现在真的不需要，这样吧，以后有需要就找你。"我听后表示了感谢，与她聊了起来。我们谈公司，谈人际，谈想法，建立起了很好的友谊，临走前我又给这位主任留下了公司产品的一些相关资料。

这时候，我的耐磨性初步有了效果，因为我让客户认识到自己是一个专业的、坚持而做事全面的人，这为我们以后的合作打下了基础。可是这并没有马上促成我们的合作，而后的一段时间里我总是每隔几天就会找一个理由给这位主任打电话，或亲自拜访一下。这种坚持，让这位女主任很感动，她说："你是我见过的最耐磨的人了。"两个月后，这位女主任主动打电话给我，说以前给她们供货的那个经销商现在没有了她要的一个型号产品，我这里如果有的话，就带着供销合同过来一下。

功夫不负有心人，这个客户终于被我拿下了。

客户是不可忽视的效益增长点，锲而不舍是打动客户的法宝。

当开发客户时受阻，出现僵局，烦躁、失意、恼火有用吗？没用！此时最恰当的做法是沉得住气，态度要诚恳，语气要平和，并以足够的耐心摆出一副与客户"打持久战"的架势。这种"磨"所表现的，是对对方处境的一种理解，是对转机到来的期待和对成功结交关系的自信，能在精神上使自己处于强有力的地位，继而方寸不乱地调动自己全部的聪明才智，最终突破僵局。

当然，"磨"除了要有耐心之外，还必须事先锁定销售目标。

毕竟潜在客户是一个泛泛的模糊概念，尽管是多多益善的，但并不是所有的潜在客户都值得我们去"磨"，因为 80% 的潜在业务来自于 20% 的潜在客户。这就涉及管理学上的"二八法则"，即意大利经济学家帕累托所提出的 80 / 20 法则，即要把 80% 的时间花在能出关键效益的 20% 的事情上。

你是否发现过这种现象，有的客户服务量不少，但产单量却很低，我们的工作很辛苦，销售额却不高。所以获得潜在客户名单仅仅是"万里长征"第一步，我们需要对潜在客户进行及时、客观地评估，把重点放在具有高潜力的客户身上，把潜力低的潜在客户放在后边，有目的地去开发。

是的，一般销售新人多数会撒网式、地毯式地进行业务推进，只要有客户的地方，就是我们电话、拜访该覆盖的地方，这是应该的。但是，随着业务能力和业绩的晋级，如何用有限的资源整合达到最大的收益就成为业务关键，这就需要我们对客户进行分类。你眼中的潜在客户，要人为地分清三六九等。比如从现有的客户那里得到订单，或者主攻那些比较容易签单的潜在客户，而不会在销售额糟糕的客户身上浪费时间。

在这里，我将潜在客户分为五种类型：

第一类ＳＳＳ级，这类客户生意、行业、自身处境都不错，思想开明，对产品有需求，有支付能力，有决策权并且对产品的需求明显而迫切，刻不容缓！只要你具备基本的销售能力，几乎不用怎么去"磨"，一举拿下，这个月的奖金妥妥的！投入成本小，成交回报大，这是应该最早开发的潜在客户。

第二类ＳＳ级，这类客户有产品需求，有支付能力，有决策权，但对产品的购买意向或时间不够明显。为此，你要做好后续的跟踪和回访，通过耐心地讲解，让这类客户认识到你的产品能给其带来益处。只要你肯弯腰，像金矿一样挖下去，就能出黄金，那么你的"磨"就是有价值的。

第三类S级，这类客户有支付能力，但他们对现状很满意，而且没觉得什么地方需要改进，因此对你的产品不感兴趣。这样的客户当月的成交性特别小，需要花时间去挖掘他们的需求，引导对方认识自己的问题。时时关注，有效跟踪，“磨”好了，就成交。如果暂时无法成交，继续保持联系，慢慢跟进。

第四类A级，这类客户对你的产品有需求，也感兴趣，但是支付能力暂时不足。通常客户的资金情况，不是一时就能够解决的，我们可以暂时停止销售行为。但也不能放弃这类客户，而要耐心等待，假以时日客户资金充裕，还是会有购买力的，从而转变成以上三种类型也是指日可待！

第五类B级，这类客户对你的产品没需求，不感兴趣，没钱，没这没那。这类客户一般成交的希望很小，如果在其身上过多消耗时间、精力，只会让你的工作没有效率，所以不妨果断抛弃。

慢销售，就是要有改造客户的决心

这个世界上最难的有两件事，你知道是什么吗？一件事是把自己的思想装进别人的脑袋里，另一件事是把别人的钱装进自己的口袋里。销售所做的就是这两件事，不过纸上得来终觉浅，想要做好销售，一定要沟通有术，通常只要你能将自己的想法放进别人的脑袋中，也自然能将别人的钱放进自己的口袋中。

只有人的观念改变了，思想改变，行为才会改变。只要你的观念被客户接纳了，你的产品自然就被客户接受，因此每一个产品的推广过程都是一个观念导入的过程。有些销售为什么推销不出去产品，很多时候不是因为能力不够或产品不好，而是没有改变客户原来固有的观念。

优秀的推销人员不会一味强调产品的品质，而是强调消费观念。例如，一些人在推销产品之前会和客户强调健康意识、环保观点、安全问题等，促使消费者多花钱购买更健康、更安全、更先进的产品。

慢销售，就是要有改造客户的决心。你能改变客户的想法，也就能挣到他的钱了。

问题是，每个人都有自己的逻辑圈。所谓逻辑圈，是人们通过概念、判断、推理、论证来理解和区分客观世界的思维范畴。可以说，一个人的逻辑圈，往往影响着他对事物的判断及做出的决定。假设在一个人的逻辑圈中，他认为这件事是错误的，那么我们就很难说服他改变主意，因为他有着自己的判断依据。所以很多时候，如果顺着客户的逻辑往下走的话，我们的销售根本毫无进展。因为是在他的圈子，他的想法就是“真理”！那么怎么办呢？唯一的办法是，跳出他的逻辑圈，从圈外攻入。只有站在他的逻辑圈外，我们才能通过自己所掌握的材料说服他。

这样说，可能有些难以理解，我们不妨来看一个故事：

有一个小伙子不仅家贫，而且相貌欠佳，从小驼背，却固执地爱上了一个商人的女儿，她年轻、富有、漂亮，简直完美极了。但和所有青春期的少女一样，商人的女儿一直幻想着能找到一位迷人的白马王子，甚至在她的观念里，也只有一位相貌英俊、家资丰厚的帅气小伙才能与自己相配。因此，在刚开始的时候，她对这个驼背小伙子始终没有正眼看过，甚至还嘲笑过他，认为他是癞蛤蟆想吃天鹅肉。但是事实却是：这个小伙子成功地说服了商人的女儿，并与之喜结连理。

小伙子是怎么做的呢？

这天，小伙子找到了这个女孩，鼓足勇气问了一句话："我的女神，我想知道，你相信缘分吗？"青春期的女孩哪有不相信缘分的，女孩的回答当然是相信。小伙子望着女孩，认真地说道："我也相信！而且，我已经知道我未来的新娘是谁了。我听老人们说过，每个男孩子在出生之前，上帝都会告诉他，将来要娶的是谁。所以在我出生的时候，上帝已经给我许配好了未来的新娘。可是，上帝却还告诉了我们一件事，我的新娘将会是个驼背。于是我向上帝恳求，希望他能把我的新娘的驼背赐给我，让我的新娘可以漂漂亮亮。上帝同意了我的要求，所以我变成了如今的样子。"

望着小伙子真诚的眼睛，女孩笑了。

这当然是一个美丽的爱情故事，可是在这里，我们并不是想要品评爱情的美丽，而是另有所图。小伙子是怎样说服这位高傲的姑娘的？简单，他很聪明地跳出了姑娘的逻辑圈子。在这位姑娘的逻辑里，自己的白马王子绝对不是这个小伙子，而是一个相貌与家世都能与自己匹配的人。如果顺着她的逻辑，那么小伙子就只能从相貌、家世上对其进行说服。可想而知，就算他口才再好，说得如何天花乱坠，也不可能把自己的驼背说直了，把贫穷说成富贵了。在这种情形下，他改变了战略，跳出了姑娘的逻辑圈子，从缘分说起，一下子就抓住了姑娘的心。这位姑娘之前肯定不曾想过，有人愿意为自己做这么多事情。虽然那只是一种假设，但就是这样一个并非事实的说服，却让姑娘怦然心动。

小时候，我们都学过“不识庐山真面目，只缘身在此山中”的道理。如果“庐山”是一个人的逻辑圈，那么我们身在这个逻辑圈中，自然无法看出事情的真正面貌，所以需要从山外“着眼”。同样，当面对难缠的潜在客户时，与其一直在客户的逻辑圈里打转，不如跳出他的逻辑圈，从一个全新的角度进行说服。

我曾经向一家公司推销过一批电机，但在试用阶段，该客户罗斯先生非常不满意，在电话里吵着电机是伪劣的：“你看看你提供的都是破烂东西，都能烫熟人皮，我不准备购买，你赶紧把这批电机搬走吧。”听到这个消息，我赶忙跑到客户的车间检查，用手摸了一下电机外壳，感觉很烫手，冷静地考虑片刻后，我对负责人说：“先生，我完全同意您的观点，如果电机发热过高，就是严重的质量问题，您说是吗？”

罗斯有些恼火地回答：“当然。”

我接着说：“您用手摸电机感觉发烫，这我绝对相信，我刚才也摸了一下，确实有些烫手，您一定看到了我摸电机的动作吧？”

“是的，我看到了。”罗斯点点头。

“罗斯先生，我想向您请教一下：是不是任何电机在工作时都会有一定程度的发热，但只要发热程度不超过电工协会规定的标准就可以？”

“是的。”罗斯说。

“按照电工协会的标准，电机的温度可以比室内温度高出 42℃，是这样吗？”

“是的，你想说明什么？”罗斯有些不耐烦地反问。

“我刚刚看了车间里的温度计，这里的温度是 26℃，对吧？”我没有理会罗斯的反问，继续着自己的问话。

“是的。”罗斯回答。

“好的，罗斯先生！车间的温度是 26℃，电机的温度不用达到电工协会所规定的比室内温度高出42℃的峰值，只需要三十几摄氏度，就会感到烫手。请问，如果把您的手放在五六十摄氏度的水中，会不会觉得很烫呢？”

“这个……嗯……是的。”罗斯支支吾吾的，但也只能同意我的观点。

我笑着对罗斯说：“那么，请您以后不要去摸电机了。我可以向您保证，我们的产品质量绝对没有问题，您可以放心。”

话已至此，罗斯已经无话可说。

我之所以能说服罗斯先生，除了因为我所推销的电机质量确实很好，还因为我利用了人们心理的微妙变化。一开始我就清楚，如果与对方硬碰硬地去探讨电机的质量，只能是输家，因为对方可以抱定电机质量一定有问题这个观点不放。于是，我跳出了这种思维模式，采取了一种迂回策略，引导对方说出一连串的“是”，逐渐打消对方抗争的念头，也就能促使对方冷静地思考问题，最终明白了事情的原因。

人们很快就能接受那些与自己观点一致的信息和态度，也会迅速和那些持不同观点的人产生争论。跳出客户的逻辑圈，并以一种客观的角度，洞悉他们当前的态度和想法，我们的思维才不被对方所左右，也才能以某种方式劝服他们。站在远处，一览全局，我们才能更准确地把握整场“战争”。

成交只需机会，但创造机会需尽百般功夫

许多人都曾为一个问题而困惑不解：明明自己比别人更有能力，更努力，为什么别人客源不断，出单不断，我却业绩平平呢？

在寻找答案之前，先给大家讲一件小事：

前段时间，我们正在招聘一个部门经理，经过人力资源部经理几次严酷的考核后，甲和乙两个人在众多求职者中脱颖而出，两人无论是在个人能力、工作经验，还是资历方面都很接近，但只能选择一位。正当我们为录用哪一个更合适而发愁时，乙主动给公司的人力资源部发了一个邮件，信中详细表达了他对这家公司的向往以及他为什么认为自己是合适人选的原因，此外还有一份关于未来部门经理需要在公司哪些方面做出努力的报告。还犹豫什么呢？人力资源部经理当即敲定聘用乙。

乙没有一味等待，而是主动出击，而且在还没有得到职位以前，他就已经身在其位了，这就是他能够击败甲，获得聘用的主要原因。参加工作以来，我越来越认识到一个问题：一味地等待徒劳无益，要想成功，必须自己创造机会。

人的一生有太多的不确定性，改变人生轨迹的往往就是一次偶然的机会。但是，这世界上从来就没有免费的午餐，也没有天上突然掉馅饼的事情。机会是什么？是要靠自己去发现、去挖掘，甚至去创造。

当初，和我一批进汽车4S店的新员工里有一个做电话销售的哥们儿，第一次见他时，我发现他的普通话极不标准，性格也不外向，话说多了脸就会红。当时，我就想这样的哥们儿是怎么通过面试来做销售的。但一年半过去，他就已经是高级客户经理了，拥有众多的客户，一年能做将近百万的业绩。

他是怎么做到的呢？

很简单，他的过人之处就是将名片使用得淋漓尽致，没有哪一位销售商能比他用得多、用得活、用得好。不论何时何地，只要遇到了人，他的手就会立刻习惯性地伸进口袋里，然后掏出名片，送给对方。例如，在餐馆吃饭，结账时他总是大方地多给一些小费，与此同时再放上两张名片；外出参加行业会议时，为了引起别人的注意力，他也不忘向在场的参会人员散发名片，让他们牢牢记住自己；他还是一个篮球迷，他甚至前往体育场看篮球比赛时，也会随身带着几万张名片，一旦观众为精彩的比赛场面欢呼雀跃时，他便大把大把地把名片向观众席上抛洒出去。

虽然很多时候，这种散发、抛散名片的行为并不会引起人们太多的注意，但是当人们打算购买汽车时，自然会想起那个名片的主人，想起名片上的名字，然后打电话说，“喂，我想买一辆汽车，你能帮我推荐一下吗？”

为什么你客户少、出单少？不要疑惑，不要抱怨，你应先问问你给自己创造机会了吗？

在销售工作中，我们经过千辛万苦，其目的只有一个，就是成交。有人的地方就有潜在客户，成交机会无处不在、无时不有。如果你能通过宣传的手段让更多的人知道你是干什么的，你所宣传、销售的是什么产品，主动创造千载难逢的成交机会与场景，你就有可能得到更多出单的机会。

而且，我们必须承认一点，机会往往是稍纵即逝的，在这种情况下，要想充分把握住销售机会，创造销售佳绩，则完全依赖于销售人员自身的观察能力、分析能力、思维能力、应变能力和创造能力。销售这一行，说是没什么门槛，谁都可以做，但真的一百个人里面没几个做得好的，做这行，说是不需要什么特别的能力，但综合能力强的销售员，做起来和普通人就是有区别。

我的一位客户王先生是一家商业银行的综合柜员，他曾给我讲过自己的一段经历：

有位客户年近六十，其子女长年在国外做贸易，平时外汇汇款一直在这家商业银行办理，一天这位客户来办理取现金业务，金额是5万美元。这种情况大致上会有两种结果：一是5万美元出去之后就回不来了，第二往好的方面想，那位客户会将近50万元的人民币从这里取走，再存入其他银行。

碰巧那天受理该业务的是位新员工，在没有询问清楚的状况下他就准备予以支取。王先生发现这一问题后及时与客户沟通，经过一番交流，得知该客户在朋友的建议下准备拿这笔钱炒股。清楚了原因后，王先生积极向该客户介绍本行外币质押率高于他行，且外汇交易点数低的优势，最后客户满意地把5万美元存为3年长期存款，并表示要将他行的10万人民币也存过来。就这样，王先生既为所在银行增加了外币、人民币存款，又拿到了丰厚的销售提成，可谓双丰收。

“机会是留给有准备的人的”，任何行业的专业知识，任何工作的素质修养，都不是临时抱佛脚可以得来的，而是诞生于简单而纯正的经验之中。机会到来时你能不能接住，主要取决于你是否具备把握机遇的能力。一个能潜心于提升自己的人，大多在能力提升之后，更多的机遇也会随之而来。

成交只需机会，但创造机会需尽百般功夫。

与其艳羡别人，抱怨种种不公，不如反省和提高自己。已经过去的岁月中，或许你一直在等待机会，耗去了许多时光，却没有等到机会出现。从今天起，不断更新自身知识，充实专业能力和技能，汲取工作经验、教训，并多多磨炼自己，相信不久的将来，你就能抓住一个个好机会。

一个客户见证胜过你的千言万语

不少人一见到客户就急着推销，不停说自家产品这里好，那里好，但结果却往往不理想。培训新人时，我通常都会强调一点，不要强迫你的客户“认可”你的产品，不要和客户强调你的产品多么好、多么高端、多么有价值，这个话从你的嘴里说出来，毫无说服力，即便你是一个能言善辩的主儿。

为什么？自己说自己产品好，是夸耀；别人说你好，才是真的好。

任何交易都是建立在双方信任的基础上，如果没有信任就不会有成交。面对你的销售，潜在客户通常都会持有怀疑态度：我凭什么相信你说的话？这时，如果有其他客户站出来说你的产品很好，产品就有了见证，说明已经有人愿意为它付出金钱，而且这些付出也是相当值得的，得到了应有的回报。这就降低了客户心中对风险的恐惧，才会打消内心疑虑，进而相信你的产品是真的好。

结论就是，一个客户的见证胜过你的千言万语。

不信，我们来看看以下两位销售人员进行的销售描述，你觉得哪一种效果好？

甲销售员：“我们这种机器性能好、消耗小、易操作，可以大大地提高贵公司的生产效率。用户们都一致好评，我们的订货量与日俱增。”

乙销售员：“我很乐意向您展示一下以往客户发来的感谢信，这封信来自于XX钢铁厂。信中反映：我们的机器运转十分快、操作很简单、安全性能好，不仅有效降低人力成本，生产效率还比过去提高了35%。现在，该厂又追加订货10台，并表示将与我们建立长期合作关系。”

显而易见，乙销售员比甲销售员更易说服客户。甲销售员说的话，由一连串简单的肯定句子和抽象的结论组成，缺乏事实根据，使人听了不踏实。乙销售员则引用了一个真实的用户案例，并提供了明确数据，有理有据，让人不可不信。

为什么大部分微商每天都在发着一些反馈图和收米图，其实就是在利用客户见证解决信任问题，间接地告诉大家：我的产品是值得信赖的。暂且不论微商的产品究竟好不好，当这些图片详细地展现出来时，一般就能快速打消一些潜在客户的疑虑，从而促进订单的产生。

事实胜于雄辩，销售中真正具有推动力的价值是客户的见证。所以，在销售中，与其跟潜在客户讲一些干巴巴的、抽象的、概括性的结论，不如把现在客户的使用情况与效果，具体地呈现出来，让潜在客户看到一个明确的结果，你的产品带给别的客户什么改变，以往的客户如何评价你的产品等等。

每次销售完成后，我都要接着问客户一句：“我们的服务您还满意吗？”如果客户说很满意，那么我就会抓住机会让他们成为自己的推荐人。方法很简单，我提前准备了一个日记本，然后邀请客户们在上面简短地写一下：为什么购买我的产品、选择我的产品给自己带来哪些好处。这个日记本我是随身携带的，遇到有类似需求的潜在客户，当他们对我的产品心存疑问，或者压根不信任我的时候，我不会急着解释或辩解，而是寻机拿出这个日记本给他们看，或者念给他们听，结果我只需要对产品进行简单的说明，就能打消潜在客户的顾虑，最终交易也会顺利达成。

卖东西的过程其实就是在建立信任，信任越强，购买的机会就越大。你要让潜在客户不但看到、听到，还要真实地感觉到你的产品有多好。在让客户做见证的时候，我们不妨试着将图片、文字、视频等结合起来，图片能引起潜在客户的注意，文字和视频则能触动他们内心的情感，更有利于成交。

我认识一家纸制品商店的老板，店的面积不大，但是每天店里的生意却是非常的火爆。他是怎么做到的呢？带着种种的好奇与疑问，我亲自上门拜访。

一进店，我就看到甬道的一面墙上贴满了小纸条和照片。原来每一位在这里购物的顾客，都可以免费领取一张便签条，写下自己想要留下的话，不论是产品的使用感受还是自己的心情，然后贴在甬道的墙面上。我仔细看了几个便条："掌柜人不错，服务很热情""东西很满意，祝生意兴隆"……老板则会邀请所有的顾客拍照合影，并且给他们戴上帽子和滑稽的眼镜，几乎所有的照片都是顾客笑着围在他销售的产品旁边，洋溢着欢乐的气氛，让人看了也心情大好。

"这看起来似乎有点俗气。"老板笑着说，"但当我把这些便条、照片用于推销时，却具有病毒式的感染力。当顾客对产品的任何部分产生怀疑时，我就会指着墙上的这些纸条和照片给他们看，然后再讲述其中一位客户的故事。就这样，我赢得了许多新顾客的信任，并帮助自己完成了很多交易。"

客户交车时，我们也都会给客户拍一张提车照，客服制作水杯将客户的提车照片印上去，每月举行一次老客户感恩活动，由客服人员把做好的水杯交给客户，此时客户都是感动的。同时我们也会邀约一些有意向的新客户到场，让新客户感受老客户的尊贵，进而激发购车欲望。

最成功的销售是闭上嘴的销售，用老客户的见证去赢得新客户的信任。到那时，你卖什么已经不重要，客户只会对你说，你办事，我放心。

PART 7

服务好老客户：

维护老客户要有“过日子心”

※

向一个新客户推销新产品的成功率是15%，

而对于一个老客户而言差不多能达到50%。

60%的新客户来自于现有客户的推荐，

可见维护老客户，服务好老客户是如何必要与重要了。

但建立良好的客户关系，服务好老客户，

这不是一蹴而就的事，而是一个循序渐进、

持之以恒的过程，就像过日子一样，

是需要花时间和精力慢慢去培养的，

靠的是相互的理解、信任和持续地付出。

※

管理好客户关系，业绩就能蒸蒸日上

一天，一个做企划的朋友打电话问了我一个问题——“如果你有一块钱，你是先给新客户，还是给老客户？”我以为这是一个脑筋急转弯，想了半天也没有想出来，后来才知道是这位朋友正在做明年的宣传预算，正掂量这费用怎么分配！

如今市场竞争日趋激励，客户运营成本越来越高，一块钱到底是给老客户还是新客户，对不少人来说是一个难题，简直就跟“老婆和老妈同时掉水里先救哪个”一样让人难以抉择。所以，我没有很明确地回答朋友的问题，而是认真思索一番后，希望通过文字的形式深度地说明一下这个问题。

自从进入销售行业，不管哪一年，我发现所在企业年底都会花大力气做一件事——客户联谊会。为什么选择年底？因为这个时间段客户流动最频繁，几乎可以决定了企业明年的业绩单。有专家统计过，发展一位新客户的成本是挽留一个老客户的 3 至 10 倍，向新客户推销产品的成功率是 15%，向老客户推销产品的成功率是 50%，同时 60% 的新客户来自现有客户推荐。

的确，相对于新客户来说，已经合作过的客户，情况相对较为了解，可以减少获取信赖的时间。做好老客户营销不仅可以获得更多、更稳定的签单，也是获得新客户的重要途径和来源。而很多销售只注重开发新客户，以为老客户会不离不弃，殊不知你若不用心维护，老客户同样会被挖走。

所以我的观点是：一块钱既要给新客户，也不能忘了老客户，而且至少要把五毛花在老客户身上。我们需要不断扩大销售市场，建立新的销售网络，但有时盲目地争夺新客户，不如更好地维护老客户。而且，销售人员要想成为营销赛场上的获胜者，成交后必须花心思增进与老客户的关系。

环顾周围的销售伙伴，每个人在维护老客户时，方法千差万别、不一而足，可谓“智者见智、仁者见仁”。我个人认为，我们首先要做的是确保自己的产品质量一如既往的好，客户当初之所以会选择我们，肯定是认可了我们的产品质量，所以保证产品质量是维护老客户的“基石”。

除此之外，感情是维系客户关系的重要方式。为此，我们不妨与老客户建立良好的互动关系，经常主动联络老客户，从各个角度关心、帮助客户，让客户能够经常看到你，感到被尊重，有安全感，获得产品以外的种种良好心理体验，进而提高重复购买率，甚至发展成为你最忠实的客户。

时时联络感情，千万不要让客户以为您忘记他（她）了。各种中外节庆日如元旦、春节、端午节、中秋节、圣诞节，或是任何对客户有特殊意义的节日如客户升职、客户生日、公司乔迁、公司周年庆等，都是进行祝福的好时机，可以寄卡片、发邮件、打电话、上门拜访等予以祝贺。在条件允许的情况下，最好能给客户送些实用性的礼品，这都是被证明了的行之有效的方法。

我的一位朋友王凯长得不帅，个不高，也没多大能耐，只是一个养鸡场的小老板。一段时间由于受禽流感的影响，王凯的生意很惨淡，连续半年入不敷出，差一点儿就关门大吉了，这时候饲料供销商、多个鸡肉批发商纷纷解囊，给他提供了周转资金，帮他支撑过了这一段艰难时期。王凯和生意上的伙伴们看起来并没有多要好，怎么会在危难时期得到这么多的帮助呢？对此，很多人非常不理解。

其实这些人都不知道，王凯与客户的感情是在经常的联系中培养出来的。几乎每个周末，王凯都会主动给自己经常合作的那些饲料供销商、鸡肉批发商打电话问候，聊聊各自的生意、生活的近况等，而且他总能将这些人的兴趣、好恶、性格一一记在心里，每次谈话都进行得很愉快，保持了较好的关系。即使是因有事外出时，王凯也会坚持每周给朋友们发个邮件问好，见面时还经常向他们赠送一些有特色的礼物。这样一来，那些生意上的伙伴们总能记着王凯。

俗话说“知己知彼才能百战百胜”，我们每天都在接触不同的客户，掌握每一个客户详细、全面的资料是必需的，但不管你有多么聪明的大脑和多好的记忆力，也是不可能记住你客户的每一个细节的，所以创建一份客户数据库非常有用。只有做好了档案，才有案可寻，才能更有效地跟进老客户。

可能有人一看到要创建数据库，头就大了。可实际上创建客户数据库并没有多难，最简单的客户数据库就是你手机的通讯录，但在这里我并不推荐你把手机通讯录作为客户数据库，因为这种方法太简单了，人人都能做到，也不能满足日常工作需要。如果手机不小心丢了，你更无处喊冤。你完全可以将客户信息输入计算机，用 Excel 的表格来管理，实用性很强。

“人脉若不管理，会因时间而变质流失，但妥善管理后，便能产生坚牢的交情。”这是台湾著名的“名片管理大师”杨舜仁所说的一句话，他号称有 16000 多张不同人的名片，而且他将这些名片有系统地输入计算机中，建立起了一套名片管理系统。依据这套名片管理系统，他可以在几秒内找出任何一个想要的人的资料。的确如此，杨舜仁经常接到“猜猜我是谁的电话”，如一次有人打电话时问“舜仁，我姓李，在 IBM 工作，你还记得我吗？”杨舜仁仅用几秒钟查看了一下电脑，便立即响应说：“立明兄啊，最近好吗？咱们有半年多没见了，上次谢谢你来听我的演讲……”如果你是电话那头的立明兄，你肯定是一副瞠目结舌的表情吧？这就是杨舜仁最擅长的事。

再来说 M 君，M 君是一名保险代理人，曾经长时间和我接触，为我规划保险计划，他很专业，但由于我一个同学是保险经纪，最终没有通过他签约购买保险。几年后，我对他们公司新出的一个保险产品很感兴趣，便给他打电话。当时我已经换了手机号码，他居然一句就听出了我的声音，并且对我当时通过他的安排做的体检结果记得清清楚楚，并关心地问我原来过高的两项指标现在如何。要知道，他每年正式成交的客户量超过一千人，他居然一直记得我，这令我十分感动。再说一下，我为什么给 M 君打这个电话，我在保险圈内也认识很多朋友，但 M 君让我印象深刻，即便我没有和他成交，没有成为他的客户，但是这几年来他每年都会给我邮寄明信片、体检卡！

在生活中，你是否接到过“猜猜我是谁”的电话？每次你都能回答正确吗？以我们的经验都知，如果你能立刻猜出对方是谁，对方都是极为高兴的，而且立刻能拉近两人的关系。如果猜不到，对方难免有些失落，接下来的谈话也就平淡是水了。那么，我们怎么才能做到这样呢？

（一）掌握客户信息

在Excel里分好栏目，如姓名、性别、单位、职务、地址、生日、家庭情况、电话与传真、电子信箱等，当你成交一位客户后，你应详尽了解对方的信息，多多益善，然后将这些信息一一填写进去。另外，你还可以记录与对方成交的时间、地点，购买的东西、大小、结构、颜色、年限、使用情况、购买价格以及对方的兴趣爱好等，这样既可以加深你对对方的印象和理解，也可以为以后的会面提供话题。这样所有的人脉一目了然，而且也等于提供了安全备份。

（二）分类管理客户

分类是重要一环，这是客户建档水平的高下区别。按照一定的标准，将老客户进行分类整理，例如你可以按照地域分类，如省份、城市；按行业分类，如教育、科技；还可以按人脉资源的性质分类，如朋友、同学、同事、亲戚、客户等。如果你觉得这种分类也不够细致的话，你还可以将大类再进行细分，如客户可以细分为企业客户、公司客户和个人客户三个小类。不一定非要一个固定的模式，你完全可以按照自己现有的资源来整理，只要能够方便日后的查找就可以。

（三）标记关键字

客户档案不应只是纸上的几列数据而已，它应是客户丰满形象的象征，也是商机之所在。完成了上述两个工作，可以说你的客户数据库已经初具规模了，你还需要将客户信息中的关键字进行标记，如我们前面所说的职业、兴趣爱好等。这样一来，在你跟进老客户时，你便可以直接在 Excel 表格中进行查找，而且你只要键入一个关键字，所有与之相关的内容就会全部展现。

平时我就是这样做的，每成交一位客户后，我就会立即进入 Excel 操作，详细记录对方的个人信息以及交谈时所聊到的问题，并且在后面及时批注客户的鲜明特征，例如“喜欢高尔夫球”“追求时尚”等。将这些关键信息打在备注栏里，只要用“搜寻”功能，便能将同性质的客户找出来，方便实用。

（四）定期更新系统

客户的情况不是一成不变，不同时间、不同地点、不同的环境中，客户的想法也会有所不同，把这些资料建立好后，定期沟通、交流和跟踪，留意客户的最新动向，如是否已经升迁、跳槽等，最好是每一二个月，将所有的客户信息做一个全面整理，及时对信息进行补充，这样可以进一步加深对老客户的感情，了解客户是否有新的需求，而且能根据实际情况及时做出反应，大大提升成交率。

记住，一旦有了固定的客户关系，就一定要用心维护好，这样才能确保我们在开发新客户的基础上，业绩更加蒸蒸日上。

每一位老客户都是一座宝藏

我们前面讲过老客户非常重要，可让我们的业绩获得可持续发展。这包括两个方面：一方面是老客户“追单”，即自身的一种重复性购买行为；另一方面是老客户转介绍，实现旧人带新人，这对我们业绩提升具有非常重要的作用，因为口碑的力量，往往会带来连锁反应与利润成倍地增加，形成一种“不断追踪老客户——不断获得转介绍——不断开拓新客户”的良性循环。

这就涉及销售学上的“250 定律”——每个人都有自己的交往圈子，每一个客户都不是单一的人，在他背后，大体上都有 250 个亲朋好友，这些人又会有同样多的关系。如果赢得了一位客户的好感，就意味着赢得了 250 个人的好感，这是一大群潜在的客户。可见，每一位客户都是一座“宝藏”。

我曾问过数百家的企业，80% 以上的企业都表示自己的企业有很大一部分业务来自转介绍。转介绍具有耗时少、成功率高、成本低等优点，是最好用的优质客户扩展手段。当然，前提是我们平时必须重视老客户的服务与维护，取得客户对自己的认同和肯定，这样他们才会乐意向别人推荐。

那么，怎样让客户心甘情愿转介绍呢？

下面我就几种常见方法做简单分析，大家可根据具体情况选择性实施。

（一）保持良好互动

成交的结束并不意味着客户关系的结束，而是你与客户互动的开始。

与客户保持经常性的联系，不断地沟通、交流和追踪回访，为客户提供高品质的产品，主动询问他们使用产品的情况，诚挚地提供相关服务；出新产品时咨询下他们的意见，如“本次打算这样变更，您是否满意或者有没有更好的意见？”；设置更多的优惠措施，如折扣、赠品等，当有促销活动或优惠政策时，第一时间通知客户等。这些方法不仅能营造彼此融洽的关系，还能让客户感觉到你的真诚、诚信、责任，进而成为你长期的主顾，同时帮你介绍新的客户。

在客户购买新车的一两天之后，我们的汽车顾问一般会准备一大束气球，并把气球递送到客户上班的地方，并且附送一张感谢信，加上一些赠品。买车的客户坐在那工作时，气球就在他们头顶上飘着。在看到这些气球后，办公室里的其他人一般都会询问这是什么情况。然后，客户就会高兴地谈起自己的新车，还会说，人家多好的服务啊！而我们，也因此操作，接到了不少新客户的咨询。

这种客户是很够意思的，纯粹是因为认可你、信任你，就像好朋友一样，帮忙给你转介绍，所以只要你用心维持好这种关系，他会一直给你转介绍的。

（二）组织联谊活动

定期举办各种主题的客户联谊活动，如感恩年会、客户答谢会暨新品发布会、客户俱乐部、沙龙等，这种交流商业性不明显，大家都会感觉很轻松，双方的关系也会因此得以推进。同时，可以考虑让一些重要客户上台讲几句话，颁个荣誉奖等，让客户见证企业的成长，不断增强对企业的信赖感，无形中也增加了对企业的持续关注度。当客户人际圈有业务需求时，第一个想到的就是你。

这种方式特别适合那些以关系为导向，而且业务地域比较明显的行销行业，如保险行业、电信行业、金融行业等。

这个方法是我从 4S 店的一个同事那里学来的，他有一个客户喜欢出风头，好表现自己，同事就抓住每次机会让对方表现自己，例如开客户答谢会时让客户上台讲话，该客户每次都讲得眉飞色舞，逢人就宣传我们的汽车如何的好，简直把我们的事当成他自己的事了。就因为有这样的客户，我同事的业绩好得不得了，轻轻松松就能完成年度销售任务。如果遇到这种客户，你就太幸运了。

（三）强调利益效应

接下来，是一个直接的营销策略，可以迅速暴增你的利润、提升销售额，这就是“利益”！让客户了解，他会因为这个介绍行为所受益。这就很现实了，就是金钱上的付出，比如给他提成等等。只要你给出的条件具有诱惑性，一些客户就会在利益的驱使下很卖力地给你转介绍的。

在汽车 4S 店时，为了刺激老客户转介绍，我们就经常设置各种优惠活动。

例如，一年国庆节期间我们制作了一批“置换卡”，上面写着“亲爱的车主朋友：好咖啡要和朋友一起品尝，好机会也要和朋友一起分享。您的选择不妨告诉您的家人朋友，同时为了回馈您的支持，我们为您定制了转介绍尊享活动！老客户转介绍 1 台送常规保养一次，2 台送 500 元加油卡或代金券；3 台赠送全车商业险……”所有的老客户转介绍都是叠加，结果业务一飞冲天。

这种方式简单、直接，而且非常有效，是我个人比较喜欢的。其实现实中这类客户很多，就怕他不和你明确提出来要好处，也不给你介绍新客户。如果你发现一些客户比较看重利益，或者有部分客户主动跟你提出要好处，那就好好地把握机会，给他好处，让他满意，你的工作就轻松多了。

我举的例子，只是为了让你更好地理解。这并不表示，它只适合这一个行业。

如果你是培训公司销售员，要举办一个企业家收费论坛，那么可以告诉客户：你只需找 2 个同伴一起报名，就可以免去一人的费用。

如果你是淘宝卖家，可以告诉买家，给予好评并分享到微博、朋友圈，便可领取 5 元红包，不少人会自动自发地推荐。

……

当双方合作顺利，你的产品和服务得到客户认可之时，就是请对方介绍客户的好时机了。我们不妨在对客户表示感谢后，自然地提出索取转介绍的要求：“非常感谢您的信任，像您这样的成功人士，周围一定有不少的朋友，也需要我们的产品，不知您可不可以帮我做引荐，让我去跟他们谈一下？您放心，我尊重您的朋友就如尊重您一样，如果他不愿意买，我一定不会勉强的，您看怎么样？”

如果客户不肯转介绍，依据上面的方法，持之以恒去开发。当然，通过这种方式获取客源应适可而止，如果客户实在不乐意，千万不要勉强，以免引起客户的戒心和反感，并尽可能不要给客户增添没必要的麻烦。

如果客户帮忙转介绍了，不管事后你是否和他所介绍的对象做成了生意，都要记得向他报告你与对方的进展，并且感谢他的协助。模板化术为：“非常感谢您的信任与推荐，你真是一位富有爱心的人，我相信对方一定乐于接受您的这份关心。接下来，我会将和您朋友接触的情况及时报告给您，祝您生活愉快！”

提供卓越的产品与服务，掌握提出要求的时机，并且在合作前后都维持良好关系，客户自然乐意为你宣传，成为你的最佳代言人。但切记，客户的介绍是建立在人际关系上，人际关系的建立和发展自有其规则，关系持续的时间越长，联系越多，也就越深厚，你所得到的益处也就越多。

从小处做起，在细节上用心

有人说“成功”没有秘诀，只有两个字：坚持。但我认为还要加上一个很重要的特质，那就是“细节”。所谓细节，通俗一点讲，就是细枝末节，是那些琐碎、繁杂、细小的事情。

销售工作看起来是简单地卖东西，但也是一个环环相扣的过程。一件看起来微不足道的小事，一处似乎可有可无、毫不起眼的细节，往往决定了进展状况。正所谓：细节决定成败。

那天我在常逛的一家品牌男装店相中了一条新上市的西裤，试穿时，右手伸进裤兜里，感觉好像有个漏洞。一时间，我心里犯起了嘀咕，“难道产品质量不过关？”“厂家如此不负责任？”“如果这样的话，以后我还要不要来这里？”……不对，仔细感觉一下，才发现这不是裤兜里的破损漏洞，而是在裤兜里特意设计的一个更小的竖直的布兜。一问销售员，才得知这是为了方便人们装手机用的一个更为隐蔽的特别设计。厂家了解到现在很多消费者习惯把手机放在右裤兜里，然而在右裤兜里放上手机，左右横向放着极不舒服，或者容易不小心溜出衣兜遗失，所以才做了一个如此特别的设计。

这一个细节打动了我，能如此了解客户的习惯，又如此费尽心思地替客户考虑，我没有理由不继续支持这个牌子，没有理由不成为他的忠诚客户。

天下大事，必作于细。尤其在产品趋同、竞争激烈的如今，一个销售员要想留住客户的心，不应该单纯以卖给客户产品为终点，而是从心里面关心客户，将服务融入每一个工作的细节里，在点点滴滴中体现对客户利益的考虑和尊重。否则，你说客户有什么理由对你情有独钟呢？

在这一点上，海底捞的成功就是一个很好的说明。

在中国餐饮界，海底捞绝对算是一个传奇，它以独特的经营理念和服务迅速崛起，在全球开出上百家直营连锁店铺，创造出“夏天排队吃火锅”的奇观。但海底捞的成功，关键点不是产品多好，而在于它的细节服务。在这里，我为大家整理了一些片段，相信不少人都有过类似的经历：

海底捞员工从电梯口开始迎接顾客，从进门到落座一直有人引导，全程有人来关注你需不需要服务；通过上网、玩牌、擦皮鞋、美甲、免费电话亭等多种项目消减顾客等候的烦躁心情；顾客等位比较久时，服务员会送上水果、甜点等表示歉意；服务员会细心地为长发的女士递上皮筋和发卡，以免头发垂落到食物里；孕妇会享有专门的柔软座椅，并得到特意赠送的泡菜，分量还不小；如果某位顾客特别喜欢店内的免费食物，服务员会单独打包一份让其带走；过生日的客人，还会意外得到一些小礼物；有顾客就餐时不小心把丝袜给挂了，正郁闷得不得了，服务员居然递上了全新的丝袜……

有一次我和朋友们去海底捞，其中一位朋友带着自己三岁的儿子。一会儿朋友的儿子有些困了，这时一位服务员拖着一个大的婴儿床来了，还有一个玩具，说“小朋友，希望你做个好梦，美梦醒来，会有礼物等着你。”这让我印象十分深刻，所以我们来过一次之后，便喜欢上这里，还会来第二次、第三次……

细节因其“小”，往往被人忽视，麻痹大意，或被轻视，所以更需要我们用心去发现，认真去执行。如果你刻意去迎合客户，那客户会十分敏感，认为你只关心他口袋里的钱。如果关注服务细节，做好细节服务，那么就能以“细雨润无声”之效，轻松赢得客户的青睐，提高客户满意度。

值得一提的是，细节同时可以衡量一个人的工作态度。有时候，客户评定一名销售员是否具有工作的责任感，是否是值得信赖的合作伙伴，不仅仅看你处理工作的能力，更注重你在处理微不足道之事的态度与言行。

我的朋友袁立在一家房地产公司做销售，在最初的那段日子里，年纪轻轻的袁立毫无背景，人脉资源也少，所以生意冷冷清清，有时甚至一两个月也不出单，几乎到了做不下去的地步。但她认真对待工作中的每一件小事、一个细节，常常为客户提供那些与房地产推销不大相干的琐碎服务。在一个本子上，袁立详细记录了成交客户的信息，客户年龄、职业、家庭成员、联系电话等。当社区即将发生停电、停水等情况时，袁立总能第一时间通知到这些客户，而且还主动帮客户揽下一些琐事，比如了解附近幼儿园的教育情况、口碑好的洗车店、能干可靠的保姆等各方面的信息。

有时，袁立也会去拜访那些老客户，并且和他们一起布置房间，比如贴壁纸、挂油画、铺地毯等。在必要时，袁立还会毫不迟疑地自掏腰包替客户们办事。曾经有一对夫妇，在他们刚搬进新居的时候，却发现缺少车库大门的遥控器，但是此时卖方已经搬到别的城市去了。于是，袁立马上亲自掏腰包买来了新的遥控器作为弥补。虽然她花了自己的80元，但那套房子的价值是550000元，袁立获得提成5000元。当然，客户并不知情，只知道袁立是个“热心肠”。

渐渐地，袁立的好几个老客户将她推荐给朋友们。袁立的客户越来越多了，业绩自然也逐步得到了提高。

小事成就大事，细节成就完美，把目光投向细微之处，服务好每位老顾客，你的业绩就会风生水起！

重新认知客户的抱怨

“你们产品质量怎么这样差呀”“上次维护你们怎么搞的，还能不能合作了？”……大多数销售都遇到过客户因为商品、服务等原因大发牢骚、抱怨连连的情况，此时你是怎么解决的呢？相信不少人会感到束手无策、心烦意乱吧，认为客户是在找麻烦、添乱，有些人会消极应对，拖而不决，甚至置之不理。

如果你这样做了，你会发现客户将不断流失。

有数据显出：不满意客户中，只有不到 10% 的人会向销售人员投诉，另外超过 90% 的不满意客户则会保持沉默。这些沉默的顾客不抱怨的同时，也不再产生购买行为，并且会将自己不愉快的购物经历至少传递给 8–12 个人听，比如这家店服务不好、商品不好等等，而这 8–12 人中有 20% 又会把这些讯息传递给他们的朋友。就这样，你失去的绝不只是一个客户，而是无限多的潜在客户。关于这一现象，用我们一句古话“防民之口，甚于防川”来形容最贴切不过了。

看来，我们有必要重新认知客户的抱怨。

我的表妹毕业后在某一网站做推广客服工作，身为客服，表妹说自己最烦恼和最不愿接待的就是爱抱怨的客户，最近她的烦恼就来自于所管辖的账户里面的一位大户，这位大户是当地一家有名气的公司，消费甚至占据其账户消费的 15%，但该大户抱怨说网站推广没有取得理想的效果，准备转投其他广告。好不容易有一个大户，还要转投其他广告？这让表妹有些紧张，有些手足无措，一时不知如何处理，只是劝说客户再推广一段时间。之后，一看到该客户的电话号码出现在座机上，表妹都会头痛不已，有时干脆不接电话，“不接电话就不用听他抱怨了。”

从后台数据来看，近一个月的数据跟之前的数据对比也没有什么变化。对此，表妹表示自己无能为力，只能默默地祈祷客户不要失望，再推广一段时间。后来，客户又打来一次电话抱怨该网站推广没有效果、浪费金钱、不想投放等等，抱怨一通以后就径自挂断电话。结果是，该客户不仅暂停了网站推广的业务，而且还投诉说表妹是一个无法沟通的人，这让表妹上班的心情充满阴霾。

听到表妹的这番遭遇时，我不禁感慨，她的无知导致与客户的关系走了下坡路，更失去了一次维系客户关系的好机会。

为什么说这是一次维系客户关系的好机会？在我认为，客户的抱怨不是麻烦，而是客户的恩惠。因为，客户抱怨虽然意味着品牌的产品或服务没达到他们的期望、满足其需求，但是也表示客户仍旧对品牌抱有期待，表明他信任你，愿意让你了解他的想法和感受，希望你能够改善产品或提高服务水平。

当客户抽出宝贵的时间，带着他们的抱怨与我接触时，我从来不会将之看成是问题，急着反击或逃避，而是当作帮助自己改进工作的天赐良机，强化客户关系的良好契机，一次一次地改进，不仅让客户心满意足了，还获得了更多的潜在客户，最终将自己打造成了一名高业绩的销售员。

一般来说，我会遵循以下四个简单方法：

（一）保持头脑冷静

当客户抱怨时，我们的态度、言行，对化解客户的怒气都起着至关重要的作用。此时，我们应保持头脑冷静，态度平和友好，耐心倾听客户的抱怨，用眼神关注客户，不时点头等，表示肯定与支持。无论对方是多么恼怒，都不能中途打断，不能对对方的话做任何否认，也无须忙着解释。

客户通常对一种产品的不满，需要的是一种理解与认同，这时候如果我们能在情感这一方面上表示理解与支持，并且让客户感到自己受到了重视，那么怒气很可能就消了一半，也就很容易解决接下来的问题了。

（二）找出抱怨的缘由

希望客户不抱怨，这几乎是不可能的，因为没有任何一件产品是完美的。更何况，每个人的角度不同，使用环境不同，对产品或者企业的评价也会有差异。所以，当客户发了一大堆牢骚，却始终没有讲清楚事情的缘由时，我们依旧应该客气地询问客户生气的真正原因，找到产生抱怨的缘由。

如果是产品本身存在问题，或者自身的错误、疏忽等，我们应立即诚心诚意地向客户道歉，“不好意思，这是我们的疏忽……”“先生／小姐，实在抱歉，给您带来了不少麻烦……”“给您带来不便，我们表示非常抱歉……”“由于我们的服务不周给您添麻烦了，真是抱歉！”等。

如果是客户使用不当，要及时说明问题的实质，向客户重申产品正确的使用方法，如性能、特性等。此时，千万不要像教训孩子似的指责对方的错误，而是要用委婉的语气告诉客户事实的真相，这样既能使客户意识到自己的错误，又能在人前保留住客户的尊严，最终是满意而去。

我曾在一家餐馆里就餐时，有一位客人突然大声喊道：“服务员！你过来！你过来！”

餐厅里的服务员走了过来，面带微笑地问：“先生，请问有什么需要我帮助您的吗？”

客人怒气冲冲地说：“你看看，你们的牛奶坏了，把我的红茶都给糟蹋了！”

服务员微笑着说：“真对不起，我帮您换一下。”

很快，服务员把红茶和牛奶端了上来，杯子和碟子跟之前的一模一样，放着新鲜的牛奶。只听服务员轻声地说道：“先生，我能不能给您提个建议，请不要往您的牛奶里加柠檬片，这样会造成牛奶结块的。”

在座的所有顾客，包括我，都笑着点了点头，对这家餐馆增加了几分好感。

（三）承诺将立即处理

面对客户的抱怨，千万不要想方设法地推卸责任。即使你所代理的产品有很多像你一样的销售员，但对于客户来讲，公司就是你，同他直接接触的也是你。此时，不要千方百计地寻找各种借口和“挖掘”各方面的客观原因，最好的处理办法是担起责任，并承诺帮客户解决问题。

主动承担责任，及时改正错误，积极弥补损失，这样才能让客户放心，让客户安心，这样才能在客户面前重新建立起信任感。而且，一分钟内处理与一个小时后才处理，所产生的效果迥异，一定不要拖拖拉拉。在这之前，你要表达积极处理的诚意：“我很乐意尽快帮您处理这个问题……”

若客户的要求在理，而问题可能比较复杂或特殊，自己无力或无权解决，应该诚实地告诉客户情况有点特别，我们会尽力寻找解决的方法，但需要一点时间，然后约定给回话的时间。一定要确保准时给客户回话，即使到时仍不能帮客户解决，也要准时向客户解释问题进展，表明我们所做的努力。

（四）向客户再次确认

当客户提出的问题得到解决后，我们还要注意与客户及时联系，确认对方是否满意此次服务。这样的好处是，一方面可以了解自己的补救措施是否有效，一方面也能加深客户受尊重的感觉：“都过了好几天了，你依然把我放在心上……”这对以后的合作很有好处，要知道，一个老顾客的价值是很高的。

一日，我接到客户的抱怨电话，于是发生了如下一段对话：

客户：“你们公司的效率怎么那么差？！”

我：“您好！很抱歉！能否告诉我究竟是什么原因让您这么生气？”

客户：“上个月在你们那订了一辆车，说好上周五到货，现在都周三了，怎么还没到货？”

我：“真是抱歉，这是本公司的疏忽，我马上帮您查出货单。查完出货单，马上回电话给您。请您消消气。”

……

我：“您好，我已经帮您查过了，您订的汽车因为缺少一个小零件，所以延误至今。本公司未能及时告知，这是我们的疏忽，我已经向经理报告了，这周五以前一定到货，我会亲自给您打电话通知的，真是抱歉！”

周五客户顺利提车，临走时我亲自送行，并在两天后再次致电：“恭喜您顺利提车，不知您是否对新车满意？假如您还有其他什么要求，或汽车出现问题时，请随时找我，我很高兴为您服务……”

当客户责问公司效率差的时候，我先是真诚地向客户表示抱歉，然后进一步询问原因。当得知是自己这边的错误时积极做出改正，查明原因，告知客户，并且做出周五到货的承诺。待客户异议基本解决后，我亲自送行并跟踪结果及时反馈，最终实现了客户的真正满意。

美国西南航空公司为了安抚投诉的客户，就专门设立了一个“首席道歉官”，任务就是倾听客户抱怨、向投诉客户道歉，从客户抱怨、投诉中发现提升服务、改善运营的有价值的信息。事实证明，设立“首席道歉官”的意义和价值都非常大，美国西南航空公司的客户满意度大幅提升。

客户的支持和选择，昭示着我们实现成交。

客户的批评和抱怨，则是让我们走近成功。

更好的抱怨处理 + 更高的客户满意 = 最好的业绩。

你要的不是会员而是粉丝

有人说：“只要客户是牢固的，业绩的大幅度上升就是必然的。我们有这样高的满意度水平，还有什么问题？”如果这一熟悉的话题不断萦绕着你，那你是太幸运了，因为你已经意识到了客户的去留对业绩的影响至关重要。但一个问题是，苦心经营的客户往往你一不留神就溜走了，叫也叫不回来。

这是为什么呢？很简单，客户没有忠诚于你。

忠诚，是客户关系建立中的最高级别。忠诚的客户，他们会持续关注并且长期、重复地购买企业产品或者服务；他们会将企业的产品或服务推荐给身边的人；同时，他们对于价格的敏感度也会大大降低。根据统计，当企业挽留客户的比率增加5%时，获利便可提升25%~100%。

忠诚的客户是最有价值的资产，所以客户的满意度很重要，培养客户忠诚于你更重要。

纵观当前不少企业，大多经常采用积分的促销方式，形成一个会员积分管理机制，即会员可享受购物积分累计，并以此兑换年终礼品，通过消耗现金的方式来奖励客户的消费；或者通过积分获得会员级别，不同级别的会员卡享受不同的优惠折扣等，期望与竞争对手进行价格战，来维系老客户的忠诚。

积分促销的确有助于吸客，如果仅从表面上看来，客户好像已经对我们产生了忠诚，但是他们在受到其他诱惑时，可能连想都不想一下，就直接转向其竞争者。而且，如果市场上存在着更好的选择，他们通常都会加以考虑。那么，除了价格战，我们还有其他培养忠诚客户的方法吗？

在解答这一问题之前，我想很多人已经开始意识到了下面这些问题：

客户经常购买我的产品，黏性也很高，但似乎对我毫不关心；

我的客户从来不关心我是男是女，甚至都不记得我的名字；

用户每天都在使用我的产品，但好像也仅仅是“使用”而已，对它并没有什么“感觉”；

……

这是因为在这些客户的眼里，你的产品仅仅是一个工具——就像水、电和煤气一样，大家都在用，也确实离不开，但就是丝毫不关心。客户的持续使用，仅仅是因为切换产品不习惯或替代选择少，而不是因为对你的忠诚。

那么怎么解决这个问题呢？如何让你的产品在客户眼中不仅仅是个工具呢？这就需要我们将客户转变为忠诚型客户，“忠诚是人们内心深处拥有的一种情感投入，不管环境因素如何变化，也不管市场上存在什么样的吸引顾客做出行为改变的促销措施，人们在这种情感投入的驱使下在未来不断地重复购买相同品牌或者相同品牌旗下的商品”，这是营销专家理查德·奥利弗教授对于忠诚的描述。

例如，一个喜欢苹果品牌的人，可能会一直保持一种对苹果的执着和非常强烈的购买意愿，不仅每次更换手机时都选择iPhone，还会把苹果旗下的所有商品，如iPad、iWatch等都购买下来，更会向其他亲友推荐苹果的产品，他们也会经常关注苹果的新闻、发布会甚至它的广告。当然，我们还看到，“果粉”会和其他品牌手机用户之间发生争论，这便是一种情感忠诚度的表现。

忠诚的客户并不怎么关注各种促销活动，他们也不会被积分、返券等活动所吸引而参与进来，他们有着十分稳定的购买习惯，这种活动如果遇到了，对于他们也只是锦上添花而已。理解了这些，你也就能明白为什么一些高端品牌很少进行促销行为，因为他们的客户多是忠诚型的，根本就用不着。

在这个粉丝时代，你要的不是会员，而是粉丝。

那么，怎样让客户忠诚于你呢？做法非常简单：让你的粉丝在你这里找到归属感，他们通过消费你的产品，来表达：我也是这一类人。每个人都有自己想维持的社会形象，如果你的产品能够帮助客户完成这个任务，就相当于提供了产品使用以外的“品牌价值”，进而拉近品牌与客户的距离。

一段时间，我的手机上装着一个“咕咚”跑步计步 APP。虽然我平时因为忙、懒等原因不怎么跑步，但我一直保留着这个启动率几乎为 0 的 APP，就好像在暗示自己“我是一个经常健身的人”，而如果我直接卸载了这个 APP，无疑是向自己宣告：我已经放弃健身了。

在向客户推销汽车时，我会经常提及汽车的“社会形象”，例如“通过您的谈吐，您和您的朋友一定都是受过良好教育的成功人士，与您一样，很多高素质人群都会选择我们 XX 车型，您请看……”“XX 车型非常适合像您这种业务繁忙的成功商务人士，让您时刻都能游刃有余，优雅自如”……在观察到客户似乎对哪款车青睐时，我就会适时地说上一句“您真有眼光，这款车非常符合您的形象和气质”，这样就搭建起客户与产品之间的情感联系，于是接下来的交谈就很容易了。

所以，你需要不断地问自己：客户在使用我的产品的时候，一般会想要塑造什么形象？我的品牌如何帮助他们实现这一点？然后尽力去满足客户。

一旦培养起客户的忠诚，你会发现，他们不仅会重复购买你的产品，还容不得他人说产品的坏话。这一点很容易理解，我们会捍卫自己喜欢的东西就如同捍卫我们自身一样。

说到这来，我想起贝勒大学做过的一次实验。

试验中，研究人员将百事可乐和可口可乐分别倒入没有标记的杯子里，请参与者分别品尝，并在品尝可乐时，对他们的大脑活动进行扫描。大脑扫描的结果显示，一部分号称自己喜欢可口可乐的参与者事实上更喜欢百事的味道。研究人员并没有告诉他们这一结果，而是又请他们品尝了另一杯可乐，并告诉他们这次喝的是百事。这时，有一些人的大脑发生微妙的变化，扫描显示，在得知自己喝百事后，他们的大脑会干扰愉快信号的传播。喝罢，这些原本声称喜欢可口可乐的参与者们说，百事不给力啊，还是可口可乐好喝。

很明显，这些参与者们说谎了，但是他们不是故意的。他们的确觉得可口可乐更好喝，只不过是大脑把喝可乐的记忆做了调换，以契合他们原本的情感——把“好喝”的感受从百事可乐移花接木到了可口可乐上来。因为这些参与者一直是可口可乐的粉丝，即使百事可乐更加讨好他们的味觉，强大的心理机制也使他们不会向自己承认这一点，而且他们依旧会坚持选择可口可乐。

再拿苹果来举例，苹果公司的广告中很少提及电脑的性能有多好，而是展示苹果用户是多么有个性、多么潮流，老古板才用PC呢！想和我一样，就赶紧买台MacBook吧！苹果的Mac电脑真的比普通PC好吗？综合测评运行速度、游戏流畅度，苹果的电脑各方面的硬件性能真的更强大吗？无所谓。

另外，忠诚客户不是一成不变的，也有可能有不忠诚的行为，当忠诚客户出现不忠诚行为时，我们首先要在自身上查找问题，看在哪一方面做得还不够，查出问题之后要积极改正，并向客户多做解释和弥补工作。即使我们并无过错，相信经过这一番自我检讨之后，客户的忠诚会更加稳固。

客户忠诚非一朝一夕之功，需要我们持续运营下去。

服务无终点，只有新起点

给你一道选择题：一个销售员的产品尽管贵些但服务不错，另一个销售员的产品便宜但服务没保障，你会选择哪一个销售员？

相信，绝大多数人会选择前者，因为风险低。

回想一下，你在说服客户时是不是会强调与产品有关的售后服务，也就是客户购买产品后会享受的待遇，因为提供这些服务承诺对达成交易有巨大的帮助。但是相对于承诺而言，履行所做的承诺则更为重要。如果客户发现根本没有那回事，如此生意只能做一次，而且会留下不诚信的恶名。

没有售后服务的销售，在客户眼里是没有信用的销售；没有售后服务的商品，是没有保障的商品；而不能提供售后服务的销售人员，其最终也无法赢得客户的信赖和忠诚。

这是我一个朋友买保险时所遇到的一件事：

去年，一名保险业务员向朋友推荐了一份商业保险。当时朋友考虑到平时工作忙，又经常出差，缴费不太方便，有些犹豫。当他和保险业务员说明自己的想法时，该保险员说每个月会提前给朋友发缴费通知，并且每个月的十号来上门收取保险费，于是朋友就愉快地购买下了这份保险，却因此给自己找了麻烦事。

原来一开始该保险员还能履行按期上门收费的约定，但收了几个月以后，就不按时收了，不是提早几天，就是迟迟不来收。有时朋友主动给该保险员打电话，他一下子说自己没有时间，一下又说没有车过去，让朋友自己去银行缴费。为此，朋友先后跑了银行四五次，浪费了不少时间、精力及金钱。再后来，朋友干脆退保了，并直言再也不会买该保险员的保险了，吃一堑长一智。

因为一次不满意的售后，朋友决定不再和该保险业务员合作，成为一次性购买的客户。

这事给我的启示是，售后服务做不好，很容易给客户造成误会或不愉快，如此一来，怎么能保证客户会再度购买呢？为了使客户充分获得购买的“利益”“价值”，产品出售之后，销售人员必须提供当初所承诺的售后服务。这不仅仅是为客户尽道义上的责任，也是维护本身商誉的必要行动。

将产品卖出并不等于销售工作完成，重视售后服务才是留住客户的“法宝”。

的确，如今产品同质化竞争激烈，客户要求的不只是高质量产品，还包括高质量服务。谁的服务做得好，谁的生意才能做大。为此，我们要树立这样一个观念，除了保证产品质量性能好之外，还要竭尽全力做好售后服务。一旦售后服务很好地被完成了，客户就会心满意足，也就意味着下一次营销的开始。

“销货始于售后”，这是我的重要信条。

自从进入销售行业以来，我一直在思考这么一个问题：你凭什么让客户选择你？你又凭什么让客户信任和依赖你？我们在同 4S 体系竞争的时候，最伤脑筋的就是同质化竞争太激烈，客户选择 4S 店甲、4S 店乙或者 4S 店丙，基本上没差别。“互联网 + 汽车后市场”刚兴起时，大家为了破局，于是上门洗车、上门保养、上门维修等成了“主流”，方便快捷，价格便宜，保证质量，不是吗？但说实话，这个又不只是你一家能做到，客户凭什么必须选择你，而不是别人？！

后来，我将工作重点放在了售后服务，为车主提供完善的售后服务体系。在我的建议下，我们 4S 店建立了每月一次的会议体制，各室的室长参加，共同讨论如何提高售后服务的相关议题。例如，我们改善服务流程，持续推广快速保养服务，引入钣金流水化作业模式，节省车主等待修理的时间；推出“关怀养护计划”，明确将 3 年 /10 万公里免费保修确立为全车系的固定保修政策；将售后服务内容、时间、价格、作业过程、收费项目等透明化、公开化；尤其是，我们推出了“三包索赔保修条款”，只要满足其中的条件，车主就可以享受免费索赔、质保服务。

一次，我们购进了一批环保型的汽车滤清器，这批滤清器一上货不久就销售一空。但一个月后，有一位客户反映说，发现购买的汽车滤清器存在质量问题，要求退货。经理检查一番后，确定这名客户所购的滤清器质量的确有问题，便当即令销售顾问们联系曾经购买这款滤清器的客户，请他们前来办理退货手续，4S店将原价退货，补偿大家的来往交通费，并向大家真诚的道歉。之后，客户们陆陆续续都来办理退货了，但其中一位客户因在英国出差，暂时没有来。半年后这位客户到店时，我们经理亲自接待了他，不但按原价退了滤清器，补偿了交通费，还将滤清器价款按银行同期利息给予了补偿。这位客户感动极了，也因此成了我们的一位十分忠实的客户。

售后服务不仅是营销手段，还是“无声”的宣传员，能将“头回客”变成“回头客”，把“回头客”变成了“常来客”。由此可见，售后服务是一次营销的最后过程，也是再营销的开始，它是一个长期的过程。

我曾在一本杂志上，看过这样一个故事：

武汉市鄱阳街有一座建于1917年的6层楼房——武汉景明大楼，该楼的设计者是英国的一家建筑设计事务所。20世纪末，在景明大楼刚刚过完80岁生日的一天，其设计者远隔万里，寄来一份函件，告知该楼是本事务所设计的，设计年限为80年，现已“超期服役”，提请有关方面留意，及时进行检查和整修。

经过这么多年，当年设计这座楼或知晓这件事的人也许早已离开，是什么让这个事务所依然能发出这份函件？责任！这家设计公司以负责的态度、到位的服务证明，高质量的销售应该包括从“开发——制造——售前——售后——回访”的一系列服务，而且这种服务是永远没有终点的。

服务无终点，只有新起点。你，准备好了吗？

PART 8

培养你的粉丝：

金牌销售没有客户，只有拥趸

※

金牌销售没有客户，只有拥趸。

销售的终极目的就是将一群有梦想、有野心、

有购买力的人聚集到你这里，让他们喜欢你、

支持你、崇拜你、追随你，目光和焦点永远关注你。

怎么做到呢？一句话可以阐释："你不要去追一匹马，

请用追马的时间种草，

待到春暖花开时就会有一群骏马追随你而来。"

虽然这是一段很漫长的转变过程，但这个秘诀如果学会了，

可以让你的业绩至少翻十倍。

※

让客户认定就是你、只有你

我的朋友刘先生经营着一家餐馆，一段时间他心情很郁闷，因为餐馆生意不好，他想来想去也找不出问题所在。得知这一情况后，我问刘先生：“你的餐馆的特色是什么？”他说：“也没啥特色，餐馆不大，各种家常菜都能做。”我突然明白了，回答刘先生：“没有特色，怎么能吸引顾客呢？”

回想一下，去外面吃饭，面对一条街的餐馆，你是不是会为选择哪一家餐馆犹豫不定。为什么？多数情况下，各家餐馆的饭菜都差不多。比如，一些餐馆的菜品没有特色，不管挂没挂湘味店、川味店的招牌，做出的菜都是辣味。在哪吃都一样，所以往往是今天选择了你，明天就不一定再来。

客户在面对同类产品的销售员时，也常常是这样。因为同质化是当今销售界面临的大麻烦，在你的产品或服务能够被轻易复制的情况下，客户选择你和他人并没有不同，或对同类产品没有做出更好的区别时，客户就没有理由直接选择你。可能选你，可能不选你，即便选择了你，“背叛”也一点儿不意外。

客源不稳，业绩亦难稳。为了有效地推销和推广产品，销售员必须要将自己的产品与同类产品做出区分，拥有独特的卖点，宣告产品在市场上的差异性，给客户及潜在客户一种其他竞争者无法提供的特别好处或福利。

就我个人而言，我有比较固定的消费习惯。例如，我喜欢星巴克咖啡是因为这里每周都会换一种咖啡豆，我可以细细品尝不同口感的咖啡；我选择麦当劳是因为它的汉堡比肯德基的香脆，令我回味无穷；我选择迷你特润滑油是因为我不想在油腻、肮脏的加油站等候区游荡。为什么我选择经常去的那家餐馆？为什么我买衣服常去一个服装店？这都是因为他们有吸引我的独特之处。

若能了解独特卖点，便能锁定服务与市场范围；若能宣传独特卖点，便能吸引特定客户群。让客户认定就是你、只有你，你才能在激烈竞争中突围。

其实打造独特卖点并不困难，只需要我们认真思考，但很多销售人员懒得思考。

打造产品独特卖点最容易的一种情况，是当你的产品特色独此一家，而且这项特色有能够给客户带来莫大的好处时，那么这样的产品就是客户真正在意的产品，而那些无关紧要的差异对客户却产生不了吸引力。所以，我倡导最好的营销是不做第一，只做唯一，用你的独特吸引客户，并且聚焦需求。

“一枚婚戒，一个故事”，是我国婚戒定制开创及领导品牌 BLOVES 婚戒定制中心的广告语。在 BLOVES 创始人看来，每一份爱情都是独一无二的存在，婚戒代表的是“你我”，而非其他。所以，他们会从客户的爱情故事中提炼出专属的爱情元素融入婚戒设计中，让婚戒不再是冰冷的钻石，而是有温度、有生命、有灵魂的，两个人情感经历的浓缩，这种专属的独一无二就是最大的卖点。

做唯一很难，因为总有后来者火速地跟上来。如今同质化竞争激烈，我们可以思考一下，在同类产品中有没有未被提及，但又能成为卖点的呢？即使是相同的产品，当强调不同的卖点时，也会产生不一样的效果。以饮品市场为例，乐百氏强调的是“纯净”，农夫山泉强调的是“自然”，侏罗纪强调的是“活性”，王老吉则强调“不上火”，这些都是功能性利益的差异。

再例如，经过几十年发展，牙膏市场在国内已经非常饱和了，几乎每一种你叫得出名字的牙膏都有自己的市场定位，比如黑人主打洁白牙齿、高露洁主打防蛀、云南白药主打治疗牙龈出血等，那么作为后来者，日本狮王牙膏是怎么做呢？定位到吸烟人群，给牙膏增加一个“去烟渍”的功能，产品上市以后，果然受到了大量烟民的青睐，进而在竞争激烈的牙膏市场中活了下来。

为此，我们可以研究自己的产品具有哪些特色、功效，明列一份清单。

然后找到同类产品的广告，对比自己的产品，仔细寻找是否存在差异性，是否还有漏掉的特色、功效等，是否可以用来作为你产品的独特卖点，让你的产品有更精确的定位，具备独一无二的优势。

这些问题都可以引向你的独到之处，如果答案是肯定的，那么把它记录下来，先不要急着去推销，你需要时间去整理和消化这些信息。当你懂得花时间作调查，并发掘独特的卖点，那会使你的产品能够更吸引人，更容易赢得客户的认可，令你在众多竞争者中脱颖而出，这远比直接推销来得重要。

如果你留意销售市场的话，应该会发现一个问题：同样的卖手表，有的卖几百元，有的卖几万元；同样的卖汽车，有的卖几万元，有的卖几百万元；同样的卖服装，有的卖几十元，有的卖几千元，难道后者产品品质比前者产品品质好几十倍甚至上百倍吗？不可能，那为什么人们愿意多付几十倍甚至上百倍的开支来购买呢？

因为人们买的不是产品品质，而是产品价值。

在产品同质化的市场竞争下，客户无法清楚辨别谁的产品最好，只有理念才能区分产品差异。所以与其在产品品质上不断强调，还不如在产品理念上告诉大家你的产品跟别人不一样。你必须清楚自己的产品代表什么，是健康、成就、时尚、安全还是荣誉？只要客户从理念上接受了你的观点，那么只要产品品质不是太差劲，他们一般都会选择你，这就是理念的作用。

多年以来，“万宝路”虽然价格昂贵，却一直是男士钟爱的香烟，而美国菲利普·莫里斯公司也因“万宝路”品牌获得巨大成功。但这家公司一开始并不生产男士香烟，而是以女士香烟为主，烟味清淡，包装文雅。女士香烟有一个明显的特点，就是烟嘴是红色的，为了便于吸烟的女士掩盖唇膏留下的红印。后来，女性吸烟的人群逐渐减少，香烟的主要消费者开始以男性烟民为主。于是，菲利普·莫里斯公司便决定生产男士香烟，并确定“万宝路”作为自己主打品牌的名称。

当时很多香烟厂家都开始转型生产男士香烟，因此男士香烟市场竞争十分激烈，如何独树一帜，赢得男性消费者信赖，是一个关键问题。为此，菲利普·莫里斯公司决定使用广告来体现他们的消费者定位和品牌特点。当时，美国西部有成千上万的牛仔，他们是香烟的巨大消费群体，而西部精神又是美国开拓精神的一个象征。因此，“万宝路”广告呈现了这样一种画面：一望无际的草原，奔驰的骏马，西部牛仔粗犷硬朗，目光深沉，嘴角永远夹着一支冉冉冒烟的“万宝路”，多么自由、奔放、不羁。就这样，“万宝路”似乎成为美国精神的一部分，产品形象深入人心，以至于当时的一位文化界名人说：“如果一个美国人打算变得欧洲化一些，他需要去买一部奔驰或宝马；但当一个人想要美国化，他只需抽万宝路，穿牛仔衣就可以了。”

不管你卖什么产品，别急着去向客户推销，慢一点儿，你必须先清楚，你可能提供给所有客户最有力的福利或好处。你也无须改变产品或服务，但必须定位你的产品及服务，让它们具有竞争对手无可比拟的独特优势，就是一定要使客户产生一种想法：不和你或贵公司做生意是一件让人生憾的事情。

越早向市场看齐，离成功越近

一段时间，我痴迷上了打高尔夫球，一开始我总是想着如何能把球打得更远。但我的教练总是教导说，把球打直要比打远更重要。因为这项运动要求几个动作同时进行，在此过程中各种错误都可能发生。如果球落在球道上的话，滚动的距离再远，也能找到球；但如果打偏，球就会弹到不知道的地方。

这件事给我的启示是，方向比距离更重要。

有人说做销售比的就是个快，但在快的同时也需要稳。为了方便大家更深入理解，我再来讲一个曾看过的笑话：

有个人要到洛杉矶，他很早就出发了，半路上遇到一个开汽车的年轻人，就拦住问：到洛杉矶有多远？年轻人说大约三十分钟。这个人请求搭个便车，而且一上车就不停催促年轻人快点开。汽车行驶了大约 30 分钟，见公路周围几乎全是乡村景象，没有一点儿大都市的影子，这人疑惑地再问：还有多远到洛杉矶？年轻人回答说一个小时。“一小时？刚才不是半小时吗？”此人更不解了，年轻人回答：“没错啊，刚才确实离洛杉矶还有半小时，那时我刚从洛杉矶出来……”

笑话终归是笑话，在娱乐的同时，也说明了一个道理：快固然重要，但方向更重要。瞬息万变的市场，谁也说不清楚下一秒会发生的变化，而很多销售之所以失败，就败在只顾自己做自己的，而抬头时才发现，原来自己已经偏离“圆心”太远了，导致了事倍功半的结果，落得费力不讨好的下场。

对市场一无所知是蛮干，巧干可快速成功，盲干可凭机会，蛮干是一点儿机会也没有。比如，有的人整日为了销量忙忙碌碌、为了市场四处奔波、为了业绩疲于奔命，却不思考。

任何商品的营销都离不开市场这个基础，市场经济时代，各项商品的市场信息情况是瞬息万变的。及时关注行业发展，精准掌握市场脉搏，是每一个销售员应该积极备好的功课。我们也唯有科学把控市场，才能了解市场变化情况，合理细分市场，获取市场营销佳绩，推动市场营销不断上水平。

纵观那些百强公司都有一个共同的营销特征，即同时设有营销部和市场部，而且销售与市场二者之间协调得很好，既重视销售，又重视市场。市场部的主要功能就是进行公司的品牌管理，营销战略的制定，这都需要对宏观环境进行分析，同时也要把握行业环境，通过专业的市场调查获得准确信息，也要通过销售部的人员了解一线信息，一步一个台阶地发展市场。

不管到什么时候，方向比速度更重要。只有方向正确了，才能避免走弯路。及时掌握市场动态信息是科学进行市场营销的基础，一切向市场看齐，在量能没有呈现出更积极的变化之前预计市场，根据市场的变化积极做出反应，提高市场供应的精准率，才能第一时间抓到最有价值的单子。

在这里，我列举一下皮尔·卡丹的案例，非常典型。

皮尔·卡丹是意大利知名服装设计师，1950年，他在法国创建了以自己的名字命名的“皮尔·卡丹”服装公司。当时二战刚结束，巴黎经济萧条，普通老百姓节衣缩食，只有有钱人才讲究服装搭配。根据这一消费市场，卡丹设计的是在金字塔顶端的高档时装，“高尚”“大方”“优雅”“豪华”，这些服装一经推出，演艺界名流、社会上层人士、达官显贵等为之倾倒，争相慕名前来定制。一时间，卡丹成为法国时装界“先锋”派的重要代表人物，引领着服装时尚潮流。

随着法国经济的迅速复苏，普通老百姓的生活水品不断提高，对服饰文化层面也开始有所要求。此时，卡丹意识到目前这些服装的天价绝对不是一般人能够享受的，“只有面向众多的消费者才有出路。因为只有扩大消费面，才可能使它产生普遍和广泛的影响，并经受更大的考验”，于是毅然提出了“成衣大众化”的口号，将自己设计出的高雅、引领潮流的新颖时装进行了批量生产、加工，并本着“薄利多销”的经营原则，投放到了“大众化”的市场，使更多的人穿上时装。

数年后，“皮尔·卡丹”商标品牌的服装得到了大众化普及，牢牢地占据了时装品牌之宝座。这时，卡丹意识到服装一旦普及必定会有人仿制抄袭，于是他决定改变自己的经营策略，向全世界宣布征召加盟商，大卖皮尔·卡丹商标的使用权，而且商标不仅仅限于服饰，使用者遍布各种行业，如自行车、香烟、儿童玩具、床上用品、化妆品……通过转让商标，皮尔·卡丹遍布世界五大洲的80多个国家，拥有5000多家“卡丹”牌的专卖店，20多万名员工，总资产高达10亿美元。

在高档服装风靡之时，卡丹意识到普通民众对服装的渴望，服装市场的大众化趋势，成功使“皮尔·卡丹”得到了大众化的普及，占据了时装品牌宝座；在普及后，卡丹开始买卖“皮尔·卡丹”的商标使用权，这不仅使“皮尔·卡丹”免于被大肆仿制的抄袭之险，而且得以迅速扩张，缔造出了庞大的“卡丹帝国”。这一系列在顶峰尖上突变的做法，无不渗透着对市场的把控，直至今日仍值得我们借鉴和学习。

归根到底，销售是发现需求，满足需求的过程。对于销售人员来讲，就是努力从市场中洞察、挖掘客户的需求，沿着所发现的问题进行分析，根据市场和客户的实际情况，推广销售相应的产品，从而在满足市场或客户需求的同时实现产品的价值，这样一个销售工作就顺利地完成了。

因此，我们一定不能一味地像老黄牛一样埋头拼命拉车，而要在“百忙”之中经常抬头看看市场方向，敏锐地抓住市场的脚步，在市场的前期，随时反省和思索最根本的方向性问题，必须要知道什么是最好卖的、你的客户最需要的是什么等，把自己的销售重点导入一个正确的方向上。如果销售方向是正确的，那么即使走得慢也能做出成效。

为此，建议你经常订阅一些与本行业相关的期刊、杂志、报纸等，也可以浏览、关注相关的网站、公众号等，及时了解行业的最新信息；经常参加行业或其他专业性强的社团活动，如展销会、贸易会等；同其他行业的推销员多交往。有人见了推销员，如果他们推销的不是自己所感兴趣的产品，就像躲苍蝇似的避之唯恐不及，其实推销员的职业决定了他们比一般人更了解市场行情。

俗话说“知己知彼百战不殆”，最近业绩不好，销量低迷，到底是全国性的经济萧条，还是生意被竞争对手抢走了呢。多向生意兴隆的同行做实地观摩，定期“侦查”竞争对手，收集对方的广告及产品介绍等，仔细研究，那里头可能有关于产品价格、技术等方面的“情报”，有利于预见市场变化趋向。

经常总结分析销售业务的进展，要断然采取减少损失的各种措施，假如某种货品长期滞销，几经努力后，情况仍无改观，那就是你所处的市场上本产品的数量和频率都无法再拓展了，你可以尝试用品质与服务来打动客户，或者在原有的渠道销售模式外，进行改革创新等，或许会有另一片新天地。

越早向市场看齐，你便离失败越远，离成功越近。

“6M”创新法则，助你赢得未来

经验，对于我们的工作是十分宝贵的。一个人从对销售的一窍不通到掌握销售技巧、拥有沟通能力，并非一日之功。因此，许多人对于这千辛万苦得到的经验如获珍宝一般，甚至被其桎梏。习惯于凭借以前的经验做事，倾向从固有的角度看待问题，有时只会适得其反，使业绩陷入低迷。比如，现在产品同质化的问题越来越严重了，即便你的产品申请了专利，在很短时间内就会出现类似产品。竞争越来越激烈，成本越来越高，利润越来越低，我们的产品再好，对客户服务再好，销售能力再强，也赚不到多少钱。我身边不少人都在感慨，“暴利”时代已经一去不返。

在此我想起了一个有趣的故事。

死神在一场瘟疫中累倒了，靠在路边休息，一个好心的青年跑来安慰他。死神见青年善良老实，就将他收为徒弟。死神教青年非常厉害的点穴手法，只要在病人的身上穴道点几下，病就治好了。过了一段时间，死神对青年说：“你现在可以去行医了，但是有一条戒律不可以违犯。当你治疗垂死的病人，我会站在病人的床边，如果你看见我站在病人的脚旁，你可以把他的病治好；如果你看见我站在头那一边，就表示那人的大限已到你就不用治了，否则，就要拿自己的命来抵。”

青年一直遵守死神的戒律，也治好了很多人，成为当代的名医。一天国王在全国征集名医：本国公主病重，如有人能把公主治好，就传位给他，并把公主许配给他。闻此消息，青年便跑到皇宫为公主治病，当他走进公主的房间时，公主的美丽使他倾心，但公主的头旁边却站着死神。青年实在喜欢公主，他决定要救活公主，但是死神站在公主的床头，怎么办呢？青年冥思苦想了一段时间之后，把公主的床调了一下方向，这样死神就站在公主的床尾，青年很快就把公主治好了，死神对他也无可奈何。自此，青年迎娶了公主，继承了王位，过上了幸福生活。

当死神站在公主头的那一边时，救不救公主，成为眼下一个棘手的问题。如果强行医治公主，和死神作对，即便真的能救活公主，这个青年怕是也会碰得头破血流然而，他适时地变通，将床头与床尾对调，变换思考问题的角度，找准突破口，一切便迎刃而解。

所以，当销售业绩受阻，市场停滞不前时，我们与其一味地急着四处推销，不如跳出固有的角度与经验，在充分认识当前局势的基础上，分析对比、审时度势，让思维在一定时间内暂时离开直线轨道，转入一个曲折蜿蜒、绕道前行的角度，该转弯时就转弯，时常会取得意想不到的收获。

说到底，唯有变革与创新才是出路。“世界创造学之父”——奥斯本曾经提出过一个“6M”创新法则，它阐述了产品创新的6个途径，通过这6个途径，可以帮助我们有效地进行产品创新，从而快速将自己拖出同质化竞争这个“红海”。

在此，与大家共享一下。

（一）可以改变吗？

当你的产品跟竞争对手相似时，你可以考虑一下在外观、功能、颜色、气味等方面做出一些改变，这能够让你迅速把原本同质化的商品差异化，以最直观的方式，快速占领客户的心智。

例如，我的朋友P经营着一家微波炉厂，国内微波炉种类太多了，一段时间来他的生意都很清淡。是否有改变的可能性？经过一段时间的思考，朋友找来国内一个著名的画家，创作了一系列花草水墨画，然后把这些图案绘制在微波炉面板上，让微波炉体现出了高贵的艺术品位，迎合了很多高端消费者的心理需求，在商超卖场的一众同类商品中脱颖而出，十分吸睛，从而使得产品大卖。

（二）可以增加吗？

产品是否可以增加尺寸、使用时间、强度等，或者新的功能。

通过增加来进行产品创新的例子，在市场操作中可谓比比皆是，也屡屡被证明是可行的。

加藤信三是日本狮王牙刷公司的职员，一段时间总有消费者们反映，使用狮王牙刷时有牙龈出血现象，当然加藤信三也是其中的“受害者”之一，而且这种现象在所有牙刷品牌中都存在。为了解决这个问题，公司想了很多解决方法，如将牙刷改用柔软的毛；使用前把牙刷泡在开水里，让它变得柔软一些；慢速度地刷牙，但始终不见什么效果。一天，加藤信三用放大镜观察牙刷，结果发现牙刷毛的顶端是四角形的，他动脑筋了：“把牙刷毛的顶端磨成圆形，那么用起来可能就不再出血了。”有了这个构想后，加藤信三把他的创意向公司提了出来，公司也欣然采用，后来牙刷顶端就全部改为了圆形。结果，改善后的狮王牌牙刷销路极佳，一举击败诸多竞争对手。

（三）可以减少吗？

能省去、减轻、减薄、减短、减少吗？其实原因很简单：客户并不奢望一件产品能满足他的诸多需求，而希望一个产品能满足一个核心需求。

在做减法这一点上，不得不提到苹果公司。苹果手机是出了名的简约，具体的功能操作，第一眼就知道怎么用，用了一次就能记住。你不必操心缓存清理、内存占用、下载的视频在哪儿，只要打开设置菜单就可以了；你不需要操心任何“自定义”的功能——你老老实实用就是了，十分便捷。

（四）可以替代吗？

替代法，一般是随着新技术、新材料、新能源的出现，而采用的一种产品创新方法。

20世纪80年代，柯达与富士是市场上最常见的胶卷品牌。后来数字式图形摄影、摄像技术伴随信息技术出现，富士胶片明确意识到新时代正在酝酿，开始考虑新技术能否适用于现有市场，本着防患于未然和长远考虑的态度，富士的决策层自主开发数码化技术，而柯达则把几乎所有的研发成本放在了提高胶卷质量上，但消费者为什么要在购买一部数码相机之后还得为胶卷冲印付钱呢？

就这样，影像老大柯达数码化的转型慢了，最终导致在影像行业淡出。而富士胶卷则成功地抵御了这次技术革命带来的冲击，企业继续稳步向前。

如此活生生的，企业在技术大潮滚滚而下之时的成功与失败的例子，引人思考。这就要求我们，对自己所在行业，要保持灵敏的商业嗅觉，平时要时刻关注行业内的最新动态。在接收到最新行业信息后，要第一时间内思考：能否为己所用？会对我的产品和项目产生什么样的影响？

（五）可以颠倒吗？

颠倒是一种逆向思维的产品创新方法，你可以试着上下颠倒、左右颠倒，正反、里外以及前后颠倒，或者目标和手段颠倒。产品创新不能循规蹈矩，不能一直正向思考问题，有时候在正方向上走不通，就要从反方向上试试，有时候用打破常规的思维方式，往往会让你取得意想不到的效果。

某一公司开发了一种无毒无害的涂料，但涂料环不环保，健不健康，消费者光靠看是看不出来的，很多人甚至表示质疑。既然再怎么解说也不管用，该公司老板决定反其道而行之，亲自“以身试法”，让大家看看喝下去的效果。只见他拿起涂料就喝了下去，并表示像“牛奶一样”，没什么味道，一下就滑到肚子里去了。然后，这位老板就在众目睽睽之下坐了两三个小时，真的一点儿事也没有。结果是，该涂料不费吹灰之力，没有什么经济投资就一炮走红了，被业绩津津乐道。

（六）可以重新组合吗？

很多人说创新很难，但事实上，很多时候你根本不需要添加新的东西，只要将一些旧东西、老元素重新组合在一起就可以了，也就是去混搭、去重构一件产品。无印良品曾发明过一款像风扇一样的CD，就是把风扇和CD播放机组合到了一起。它像风扇一样可以挂在墙上，开关就是下方的电线。想要听音乐时，你只需要轻轻地拽一下下方的电线，音乐就仿佛风一样迎面吹来。

市场是公正的，卓越的销售业绩和不断刷新的销售额正是对创新的回报。我们只有不断创新，才能不断实现突破；只有不断创新，才能成为常胜将军。最后，我想说的就是：只要大家在平时工作中多用心、多动脑、多学习，着眼现在，放眼未来，就一定能够以变应变，展现新作为，谋求新发展。

充分开发自身潜能，给客户提供更多价值

多年来，我有幸结识了一些超级有成就的人，其中有顶尖的运动员、公司老总、外科医生以及千万富翁。无论他们是我的朋友、同学，还是客户，都对我的思想和行为产生了深刻的影响，使我领悟到：一个人之所以优秀，并不是因受到了多少好运的眷顾，而是充分地开发了自身潜能。

“潜能”是一个好多人熟知的词，一个人的能力包括了两个层次，一是表象能力，二是潜在能力。表象能力就是一个人现有的、已经表现出来的力量或能力，而潜在能力则是内在的、没有发挥出来的力量或能力。或者还有一个最简单的解释：潜能是另一个自己，另一个更好的自己。

我的朋友 W 做过很多产品销售，如家电产品、房产、书籍等，但始终没能做出什么大名堂，业绩平平，一段时间他是公司里平淡甚至有些庸碌的人。但后来，他一跃成为公司的“销售大王”“金牌业务员”“销售标兵”，业绩也是突飞猛进，那时的他在外人看来如同一位醍醐灌顶的“得道高僧”，突然抬升了一个新层次。当我问及其秘诀时，W 给出的回答是——“如果一个人有一分的能力，他就制定一分的目标，这种做法是错误的，因为设定的目标没有挑战性。我给自己的定位是，我若有 100 分的能力，就给自己制定 120 分甚至更高一些的目标。当我锁定一个高目标并为之努力时，潜能的作用就发挥出来了。”

在公司定出每年合理的销售任务目标后，W 不会按照公司定的销售任务来要求自己，而是暗自将自己的砝码再加上一些，其任务总量要远远大于公司所规定的任务目标。例如，公司规定每位销售员的季度业绩需达到 100 万，W 就把自己的季度业绩目标定位 120 万。当 W 一直向着心目中制定的销售目

标冲刺时，因为更有挑战性，他就会比别的同事更努力，付出得更多。一分耕耘一分收获，如此自然会使自己的业绩超额完成，获得销售冠军也就不是一件奇怪的事情了。

销售，说到底，是人与人之间的竞争。如今的买家越来越精明，他们已经熟知几乎所有的销售过程和销售技巧，他们需要交流合作进入更高层次和更深领域，他们希望打交道的是“商务人员”而非“销售人员”，他们不想面对更多“推销”，却想得到更多“价值”，谁做得更好，他们就选择谁。

所以如何释放自己的销售潜能，让自己变得更好，是我们迫不及待需要做的事情。

诚然，潜能的力量是巨大的，它是一种积极向上的生命力，推动我们不断提高自我、完善自我、挑战自我，追求更成功的人生。但是唤醒潜能也有相当的难度，因为它所需要突破的是隐存于自己内心里的自我“围墙”，要想在自我与环境中摸索出突破的方向，不做出一番努力是无法达到的。

Y女士原本是一个生性羞涩、以夫为贵、只想过安稳日子的小女人，也很少出入各种商界聚会。但是第一段婚姻以男方背叛收场，这让Y女士大受打击，她决定改变自己的人生！所谓“知识改变命运”，三十岁的Y女士重新回到校园，先后获取了政治、历史学士学位，她掌握的知识不断地增长，内在的修养和气度也得到了极大提升，说话干脆，做事利索，很有职业女性范儿。一次偶然的机会，Y女士进入了所在地市的电视台，做起了一名初级广告销售代表。

这份工作与Y女士的专业并不吻合，但她没有退缩，她知道在竞争如此惨烈的情况下，自己要想生存下去必须做出改变。在以后的日子里，Y女士努力用营销理论来武装自己，并且硬着头皮每天去拜访不同的客户，她改变自己的内向性格，热情洋溢、积极主动地面对顾客。渐渐地，Y女士成了众人眼中能说会道、舌灿莲花的人，她甚至曾被一名客户经理称为“疯女人”。

有一次，台里需要有人来负责销售政治类广告，这是一件比较棘手的工作，不仅要有丰厚的经验，付出很多的时间和精力，而且没有业绩也就没有提成。正当台里犹豫该将这个“烫手山芋”交给谁时，Y女士觉得自己在大学期间曾阅读过不少政治相关的书籍对此会很有帮助，于是主动请缨。工作最初Y女士在市场调查、客户开发遇到了很多困难，但她毫无怨言，马不停蹄地四处奔波，经常工作到半夜，一天只睡五个小时。就这样，一年的时间Y女士掌握了本领域最全面的市场信息，积累了丰富的知识与技能，深受客户们的认可和信赖，将工作做得红红火火，最终成为高端商业客户的高级销售经理，可谓业务和仕途双丰收。

Y女士的精彩经历告诉我们：这个世界不存在什么天生强大的人，只要你由衷地想要成为全新的自己，并为之做出主动积极的改变时，你就可以不断地挖掘自身潜能，使自己在工作中大展宏图，进而收入增加数十倍；也可以使你找到通往成功的新行业，收获远远超出期望。

一时的成功不是真正的成功，真正的成功是持续的成长。它意味着你的思想更加丰富、能力不断提高、经验日益丰富、意志更加坚强、心灵更加充实……这是一个无比漫长的过程，往往需要耐心和坚持。今天比昨天进步，明天比今天进步一点点，不断挖掘自己的潜能——这绝对是最有效的方法，任何能力的形成都是如此！

现在，用全新的眼光审视自己，你的潜能是否得到了足够的挖掘？你的哪些能力还有待开发？永远不要故步自封，永远不要满足现状，不断用新知识、新技能、新方法等来提升自己。当你开发出潜藏的更优秀的自我，你不用再去苦苦寻找客户，客户会主动向你靠过来，你还愁没业绩吗？

珍惜客户的时间，客户才会重视你

这是一个高效率的社会，怎样在最短的时间里，得到最大的收益非常重要。每位销售员都会把“时间就是金钱”这句话深植脑中。正因如此，我不再赘言如何管理时间。不过，我要谈谈重视客户时间这个问题，因为不少销售只关心如何睿智地安排自己的时间，却没有考虑到客户的时间也是宝贵的。

我身边就有这样的例子，因为没有重视客户的时间，使成交功亏一篑。

那是 2010 年的一天，我的同事阿君和客户 Y 先生预约下午三点在其公司会面，Y 先生提及如果谈得顺利就当天签合同。那时正值夏季，雨水天气很足，午饭刚过后就下起了豆大的雨水。阿君上午去约见另一位客户，中午回来时被雨水淋湿了，便和我借了一个吹风机，吹了头发、衣服，又吹鞋子。我知道阿君和 Y 先生的约见，便催促阿君麻利一点儿，但阿君却毫不在意，说半小时就能到 Y 先生公司，不着急。忙乎了一阵，再看时间，呦，都快三点了，阿君便匆忙出发。

谁知，因为雨天路况不好，阿君又绕了点弯路。这不，到了 Y 先生公司门口的时候，一看时间都三点半了。阿君赶快给 Y 先生打电话，可是对方第一句话就说：“对不起，你已经迟到了半个小时，我还有其他事情，现在已经离开公司，你等消息。”然后电话就挂了。阿君没有见着客户的面，合同当然就没有签成。Y 先生要阿君等消息，结果可想而知，这让阿君懊恼不已。

如果说，最好的客户是有能力购买你商品的人，绝大多数的有钱人是因为懂得善用时间，才能积存他们的财富。客户的时间分分秒秒都是钱，损耗不起。如果你让客户感到你在浪费他的时间，那么他不会想再和你谈下去。而合理地利用客户时间，是尊重客户的一种表现。你尊重人家，人家自然尊重你。

当然，这不是要你一见客户的面就直接切入主题，而是说，无论是联系还是拜访客户前，我们都要提前安排好时间，予人方便。

一天中联系客户的最佳时间是什么时候？是上午 10：00—11：00、下午 16：00—17：00。一般来说，这两个时间段客户大多不是很忙碌，一些事情也已处理完毕，而且这是人体大脑思维最敏捷的时间段，双方能达到充分交流与沟通的效果，是我们创造佳绩的最好时间。在这两个时间段，建议你要比平时多 20% 的努力来做事情，争取多联系、多拜访客户。

同时，我们一定要考虑客户的时间，而不能只顾自己方便，率性而为。突然造访或是不合时宜地拜访，是最让客户感到反感的行为。每个人都有自己的生活习惯和时间安排，你的客户同样如此。

为此，我们应对客户的一些基本情况有所了解，以便能够正确地做出选择。约见客户时一定要事先询问客户是否方便约谈，双方协商后再见面。这是出于对客户的尊重，给客户留下思考的时间。针对很重要的客户，我们一定要跟着对方的时间走，以其生活为中心选择约见时间。例如，与客户约在对方的办公室，毕竟老总一般都很忙，没有闲暇时间专门赴一个业务员的约。约定了时间，就一定要严格遵守，如期而至，不能迟到，更不能无故失约。

我非常欣赏重视时间的人，所以我的工作方式就像律师或政界人士一样，一向通过约见来销售我的产品。很自然地，约定时间的长短要视销售的商品而定。假如你是一家办公用品的业务代表，那么只需要几分钟时间就能介绍完铅笔、钉书钉、影印纸等等文具，但很多产品往往需要几小时的商谈时间。

拜访客户时，我经常会听客户这样说："马上到我办公室让我了解你的产品，但是你的节奏要快一点儿，我只有十分钟时间。"很明显地，在十分钟之内要完成一场销售展示将不利于我们销售员。在这种情况下，我会看看手表，然后说："我非常乐意为您介绍我们的商品，但是我的商品介绍必须事先约好，所以我们得找一天花一小时来洽谈，我才能完整地把我的商品介绍给你。"

你也许会认为："一个汽车销售员也要约好商谈时间？"是的，我这么做是有充分理由的。因为我知道一个不完整的销售展示没有太大意义，而且客户很可能会因一知半解而拒绝我，而这种直截了当的方式表明我既重视客户的时间，也同样重视自己。再者，正式地和客户约定会面时间，也可以确立我的专业形象。很可能下次再到他办公室，他拒绝购买的情绪已经缓和下来了。

如此更利于成交，不是吗？

引导客户需求：不要“跟”市场，要“创”市场

商业社会有个共同现象，这就是一有赚钱处，人们便趋之若鹜；一有热门货，人们便一拥而上。“市场需要啥就卖啥”已成为一些销售的口头禅，这虽然有一定的道理，但市场就那么大，蛋糕就一块，假如我们老是跟在别人身后，踩着别人的脚印前进，没有发现的眼光，那么永远吃不到大蛋糕。

打个比方来说，当你看到前面有一棵苹果树的时候，别人也看到了，因为大家走在同一条路上。当你想要从树上摘下苹果的时候，又怎么保证别人不是这么想的呢？树上的苹果是有限的，而同行者却那么多，你到手的能有几个？如果你跟在别人后面的话，那就更没有好果子留下来了。

所以，我经常提醒自己，一切向市场看齐，洞悉市场需求很重要，但有些近在眼前的利益，并不是真正的商机，并不值得迫不及待地一头栽进去。利益的背后会有很多追逐者，再加上市场环境时刻在变，今日畅销的东西到了明天说不定就成了滞销的，利益成了“明日黄花”。把目光投向未来市场，不去和别人分享残羹冷炙，才能最终成为市场中最大的既得利益者。

美国著名“牛仔大王”李维·施特劳斯（简称李维斯）的发迹史充满传奇，很有启迪性。

19 世纪美国发现了储量可观的金矿，消息传来，整个美国都轰动了。李维斯和众多年轻人日夜兼程奔赴西部加州追赶淘金热潮。天气燥热的加州到处都是淘金者，再加上到西部的时间较晚，好的地方已被先来者占据，李维斯一连挖了好几天，可连一粒金子也没有挖到，又得时常忍受饥渴折磨。

“金子难淘，生活艰难，再这样下去身体会垮掉，怎么办？”看到淘金

者们口渴难耐的样子，一个念头在李维斯脑中一闪而过：“卖水！”李维斯没日没夜地挖水渠，从百里之外将河水引入水池，然后将水装进水桶里，开始卖水了。一时间，排队买水的人挤破了头，李维斯的生意红红火火。慢慢地，有人开始参与卖水行业了。随着卖水的人越来越多，这个市场很快就被瓜分了。

李维斯又陷入了困境，怎么办呢？他又开始了冷静的思考。看到淘金人成天在野外挖矿，裤子极易磨破，他便收集了一些废弃的帆布帐篷，缝制成裤子，这种裤子布料很厚很结实，不容易磨破，在当地非常受欢迎。由于需求量大得惊人，没多久，李维斯就开办了服装加工厂，Levi's 的神话也由此展开。

李维斯的故事让我想起了自己身边的一件事，去年上半年，在我的农村老家曾经刮起过一阵养貂风。刚开始是一个外地人来推销种貂，有一家买了几只，结果养了一年后发了点小财，前几年貂皮多值钱啊。村里人一见养貂能赚钱，而且比种地赚钱多，便纷纷找那位外地人买种貂，几乎家家户户开始养貂了。看到村里人都已经开始养貂，种貂的需求量已经饱和，这位外地人就马上变推销种貂为推销养貂用的饲料，最后这位外地人靠着推销种貂和饲料发了财。而由于貂皮产量大于需求，价格自然就低了，甚至出现“烂市”现象，许多养貂的村民因此亏了本。

善于用独到的眼光发现潜在的商机，是一个销售员从稚嫩走向成熟的关键。那些顶尖销售永远不会跟在别人屁股后面转悠，不会为眼前的利益一哄而上，他们总能认真地分析、研究整个市场走势，以审时度势的姿态，看到常人所看不到的隐藏的商机，另辟蹊径，并成为某一领域发展的引领者。

不要“跟”市场，要“创”市场。

的确，一般能够赚到最大利润的人是把握住商机，引领市场的那些人，正因为此，第一批卖电脑的人、第一批卖 VCD 的人、第一批卖手机的人、第一批卖饮水机的人都赚到盆满钵满了……

要做到这点，我们就得拿出第一个吃螃蟹者的勇气。我们形容一个人勇敢、有冒险精神、有创新精神时，经常说他是第一个吃螃蟹的人。螃蟹形状可怕、丑陋凶横，第一个吃螃蟹的人确实需要勇气。面对大家都陌生的事物，在没有人敢于一尝之前，你先比别人跨出一步，你就有可能占得先机。

1995年马云去了一趟美国，回来一张口要做一个叫作“因特耐特”的东西，那时候中国人对“因特耐特”这个鬼东西几乎是一无所知，马云几乎被亲戚朋友们视为疯子，“这玩意儿太邪了吧，政府还没开始操作的东西，不是我们干的。”但马云不管，他说过这样一句话“有时候，不被人看好是一种福气，正因为没人看好，大家都没有杀过来，这个领域才有值得发展的价值。”1999年阿里巴巴网络技术有限公司在杭州成立，那个年代大家会想到有B2B电子商务这种东西吗？会想到在家里就能逛商场、逛超市，动动手指就能买到想买的东西吗？我想一定不会。对于电子商务是不是我们口中的螃蟹呢？而马云就是那个吃螃蟹的人，并且“忽悠”了一群人和他一起剥壳。现在网上购物火得一塌糊涂，马云和他的团队不光吃上了鲜美的蟹肉，并且换着花样吃。

穷人的穷，富人的富，都是有原因的。我们常说，在生活中缺少的不是美，是缺少发现美的眼睛。穷人之所以贫穷，是因为习惯了人云亦云，总会为眼前的利益一哄而上；而富人则眼观六路耳听八方，时时处处注意自己身边的人和事，善于发现稀缺的东西、市场的空白，做第一个吃螃蟹的人。

“创”市场，说白了是一种对客户需求的创造。乔布斯曾说过：“你不给用户这个，他们怎么知道需要这个？”想想看，以前没有电话、电脑、传真等，我们一样办公，现在没有就不行了吧；以前没有沐浴露、洗发液一样洗头洗澡，现在如果没有，不用就不方便吧，这些都是人创造出来的。

需求是可以发现的，也是可以创造的。当一名销售员能用善于发现的眼光，发现市场空白并加以填补，重新创造新的需求点时，你也就能更好地满足客户的需求，包括从产品功能上、价值上、心理上追求更好地满足，潜在需求的满足和生活质量的提高。最终，你将彻底引导客户需求。

显然这光靠勇气远远不够，还需不断地学习、观察、分析、思考，并坚持不懈。

愿与君共勉。

哇！文学超有趣

〔德〕卡塔琳娜·马伦霍尔茨 ——— 文
〔德〕道恩·帕里西 ——— 图
麦德文 ——— 译

北京联合出版公司
Beijing United Publishing Co.,Ltd.

图书在版编目（CIP）数据

哇！文学超有趣 /（德）卡塔琳娜·马伦霍尔茨文；（德）道恩·帕里西图；麦德文译. -- 北京：北京联合出版公司，2024. 9. -- ISBN 978-7-5596-7749-5

Ⅰ. I106

中国国家版本馆 CIP 数据核字第 2024BN1196 号

北京市版权局著作权合同登记　图字：01-2024-4220

哇！文学超有趣

文：〔德〕卡塔琳娜·马伦霍尔茨　图：〔德〕道恩·帕里西
翻　　译：麦德文
选题策划：北京启发世纪图书有限责任公司
出 品 人：赵红仕
责任编辑：管　文
文稿审订：吴康茹
特约编辑：丁静静
特约美编：杨　柳

北京联合出版公司出版
（北京市西城区德外大街 83 号楼 9 层　100088）
北京盛通印刷股份有限公司印刷　新华书店经销
字数 258 千字　787 毫米 ×1092 毫米　1/16　印张 $12\frac{1}{4}$
2024 年 9 月第 1 版　2024 年 9 月第 1 次印刷
ISBN 978-7-5596-7749-5
定价：68.00 元

经典是每个人都希望读过却没人想读的书。

——马克·吐温

经典就是人们称颂却从不曾阅读的著作。

——海明威

目录

工业时代的生与死
1879—1892 年

特别精选

欧洲家族 vs. 美洲荒野
1893—1903 年

流动，流转，意识流
1904—1922 年

特别精选

存在的意义
1925 年

童心之必要
1926—1929 年

反省是为了沉沦
1929—1934 年

特别精选

山雨欲来
1935—1942 年

特别精选

天翻地覆之后
1943—1953 年

不在终点，而是在前往的路上
1953—1964 年

写实是另一种魔幻
1967—1988 年

回到未来之前
1988—2001 年

永恒的变与不变
2002—2013 年

前言

许多有名的书是老师和文学研究者只会嫌恶地提起的，然而这些书依旧应该出现——或者说正因为如此，才应该出现。毕竟，如果十九世纪没有卡尔·麦[1]，会是什么样？如果二十世纪八十年代没有《心航》[2]，又会是什么样？

一本书的标题出现“文学”二字总让人犹豫——“天哪！不要！文学——听起来好学术哦”。

才不呢，听起来棒极了！“望而却步”？不，充满期待！“像学校里的东西”——都是些先入为主的说法……所有让人想到学校的东西，对大部分的人而言都会引起不那么正面的感受，而文学绝对会让人想到学校，想到在不那么有趣的语文课上，一字一句地讨论沃尔夫冈·博尔歇特[3]的短篇故事；想到黄色封面的口袋书[4]，莎士比亚和歌德都被压缩在里面；细小的字体，纸张薄如蝉翼……对很多人而言，文学就是酷刑。

对了，还有参考文献，那本来是协助我们了解文学的，但是每个句子都有好几行，卖弄外来语，充斥着迷雾一般的信息：

> 1947 年就去世的沃尔夫冈·博尔歇特，其著作具有表现主义和超现实主义的风格及形象要素，以及从美国的散文模式，尤其是海明威的短篇小说发展而来的叙事形式。

文学等于无无无无无趣。

才不！！！

文学棒极了！紧张、好笑、有趣，是场冒险。当然不是每本书都这样，有些著名的小说不可思议地难读，好比普鲁斯特的《追忆逝水年华》，絮絮叨叨，很多虚拟语气，没什么故事情节，我们可以说这本书实在无聊，然而，也可以从中得知那么多有趣的事，例如：普鲁斯特喜欢穿着毛皮大衣睡觉，还有，他对自己作品中的每个字都要一改再改。

还有《尤利西斯》，根本没办法读。乔纳森·弗兰岑[5]也承认自己不是这本书的粉丝（差不多就是他从来没读过的意思）。库尔特·图霍夫斯基[6]总说这本书就像浓缩汤块一样：

没办法直接吃，但是可以用它做出许多道汤品。

这话说得真了不起。你要是读到詹姆斯 · 乔伊斯对自己作品的看法，就会知道《尤利西斯》许多让人感动的地方，根本不必去读它，如果还是想读——那么现在就读吧！

还有这些逸事：斯蒂芬 · 金曾经在洗衣店当熨烫工；君特 · 格拉斯和约翰 · 欧文是好朋友；德文小说里最长的句子有1077个单词；许多作家有阅读障碍；迄今最畅销的长篇小说是查尔斯 · 狄更斯写的（在德国却没什么知名度）。

文学不只是课堂上的素材，而且也绝不会无聊到像酷刑。本书就是要娱乐大家，让读者兴味盎然，同时传递许多知识。著名的小说讲了些什么样的故事？它们为什么重要？作者为什么这么“厉害”？——完全没有文学术语，而且篇幅不大，还搭配插画，一张图就让你知道加缪的《鼠疫》写了些什么。要打赌吗？请您立刻翻到第126页，或是从第13页的但丁开始——都可以。请您准备好，来一趟书籍世界之旅吧，因为这就是文学！

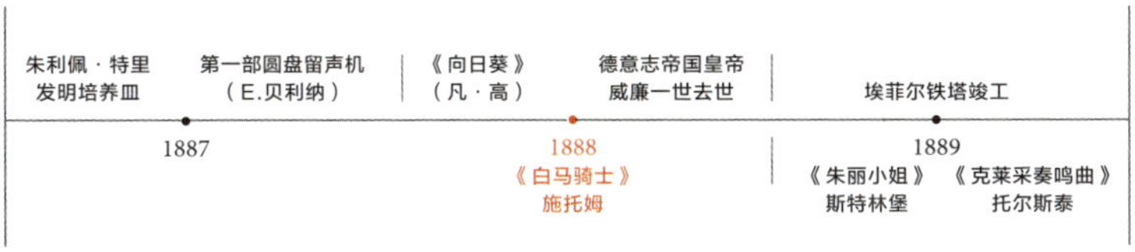

时间轴

时间轴上的文学作品分别标示书名、作者及初版年份。通常，下方是文学作品，上方则是年代大（趣）事。

你知道吗?

《白马骑士》出版的那一年，凡 · 高完成《向日葵》这幅画，割伤了自己的耳朵；德皇威廉大帝驾崩。在此前一年，E.贝利纳发明了圆盘留声机；埃菲尔铁塔在此后一年完工。这些数据都可从时间轴看出，时间轴贯穿全书。

译注

1 原名Karl Friedrich May（卡尔·弗里德里希·麦），笔名Karl May（卡尔·麦），是德国十九世纪最多产的冒险小说作家。据联合国教科文组织统计，他也是全世界作品最被广泛翻译以及阅读量最高的德语作家。他笔下的角色温内图在德国无人不晓。参见第66页。

2 贝诺尔特 · 克鲁尔（Benoite Groult）于1988年出版的自传体小说，起初因描写情爱露骨而被法语文学界视为色情小说，其文学价值却被德语文学界发掘并认可。1992年被翻拍成电影。参见第170页。

3 沃尔夫冈 · 博尔歇特是“二战”后德国非常重要的小说家。参见第127页。

4 德国雷克拉姆出版社（Reclam）出版的口袋书皆为黄色封面，大小只有15.2厘米×9.8厘米，定价低廉，便于携带。

5 有人将乔纳森 · 弗兰岑称为美国当代伟大的小说家之一。

6 库尔特·图霍夫斯基（1890—1935）是德国魏玛共和国时期重要的讽刺小说家、评论家。

但丁·阿利吉耶里 Dante Alighieri

神曲

La Divina Commedia

情节

全书以第一人称的口吻叙述。主角但丁穿越冥界，更准确地说，穿越亡者的三个国度，从地狱经过炼狱，再从炼狱到达天堂，走上旅途的原因不详。故事由主角寻找生命意义而展开。主角在森林里遇到罗马诗人维吉尔的鬼魂，对方带领他走过地狱和炼狱，之后则由但丁的青春恋人贝雅特丽齐带领，因为维吉尔是异教徒，不得进入天堂。整个故事在但丁见到三位一体的上帝时结束。

不可不知的细节

1. 这个故事以14233行诗写成。

2.故事其实比上述简介复杂得多，但丁在旅途中遇到很多人：埃及艳后、匈奴王阿提拉、圣托马斯等，书中的每个句子都充满着象征意义或意象。

3.并不适合在下雨的周日午后躺在沙发上阅读，甚至可以说：根本就读不完。

4.本书是意大利文学中最重要的著作——尤其因为但丁是第一个不用拉丁文而用意大利文写作的文人。

小道消息

但丁原本只将作品标为“喜剧”（La Commedia），后人加上“神圣的”（divina），以示推崇。

入门提示

美国插画家西摩·切瓦斯特（Seymour Chwast）将《神曲》改编成图像小说——出人意料、充满幽默，令人惊喜又毫无敬意（但丁看起来就像彼得·塞勒斯演的克鲁索警探）。虽然如此改编使我们读不到但丁美妙的文字，但是至少看得懂故事究竟在说什么。

作者

但丁九岁的时候第一次见到大约同龄的贝雅特丽齐，立刻陷入深深的爱恋。直到九年后他们才再度相遇，贝雅特丽齐向他挥手，但丁于是陷得更深，他因此涌出无限灵感，写下《新生》一书，叙述了他对贝雅特丽齐无尽的爱。贝雅特丽齐是但丁的缪斯，虽然他只见过贝雅特丽齐两次。此外，数字“九”在他的作品里一直都是重要的元素。

~1300 马可·波罗游记》 马可·波罗

~1307–1321 《神曲》 但丁

1347 欧洲暴发瘟疫

~1390 《坎特伯雷故事集》 乔叟

1431 圣女贞德被焚

~1440 第一台印刷机问世

威廉·莎士比亚 William Shakespeare

哈姆雷特

Hamlet

情节

哈姆雷特是个丹麦王子，他的父亲突然过世了——据说是被毒蛇咬死的。哈姆雷特守夜的时候，父亲的亡魂突然出现，述说自己其实是被谋杀的！哈姆雷特的叔叔克劳狄斯在他沉睡时往他耳朵里滴入了致命的毒药。

哈姆雷特对亡灵承诺一定为父报仇，因此他决定装疯，虽然很成功，可惜却遭到哈姆雷特一直苦苦追求的奥菲利娅的强烈排斥。

哈姆雷特虽然不断受到自我怀疑和自杀念头的困扰，却依然决定刺杀躲在窗帘后的叔叔克劳狄斯，然而，被他杀死的却是奥菲利娅的父亲波洛涅斯。

情况越来越扑朔迷离：奥菲利娅发疯（是真的发疯）而自杀，她的兄长想为她和父亲报仇。这一切演变成了一场充满诡计和毒药的决斗，最后，舞台上横尸遍地。

小道消息

《哈姆雷特》是莎士比亚剧作中主角台词最多、独白最多的，这对演员是一大挑战。但是莎士比亚知道，理查德·伯比奇一定办得到，伯比奇是当时“宫务大臣剧团”团长，莎士比亚也隶属于这个剧团，但是只出演配角以及写剧本，明星是伯比奇。

名句

就像莎士比亚的所有剧作一样，《哈姆雷特》也充满闪光的名句，以下是最重要的几个句子（最好以原文引用）：

To be or not to be, that is the question.
（生存还是毁灭，这是一个问题。）

这是哈姆雷特一段有关自杀的独白开场，他对自己说：我敢吗，我不敢吗？

The rest is silence.
（唯留静默。）

这是悲剧终了，哈姆雷特倒下死去之前的最后遗言。

同中有异

如果喜欢叙事宏大，情节却带点儿荒谬的悲剧，那么试试看下面这些作品吧：《麦克白》（苏格兰人、女巫、鬼魂，十分纠缠），《罗密欧与朱丽叶》（安眠药、假死、毒药、真死、绝望、再次死去）或是《奥赛罗》（一方手帕导致谋杀与自杀）。

入门提示

《哈姆雷特》的表达方式非常激烈，或许还是从温和一些的莎士比亚戏剧作品入手更好，如《李尔王》（也是悲剧，但没那么悲惨）或是《仲夏夜之梦》（喜剧！很有趣！）。

此外，如今体验莎士比亚文学作品魅力的最佳方式并非现代的电影（尽管是由莱昂纳多·迪卡普里奥等人领衔主演的），而是英国广播公司的广播剧CD——就算不是每一个词都能理解。

1492 哥伦布到达美洲

1494 《愚人船》 塞巴斯蒂安·勃兰特

1501 米开朗琪罗开始雕塑大卫像

~1510 《捣蛋鬼提尔》（无名氏）

1517 《九十五条论纲》 马丁·路德

1532 《君主论》 尼科洛·马基雅维利

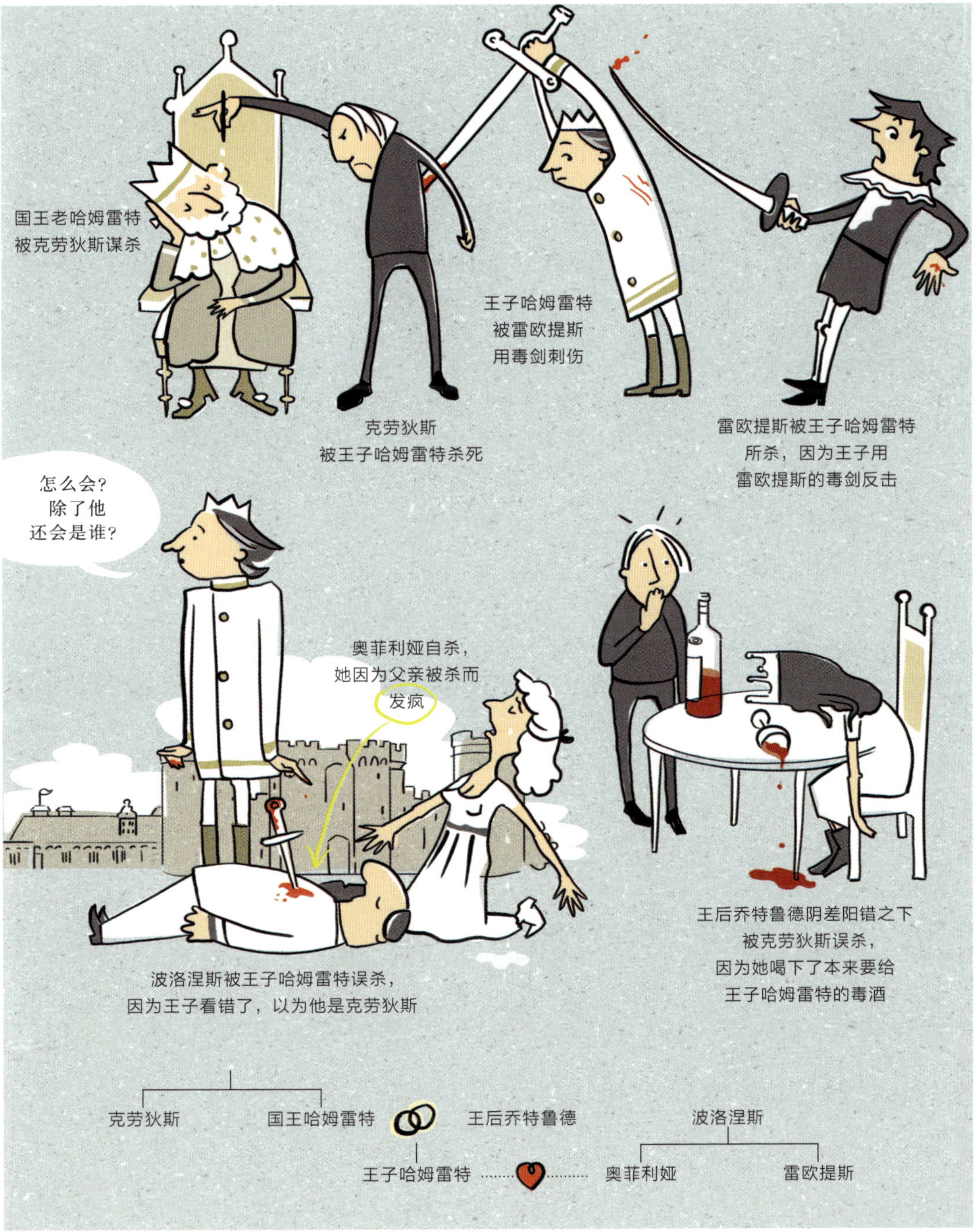

1534 亨利八世宣布脱离天主教

1572 圣巴托罗缪大屠杀
《卢济塔尼亚人之歌》 路易斯·德·卡蒙斯

1582 颁布格里高利公历

1593 《浮士德博士的悲剧》 克里斯托弗·马洛

~1602 《哈姆雷特》 莎士比亚

1603 伊丽莎白女王一世逝世

★1564 年生于英国
✝1616 年卒于英国

莎士比亚是世界上最伟大的文学家，没有任何一部作品（除了《圣经》之外）像老威廉的作品一样，充满无数名言*。

其实，人们连莎士比亚准确的出生日期都不知道，知道的只是他受洗的日期——1564年4月26日。不知从何时开始，他的生日被定为4月23日，可能是正确的，而且也“搭配”他的忌日——1616年4月23日。

威廉·莎士比亚是非凡的。虽然经过几百年的研究，大家对这个人的了解依旧少得可怜。不时有文学研究者质疑，认为那些著名的作品根本不是莎士比亚写的，也许他的竞争对手——克里斯托弗·马洛才是那个伟大的作家，又或许是牛津伯爵，或是哲学家弗朗西斯·培根——每个人选后面都有一套疯狂的阴谋论，这些都成为莎士比亚悬疑故事的一部分。

不管作者究竟是谁，他的确成就了文学奇迹。莎士比亚的戏剧在他在世时就广受欢迎，大家喜欢他，他也因此赚了许多钱。但是没有人预料到莎士比亚会成为全世界横贯古今最伟大的剧作家，也没有人预料到他会对英语有如此大的影响力。

莎士比亚掌握的词汇量无与伦比，而且他还持续不断地增加新词，例如将名词用作形容词（bloody，血腥的）、动词用作名词（dawn，破晓），或是干脆发明新的词汇（courtship，求爱）。

莎士比亚不仅是剧作家，他也写诗，最著名的是他的154首十四行诗——这又是另一个神秘之处：这些抒情诗结集出版时，献词写着献给这些十四行诗的唯一促成者W.H.先生（直到今日仍无人知晓谁是W.H.），并且，大部分诗是写给一位年轻男爵的（是W.H.？或是另外某个人？真有其人吗？）。这在当时是创新之举，因为当时情诗只献给年轻女性。尤其是第十八首（《可否将君比夏日？》*Shall I Compare Thee to a Summer's Day?*）直到今日依旧举世闻名。

神秘、费解、伟大——莎士比亚诞生至今超过四百年了，对他的研究尚未结束。

---

*放到最后但同等重要（《李尔王》）；吼得好，狮子！（《仲夏夜之梦》）；做好准备胜于一切（《哈姆雷特》）；丹麦出了点儿问题（《哈姆雷特》）；耐心是懦夫专用的（《亨利六世》）；时间的牙齿（《一报还一报》）；愿望是思想之父（《亨利四世》）；万物自有其时（《错误的喜剧》）；让那些头发光亮，夜晚睡得好、身体强壮的人在我身边（《裘力斯·凯撒》）；脆弱啊，你的名字是女人（《哈姆雷特》）。

1605 《堂吉诃德》塞万提斯

1620 “五月花号”抵达科德角；《新工具》弗朗西斯·培根

1626 圣彼得大教堂建造完成

1628 发现血液循环

米格尔·德·塞万提斯 Miguel de Cervantes

堂吉诃德

El ingenioso hidalgo Don Quixote de la Mancha

情节

骑士小说在中古世纪晚期就好比今日的肥皂剧：完全偏离现实，非常肤浅，高成瘾要素汇集。

西班牙的小乡绅阿隆索·吉哈诺痴迷于骑士小说，越读越多，最后他甚至笃信自己是个骑士。他自称堂吉诃德，拼凑了一个骑士头盔，穿上一套生锈的甲胄，骑着一匹东倒西歪的瘦马就出发了，和他匆忙找来的随从——肥胖而善良的农夫桑丘·潘沙——一起体验冒险生涯。

在骑士妄想之下，堂吉诃德攻击敌人的军队（羊群），对抗巨人（风车），抢夺了一副头盔（刮胡盆），和一些酒袋打斗时流了许多血（红酒），在城堡（客店）里他遇到少女（妓女）等等。桑丘·潘沙觉得这些举动相当疯狂，但是依然跟着做，因为堂吉诃德答应给他一个小岛。其他人却被这个自封的骑士惹得极不耐烦。堂吉诃德得到的通常是一顿胖揍而非赞誉。

在第二部当中，这一对高高的瘦子和矮矮的胖子再度出发，但是他们已经出名了，因为他们变成了小说里的主角！他们的冒险多了，斗殴少了。最后堂吉诃德返回故乡，因为发高烧而死去。临终前，他终于认识到骑士小说一点儿都不像他想的那么美好。

惊人之处

《堂吉诃德》被认为是西方文学史上第一部现代小说，直到今日，文学研究者依然在猜测，塞万提斯究竟是为谁写下这本书的，以及他究竟想借此书表达什么。

名句

开篇第一个句子就不错——最好是用西班牙文来说：

> *En un lugar de la Mancha, de cuyo nombre no quiero acordarme, no ha mucho tiempo que vivia un hidalgo...*
> （在拉曼查的某个地方，一个我不想记起的地方，不久前住着一个乡绅……）

其中“我不想记起的地方”是重点，直到今日，人们尚未明确塞万提斯所指何处。

入门提示

……不一定适合初级读者。《堂吉诃德》在十七世纪时是极重要的作品，今日依然被所有文学爱好者带着敬畏的叹息深深怀念（世界文学！绝佳喜剧！分毫不失其吸引力！），然而这本书已经四百岁——语言、幽默感和整个故事都难免显得老气／另类／难懂。坦白说：它不适合文学入门者阅读。

1632 泰姬陵开始建造

1636 哈佛大学成立；《熙德》皮埃尔·高乃依

1637 《方法论》（我思故我在）笛卡尔

1642 《夜巡》（伦勃朗）

★1547 年生于西班牙
✝1616 年卒于西班牙

塞万提斯的一生以安逸地研习神学展开，但是后来因卷入一场争执，打伤了对手，他畏惧司法而潜逃国外。起初他住在意大利，充当仆役谋生，最后以假名加入西班牙海军。

1571年，塞万提斯参加对抗奥斯曼土耳其的勒班陀海战，当时，生着病的他本该卧床休息，但是他没有。身为绝对的冒险家，他投入战斗，不幸中枪后，失去了左手。从这时开始，塞万提斯也被称为“勒班陀独臂人”——对一位世界文学家而言，那是个很酷的名字。

米格尔·德·塞万提斯被枪击中三次，在北非为奴五年。

塞万提斯留在海军并晋升为军官。有一天，海盗袭击了他的船，并将他当作奴隶带到阿尔及尔。这个无畏的西班牙人四度尝试逃亡，每次都被抓回来。五年之后，他终于获得自由。

在经历了不成功的海军岁月之后，塞万提斯考虑做些新鲜事：为了赚钱，他为剧场写些好笑的剧目，甚至写了一部小说。然而，他后来突然有些私事要了结（妻子、情人、孩子、离婚），便再也没时间写作。那时的他担任税吏等工作赚钱，却因舞弊入狱，就在此时他开始写作著名的小说《堂吉诃德》。1605年，小说出版发行，大获成功。1615 年问世的第二部同样受欢迎。

4月23日也是莎士比亚的忌日——现在，这一天被定为世界读书日。

一年之后——1616年4月23日，米格尔·德·塞万提斯逝世，而且去世时身无分文，他靠《堂吉诃德》赚的钱早就耗尽了。

欧洲第一家咖啡馆（威尼斯）
1645

《戴珍珠耳环的少女》（维米尔）
1665

1669
《痴儿西木传》
汉斯·雅各布·格里美尔斯豪森

1673
《无病呻吟》首演
莫里哀

丹尼尔·笛福 Daniel Defoe

鲁滨孙漂流记

Robinson Crusoe

情节

1659年9月30日，发生船难后，鲁滨孙·克鲁索被冲上一座荒岛。他拼凑了一个木筏，好从船的残骸中尽可能地抢救物资。起初，他住在一个洞穴里，追捕野山羊。鲁滨孙在身无长物之下过得越来越好：他自己盖了一座茅屋，种植谷物，学会了烘焙、木工、裁缝。

他驯服、饲养山羊，越来越有创造力，让自己不离寻常文明生活太远。他每天在自制的木头十字架上刻划一道凹痕——好让自己不会失去时间概念。此外，只要从船骸中抢救下的墨水还足够，他就写日记。

有一天，鲁滨孙救了一个野人，使他免于被食人族吃掉。鲁滨孙给他起名为星期五（救他的那一天是星期五），让他做自己的仆人。二十八年后，鲁滨孙获救并返回英国。

作者

丹尼尔·笛福是个商人，本来一切都很顺利（富有的妻子，大房子，超棒的假发，美好的旅行），但是后来他多次经商失利，并彻底破产。

之后，笛福从事过很多职业，同时还写些政治评论，这导致他不幸入狱。之后，他创办报纸、杂志，致力批评教会和政府，招来重重磨难（罚款、入狱、游街示众）。直到59岁，笛福才写出闻名全球的小说《鲁滨孙漂流记》。

小道消息

笛福对于取个轰动的标题可不手软，这本书原本的名字是“来自约克郡的水手鲁滨孙·克鲁索的一生及怪异惊人的冒险，他在美洲海岸邻近奥罗诺克大河口的荒岛上独居二十八年；因船难被冲上岸，其他船员皆罹难，唯独他幸存。附上他如何同样怪异地被海盗所救的记录。由他本人记录”*，天呀！

入门提示

本书是冒险小说，是所有类似作品的始祖，它相当古老（而且不是针对青少年而写的）。没有经验的读者可以从删节的、针对青少年编辑过的版本开始（多点儿冒险，少点儿社会批判），虽然这样的版本也许会让文学研究者嗤之以鼻。

---

*完整的书名是：*The Life and Strange Surprising Adventures of Robinson Crusoe of York, Mariner: who lived Eight and Twenty Years, all alone in an uninhabited Island on the coast of America, near the Mouth of the Great River of Oroonoque; Having been cast on Shore by Shipwreck, wherein all the Men perished but himself. With An Account how he was at last as strangely deliver'd by Pirates. Written by Himself.*

1686	1698	1704—1708	1719
万有引力定律（牛顿爵士）	第一架钢琴被设计出来	《一千零一夜》首次引进欧洲	《鲁滨孙漂流记》笛福

特别精选

快速浏览文学作品

乔纳森·斯威夫特 Jonathan Swift

格列佛游记

Gulliver's Travels

原本不是童书，而是分成四个部分（四段旅程）的社会批判讽刺小说。

1.小人国游记：格列佛在海难后漂到岸上，在那里被小矮人绑缚。他承诺在战争中协助利立浦特人，于是被释放。他帮助了小矮人，自己却陷入危险，不得不逃往安全的地方。

2.大人国游记：格列佛再次乘船旅行，又遇上暴风雨，来到了一个未知的国家。格列佛在这里被一个巨人卖给王后，经历了一系列冒险。核心内容是他和国王的对话，格列佛对国王叙述英国的一切（社会批判！）。

3.飞岛国等地纪事：这次，格列佛乘的船被海盗劫持，侥幸逃脱后，他先后到了四个风俗特异的古怪小岛，没有发生危险。后来他又经过日本，然后回到英国。

4.智马国游记：新的旅行，发生兵变，格列佛的“惊喜”——被留在沙滩上。他在那里遇到奇怪的生物耶胡，是由智马（慧骃）所统治（社会批判！）。回到英国之后，格列佛宁可和马一起生活也不愿和人一起（社会批判！）。

劳伦斯·斯特恩 Laurence Sterne

项狄传

The Life and Opinions of Tristram Shandy, Gentleman

文学史上第一部实验性小说，不容易阅读也就成为顺理成章的事情了。《项狄传》（全名《绅士特里斯舛·项狄的生平与见解》）就像是雏形期的《尤利西斯》，也就是说：没有真正的情节，没有合理的句子，分段技巧令人怀疑——没有真正的阅读乐趣。

小说采用了第一人称的叙事方法，主人公特里斯舛·项狄虽然想叙述他的生平故事，但却不想“麻烦自己”梳理好整个故事，好让人可以理解；相反地，读者被泼了一道道意识流——没有时间先后，只有交错的时间层次，自由联想，来来去去。因此也无法直接说出这部小说到底是什么样的故事。这部小说提到名字的意义、关于鼻子的研究（没看错！）、接生、项狄怪诞的父亲——不过主要是对英国社会的讽刺批评。

其实这样的作品只适合英国文学课程，但是在博学的圈子里，对作者劳伦斯·斯特恩的笑话和独创性表示激动总是好的。歌德当时就对《项狄传》挺热衷的，据说这本书也是弗洛伊德和托马斯·曼最喜欢的书。因此可以说，这本书还挺受欢迎。

1726 《格列佛游记》 斯威夫特

1727 《马太受难曲》（巴赫）

~1749 《儒林外史》 吴敬梓

~1754 《红楼梦》 曹雪芹

1759 《项狄传》 斯特恩

1762 叶卡捷琳娜二世（大帝）俄国女沙皇登基

1772 《爱米丽雅·迦洛蒂》 戈特霍尔德·埃夫莱姆·莱辛

戈特霍尔德·埃夫莱姆·莱辛
Gotthold Ephraim Lessing

爱米丽雅·迦洛蒂

Emilia Galotti

奥托阿多上校之女爱米丽雅·迦洛蒂即将和伯爵结婚，这时赫托勒王子却爱上了她，王子命令侍卫长马里奈利阻挠她的婚礼。没问题！马里奈利命人射杀伯爵。赫托勒极端愤怒的前情妇为爱米丽雅的父亲奥托阿多准备了一把匕首，让他杀死赫托勒为伯爵报仇。奥托阿多并不全然接受这个点子。爱米丽雅害怕王子不顾她的意愿强行占有她，因此请求父亲杀死自己，为了保全女儿的贞洁、维护家族的荣誉，她的父亲居然真的这么做了。

有趣的是副标题——**中产阶级的悲剧**——在当时是不合时宜的，那时候的人们认为：悲剧只会发生在贵族世界里，中产阶级只有喜剧。

约翰·沃尔夫冈·冯·歌德
Johann Wolfgang von Goethe

少年维特之烦恼

Die Leiden des jungen Werthers

维特在一次庆典上爱上了绿蒂，可惜的是绿蒂已经和阿尔贝特订婚。维特后来也结识了阿尔贝特，两人甚至结为至交。终于，维特再也无法忍受这一切，于是他离开村子。此后的维特，饱受生活的碾轧。当他再次回到村子的时候，绿蒂和阿尔贝特已经完婚。这并未阻止维特继续前往拜访他们。痛苦和爱情终于使他无法再克制自己，他热烈地亲吻了绿蒂，而绿蒂完全无法应对这样的情况。绝望中的维特开枪自尽了。

歌德这本书信体小说引起极大轰动，甚至带动了商品销售热潮：维特装（蓝色燕尾服和黄色背心）、维特香水、维特皮带吊饰，还有呈现书中场景的梅森瓷器，以及其他许多东西。

弗里德里希·席勒
Friedrich Schiller

大钟歌

Das Lied von der Glocke

这首诗绝对是最著名的德文诗，也是最长的一首诗。

原则上说，这是一首有关如何铸钟的诗——从准备工作到架高在钟塔里。然而，席勒利用每一个工作步骤阐述了一段生活观察。例如铜和锌的混合就交织着男女交往的讲述：

谁想缔结良姻，
先要看是否心心相印！

大家都可以体会，不是吗？《大钟歌》充满意味深长的句子（暴力盲目统治/女人变得像鬣狗一样），在许多方面都是值得一读的作品！

1774	1775—1783	1783	1789	1799
《少年维特之烦恼》歌德	美国独立战争	《莱奥纳尔多和布兰迪娜》约瑟夫·弗朗兹·冯·格茨	法国大革命爆发	《大钟歌》席勒

约翰·沃尔夫冈·冯·歌德 Johann Wolfgang von Goethe

浮士德 第一部

Faust 1

情节

浮士德博士的工作遭遇瓶颈，所有的研究都没有结果，毕竟人对这个世界的了解实在太少。浮士德尝试利用魔法，而大地精灵却不想和他有瓜葛。沮丧的浮士德想要自杀，但当听到复活节的钟声，想起快乐的童年时光——他决定不服毒自杀。复活节散步的时候，一头黑色的狮子狗跑到他面前来，原来那是梅菲斯特（恶魔！）。接着，浮士德与恶魔签下协议。

浮士德出卖灵魂给梅菲斯特，他因此脱离生命危机——梅菲斯特满足他所有的愿望。首先是魔药让浮士德变年轻，同时让所有女性都变成美女。很快，他遇到了小格蕾琴，她单纯、内向、不起眼，但对浮士德而言，简直就是性感尤物（魔药造成的）。他不知道这样强烈的欲望该何去何从，梅菲斯特就满足他的欲望，没错——性。但只存在于字里行间……

接下来，小格蕾琴和浮士德之间发生了一些事——无数的隐喻，两次谋杀，最后是无尽的绝望（小格蕾琴怀孕，杀害初生婴儿，入狱，浮士德和梅菲斯特远走高飞）。

二十年后，《浮士德》第二部完成，里面有更多的象征意义、神秘主义，以及稀奇古怪的事情，但是有个好结局。

小道消息

浮士德博士和恶魔的协议，在歌德时代早已是老故事：这个传说源自16世纪，普遍为人所知。真正的浮士德，活在公元1500年左右，以神秘治疗师和魔法师的身份走遍各地，最后在尝试炼金的时候被炸死。

入门提示

浮士德的故事不复杂，也写得很美，却不是随便就能读得下去的。可以先看看古斯塔夫·格林德根斯（饰梅菲斯特）和威尔·夸德伏利格（饰浮士德）主演的同名电影。其实也不太容易懂，但值得一看；也可以阅读歌德的小说（《亲和力》或《少年维特之烦恼》，请见第21页）；或是看看他的叙事诗——简短、有张力，他称得上是德国名副其实的“桂冠诗人”。

拿破仑·波拿巴加冕称帝 | 第一台行驶于轨道上的蒸汽机车面世

1804

《威廉·退尔》
席勒

特拉法尔加海战

1805

《少年魔法号角》
布莱门斯·布伦坦诺 / 阿希姆·冯·阿尔尼姆

神圣罗马帝国被推翻

1806

★1749 年生于德国
✝1832 年卒于德国

歌德是德国最伟大的作家，没有其他作家像他一样为德语世界创作出这么多名言*。

可以从西格丽德·达姆所著《克里斯蒂安妮和歌德》一书中得知许多有趣的逸事，从其他角度来看这位“桂冠诗人”。不过这本书中虽然记载了许多事实，却依然是本小说。

约翰·沃尔夫冈·冯·歌德初出茅庐就声势不凡——1773年，他以剧作《铁手骑士葛兹·冯·伯利欣根》席卷德国，也革新了剧场表演方式。在歌德之前，一部戏里的地点、时间和情节必须一致，歌德却以《葛兹》推翻了这个原则。《葛兹》上演时出现了多个场景以及平行的（！）剧情线，再加上丰富的语言，举国观众无不备感惊喜。

一年之后，歌德发表《少年维特之烦恼》，畅销全欧洲。歌德二十岁开始就一帆风顺，目标是成为诗歌之神，他也的确做到了，不过，那是在他去世数十年之后。歌德在世的时候，《少年维特之烦恼》是他最成功的作品。歌德是个货真价实的名流，甚至在德国以外也很有名，毕竟他不只会写作（而且什么都能写：戏剧、小说、诗、书信等等），对政治、艺术和自然科学也有所涉猎，曾担任大臣，研究色彩学以及植物形态学等。

而说到女性……歌德年轻时爱上了夏洛特·布夫，夏洛特却心有所属（因此诞生了《少年维特之烦恼》）。不久，歌德和某位莉莉小姐订婚（不了了之），后来，他又结识了夏洛特·施泰因——年长他七岁，已婚，有七个孩子，他对她钟情不已，这段感情也没有结果（或者只是秘密交往，不为人所知）。歌德最后的情人是克里斯蒂安妮·武尔皮乌斯，但直到1806年，歌德才迎娶她。

歌德最重要的一段关系当属他和席勒之间的情谊。起初，这位内阁大臣一点儿都不喜欢这个年轻的同僚，后来他们却成为精神至交。然而，席勒越来越成功，也对歌德造成了相当的压力。直到这位诗人朋友逝世之后，歌德才终于完成了《浮士德》，前后花费了六十年的时间。

---

*精选少数几句：你这大话说得可真轻松！（《伊菲格涅亚在陶里斯》）；血是最贵重的液体 / 原来这就是狮子狗皮毛下的本质！/ 在这儿我才是个人，才敢是个人！/ 啊，我的胸膛里有两个灵魂！（《浮士德》第一部）；自己招引了邪魔，到头来却无法摆脱（《魔法师的徒弟》）；愿人高尚，乐于助人而良善（《神性》）；半被拖拉半自沉（《渔夫》）；你可识那柠檬花开之地？（《威廉·迈斯特的学习时代》）；来得容易去得快（《列那狐》）。

《命运交响曲》完成（贝多芬）			罐头技术公开	俄法一八一二年战争
1808		1809	1810	1812
《浮士德》（第一部）歌德	《O侯爵夫人》海因里希·冯·克莱斯特	《亲和力》歌德		《格林童话》格林兄弟

欧洲各地文豪*

每个国家最受欢迎的作家通常也闻名全球，但也有一些作家的名字会让人眉头一皱，感到陌生，因此简短说明一下：

冰岛
Halldór Laxness
哈尔多尔 · 拉克斯内斯
1902—1998

1 荷兰

诗人和剧作家约斯特 · 范 · 登 · 冯德尔是荷兰黄金时代的代表人物——十七世纪的一百年间，荷兰的一切都蓬勃发展：商业昌隆，文化兴盛。

2 比利时

这里有两位：瓦隆省的乔治 · 西默农（《麦格雷探案集》），以及西弗兰德省的雨果 · 克劳斯（《比利时的哀愁》）。

3 克罗地亚

在克罗地亚本地不怎么有名的米罗斯拉夫 · 克尔莱扎，却是克罗地亚现代文学的开创者，他的短篇小说集《克罗地亚战神》是重要的反战文学作品。

4 芬兰

阿莱克西斯 · 基维是第一个用芬兰语而非瑞典语写作的芬兰作家，其闻名全球的小说《七兄弟》于1870年发表，之后受到严厉的批评。基维在死后才成为芬兰的民族作家。

5 捷克

卡雷尔 · 希内克 · 马哈也是个在世时不受重视的作家，他的叙事长诗《五月》只能自己出版。

6 波兰

亚当 · 密茨凯维奇的民族史诗《塔杜施先生》，叙述了反抗沙皇俄国统治的斗争，每个波兰学童连在睡梦中都背得出开头的几行**。

7 罗马尼亚

米哈伊 · 爱明内斯库，因诗作（《金星》）而闻名，是罗马尼亚的英雄——罗马尼亚有许多他的雕像，他的画像还出现在五百列伊纸币上，而在他的生日和忌日当天，罗马尼亚国内都有纪念活动。

爱尔兰
James Joyce
詹姆斯 · 乔伊斯
1882—1941

英国
William Shakespeare
威廉 · 莎士比亚
1564—1616

法国
Victor Hugo
维克多 · 雨果
1802—1885

葡萄牙
José Saramago
若泽 · 萨拉马戈
1922—2010

西班牙
Miguel de Cervantes
米格尔 · 德 · 塞万提斯
1547—1616

* 几乎每个国家对于哪位作家才是本国第一文豪都很难有一致的看法：例如法国根本无法在雨果、左拉和普鲁斯特当中选定一个；俄国还可以推举陀思妥耶夫斯基；在瑞士，马克斯·弗里施和弗里德里希·迪伦马特可以一较长短。

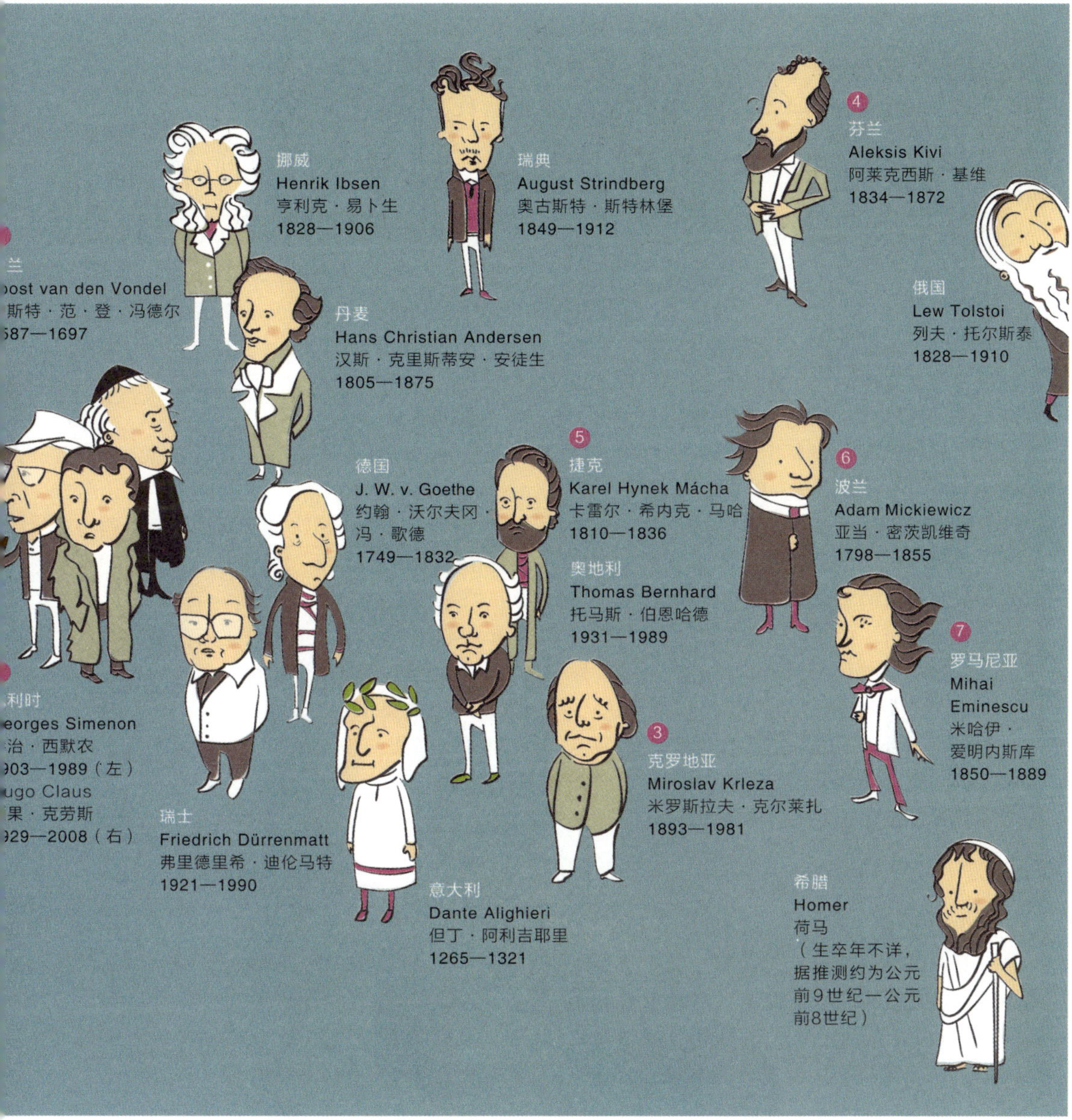

＊＊“立陶宛，我的故乡，就像健康。只有失去的人，才懂得珍惜。”

简・奥斯丁 Jane Austen

傲慢与偏见

Pride and Prejudice

情节

英国，十八世纪末，班纳特家族住在伦敦近郊。五个女儿中的三个正值婚龄，当然想找个好人家。新邻居宾利先生正好年轻、富有、单身，而他的朋友达西先生也被卷入进来，达西同样年轻、富有、单身，而且魅力无穷！

但伊丽莎白・班纳特觉得达西太高傲，达西伤了她的自尊心，她就一再惹恼达西。达西虽然对伊丽莎白的家族有看法，却依然爱上了她，因为她聪明、美丽，且不落俗套。达西仓促又缺乏技巧地向伊丽莎白求婚，让他的“罪状”再添一桩，伊丽莎白当然拒绝了。

之后，班纳特家族内部出现了许多问题（女儿们、追求者、骄傲、偏见）。最后伊丽莎白察觉自己爱上了达西，结局皆大欢喜（其他女儿也有好结局）。

同中有异

只要看过一部就能知道全部，简・奥斯丁的小说很容易混淆——总是有关年轻女性和婚姻问题：《理智与情感》（两姊妹寻找适合自己的丈夫）、《爱玛》（女主角为其他人寻找丈夫）、《曼斯菲尔德庄园》（贫穷女孩要嫁给有钱的男性，却爱上堂兄）。

小道消息

1. 整个求亲结婚的过程，英文叫作 marriage plot（婚姻情节），或是 courtship（求爱情节）。勃朗特姊妹也喜欢在小说里描写这样的情节（请见第38—39页）。

2.《傲慢与偏见》也是电影《BJ单身日记》的原型，片中布里奇特绝不想要的男性也叫马克・达西。电影中由演员科林・费尔扮演达西——而费尔也在英国广播公司（BBC）的剧集《傲慢与偏见》中扮演奥斯丁笔下的达西！真疯狂。

名句

凡是坐拥财富的单身汉，必定需要娶位妻子，这已经成了一条举世公认的真理。

家境优渥的查尔斯・宾利搬到隔壁的时候，班纳特太太就是这么说的。

莱比锡战役 | 拿破仑兵败滑铁卢

1813 《傲慢与偏见》简・奥斯丁

1815

★1775 年生于英国
✝1817 年卒于英国

简·奥斯丁的所有作品最初都是匿名发表的。

英国人直到今日依旧十分推崇简·奥斯丁——甚至和无人可及的威廉·莎士比亚相提并论。

简·奥斯丁——牧师的女儿——有六个兄弟和一个姐姐。这个家庭在当时相当不寻常的是：不仅儿子受教育，女儿也受到双亲的栽培。简在十二岁的时候就写了一些短剧本和小说，其中有几部居然被保留下来了，使得奥斯丁的铁粉们也能欣赏她年轻时的作品。

年少的创作热情之后是较长的停笔时间。一家人多次迁居，最后简和她的母亲及姐姐一起住在她的哥哥爱德华的乡间别墅里。她在相对短的时间里，在这里完成了她所有著名的小说。《理智与情感》出版于1811年——当时简·奥斯丁三十六岁，未婚，因此她就是个老小姐，仰赖兄弟的金钱和善意生活。两百年前的情况就是如此，单身的女性孤立无援，这让简·奥斯丁相当恼怒。

虽然奥斯丁笔下的所有女主角最后都找到了终身伴侣，但是都要等到她们试着摆脱社会桎梏之后才成功。书中并未发生许多故事，而是将重点放在了对角色的讽刺，以及对十九世纪初社会环境栩栩如生的呈现上。

按照当时的标准，简·奥斯丁可以说是相当出位：没有丈夫，自己工作，而且还十分具有批判性！尽管她所有的作品都以匿名发表（作者只说是某位女士），然而大家很快就知道了谁是写这些广受喜爱的小说的作者。

关于她的生活我们所知不多，而且长久以来只有两幅她的（拙劣的）画像存世——由她的姐姐卡桑德拉所绘，一幅只看得到她的后背，而另一幅里的奥斯丁看起来像个坏脾气的老处女。2011年出现了另一幅新的画像，让奥斯丁研究者都乐翻了，因为画上的简看起来是那样充满自信！

1816
拜伦爵士和妻子离婚（丑闻）
《爱玛》 简·奥斯丁

1817
世界上第一辆自行车（德莱斯）

1818
《海披里安》 济慈
《弗兰肯斯坦》 玛丽·雪莱

1819
美国从西班牙人手中夺取佛罗里达

特别精选

快速浏览文学作品

沃尔特·司各特爵士 Sir Walter Scott
撒克逊劫后英雄略
Ivanhoe

该书也常常被译作《艾凡赫》。

英国，十二世纪，诺曼人统治着盎格鲁-撒克逊人。到处是中世纪的纷乱。在这样的背景下，十字军骑士威尔弗莱德·艾凡赫经历了各种冒险：在一次训练中他受伤了，受到犹太人以撒及其女儿丽贝卡的照料，后来和这对父女一起被俘，被监禁在托奎尔斯通城堡里。罗宾汉偷袭城堡，有个圣殿骑士和丽贝卡一起逃回他的教团（不顾她的拒绝）。丽贝卡被怀疑施行巫术，为了澄清事实，艾凡赫和圣殿骑士决斗——不必感到惊讶，这是中世纪解决问题常用的方式。圣殿骑士失败，丽贝卡离开该地，嫁给艾凡赫。

这本书其实是第一部历史小说，出现了许多历史人物和历史重大事件，不像《圣殿春秋》那么容易读，但是在英国依旧是本必读小说。在德国比较受欢迎的是图像小说版——不过也只有在旧书店才买得到。

詹姆斯·费尼莫尔·库柏
James Fenimore Cooper
皮裹腿故事集*
The Leatherstocking Tales

分为五部的系列故事，发生在美洲拓荒时期——从十八世纪中期到十九世纪初期。主要人物是独来独往的纳蒂·班波，是个猎人和陷阱捕兽人。纳蒂是个随性的人，在荒野中经历各种冒险——而且拥有不同的绰号：皮裹腿、野兽杀手、鹰眼，也被称为长枪。他的好友是高贵的印第安酋长钦加哥。故事经常是关于保护或者拯救妇女，揭发诡计，参加战斗。

嗯，陈词滥调？哎呀，当时还没有西部片，也没有卡尔·麦笔下的温内图（详见第66页）！因此库柏是领先时代而具有批判性的，对许多作家而言是个典范。

*译注：该书也常常被译作《皮袜子故事集》。

1820	《撒克逊劫后英雄略》 沃尔特·司各特爵士
1823	门罗主义；《皮裹腿故事集》 库柏
1825	第一条铁路通车运营（英国）；布莱叶发明盲文
1827	《犹太人苏斯》 威廉·豪夫
1829	蒂莫尼埃发明第一台通用缝纫机

维克多 · 雨果 Victor Hugo

巴黎圣母院

Notre Dame de Paris

十五世纪的巴黎：畸形人卡西莫多被抛弃在圣母大教堂外，副主教克洛德收容他，之后让他负责敲钟的工作。有一天克洛德爱上吉卜赛女子爱斯梅拉达，卡西莫多为主人劫持了她，却因此被抓进监狱——而他自己也爱上了美丽的爱斯梅拉达。卫队长弗比斯也爱上了她，可预料的是，情况不太妙。克洛德刺杀了弗比斯，爱斯梅拉达因为这一谋杀案而被吊死，克洛德被卡西莫多从钟楼上推下，坠落而死。

这是一部带着所有揪心要素的历史小说：中世纪的生活、不幸的爱情、谋杀及误杀。

司汤达 Stendhal

红与黑

Le Rouge et le Noir

于连 · 索雷尔，聪明又英俊，想远离乡下生活，于是决定要当上神职人员。起初于连在市长雷纳尔家担任家庭教师，和女主人展开了一段外遇情事。他们的关系暴露之后，于连被送进神学院，之后，他成了拉莫尔侯爵的私人秘书。侯爵的女儿玛蒂尔德引诱他，并怀了身孕——这对于连是非常有利的：他可以借此和玛蒂尔德结婚，晋身为贵族阶层。但是后来雷纳尔夫人揭穿了他，他射杀了雷纳尔夫人，被判死刑。为什么法国作家亨利 · 贝尔会以笔名司汤达发表这本书，原因并不明朗，他本人也未多作说明。

奥诺雷 · 巴尔扎克

Honoré de Balzac

欧也妮 · 葛朗台

Eugénie Grandet

欧也妮在家里过得并不好，她的父亲眼中除了钱还是钱。她生命中快乐的时光并不多，就在她爱上堂弟夏尔的时候，夏尔却被她的父亲葛朗台先生快速地送到印度去了，以免耗费家里的钱财。欧也妮借给夏尔（许多）钱，这让她的父亲十分生气，欧也妮的日子就更悲惨了。她等待夏尔返乡，夏尔在印度发了财，却根本不愿再想起堂姐，于是一切越来越悲伤而无望……这是一部现实主义作品，描述了当时的社会生活。

1830	《红与黑》司汤达	法国七月革命
1831	《巴黎圣母院》雨果	
1832		汉巴赫大会（公民不服从运动）
1833	《欧也妮 · 葛朗台》巴尔扎克	
1834	《塔杜施先生》亚当 · 密茨凯维奇	英国废除奴隶制

小说及其他

再说一次什么是……

许多文字无法被准确地归类，连分类成诗歌、戏剧或叙事诗都不可能。德文当中的术语Poesie和Dichtkunst也容易让人混淆，经常被译为“诗”和“诗歌艺术”，实际上它们应该是所有文学作品的总称。

文学 Poesie / 文学艺术 Dichtkunst

诗歌 Lyrik

在德语世界，诗歌原则上是指所有种类的诗作。早期界定比较清楚：诗歌必须押韵，要有一定数量的诗行或诗节。现代诗经常放弃以上两个条件——不过诗歌一律和印象、感觉及意象有关。诗歌类型包括颂歌、十四行诗、叙事诗*等等。

戏剧 Dramatik

原则上，戏剧泛指所有剧作。虽然形式上各不相同，其实，故事情节由对话表现的就是戏剧。戏剧种类包括悲剧、喜剧等等。

长篇小说 Roman **

原文是来自古法文的Romanz，意为以罗马平民语言写作的叙述文（而不是如过往一般以拉丁文书写）。就今日的用词而言，长篇小说是种虚构的（想象出来的）、涵盖广阔的叙事文学形式。其下分为许多类型，例如历史长篇小说、犯罪长篇小说、冒险长篇小说、家庭长篇小说、爱情长篇小说等。

短篇小说 Erzählung

指比长篇小说简短的叙事文学形式，基本上情节不太复杂。长篇小说有不同的叙事层面及时间层面，短篇小说则通常依时间顺序叙述，而且只有一个叙述视角。

* 歌德认为叙事诗是诗作的根源，因为它集文学的三大类型——诗歌、叙事文学和戏剧于一身。但是目前一般将叙事诗归类于诗歌。

叙事文学 Epik

原则上，叙事文学泛指所有叙事性作品。叙事文学又被分为以诗体及散文体写作的形式。以诗的形态写下的叙事文学，例如荷马的《伊利亚特》，是一部“英雄史诗”。

散文（拉丁文prosa oratio，意为直接说出的语句）泛指所有非诗体的文章，也包括书信或使用说明书（当然，这不能算是叙事诗）。就文学来说，叙事文学常见的分类如长篇小说等都属于散文。

中篇小说 Novelle

指篇幅短至中长的叙事文学形式。原文是来自意大利语的Novella，意为新奇之事——中篇小说的故事通常叙述单一重要事件，以及该事件对主角的影响。中篇小说因此总是呈现单一主要角色的情绪变化。这种体裁是由乔万尼·薄伽丘“发明”的（1353年发表的《十日谈》），杰弗雷·乔叟的《坎特伯雷故事集》也很出名（1391—1399年间发表）。德国的中篇小说主要集中在十九世纪（施托姆、冯塔纳），但之后也有许多作家以此体裁写作，如托马斯·曼、马丁·瓦尔泽、君特·格拉斯以及西格弗里德·伦茨等。

小小说 Kurzgeschichte

篇幅短的故事，但是和短篇小说有所不同，起初被称为小故事（Short Story），因为它源于十九世纪英语系地区。小小说的第一位大师是埃德加·爱伦·坡，之后是斯科特·菲茨杰拉德，当然还有欧内斯特·海明威。

德语地区较常出现的是中篇小说——直到1945年。当时的作家想表达的是：不要再那么情绪化／病态／满载意识形态，宁可实事求是地精简（博尔歇特、海因里希·伯尔）。因为小小说是十分精简而浓缩的文字，很快就直接触及到核心，经常有个开放式的结尾，中间的情节不多，人物和发生地点都不多，却有许多许多可诠释的空间。因此学生们才一直被要求读短篇故事……

＊＊译注：由于这样的文学体裁分类源自西方，中文并无十分对等的词汇。以文章篇幅分类其实并不适当，但是为了至少能分辨Roman和Kurzgeschichte，姑且称之为长篇小说和小小说。读者应注意各种形式的不同叙述结构，方能掌握各种形式的异同。长篇小说的叙事结构复杂，除了主线之外，还有诸多副线发展，主、副线相互衬托呼应，结合成一完整故事，就像大树的主干和枝丫。其余三种的叙述结构就比较简单，主线发展为主，偶有副线只为补充、烘托主线故事发展。小小说是结构最精简的一种，故事情节（时间、空间）集中。

查尔斯·狄更斯 Charles Dickens

雾都孤儿

Oliver Twist

情节

奥利弗·特维斯特是个心地善良的男孩，却不断遭遇倒霉的事。先是他的母亲因难产而死；然后他在一个没有爱心的老太太身边长大；在九岁生日当天，他被送进了救济院，并且很快陷入了困境（请见名句）；之后，他被一个殡葬师接手，因与一个学徒发生争吵被（不公平地）惩罚，于是逃往伦敦。

在伦敦，他落入了收赃人费金及其街头流浪团伙手中。有一次，布朗洛先生被偷了，他怀疑是奥利弗干的（其实不是），所幸，奥利弗（意外地）证明了自己的清白，布朗洛先生接纳了他。

一天，奥利弗本来要为恩人送一些东西，却被费金一伙人捉住，被强迫回到了费金的团伙。布朗洛误以为奥利弗欺骗了他，而奥利弗正被费金逼迫着潜入梅莱家。其间，奥利弗中了枪。当他满身是血倒在梅莱家门口，善良的人们（再度）同情他，并照顾他恢复了健康。

在与费金、其他可疑的家伙以及善良人之间来回周旋之后，结果令人惊喜——奥利弗竟和梅莱家有亲戚关系，而且是布朗洛先生好友失散多年的儿子！布朗洛最后收养了奥利弗——一切都好起来了。

小道消息

《雾都孤儿》是第一部以小孩子为主角的长篇小说，然而它并非童书——其中有几幕太残暴了。狄更斯要揭穿的是英国的社会弊端，这本小说出版之后，这些现象也的确受到了各界关注。

入门提示

《雾都孤儿》是容易阅读的作品——尤其考虑到它的年龄（接近两百岁），确实没什么可挑剔的。以今日眼光看来，这本小说有点长。想了解这本书的人也可以选择不同的影视作品（1948年由亚历克·吉尼斯扮演费金；1997年由理查德·德赖弗斯扮演费金；2005年由本·金斯利扮演费金），或是动画片、广播剧，还有获得奥斯卡奖的音乐剧《奥利弗！》。但是，这些改编作品绝对无法取代狄更斯的文字。

名句

Please, Sir, I want some more.
（求您了，先生，我还想多要一点。）

救济院的孩子饿得都快疯了，孩子们商量用抽签的方式由一个人在当天晚上请求多添一些食物，奥利弗中签了。他照做了——这在救济院是前所未有的事——他因此受到了严厉的处罚。

在英国，“*Please, Sir, I want some more.*”是非常有名、众人皆知的句子。

西班牙承认墨西哥独立

L.A.布朗基创造了“工业革命”这个词

维多利亚女王加冕

1835
《安徒生童话》
汉斯·克里斯蒂安·安徒生

1836
《五月》
卡雷尔·希内克·马哈

1837

★1812 年生于英国
✝1870 年卒于英国

“毕竟，还有比爱和幽默更好的处理生活问题的方式吗？”

其实大家都喜欢狄更斯，并且对他感到敬佩——不仅是读者，就连其他作家也是如此。只有少数人（亨利·詹姆斯、弗吉尼亚·伍尔夫）觉得他的书太感伤、不切实际。

查尔斯·狄更斯的一生平淡无奇——和其他伟大的作家比较起来。他的一生正如大家所想象的维多利亚女王时期的普通生活一样：平静的童年（中产阶级、中等大小的城市），移居到伦敦（肮脏、昂贵），为钱而烦恼，父亲因欠债入狱，查尔斯赚钱养家（在伦敦仓库里辛苦工作），父亲出狱，查尔斯成为律师助理，后来成为记者。

他写了《匹克威克外传》（有趣、冒险、卖座），之后结了婚（生了十个孩子！），还写下《雾都孤儿》（也很成功）。他四处旅行，当上《每日新闻》的主编，写下《圣诞颂歌》（吝啬鬼斯克鲁奇的故事被改编成各种电影）、《大卫·科波菲尔》（没错，那个著名的美国魔术师就是借用了本书主角大卫·科波菲尔的名字，因为这听起来很响亮）、《双城记》（在德国几乎没有人知道这本书，但事实是，这本书是有史以来全球销量最大的小说；请参考第105页），最后是《远大前程》（是他最好的作品，因为最成熟）。

他没有丑闻（暂且不论他为了和一个女演员在一起生活而和妻子离婚），也没有未被认可的天分，恰恰相反，所有人读到他的书都会感到兴奋，珍视他的幽默、他的观察入微，以及他对社会批判的角度。狄更斯必然有颗天真的心：他因为迫切需要钱而写下《圣诞颂歌》。为了让每个人都买得起这本书，他把书的价格定得特别便宜——最后根本就没赚到钱。

狄更斯因为这本小说成了“发明圣诞节的人”——英国人恰巧在这个时期开始以如今大家熟悉的方式庆祝圣诞节。狄更斯感伤的《圣诞颂歌》来得正是时候！

皮特凯恩岛上
女性首次获得选举权

1838
《雾都孤儿》
狄更斯

1838—1847
《交际花盛衰记》
巴尔扎克

《可怜的诗人》
（C.施皮茨韦格）

1839
《明希豪森》
卡尔-L.伊默曼

埃德加·爱伦·坡 Edgar Allan Poe

厄舍府之倒塌

The Fall of the House of Usher

情节

故事的背景设定当然是十分毛骨悚然：疯狂的罗德里克·厄舍住在一幢古老而阴森的房子里，房子看起来好像随时都会倒塌，坐落在同样可怕的湖边，听说会有鬼怪从湖里现身。

第一人称的叙述者觉得这一切看起来令人不安，他之所以骑马来到这里，是因为他的老朋友罗德里克再也无法忍受精神疾病的摧残。事情越来越诡异：罗德里克的双胞胎妹妹马德琳死去，被埋在地窖里。叙述者试着用骑士故事让六神无主的罗德里克振作起来，但效果却正好相反，整个情况越来越可怕，他自己也变得越来越疯狂。

故事急转直下：马德琳根本没有死，她突然满身是血地站在门口，奄奄一息地倒在哥哥的身上，痛苦地死去了，罗德里克受到前所未有的惊吓，也死了。第一人称的叙述者心惊胆战地逃离那里，就在这个时候，厄舍府轰然崩塌，沉入阴森可怖的湖里。哗！

同中有异

爱伦·坡的所有小说读起来其实都像《厄舍府之倒塌》——阴森、可怕，然而又有种美：《陷坑与钟摆》（有关酷刑）、《泄密的心》（切割的尸块）、《红死病的假面具》（和瘟疫有关）。

读完爱伦·坡的作品（不需要很久），可以继续读《福尔摩斯探案集》，两者的类似之处很明显，但柯南·道尔的故事却完全不同……

入门提示

你需要有坚强的神经。但是对于爱好恐怖片的人而言，爱伦·坡的作品以其高文学性、适中的长度、接连不断的紧张情节，成为替代晚期电影的良好选择。

小道消息

厄舍府的确存在——位于波士顿。1800年拆除的时候，人们在地窖里发现了一男一女两具尸体。两具尸体躺在一起，互相拥抱着。传闻屋主活埋了年轻的妻子和她的情人。嗬！

其他

埃德加·爱伦·坡是恐怖文学的代表人物，有趣的是，在英文里爱伦·坡的小说被称为哥特式小说——恐怖与浪漫的结合。哥特式小说的创立者是英国人霍勒斯·沃波尔，他在1764年出版的《奥特兰托城堡》中使用了“一个哥特故事”这个副标题。

其他著名的恐怖小说包括玛丽·雪莱的《弗兰肯斯坦》、布莱姆·斯托克的《德古拉》、达芙妮·杜穆里埃的《蝴蝶梦》（请见第113页），给面子的话也可以列上斯蒂芬妮·梅尔的《暮光之城》。

达盖尔（银版）照相法　　鸦片战争

1839

《帕尔马修道院》司汤达　　《厄舍府之倒塌》爱伦·坡　　《尼古拉斯·尼可贝》狄更斯

★1809 年生于美国马萨诸塞州
✝1849 年卒于美国马里兰州

"一个漂亮女人的死亡的确是世界上最诗意的主题。"

爱伦·坡二十七岁时和年方十三的表妹结婚——但并非因为洛丽塔情结，而是出于想要保护她的本能。

埃德加·爱伦·坡不是一味酗酒的作家。他的确嗜酒，但并非持续性的。他更像是偶发性酒鬼，无法控制自己的酒瘾。的确，爱伦·坡是恐怖小说大师，但他也是著名的诗人、侦探小说的鼻祖、杰出的文学评论家、现代小说的先驱！

他的诗作《乌鸦》（内行人一定要说*The Raven*）是世界名诗之一。没有他在《莫格街凶杀案》里创造的侦探杜宾一角，可能根本就不会有《福尔摩斯探案集》！柯南·道尔十分崇拜爱伦·坡，他曾说：

> 如果每个拿到稿酬的作家，只要他的故事的诞生得益于爱伦·坡，就必须支付这稿酬的十分之一以支持建造大师的纪念碑，那么此碑将高如胡夫金字塔。

埃德加·爱伦·坡的一生十分具有悲剧性。一岁时，父亲抛家弃子；一年之后，母亲过世，他被爱伦夫妇收养。他是个聪明而好动的年轻人，然而，他先是辍学从军，之后又离开军队，想进入军事学校成为军官——最终，他还是放弃了这个想法。

爱伦·坡热爱写作，最初出版了三本诗集，但并不成功。为了赚钱，他开始尝试写小说，并在杂志社担任文学评论人。爱伦·坡很快成为名人：他的小说很受欢迎，他的评论也得到大众的热情追捧。然而，拘谨的美国人并没有多么喜欢爱伦·坡，他实际上根本没有赚多少钱。

然后，是他猝然而神秘的死亡：爱伦·坡要到纽约签新的合约，但是他没有到达。一周之后，人们在巴尔的摩的街上发现了神智错乱而且衣衫不整的爱伦·坡。几天之后，他在医院去世——死因一直众说纷纭。

大仲马 Alexandre Dumas

基督山伯爵

Le Comte de Monte-Cristo

情节

十九岁的埃德蒙·唐泰斯遭人设计陷害，被无辜囚禁在伊夫堡岛上。经历了漫长而可怕的折磨，唐泰斯几乎要自暴自弃，这时他认识了阿贝·法里亚神甫。法里亚原本想要借着自己挖掘的地道逃出伊夫堡，却误将地道挖进了唐泰斯的牢房。两人于是结成好友，法里亚告诉唐泰斯：基督山岛上埋藏着宝藏。唐泰斯后来躲进裹尸袋，被抛进海里，逃出裹尸袋后被救起来，并挖出了宝藏。

十四年后，唐泰斯返回法国，查明当年究竟发生了什么事，并展开精心筹划的复仇行动。当时参与设下诡计的每个人都受到了惩罚——毫不留情。直到最后，唐泰斯才意识到自己或许做得太过分了——有人丧了命，有人破产、发疯或是被捕入狱。

故事当然也和爱情有关：唐泰斯被捕的时候，正要和美丽的梅塞苔丝结婚，可她后来却嫁给了陷害唐泰斯的人。唐泰斯再度见到她，对她的感情依旧，但却必须执行自己的计划，只能对她待之以“礼”。

小道消息

著名（而且昂贵）的古巴雪茄“基督山”的确是根据这部小说而命名的。在这间工厂，工人们卷雪茄的时候都会有人朗读《基督山伯爵》，这本书特别受欢迎！

入门提示

注意，有附上人物表的版本（或是您自己做一个），特别是第二部里的人物关系相当复杂，死亡方式堪比莎士比亚作品（毒杀、发疯、误杀）。对了，这部小说相当厚……

但是不要被吓到了——大仲马的《基督山伯爵》依旧是最佳冒险小说之一！如果你没那么有耐心的话，还可以看影视改编作品（最佳版本是1979年的电视连续剧）。

同中有异

当然是《三个火枪手》——发生在达达尼昂和他的朋友阿多斯、波尔多斯以及阿拉密斯周遭的故事，即使故事发生的时间早了大约两百年，还是同样令人血脉偾张。

★1802 年生于法国
✝1870 年卒于法国

大仲马写了几百篇连载故事！

麻辣信息：大仲马的祖父是海地的大农场主，祖母是祖父的奴隶。显然，祖母把头发丰密的基因遗传给了大仲马（浓密、深色、卷曲），让他整个外貌极具混血特征。大仲马因此不得不经常忍受种族歧视的闲言闲语，但是他好像完全不在乎这些。

大仲马生活富裕，好女色，是个能散播激情又慷慨的败家子。他很早就开始写作，起初写剧本，大多是历史剧——当时非常成功，如今鲜为人知。后来，他发现了靠写作致富的门道：他和一些雇员一起，为报社写了无数连载故事——冒险的、虚构的，会受到读者喜爱而让出版社愿意出好价钱的故事，例如《基督山伯爵》和《三个火枪手》。

他偶尔参与政治活动，援助其他作家，举办派对，拥有各色情人，这一切都耗费金钱，以致他最后破产，只得搬去和儿子同住。他的儿子也叫亚历山大，也是作家，《茶花女》是他最著名的小说。父子俩分别被称为大仲马和小仲马。

此外，大仲马留给我们许多“实用”的名言，尤其是和女性及婚姻相关的，婚恋类报刊特别喜欢引用下面的话：

“找出那个女人”（*Cherchez la Femme*）这句话也源自大仲马。小说《巴黎的莫西干人》中的警察说了这句话，因为他认为：任何诡计都会牵涉某个女性。

女人启发我们了不起的想法——然后阻止我们实践！
婚姻的枷锁太沉重，只有两个人才承受得起。有时也许要三个。

第一个计算机程序（A.洛芙莱斯）
1843
《圣诞颂歌》
狄更斯

德国西里西亚纺织工人起义
1844
《德国，一个冬天的童话》
海涅

1844—1846
《基督山伯爵》
大仲马

艾米莉·勃朗特 Emily Brontë

呼啸山庄

Wuthering Heights

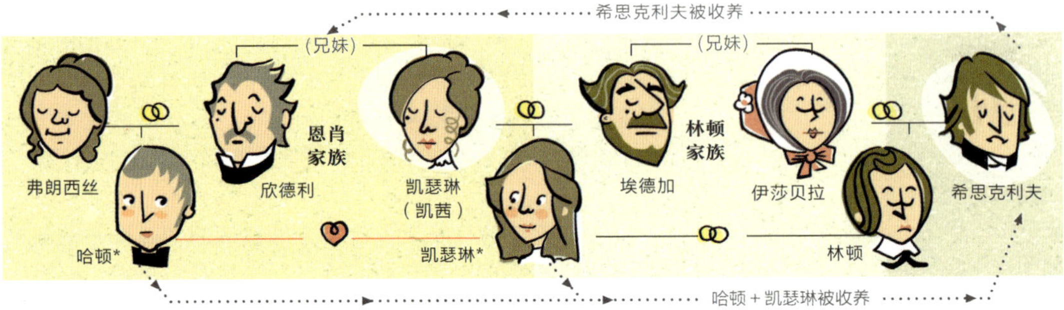

情节

恩肖家族(呼啸山庄)和林顿家族(画眉田庄)居住在英国约克郡一个荒凉的地区,两个家族三代间有许多恩怨纠葛。所有人物的名字类似,让这部作品读起来显得更加复杂。

一切都从恩肖先生收养了六岁的希思克利夫开始。希思克利夫和他心爱的凯茜被哥哥欣德利欺压。欣德利变本加厉,于是凯茜便和埃德加·林顿结了婚,希思克利夫因此大受打击,离开了呼啸山庄。

希思克利夫再度返回山庄的时候,已经变成了一个有魅力又富有的男人。他再一次被激怒了:他心爱的凯茜怀孕了,他无法再得到她。

接下来的戏剧性情节简短说来:希思克利夫和埃德加的妹妹(伊莎贝拉)结婚,虐待她;凯茜生下女儿(凯瑟琳)后却痛苦死去。希思克利夫把呼啸山庄骗到手,生了一个儿子(名叫林顿),他强迫儿子和凯瑟琳结婚。儿子林顿死后,希思克利夫无耻地继承了画眉田庄,不仅如此,他还(其实同样无耻地)夺走了欣德利的儿子哈顿。

然而,最后一切也算有了个好结局:哈顿和凯瑟琳相爱,希思克利夫生病死去。(中间还出现鬼魂的情节,大部分的文学批评家对此都不怎么欣赏。)

入门提示

大师之作,经典作品,还是被高估的通俗小说?直到今日评论家们仍然意见不一。当时的读者对《呼啸山庄》相当排斥:不讨喜的主角,太灰暗,过度激情,而且整体来看十分不道德。如今大家已经习惯了更夸张的情节,但是勃朗特的这部小说还是值得一看的——从世界文学的角度来说,它令人惊讶地动感十足。

*除了哈顿和凯瑟琳之外,书中其余的角色都死了。

《汤豪塞》
(R.瓦格纳)
1845

爱尔兰发生饥荒
1845—1849

《乌鸦》
爱伦·坡

《蓬蓬头彼得》
海因里希·霍夫曼

夏洛蒂·勃朗特 Charlotte Brontë

简·爱

Jane Eyre

情节

孤儿简·爱在刻薄的亲戚家长大，之后又不得不进入同样可怕的寄宿学校。洛伍德寄宿学校的管理的确十分严格、冷漠，而且食物也不充足。历尽磨难的简·爱终于成为一名教师，成功应聘了家庭教师的职位。她来到桑菲尔德庄园，负责教导罗切斯特先生的私生女。罗切斯特先生爱上了简·爱，两人想要结婚。然而就在结婚圣坛前，简·爱才得知罗切斯特已经结婚，妻子是已发疯的伯莎·梅森，他把梅森囚禁在房子里。

简·爱在震惊之下逃走，成了村子里的小学老师。牧师想和简·爱一起到印度传教——当然，走之前先结婚。简·爱突然意识到自己对罗切斯特的爱，急忙赶回桑菲尔德庄园。

情况令她震惊：庄园已变成废墟，伯莎在火灾中死去（真是巧！），罗切斯特失明，因为他试图从火场救出他的妻子（道德的行为+惩罚=重建名誉）。简·爱照顾罗切斯特，并嫁给他，生了一个孩子——罗切斯特最后还重见光明了呢！

惊人之处

夏洛蒂·勃朗特的这本小说和她的妹妹艾米莉的书同一年出版——然而故事大为不同。《呼啸山庄》由激情主导，《简·爱》却是理性至上，这也正反映出两位作家的个性：艾米莉难以驾驭、顽固，而且喜欢突破传统；夏洛蒂比较有责任感、正直。然而在《简·爱》出版之后，夏洛蒂却被视为革命家（因为她犀利地描绘出了维多利亚时期的英国社会对待女性之苛刻）。

那么安妮呢?

安妮·勃朗特是勃朗特三姊妹之一，这三姊妹都以男性笔名发表作品：柯勒·贝尔（夏洛蒂）、埃利斯·贝尔（艾米莉）以及阿克顿·贝尔（安妮）。安妮也写了两部小说——《艾格妮丝·格雷》及《女房客》，但是她不像姐姐们那么出名。

现代麻醉术首次获得成功 | 发现海王星 | 1846

摩门教信徒建立盐湖城 | 阿尔及利亚成为法国的一个省 | 1847

《呼啸山庄》艾米莉·勃朗特 | 《简·爱》夏洛蒂·勃朗特

特别精选

快速浏览文学作品

海因里希·海涅 Heinrich Heine

德国，一个冬天的童话

Deutschland. Ein Wintermärchen

以诗写成的旅游见闻。海因里希·海涅（有趣的是他原本叫哈利）在书中描述了德国各个城市和不同的景色——但整本书当然不是旅游指南，而是对德意志民族主义和保守社会的全面批评。

中夜思及德国，
叫我难以成眠。

这著名的诗句摘自海涅的诗《夜思》，同样发表于1844年。那时海涅早已移居法国，因为他在法国能更加自由地思考和写作。《德国，一个冬天的童话》后来在德国被禁。这些诗句如今被视为政治诗歌的杰作（是的，有500节，但是都很短而且有趣！）。

不要和《德国，一个夏天的童话》弄混了——这是2006年世界杯足球赛德国足球队的纪录片！片名是对海涅作品名的自由发挥。

赫尔曼·麦尔维尔 Herman Melville

白鲸

Moby Dick; or, The Whale

白色的抹香鲸莫比·迪克在和捕鲸船长亚哈生死搏斗的时候咬断了他的腿。亚哈想报仇，他要杀掉那头白鲸。他和船员们乘船四处搜寻，找到莫比后，足足较量了三天。

最后，白鲸赢了，船员和船都沉入海底，只有船员以实玛利幸存下来，说出了整个故事。这本书闻名全球，“叫我以实玛利。”是书中的第一个句子。但是，期待一部紧张冒险小说的读者也许会感到失望：捕猎白鲸只发生在最后三章中（全书共135章），前面是大量（非常详细）的说明——关于鲸和捕鲸，也涉及哲学、艺术史、科学和其他主题。

这显然超出了当时读者的接受度。所以这部小说虽然是美国文学最重要的著作之一，但在麦尔维尔生前只卖了3000册。如果作者麦尔维尔泉下有知——一百多年后竟然会有一家咖啡连锁店以“Starbucks”（星巴克，“裴廓德号”捕鲸船上大副的名字）来命名，而且他的一个后代侄孙以“Moby”（莫比，故事中白鲸的名字）为艺名，开创了一番音乐事业！那他该多惊讶啊！

《共产党宣言》
马克思 / 恩格斯

1848
德国革命

加利福尼亚淘金热

1849
发明安全别针和防毒面具
《大卫·科波菲尔》
狄更斯

1851
《白鲸》
赫尔曼·麦尔维尔

哈丽叶特·比切·斯托 Harriet Beecher Stowe

汤姆叔叔的小屋

Uncle Tom's Cabin

1840年左右，在美国肯塔基州的一个农场庄园，亚瑟·谢尔比需要钱，只得卖掉忠心的奴隶汤姆。汤姆起初被卖到了新奥尔良的奥古斯丁·圣克莱尔家，他想让汤姆恢复自由。然而，圣克莱尔突然去世，他的妻子不得已卖掉了所有奴隶。新的主人以最残酷的方式虐待奴隶。汤姆协助一个女奴逃走，他因此被打得倒地不起。就在亚瑟·谢尔比的儿子前来赎回汤姆叔叔的时候，汤姆却因伤重死亡。这部小说初版是在美国内战爆发前十年，当时非常热门，在极短的时间内就销售一空，初版的同一年就被翻译成其他语言——真是本国际畅销小说。

之后（尤其在美国）这本书却屡被挑剔：汤姆叔叔显得太卑微，整本小说过度以偏概全。即便如此，在美国废除奴隶制的奋斗进程中，这本书还是一部重要的作品。亚伯拉罕·林肯总统于1862年曾对斯托夫人（哈丽叶特·比切·斯托）说："你就是那个写了部小说而引发这场伟大战争的小女人啊！"

亨利·戴维·梭罗 Henry David Thoreau

瓦尔登湖

Walden

极不寻常的一本书。作者在书中描述自己如何在森林中的原始小屋里生活了两年，更准确地说，是在美国马萨诸塞州的瓦尔登湖边。梭罗就是想看看，远离工业社会要如何生活——并且，他将自己的体验记录了下来。书中每个篇章都非常诗意，描述了诸如孤独、身边的动物或阅读等。

如今，这本书并不流行，然而在1989年，梭罗的名言突然到处流传：在彼得·威尔的电影《死亡诗社》（*Dead Poets Society*）里，教师约翰·基廷（罗宾·威廉姆斯饰演）想激发学生对文学及诗的兴趣——其中一幕是让他们诵读梭罗的文句：

> 我走进树林，因为我想自觉地生活。我想彻底品尝存在的滋味。我想汲取生命的精髓！

这部电影更常引用的是另一位诗人沃尔特·惠特曼的作品（请见第42页）。

第一个邮筒（伦敦）

1852 《汤姆叔叔的小屋》 斯托夫人

克里米亚战争爆发

1853

南丁格尔在克里米亚战争中照顾伤病士兵

1854 《瓦尔登湖》 梭罗

奥地利皇帝弗兰茨·约瑟夫一世与茜茜公主结婚

沃尔特·惠特曼 Walt Whitman

草叶集

Leaves of Grass

老年的沃尔特·惠特曼看起来就像画册里的老爷爷，或是圣诞老人——满头蓬松的白发，一大把白胡子，两条浓密的眉毛。也许还可以在英文课本里看到他的照片，身为美国现代诗奠基人，课堂上可少不了惠特曼。因此，惠特曼在电影《死亡诗社》里被反复提及也就不足为奇了。影片中，全班学生起立，向老师约翰·基廷行礼，按照老师的期望说："噢，船长，我的船长。"（引自惠特曼一首有关亚伯拉罕·林肯的著名诗作）

惠特曼用奇特的方式来发表他的诗：他把诗收集成一册，称之为《草叶集》——首次出版于1855年，自费出版了十二首诗。惠特曼在世的时候，就不断修改和扩充诗集。他去世后出版的第十版诗集，收录了将近四百首诗（不押韵！），涵盖了各种主题，充满力量和情感（只是不想说"激情"而已）。

如今的人们不见得会为了休闲而阅读这本书，但是……还蛮有趣的。何不与惠特曼一起，"在世界的屋脊上发出粗野的吼叫"：

I sound my barbaric yawp over the roofs of the world!

居斯塔夫·福楼拜 Gustave Flaubert

包法利夫人

Madame Bovary

爱玛嫁给乡村医生夏尔·包法利，医生爱慕他美丽的妻子，然而妻子对这桩婚姻却非常失望。无聊的男人和乡村生活！在她的爱情小说里一切都刺激多了，她的生命可还有激情可言?

包法利一家搬到较大的城镇，爱玛生了一个女儿——但不论是孩子或是新环境，都未曾使她满意。逛街购物也没有帮助，只是多了债务。直到富有的罗多夫勾引她，她才似乎快乐起来——只是暂时的。后来，谎言、欺骗、更多债务、痛苦接踵而至。罗多夫离开她，她生病了，又开始一段新外遇。然而，该还债了，爱玛十分绝望，服下砒霜死去。这还不够戏剧性：夏尔知道了一切，饱受打击之后，也死去了。他们的女儿最后投靠了穷姨妈，不得不终日辛苦劳作。

创新之处：非第一人称叙述，没有正面的、积极向上的主角，作者完全没有评判所描述的故事。这本书出版后惹恼众人：伤风败俗！美化通奸！好在福楼拜最终被宣告无罪，这本书也没有被删减就印行了。

戴维·利文斯通
发现维多利亚瀑布

发明开罐器
（罐头出现45年之后）

发现尼安德特人

1855
《草叶集》
惠特曼

1856

1857
《包法利夫人》
福楼拜

《恶之花》
波德莱尔

夏尔·波德莱尔 Charles Baudelaire

恶之花

Les Fleurs du Mal

“一定要读原版”，这种说法听起来总有些令人不快的吹嘘感，然而波德莱尔的这本诗集至少应该读一下双语对照版本，因为《恶之花》从来无法成功而贴切地被翻译出来。后来的译本各有缺失——因此最著名的译本根本不像是诗，而是散文，当然也就无法和原著媲美。（不过德国当今最好的配音演员克里斯蒂安·布吕克纳朗读的散文版，听起来就又像诗了。）

这本诗集描述的大多是大都市的可怕：籍籍无名、疏离、孤单、欺骗、卖淫、毒品。诗集出版后，波德莱尔被控“道德败坏”，就像不久前的福楼拜。结果波德莱尔必须缴纳罚金，还要删掉几首诗。

法国文豪维克多·雨果大概是当时唯一衷心赞叹《恶之花》的人，此外，这本书似乎并没有感动到谁，它很快就被人们遗忘了。直到波德莱尔去世三十多年之后，年轻一辈的诗人才发现这部诗集的重要性。

维克多·雨果 Victor Hugo

悲惨世界

Les Misérables

不少人以为《悲惨世界》最初是以音乐剧的形态来到世间的，其实这是法国作家——维克多·雨果的小说作品。雨果在世的时候是法国的英雄，《悲惨世界》是他历时十七年才完成的不朽之作，篇幅超过一千页。

故事发生在1830年左右的法国。冉·阿让因偷窃一块面包被关在监狱里十九年，出狱之后，他的生活一直困顿不堪，后来他改名换姓，成功地在社会上找到了一席之地，甚至当上一个小地方的市长。后来，他的过往被曝光，冉·阿让带着心爱的养女珂赛特逃到巴黎藏了起来。珂赛特爱上了马吕斯，冉·阿让禁止他们交往，马吕斯投入巴黎六月起义（共和党人反对国王路易·菲利普的斗争）。冉·阿让反省之后，救起马吕斯，并且同意女儿和他结婚。

冒险情节加上大量的社会批判和历史细节，令这本书如今依然是法国最受欢迎的小说之一——更别说音乐剧的成功了。

《物种起源》（达尔文）
1859

美国南北战争爆发
1861
《远大前程》狄更斯

俾斯麦发表“铁与血”演说
1862
《悲惨世界》雨果

儒勒·凡尔纳 Jules Verne

地心游记

Voyage au centre de la terre

情节

奥托·李登布洛克教授是个怪人，年近六十的教授大概就应该是这样。他在德国汉堡教授矿物学和地质学，却总是无法读出希腊－拉丁文的专有名词，为此经常很恼火。

第一人称的叙述者阿克赛尔是李登布洛克十九岁的侄子，是个胆小的人，极不情愿地和奥托叔叔踏上了可怕的冒险之旅——通往地心。阿尔纳·萨克努塞姆在羊皮纸上留下加密的文字线索：只要进入冰岛的一个火山口就可以到达地心。

阿克赛尔解开密码后，叔侄二人前往冰岛，并很快找了一个冷淡的冰岛人汉斯做向导。他们勇敢地爬进火山口，带着成堆的行李，因为他们预计这趟旅行应该会持续一阵子。

他们不断向下，经过隧道、竖井和峡谷，一直朝着地心前进，几乎被渴死（但是在最后一刻找到了水源，将其命名为汉斯小溪），他们利用已成化石的木头搭成木筏，穿越地底海洋（命名为李登布洛克海），看到了史前巨鱼缠斗，甚至看到某种人类化石，正看守着巨大的乳齿象群。

旅行的终点突如其来：这三个人尚未抵达地心，就乘着木筏被斯特龙博利火山“吐”出来——他们毫发无损地从意大利回到了德国。从此以后，他们变得富有而出名。

入门提示

一方面，儒勒·凡尔纳的作品尽是紧张的冒险故事；另一方面，他的写作风格在大胆的想象和老式的繁琐之间摇摆。除了书之外，了解这部作品还有许多替代媒体：电影、图像小说、有声书——甚至还有游戏！如果是并不坚持原汁原味阅读的人，可以听听二十世纪七十年代的欧洲广播剧：表现夸张，非常紧凑、简洁。

小道消息

为什么主角刚好是个德国人？很简单：当时在法国有个“传统”，就是把特别古怪的学者写成德国人。儒勒·凡尔纳在自己的旅行当中认识了德国汉堡这个地方，而且汉堡刚好位于法国通往冰岛的路上。

灭火器获得专利　轮滑鞋获得专利　葛底斯堡战役爆发　世界上首条地下铁路开通（伦敦）

1863

《气球上的五星期》

儒勒·凡尔纳

普丹战争 （德丹战争）	首例火车车厢谋杀案 （英国）	加尔各答 遭飓风重创	签署第一个 日内瓦公约

1864

《地心游记》

儒勒·凡尔纳

★1828 年生于法国
✝1905 年卒于法国

“个人所能想象的一切，都会被其他人实现。”

“每个错误都是通往真相的一步。”

儒勒·凡尔纳十一岁的时候，曾偷偷溜上船，想当个小水手见识世界，在最后一刻被父亲“拎”回岸上，儒勒承诺：“从现在起我只在梦中旅行。”从那以后，他乖乖上学，研读法律，好继承父亲的律师事务所。

然而儒勒的努力并没有开花结果，他发觉写作才是他该做的。他发表了几篇文章，又在剧院找了份工作，可惜他的作家生涯不是那么成功。于是，他做了股票经纪人赚钱，但并未放弃写作——1863年，儒勒·凡尔纳出版了第一本小说《气球上的五星期》。这是一本科幻游记，他从此明确了自己的写作方向。其实，更准确地说，是他发明了一种小说类型，至少他是第一个写作这类故事的人。

因为第一本小说卖得很好，此后他几乎每年写一部新小说——都是类似的风格，其中最著名的是《海底两万里》（三名落海者和尼摩船长搭乘“鹦鹉螺号”潜艇一起水下冒险的故事）、《环绕月球》（三个航天员飞向月球）、《八十天环游地球》（菲莱亚斯·福格打赌自己可以在八十天内环游世界，他办到了）、《沙皇的信使》（有人要叛变，因此斯特罗戈夫必须匿名前往西伯利亚向沙皇的弟弟示警）。

凡尔纳预言了一些现代科技的发展，他某些作品里的科学幻想已经随着科技的发展一一变为现实。因此，后来人们以他的名字来命名某些小行星、月球上的陨石坑和宇宙飞船也就不足为奇了。此外，还有帆船环球赛叫“儒勒·凡尔纳杯”，第一艘核潜艇是以《海底两万里》中尼摩船长的船“鹦鹉螺号”来命名的。

儒勒·凡尔纳因为这些小说而致富，同时也声名远扬。然而他从未被视为文学家，这让他有点恼火，但是也只有一点点而已。在一张出名的照片上，我们可以看到儒勒·凡尔纳六十出头的样子：白发、络腮胡、两眼发光，看起来像个享受生活的人，就像尼摩船长。

威廉·布施 Wilhelm Busch

马克斯和莫里茨

Max und Moritz

情节

马克斯和莫里茨是村里的捣蛋鬼，老是变出新的荒唐把戏。

他们先是惹毛了寡妇波特的鸡。鸡咬了绑在绳索上的面包块，就这么被缠住，吊死在苹果树上。寡妇为这些鸡痛哭失声，然后决定把鸡烤了——还有别的选择吗？

第二个恶作剧，马克斯和莫里茨顺着烟囱把烤好的鸡“钓”出来，然后吃掉。

马克斯和莫里茨可不闲着
暗中锯啊锯
诡计塞满锯齿锯缝
把桥锯开一条缝

第三个恶作剧，招惹裁缝波克。马克斯和莫里茨把裁缝家门前的小木桥锯开，然后引诱裁缝出门，小木桥断裂，裁缝就掉进水里了。

第四个恶作剧，捉弄村里的教师朗佩尔。马克斯和莫里茨在朗佩尔的烟斗里装进黑色粉末，当他享受地点燃烟斗，烟斗就爆炸了。炸坏了一些东西——朗佩尔的头发被烧焦，脸也黑了——不过他活了下来。

第五个恶作剧比较“无害”。马克斯和莫里茨把小瓢虫藏在弗里茨叔叔的床上，晚上这些小瓢虫爬到叔叔的脸上，弗里茨跳了起来，把瓢虫都打死了。

接下来的发展对两个男孩可不怎么好：他们正打算捉弄面包师布雷泽，自己却掉进面团里——哎呀——被面包师做成了面包，推进烤炉。但是他们没事，自己啃开面包逃了出来。

第七个恶作剧，马克斯和莫里茨这回真的玩儿完了。他们割开农夫梅克装谷物的麻袋，被农夫逮了个正着，带到磨坊去。磨坊主人把他们丢进磨斗，他们被磨成了小块，最后被两只鸭子吃掉了。

惊人之处

一开始并没有人想出版《马克斯和莫里茨》，因为太野蛮、残忍，谁会想看这种书？最后布施还是找到一家出版社——并且靠这两个小屁孩大赚了一笔。这本图画故事书虽然刚开始销量不是那么好，后来却非常成功，布施还在世的时候，就已经被翻译成十种语言！

小道消息

威廉·布施可以说是漫画的发明人，《马克斯和莫里茨》的确就像动画片《猫和老鼠》一样，恶意制造混乱，到处搞破坏，主角自己却能毫发无损地脱离各种险境（就算进了烤箱，还是一样健健康康）。

现代图画小说版《马克斯和莫里茨》在纸质书首版三十二年后出现在美国。据说，《柯茨纽珈玛家的孩子》就是受到威廉·布施的启发，两本书的相似之处（两个小孩恶作剧）的确难以忽视。

刘易斯·卡罗尔 Lewis Carroll

爱丽丝漫游奇境

Alice's Adventures in Wonderland

情节

爱丽丝在梦中看到一只会说话的白兔。白兔从背心口袋里拿出一只怀表。爱丽丝心想，这可不寻常，于是她跟着白兔进了兔子洞，他们就不断往下——往下——往下掉，最后掉到一个有许多门的大厅里。爱丽丝找到了一把金色的钥匙，刚好适合最小的那一扇门。一小瓶魔药就在旁边，爱丽丝喝下它后就变小了，小到刚好能穿过那扇门，接下来发生的一切都很奇特，爱丽丝先是变得巨大，之后又变得很小，然后变成正常大小。她遇到咧嘴笑的柴郡猫、三月兔和活生生的纸牌。爱丽丝总是试着好好运用她在学校里学到的知识，理性地分析究竟发生了什么事。然而仙境自有其逻辑——也就是没有逻辑，一切原则都相互矛盾。故事的最后是一场荒谬的审判……然后，爱丽丝醒了。

小道消息

哈！毒品！有人宣称，爱丽丝是因为吃了迷幻药，于是幻想出仙境，用魔药和蘑菇控制自己的大小，而匆忙的兔子一定是嗑了可卡因，居然还有一只抽水烟的毛毛虫！太可疑了！当然，这些不着边际的说法从未被证实。

惊人之处

《爱丽丝漫游奇境》是第一本真正的儿童读物——只为了讲述一个故事而写的故事书，而不是把品德教育信息包装成故事的书。

入门提示

乍一看起来，这本书或许有些复古风格的可爱，再看一眼却觉得有些残忍，而且十分荒诞。接受吧。常听到“这些文字游戏只有读英文原文才明显”这样的话，没错。想要轻松些了解这个故事的话，还可以在多种版本的影片、广播剧和舞台剧之间选择。

同中有异

六年之后，续集出现了——《爱丽丝镜中奇遇》，比第一本更加复杂，也更加缺少连贯性——一切同样发生在梦中。幸亏，卡罗尔没有把整本书都用镜像文字去写。

美国第十六任总统林肯遇刺

美国南北战争结束

1865

《爱丽丝漫游奇境》

刘易斯·卡罗尔

★1832 年生于英国
✝1898 年卒于英国

卡罗尔从小就对文学和对数感兴趣。

卡罗尔的作品被称为“荒诞文学”——完全颠三倒四的，不断创造出新的“现实”，其中自有（十分合乎逻辑的）规则。数学天才写小说就会发生这样的情况。

即使从来没读过卡罗尔的作品，提到刘易斯·卡罗尔，大部分人首先想到的也通常是“他喜欢小女孩，不是吗？”，真可悲，因为刘易斯·卡罗尔其实是个有着令人难以置信天赋的作家，他的作品影响了很多作家，T.S.艾略特、弗吉尼亚·伍尔夫、詹姆斯·乔伊斯、斯蒂芬·金——这些作家都是刘易斯·卡罗尔的粉丝。

卡罗尔从牛津大学毕业以后担任数学教师的工作，当时他还叫查尔斯·勒特威奇·道奇森，响亮的笔名刘易斯·卡罗尔是他后来取的。当时二十三岁的他不怎么在乎那些没天赋的学生，他感兴趣的是整理好头发，两侧要稍微卷曲，然后，穿上燕尾服，系上蝴蝶领结，摆好姿势，拍照。

此外，他最喜欢拍摄姿态天真的小女孩，也喜欢拍摄裸体的。呼！难怪很快就让人想到“恋童癖”。其实，寄出一张印着赤裸小女孩的明信片——看起来漂亮、天真、浪漫（就像二十世纪八十年代的大卫·汉密尔顿的柔光照片）——在当时非常普遍。卡罗尔对小女孩着迷可能只是传说（因此也被称为“卡罗尔传说”）。当然，这些从来没有被证实过。

无论如何，确实有一个十岁的小女孩对卡罗尔而言非常重要：爱丽丝·利德尔，是学院院长的女儿。1862年卡罗尔陪同爱丽丝三姐妹一起游泰晤士河——就像通常那样，给三姐妹讲了个故事，是个有关掉进兔子洞的爱丽丝的故事……剩下的就像众所周知的那样——在真正的爱丽丝的坚持下，卡罗尔写下了这个故事。

两年后，爱丽丝·利德尔拿到一本手写、手绘的书，上面写着献词：“给亲爱的孩子一份圣诞礼物以纪念某个夏日。”一年后，《爱丽丝漫游奇境》以书的形式出版。

费奥多尔·陀思妥耶夫斯基 Fjodor Dostojewski

罪与罚

Prestuplenie i nakazanie

情节

故事的主角是法律系学生罗迪安·罗曼诺维奇·拉斯科尔尼科夫，一定要记住他的姓，因为经常被当成智力竞赛节目的题目。荒唐的是，拉斯科尔尼科夫杀了当铺放高利贷的老妇人，只是因为他想知道有没有“完美谋杀”这回事。愚蠢的是，他还连带杀了老妇人的妹妹，让她无法泄密，因此可以说是“完美双重谋杀”。称“完美”，是因为没有细节能让警方将谋杀案联系到拉斯科尔尼科夫——他没有动机、没有偷窃任何东西、和受害者没有任何关联。

要不是人还有良知的话，这个计划就成功了。拉斯科尔尼科夫作案之前认为：非凡的人有权消灭那些毫无价值的人渣。即便果真如此，这依然是犯罪，拉斯科尔尼科夫后来明白了——自己是一个彻底的罪人！从此，他再无宁日。

最后，有个警察分局侦查科长发现拉斯科尔尼科夫是真正的罪犯，但却无法证明。经历反反复复的心理挣扎后，拉斯科尔尼科夫投案自首。

小道消息

在德国，这部作品最早的译名是“罪与罚”，也有的将书名译为“拉斯科尔尼科夫”，目前通常被翻译为“犯罪与惩罚”。俄语书名无法精准地翻译成德文，但是它更偏向法律而非道德含意，因此虽然没那么响亮，《犯罪与惩罚》还是被视为比较恰当的翻译方式。

入门提示

通常，俄国作家的作品很容易阅读：文字有力，情节扣人心弦，没有通常现代作品中的废话。但是，《罪与罚》是大部头，书中出现了许多俄语人名，“罚”的那一部分也不是那么紧凑。阅读陀思妥耶夫斯基作品的完美入门书是《赌徒》，简短、紧张、充满激情，而且可以借此更熟悉陀思妥耶夫斯基……

作者

……陀思妥耶夫斯基（1821—1881）的一生就像一部俄国小说：成功，被流放，癫痫，两任妻子，一个情人，赌博，贫穷，声望与名誉。

二十岁出头，他就出版了小说《穷人》，并获得了巨大的成功。可从那以后，事情却开始“跑偏”了。由于参加革命活动，陀思妥耶夫斯基被逮捕判处死刑，在最后关头又获得赦免，被流放西伯利亚。四年后，他去服兵役，后因癫痫频繁发作而离开军队。

直到1857年，35岁的陀思妥耶夫斯基才开始专注于写作。起初，他写的主要是中篇和短篇小说，多年后才写出了著名的《罪与罚》《赌徒》《白痴》《群魔》《卡拉马佐夫兄弟》等。1881年，陀思妥耶夫去世时已经是一位可以靠写作过活的著名作家了。

诺贝尔发明了硝化甘油炸药

1866
《罪与罚》
陀思妥耶夫斯基

德国雷克拉姆出版社出版发行第一本口袋书（《浮士德》）

1867

1868
《小妇人》
路易莎·梅·奥尔科特

1869
《战争与和平》
托尔斯泰

马克·吐温 Mark Twain

汤姆·索亚历险记

The Adventures of Tom Sawyer

情节

故事发生在19世纪中期的美国密苏里州。汤姆是个孤儿，和他同父异母的弟弟席德一起住在波莉姑妈家。汤姆满脑子都是鬼点子，全身上下一刻都静不下来。他做了一堆蠢事，也受到很多惩罚。有天晚上，汤姆和他的朋友哈克贝利·费恩（母殁，父亲是个酒鬼）看到印第安人乔打死了村医，还把现场布置得像是流浪汉穆夫·波特做的。

波特被送进了监狱，汤姆及哈克虽然觉得遗憾，但是因为害怕印第安人乔而没敢透露半句。他们的新点子是离家出走，藏身在密西西比河的一个小岛上，玩海盗游戏。村子里的人以为两个孩子淹死了，筹备着丧礼。就在丧礼正在进行时，汤姆和哈克突然冒了出来——大声地说“哈啰”！

审判穆夫·波特的时候，汤姆终于说出印第安人乔才是凶手，但乔却逃走了。后面还有许多冒险和恶作剧，然后是令人紧张的高潮部分——汤姆和他最喜欢的贝姬·撒切尔误入了一个洞穴，恰巧印第安人乔也躲在那里，幸好他没认出汤姆。贝姬和汤姆饿得半死，最后终于走出洞穴返家。为了不让其他人误入洞穴，入口被封了起来。很久之后汤姆才得知，印第安人乔早已经在那个洞里饿死了。汤姆和哈克找到了乔的宝藏，成了有钱人，哈克也被和蔼的寡妇收养。然而，爱好自由的哈克没过几天安生日子便又离开家，开始了新的冒险，不过，这是另一本书里的故事。

小道消息

当时，马克·吐温惯以日常口语进行写作，因此书中充满了俚语和脏话，一出版就引起了读者公愤，但没能阻止这本书获得成功。一百多年之后，人们又对另一处提出了质疑：就是那个关于黑人的歧视意味的单词——尤其是续集《哈克贝利·费恩历险记》，马克·吐温在书中使用了219次“Nigger（黑鬼）”，美国左派政治家因此甚至想禁止这本书发行。最后问世的是“净化”版——用“Slave（黑奴）”替代了“Nigger（黑鬼）”。好吧！

入门提示

《汤姆·索亚历险记》是一本完美的读物，紧张又充满趣味！不像后续的《哈克贝利·费恩历险记》那么粗鲁有争议。注意：这正是所有人都强调《哈克贝利·费恩历险记》优于《汤姆·索亚历险记》的原因（胜在充满力量和社会批判性）。或许如此，但是《汤姆·索亚历险记》确实是能带来乐趣的世界级文学作品。

不过作品中的美国南方俚语让译者有些难办。

新天鹅城堡开始兴建
1869
《情感教育》
福楼拜

德意志帝国建立
（俾斯麦成为首相）
1871

1872
《八十天环游地球》
儒勒·凡尔纳

肖尔斯和格利登
打字机问世
1873

第一部电话
（贝尔）
1876
《汤姆·索亚历险记》
马克·吐温

★1835年生于美国佛罗里达州
✝1910年卒于美国康涅狄格州

"人们会做很多事好让自己被爱，其实都是为了让别人羡慕。"

马克·吐温位于美国康涅狄格州哈特福德的怪异故居目前是一座博物馆。在那里，人们可以看到他的床等物品，也可以在商店里买一个印着其名言的马克杯。

在某次哈雷彗星重返地球后不久，马克·吐温出生了（1835年11月30日）。在他的生命临近终点时，据传他曾说：明年彗星又将回归，我希望能和它一起离去。1910年4月20日，哈雷彗星再度回归，一天之后，马克·吐温逝世。见鬼了。

马克·吐温原名萨缪尔·兰亨·克莱门斯，十一岁丧父。离开学校后，他当过排字工人，很快就开始为报纸撰写游记。其实，他真正想当的是密西西比河蒸汽船上的舵手，后来他也的确成了舵手！直到美国南北战争爆发，密西西比河上的船只不再航行，失业后的克莱门斯选择了从军，然后去淘金（两种工作都只做了很短的时间），后来又做了记者，最终成为一位作家。

该是取个新名字的时候了。马克·吐温（Mark Twain）源自领航员的术语，意为"水深两英寻（约3.66米）"。密西西比河是条混浊的河流，必须随时测量河水深度，"一英寻，再四分之一，二分之一，差四分之一两英寻"，船工吟唱似的咕哝着，然后大声喊出M-a-r-ktwain！（两英寻），宣布水深足以行船。这是克莱门斯选择笔名的浪漫版本。比较不浪漫的版本是，那是他从密西西比河上的一位船长那里偷来的，马克·吐温原来是这位船长的笔名。

马克·吐温原先主要撰写他的旅行故事，其中也有他到德国的游记，他在《可怕的德语》中的表述非常有趣，比如他写道：有些德文单词那么长，以至于呈现出立体透视感。不过除此之外自己还蛮喜欢德国的。

三十多岁时，马克·吐温和妻女搬到了康涅狄格州，他不停地写啊写，《汤姆·索亚历险记》《王子与贫儿》《密西西比河上》《哈克贝利·费恩历险记》都出自这里。在世人看来，他是成功、受敬重、闻名于世的，然而他私下有许多苦处——妻子和四个孩子都比他早逝，也正因此他暮年时产生了想和彗星一起离开这个世界的想法。他对美国文学做出了极大贡献。

列夫·托尔斯泰 Lew Tolstoi

安娜·卡列尼娜

Anna Karenina

情节

很复杂：大堆的人名和“豪华的”人物关系网，主要角色有八个（请参考54页附图），如果只是这样也还好，但是每个人都还有第二个、第三个名字和昵称，这就让情况更加复杂了。

先来看看人物关系网，从中可以一窥多层级的故事情节：列文爱基蒂，但基蒂爱伏伦斯基，伏伦斯基原本是个坚定的单身汉，却爱上了（已婚的）安娜，而安娜也爱上了他。

接下来的故事开始往极端发展：安娜怀孕了，基蒂深受打击，列文也不好过。而且——噢，良心不安：安娜将自己的背叛行为告诉了丈夫，她的丈夫并未把她赶出家门（因流言太多），但是安娜因此而备受折磨，甚至想要自杀。在痛苦地生下这个（非婚生）孩子之后，安娜激动地请求丈夫的宽恕。伏伦斯基深受折磨，甚至想要自杀。

安娜的丈夫同意离婚了，但根据法律，安娜必须将他们的儿子留下。安娜和伏伦斯基到欧洲旅行，她感到无比幸福。旅行后，思子心切的安娜想要再见儿子一面，但是她的前夫不同意。危机出现。安娜和伏伦斯基一起避居乡间，但是也非事事如意，伏伦斯基对安娜日益冷淡，绝望中的安娜让呼啸而过的火车结束了自己的生命。

对了，基蒂和列文就幸运多了，他们最后还是结婚了。经历几次危机之后，基蒂找到了幸福。但是列文最后是否背弃家庭转向上帝，就很难说了。

名句

虽然有些过时了，但是你应该也会引用全书的第一句话：

> 幸福的家庭都是相似的，不幸的家庭各有各的不幸。

这就是文学史上最著名的开场白。听起来很棒，但真是如此吗？还是恰恰相反？

小道消息

直到二十一世纪初，没有多少人认识列夫·托尔斯泰，大家都只知道利奥·托尔斯泰。一百多年以来，俄文的“Lew（列夫）”就这么被英语化了——变成了“Leo（利奥）”。后来在俄语文学的新译本中，译者对翻译的贴切性提出了新的想法。现在大概没人再说成利奥·托尔斯泰了。（对了，还要注意重音的位置——托尔斯泰和卡列尼娜——讲究的人还可以把“列夫”的俄文名字念成“里耶夫”。）

入门提示

俄语小说不太容易读，因为它们通常都是大部头，内容丰富，但分散在几百页内。如果缺少一张人物表的话（其实就算有也一样），很快就会迷失其中。

也许应该先从《克莱采奏鸣曲》开始：篇幅短，情节简单，主题有趣（人们可以在婚姻中做什么？），而且相当露骨（以当时的情况来说）。

维多利亚女王成为印度女皇 | 第十次俄土战争爆发

1877

《小酒店》左拉 | 《安娜·卡列尼娜》托尔斯泰 | 《黑骏马》安娜·塞维尔

华盛顿邮报首次发行	爱迪生发明留声机	首届温布尔登网球锦标赛举办

★1828 年生于俄国
✝1910 年卒于俄国

“印书并未增进人类幸福。”

婚礼后不久，托尔斯泰让妻子索菲亚读一读自己的日记。这真不是个好主意，索菲亚惊讶于丈夫的生活方式：这么多女人！还有他是怎么描述这些女人的！震惊。

列夫·托尔斯泰是地主、士兵、业余教育家、素食主义者、宗教狂热分子、无政府主义者，还是个超级巨星，还在世的时候就是。克里米亚战争之后，托尔斯泰在他位于亚斯纳亚·波利亚纳的庄园为农民的孩子们盖了儿童学校，不仅亲自撰写了教科书（受到多方重视），还经常亲自教学。他还到德国、英国、法国及意大利等地旅行，结识教育家和作家，吃喝玩乐，恣意妄为。

三十四岁的时候，托尔斯泰和十八岁的索菲亚结婚，并和她一起搬到亚斯纳亚·波利亚纳。在那里，他花五年时间写下了《战争与和平》，一千五百页之多，一共有五个版本，经历了无数次修改。他的妻子在夜间誊写手稿，直到托尔斯泰满意为止。没有电，只能手抄，而且索菲亚要照顾田地里的活计，还要带着十三个孩子，真令人难以置信。那书呢？不消说，世界文学巨著，几百个人物，拿破仑战争时期的俄国历史，命运，爱，激情，托尔斯泰由此成为文学界的明星。《安娜·卡列尼娜》的创作也经历了同样的过程：索菲亚抄写，托尔斯泰舍弃，重写，索菲亚重抄（她是否比较喜欢圆满结局的那个版本？）……书出版了，大家都很兴奋。

只有托尔斯泰不高兴。生命的意义何在？他迷失了。为了重新找到生命的意义，托尔斯泰的行为越来越超出常人想象：成为素食主义者，戒掉烟酒主义者；融合多种宗教教义，提出了托尔斯泰主义；撰写社会评论文章，为农民的权利抗争；成为简单生活的捍卫者。他狂热寻找生命意义的巅峰就是将所有著作版权献给了俄国人民！他的妻子为此气得跳脚。

托尔斯泰再也无法忍受亚斯纳亚·波利亚纳，八十二岁时他做了一个决定：搭乘火车出走！陪着他的是他的医生和最小的女儿。当索菲亚知悉的时候，她竟然想让自己淹死在池塘里，被救起后又去追赶她的丈夫。托尔斯泰在出走途中病倒了，不得不在阿斯塔波沃下车，好几个医生特地赶去帮忙救治，先后赶到的还有托尔斯泰的支持者、记者、神职人员，以及索菲亚。托尔斯泰不想见妻子，陷入昏迷后与世长辞。

第十次俄土战争结束

中国第一套邮票（大龙邮票）发行

1878

《黛西·米勒》

亨利·詹姆斯

文学网络

给初学者的方向指引

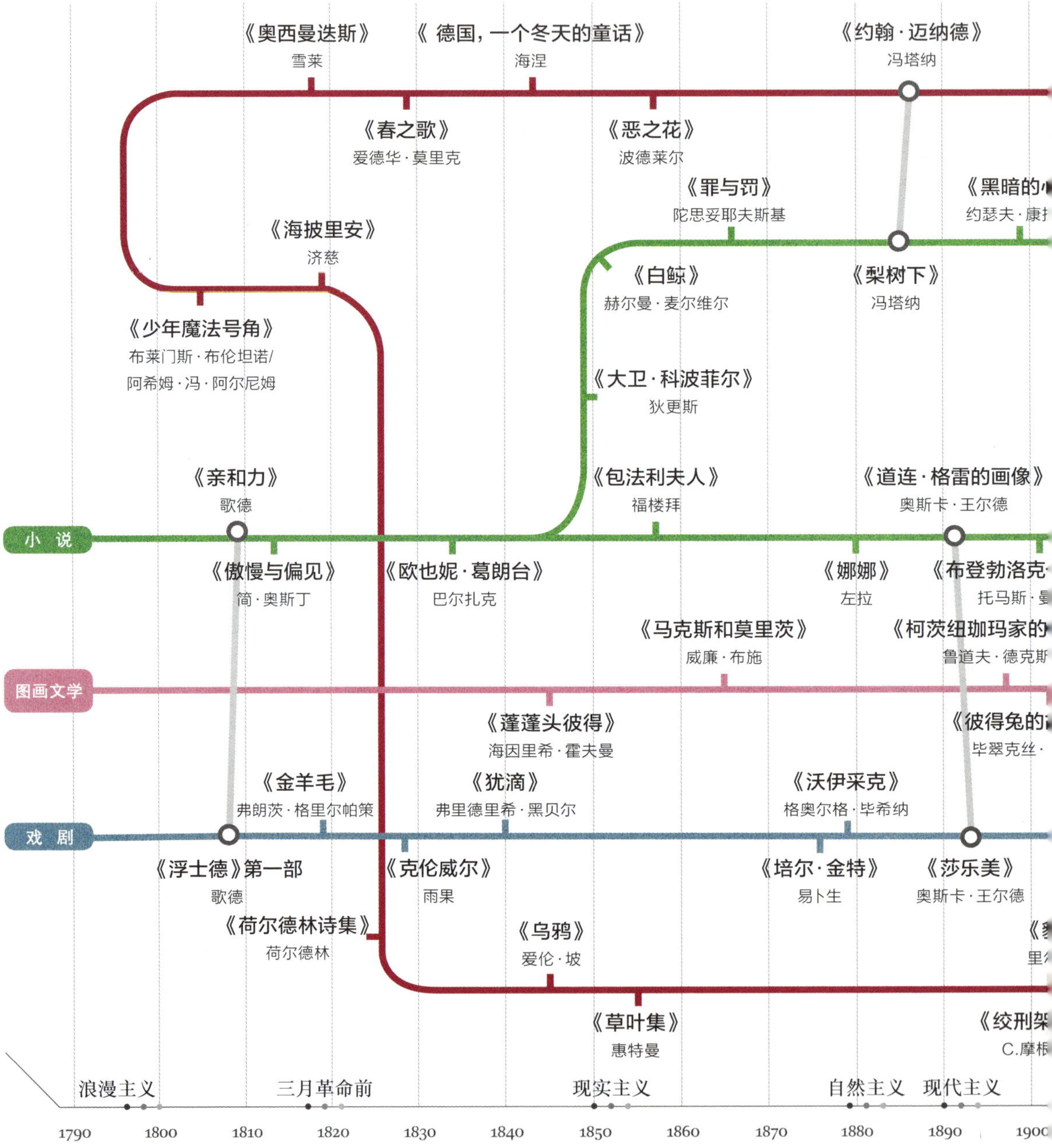

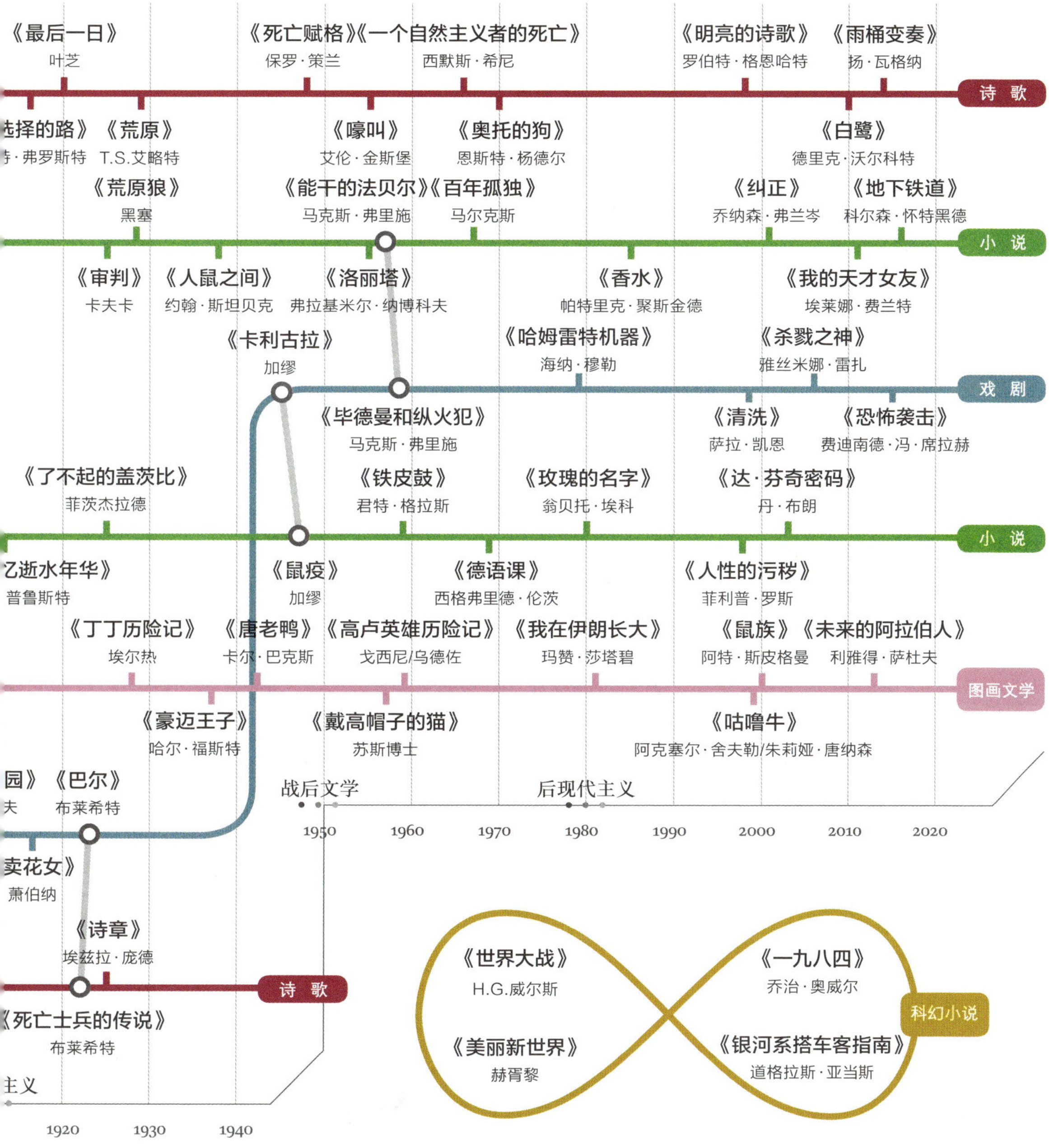
《最后一日》
叶芝
《死亡赋格》
保罗·策兰
《一个自然主义者的死亡》
西默斯·希尼
《明亮的诗歌》
罗伯特·格恩哈特
《雨桶变奏》
扬·瓦格纳
诗 歌
选择的路》
特·弗罗斯特
《荒原》
T.S.艾略特
《嚎叫》
艾伦·金斯堡
《奥托的狗》
恩斯特·杨德尔
《白鹭》
德里克·沃尔科特
《荒原狼》
黑塞
《能干的法贝尔》
马克斯·弗里施
《百年孤独》
马尔克斯
《纠正》
乔纳森·弗兰岑
《地下铁道》
科尔森·怀特黑德
小 说
《审判》
卡夫卡
《人鼠之间》
约翰·斯坦贝克
《洛丽塔》
弗拉基米尔·纳博科夫
《香水》
帕特里克·聚斯金德
《我的天才女友》
埃莱娜·费兰特
《卡利古拉》
加缪
《哈姆雷特机器》
海纳·穆勒
《杀戮之神》
雅丝米娜·雷扎
戏 剧
《毕德曼和纵火犯》
马克斯·弗里施
《清洗》
萨拉·凯恩
《恐怖袭击》
费迪南德·冯·席拉赫
《了不起的盖茨比》
菲茨杰拉德
《铁皮鼓》
君特·格拉斯
《玫瑰的名字》
翁贝托·埃科
《达·芬奇密码》
丹·布朗
小 说
追忆逝水年华》
普鲁斯特
《鼠疫》
加缪
《德语课》
西格弗里德·伦茨
《人性的污秽》
菲利普·罗斯
《丁丁历险记》
埃尔热
《唐老鸭》
卡尔·巴克斯
《高卢英雄历险记》
戈西尼/乌德佐
《我在伊朗长大》
玛赞·莎塔碧
《鼠族》
阿特·斯皮格曼
《未来的阿拉伯人》
利雅得·萨杜夫
图画文学
《豪迈王子》
哈尔·福斯特
《戴高帽子的猫》
苏斯博士
《咕噜牛》
阿克塞尔·舍夫勒/朱莉娅·唐纳森
园》
夫
《巴尔》
布莱希特
战后文学
后现代主义
1950
1960
1970
1980
1990
2000
2010
2020
卖花女》
萧伯纳
《诗章》
埃兹拉·庞德
诗 歌
《死亡士兵的传说》
布莱希特
主义
1920
1930
1940
《世界大战》
H.G.威尔斯
《美丽新世界》
赫胥黎
《一九八四》
乔治·奥威尔
《银河系搭车客指南》
道格拉斯·亚当斯
科幻小说

特别精选

快速浏览文学作品

格奥尔格·毕希纳 Georg Büchner
沃伊采克
Woyzeck

主角是单纯的士兵弗兰茨·沃伊采克——没什么钱，工作繁重，和他的情人玛丽生了一个孩子，一家人却无法幸福地生活在一起。沃伊采克不得不参加了一场可疑的人体实验。之后来了个少校，和玛丽谈情说爱！

人体试验让沃伊采克身体虚弱、神志混乱，恍惚间听到有声音命令他杀死玛丽。于是他买了刀，刺死了不忠的情人。

毕希纳刻意地让主角说当时的口语，读的时候不免有点费劲，但这是为了真实性，也为了再次强调：本书叙述的是阶级社会中卑微的小人物遭遇的问题。

格奥尔格·毕希纳只活到二十三岁，直到今日还让德国文学家们哀叹不已：如果不是英年早逝，这么有才华的作家该会写出多少重量级作品！

亨利·詹姆斯 Henry James
一位女士的画像
The Portrait of a Lady

美国与欧洲的文化碰撞：美国人伊莎贝尔·阿切尔（漂亮、年轻、聪明）到英国投靠亲戚。因为想保持自由、独立，她拒绝了两次求婚。继承了亲戚的遗产后，她决定穿越欧洲旅行。在意大利，她掉进别人的圈套，和美国人奥斯蒙德（一个迷人但是自我、势利、狡猾的家伙）结婚。

奥斯蒙德为的当然是她的钱，可惜伊莎贝尔注意到这一点的时候太晚了——已经无法摆脱这桩不幸的婚姻。伊莎贝尔终究无法舍弃自己的道德观，没有和当初被她拒绝了求婚的那位男士一起离开。

这是一个典型的“走霉运”的故事——不过这回让读者换了换口味，展示了一个美丽又富裕的主角倒了霉的故事。

罗伯特·路易斯·史蒂文森 Robert Louis Stevenson
金银岛
Treasure Island

一份藏宝图，一艘满是勇敢水手的船，独腿厨子，机灵的学徒——冒险故事的一级配备。后来发现，这艘船上的一半船员是海盗，由厨子——高个儿约翰·西尔弗带头，计划一找到宝藏就发动叛乱。

在金银岛上，一件件事情接连发生，海盗和正直的水手——包括第一人称叙述者的学徒吉姆·霍金斯——互斗。最后厨子拿到宝藏，但是好人也拿到了一部分——霍金斯也有份。

作者罗伯特·路易斯·史蒂文森患有严重的肺病，半生都卧床不起。这并未阻止他在四十岁那年乘船横越南方海洋，并且落脚在萨摩亚。四年之后，他在那里去世。

1879

《沃伊采克》 格奥尔格·毕希纳

《娜娜》 左拉

1880

《海蒂的学习和漫游岁月》 约翰娜·斯比丽

1881

《一位女士的画像》 亨利·詹姆斯

爱弥尔·左拉 Émile Zola

萌芽

Germinal

法国，1860年前后：年轻的埃蒂安·朗捷来自大城市，在煤矿找到一份新工作，然而工作环境令他震惊。矿工在非人的条件下工作到精疲力竭，薪水却不足以糊口，赢家是那些贪婪的煤矿主。

朗捷认为不应该再忍气吞声，应该起身反抗！罢工真的发生了，但是却带来了更大的不幸——矿工这时连收入都没有了，而罢工也没有带来任何成果，因为邻近的矿工没有参加罢工。

最后，军队镇压了愤怒的罢工工人，他们必须重新上工——薪水更少，体制获胜。末尾，煤矿发生了大规模的矿难——一连串的不幸接踵而至。

作者相当激烈地描述了无产阶级的苦难，即使在当时，人们对无望的结局也相当不满。《萌芽》的故事和盖哈特·豪普特曼的剧作《织工》类似，两者都是自然主义的重要作品。

艾米·冯·罗登 Emmy von Rhoden

桀骜不驯

Trotzkopf

桀骜不驯的是伊尔莎·马凯特，在第一部当中她十五岁——是个年轻女孩，第一页就这么说明了，此外，她还是个不听话、有点野的假小子。毫无疑问，长辈认为伊尔莎必须进寄宿学校才能变成淑女。

几次冲突之后，伊尔莎终究接受了自己的命运，并且结交了朋友。来自英国的女孩内莉和伊尔莎刚好相反：友善、规矩、谦逊。伊尔莎和内莉经历了在寄宿学校的各种冒险行动，伊尔莎总是叛逆而冲动，也总是被内莉引领回归“美德之道”。最后，她们两人都和完美的男性订婚，第一部结束。

第二部主要讲述的则是关于好妻子的言行举止，以及决不可以外出工作的观点。

第三部，桀骜不驯的伊尔莎和丈夫利奥生了两个女儿。

第四部（由另一位女作家撰写），伊尔莎成了和蔼而有智慧的祖母。

和其他许多书不同，《桀骜不驯》四部曲没有逃过时代的巨轮。对今日年轻读者而言，太媚俗、太小家子气，也太老掉牙了。但是没有因此而却步的读者，还是可以从这些“少女故事”（本书的副标题）中了解十九世纪末的许多生活细节和女性形象。

美国布鲁克林大桥通行
1883
《金银岛》
伯特·路易斯·史蒂文森

自来水钢笔开始量产
1884

1885
《萌芽》
左拉
《桀骜不驯》
罗登

自由女神像落成
莱诺排字机发明
奔驰汽车获得专利
1886

台奥多尔·施托姆 Theodor Storm

白马骑士

Der Schimmelreiter

情节

豪克·海恩从小就不是个合群的孩子：他对其他孩子不感兴趣，觉得潮汐、堤防工程和土地测量有趣得多，他的梦想是修建新型的堤坝。难怪他没有朋友。豪克后来成为堤长的长工。这个工作对他来说不免有点大材小用，但是他的机会因此来了：老堤长过世了，豪克和他的女儿埃尔克结婚，成了新的堤长。现在终于可以开始实现他一生的梦想——建造一座超级堤坝了。村民们非常不喜欢这个主意，他们不理解平缓的堤坝何以优于陡峭的。此外，他们一直都觉得豪克怪怪的——他新买的白马——难道是被驯服的白马幽灵吗？十九世纪小村庄就是这么说着闲言闲语。

豪克虽然建造了他的新堤坝，却无法完成新、旧堤防之间的衔接（注意：从这本书中可以学到有关堤坝建造的许多知识，但是不能在此赘述）。某次猛烈的暴风雨之后，河水泛滥，旧堤坝溃决，豪克的家人被洪水冲走，绝望的豪克骑着白马也随之投身洪水。

台奥多尔·施托姆以两层框架和三个叙述者为故事架构，第一个叙述者提到曾在杂志上看到一个故事，故事里的主角（第二个叙述者）谈到怎么在堤坝上遇到幽灵骑士，又在客栈里遇到小学教员——第三个叙述者，小学教员于是完整说出豪克·海恩的故事。

小道消息

在北弗里斯兰的确有个豪克·海恩堤（Hauke-Haien-Koog，Koog 指的是筑堤排水以后出现的土地），平缓堤岸理论当然也是正确的。因此有人认为堤长海恩是个历史人物，其实不是——虽然施托姆在写作的时候，脑中的确有个历史人物原型。

作者

台奥多尔·施托姆是北弗里斯兰的民族作家，越往北方，越受欢迎。《白马骑士》是北德小学生必读的作品。施托姆研读法律，一直担任法官直到退休。他的诗、童话和中篇小说都是闲暇时写下的——大部分故事发生在石勒苏益格，也就是他生活的地方。

在小城胡苏姆，人们把施托姆当地方子弟纪念——虽然施托姆曾称之为“海边的灰色城市”，在《边城》这首诗里还述及灰色的沙滩、灰色的海洋及雾。听起来不是非常吸引人，然而施托姆依旧强调：他的心挂念胡苏姆。他当时居住的屋子（漆成灰色）如今已被改建成施托姆博物馆，当天气不佳，不能流连沙滩的时候，游客都喜欢到此一游。

入门提示

《白马骑士》的用语相当传统，故事节奏紧凑，篇幅也不长——是熟悉施托姆作品的优选入门书。除此之外，中篇小说《茵梦湖》或是童话绘本《小哈韦尔曼》，老少咸宜。

朱利佩·特里发明培养皿

第一部圆盘留声机（E.贝利纳）

1887

《向日葵》（凡·高）

德意志帝国皇帝威廉一世去世

1888 《白马骑士》施托姆

埃菲尔铁塔竣工

1889 《朱丽小姐》斯特林堡 《克莱采奏鸣曲》托尔斯泰

奥斯卡·王尔德 Oscar Wilde

道连·格雷的画像

The Picture of Dorian Gray

情节

画家巴兹尔·霍尔沃德为年轻俊美的道连·格雷画了幅肖像画，格雷对这幅画激赏不已，但也陷入了一场生命意义危机：他会越来越老，也会变丑，他的画像却永葆青春和美丽。为什么不能颠倒过来呢？

这个荒唐的愿望居然很快得以成真。在亨利勋爵（机智但是喜欢冷嘲热讽，让人不舒服）的蛊惑下，道连开始肆无忌惮地纵情欢乐：

> 亨利白天净说些不可思议的事，晚上净做些令人难以置信的事，这正是我想过的生活。

道连和女演员西比尔订婚，很快就发现她没有天赋。某次表演不佳之后，道连抛弃了她。这时，道连发现画像开始变化——画中人的嘴角露出了一丝残忍，道连大为震惊。他决定回到西比尔的身边——太迟了，西比尔已经自杀身亡。道连受到惊吓，但是没多久就又继续享受他的生活了。很快，关于道连的闲言四起——粗俗、鸦片、女人、自我中心、自私自利。

但道连不在乎这些。画像中的他越来越丑恶、衰老，道连藏起了画像。几年后，画家巴兹尔前来殷殷相劝，道连却怪罪巴兹尔造成了这一切，怒不可遏之下刺杀了画家。道连从此更加堕落，鸦片、妄想、恐慌。他想重新开始，摧毁画像，然而当他用刀划破肖像时，却杀了自己。

他的仆人起初根本无法辨认尸首——一具枯朽、皱巴巴、令人望之生厌的尸体，肖像却神奇地呈现出主人年轻时青春俊美的容颜。

小道消息

《道连·格雷的画像》是为数不多的几乎尽人皆知的世界级文学作品之一，大概是因为古怪的情节，加上作者的丑闻故事吧。难怪年轻人在讨论“必读书单”时更喜欢《道连·格雷的画像》，而非《沃伊采克》，还不忘称赞一番它的伟大，并引用书中一两句警句名言。

如果想要在大家中间引起些话题，那你可以说：这本书其实结构上还是有些缺陷的，而且其中的警句也太多了。还有，不要忘了说这句话：他的戏剧（也可以说随笔）更重要！

名句

> 树敌应谨慎为上。
>
> *A man cannot be too careful in the choice of his enemies.*

傲慢的亨利勋爵对道连·格雷这么说——他对任何话题都有一句（或是两句）适当的格言。

翁迪德尼之战

1890

首部自动电话交换机问世

1891

《道连·格雷的画像》

奥斯卡·王尔德

★1854 年生于爱尔兰
✝1900 年卒于法国

“我能抗拒一切，除了诱惑。”

关于诱惑的这句话并非王尔德自述，而是他笔下角色的台词，然而这句话用来形容他的生活也非常贴切（所以也常被滥用）。

王尔德是他那个时代的花花公子：举止得体、衣着优雅、机智、风趣、奢华。他在艺术上的尝试迅速取得成功，先是他唯一的一本小说《道连·格雷的画像》，然后是他的社会喜剧，尤其是英文原版，充满文字趣味和不断爆发的喜剧情节。

再说一下原文版本*The importance of being Earnest*（《不可儿戏》）——他最著名的戏剧作品，光是标题就难以贴切翻译，earnest意为真诚的，剧中主角也叫Earnest，这样的双关语很难准确地翻译成德文，几次尝试之后，它在德国的名字被翻译成“Bunbury”（根据配角的名字），并加上了副标题“真诚的重要性”。

此外，王尔德更是一位格言天才。用寥寥数语就能点出哲学思想，独留读者诧异深思，这门艺术他已经掌握得炉火纯青。伦敦社会因这位聪慧而诙谐的作家而骚动，但是他相对公开的同性恋身份，也让他的生活蒙上了一层阴影。到了1895年，一切都改变了。

奥斯卡·王尔德认为艺术是最重要的，艺术是没有任何目的的——这是唯美主义的两个核心主张。

奥斯卡·王尔德因为涉嫌犯有猥亵罪而被起诉，并且被判监禁两年。事件的背后黑手是王尔德同性朋友波西的父亲，他并不乐见两人的关系。王尔德在监狱里必须接受繁重的强制劳动，之后，他再也没能振作起来——财务、健康和社会关系都已败坏。王尔德获释之后前往巴黎，阿尔萨斯旅馆的主人显然对他很有好感，虽然那时的王尔德已经彻底破产，他还是住在最好的房间，得到最好的餐点。王尔德曾说：“我的死亡和我的生活一样，都超出我的能力所及。”——到死都是个格言制造机。他的最后遗言据说是：“换掉这难看的壁纸，不然我走人。”

柯南·道尔 Sir Arthur Conan Doyle

福尔摩斯探案集

The Adventures of Sherlock Holmes

情节

早在1887年，柯南·道尔就写了第一部以福尔摩斯为主角的小说《血字的研究》，在这部小说里，夏洛克·福尔摩斯和华生博士相识，一起搬进贝克街221B，不久之后出现第一个案件。起初，小说并未受到关注，直到1891年，有关这对侦探的第一个短篇故事刊登在杂志上，福尔摩斯才开始闯入大众的视线。

1892年，之前印行的十二个短篇故事集结成一本出版，其中包括《红发会》（凶手想抢银行）、《花斑带之谜》（用有花斑条纹的蛇当作谋杀工具）以及《蓝宝石谜案》（宝石窃贼把宝石藏在鹅的嗉囊里）。

在所有的此类故事当中，侦探推理的过程比抓到罪犯更重要。一开始总是出现谜团（不一定是犯罪），然后是福尔摩斯无论如何都想破解它，有时他会自己主动发掘线索解开谜团，有时则是接受委托。福尔摩斯总是凭借他敏锐的头脑，在和华生的分析对话中，逐渐厘清事件的真相，他也因此成为史上著名的大侦探之一。

小道消息

1.故事的叙述者华生对福尔摩斯的长相有相当精确的描述：身高超过一米八，瘦削，目光极有穿透力，长着狭长的鹰钩鼻，晚上总是穿着红色的睡袍。带护耳的格子猎鹿帽虽然在后来的故事中才出现，却变成了他的标志性装备。

2.福尔摩斯总是抽着烟斗：觉得无聊的时候也会用一些可卡因或鸦片。喔哟！哎呀！当时这两种东西并未被当作邪恶的毒品，是可以自由获取的。柯南·道尔决不会想要创造一个瘾君子侦探，可卡因和鸦片开始臭名昭著之际，柯南·道尔很快就让福尔摩斯戒除毒瘾了。

3.许多人深信福尔摩斯的确存在——故事看起来如此真实，那是因为柯南·道尔总是把时事放进故事里。此外，这些案件都发生于真实存在的地点——甚至连贝克街都是真的（当然了，当时还没有221B号）。

作者

柯南·道尔在以写作为生之前是个医生（华生医生就是他的投影）。《福尔摩斯探案集》让这位英国作家举世闻名，然而他觉得自己的历史小说写得更好（可惜如今已被遗忘）。为了给创作其他作品腾出时间，他让福尔摩斯在《最后一案》死于调查期间，这让他最忠实的书迷——他的母亲大为震惊。

柯南·道尔有别的事情要做：他参加了第二次布尔战争，英国获胜。柯南·道尔为此写了一本书——《发生在南非的战争：起因、过程与结果》（*The War in South Africa: Its Cause and Conduct*），并因此（而不是因为他杰出的侦探故事）获得爵士荣誉头衔。

很久很久以前……

著名/美丽的开场白

“要把第一个句子写得让读者非要看第二句不可——然后一直接下去。”

美国作家威廉·福克纳曾这么说。大家可以自行体会一下，看看以下这些例子是不是做到了这一点。

幸福的家庭都是相似的，不幸的家庭各有各的不幸。

《安娜·卡列尼娜》，列夫·托尔斯泰（最有名的开场白）

叫我以实玛利。

《白鲸》，赫尔曼·麦尔维尔（也应该读一下原文，并不难：*Call me Ismael*。以实玛利是《圣经》中的人物，是“神听见”的意思）

伊瑟贝尔又加了一点儿盐。

《比目鱼》，君特·格拉斯（曾被选为德语文学作品中最美的开场白）

某天早晨，格雷戈尔·萨姆沙从不安的梦中醒来，发觉自己在床上变成了一只大甲虫。

《变形记》，弗兰茨·卡夫卡（曾被选为德语文学作品中第二美的开场白）

如果你们真的想听，那么你们也许最先想知道的是我在哪里出生，我是如何度过可悲的童年，我爸妈在生下我之前做了什么等等，还有像大卫·科波菲尔式的屁话，可我老实告诉你，那些我根本就不想说。

《麦田里的守望者》，J.D.塞林格

在非洲的恩贡山脚下，我曾有过一座农场。

《走出非洲》，卡伦·布里克森

那是一个晴朗而寒冷的四月天，钟敲了十三下。

《一九八四》，乔治·奥威尔

郝思嘉根本说不上漂亮。

《飘》，玛格丽特·米切尔

长久以来我都早睡。

《追忆逝水年华》，马塞尔·普鲁斯特

请为我述说，缪斯啊，那位机敏的英雄……

《奥德赛》，荷马（如果想要引起别人的注意，让人对你印象深刻的话，你还可以引用这句话的希腊语原文：*Andra moi ennepe, Mousa, polytropon, hos mala polla planchthe.*）

在这个小小的小城边缘有个荒废的老果园。

《长袜子皮皮》，阿斯特丽德·林格伦

河水奔流啊，流过夏娃和亚当之家，从起伏的海岸到凹进的港湾，宽阔迂回的维柯路，又将我们带回了霍斯城堡和郊外。

《芬尼根的守灵夜》，詹姆斯·乔伊斯（这句话至少让我们立刻知道面对的是什么样的读物）

月光下，一个小小的卵，躺在树叶上。

《好饿好饿的毛毛虫》，艾瑞·卡尔

汤姆！

《汤姆·索亚历险记》，马克·吐温

我不是施蒂勒！

《施蒂勒》，马克斯·弗里施

他是个独自在湾流中的一条平底小帆船上钓鱼的老人，这一次，他已经出海八十四天，却没有捕到半条鱼。

《老人与海》，欧内斯特·海明威

地底的某个洞穴里住着一个霍比特人。

《霍比特人》，J.R.R. 托尔金

有个纯朴的年轻人在仲夏时节从故乡汉堡出发，到格劳宾登州的达沃斯镇旅行。

《魔山》，托马斯·曼

这事每年都会发生。

《龙文身的女孩》，斯蒂格·拉森*

---

* 译注：中国常见的书名及作者名翻译主要来自英文，但是为尊重作者，还是尽力以瑞典原文发音翻译他的名字。这本书的标题也不是全世界都一样，最初在瑞典以“憎恨女人的男人”（*Män som hatar kvinnor*）为名出版，德文版译为《蒙蔽》（*Verblendung*），英文版则是中国读者熟悉的《龙文身的女孩》。

卡尔·麦 Karl May

印第安酋长

Winnetou I

情节

第一人称叙述者（“老铁手”就像卡尔·麦本人）是参与美国铁路建设的测绘员。从圣路易斯开始，铁路会穿越阿帕奇人的土地，然而阿帕奇人不想让“火马”（火车）出现在他们的领地上。于是，阿帕奇酋长“好太阳”和他的儿子温内图以及克雷基·佩特拉迎向前去，阻止他们继续测量。拉特勒（类似铁路建筑警察）向温内图开枪，却击中了克雷基·佩特拉，这犹如宣战。“好太阳”集合他的人马，接着便是一场又一场的战斗，俘虏、释放、诡计和欺骗……最后，许多白人以及一些被囚的阿帕奇人死亡。

“老铁手”想成为印第安人（尤其是温内图）的朋友，然而温内图起初并不信任他，老铁手最终证明了自己是好人。

他们两人很快成为好兄弟，温内图教他的新伙伴许多白人原本不会做的事，而他的妹妹“丽日”则爱上了“老铁手”。“好太阳”同意了两人的婚事，虽然这意味着“丽日”必须皈依基督教。但没想到的是，大家遭到了强盗袭击，“好太阳”和“丽日”都惨遭杀害。悲伤与震惊之下，温内图骑上马前去复仇（但是坏人在第三部结尾才死去）。

小道消息

温内图首次出现是在卡尔·麦于1875年发表的叙事小说里，但那时的温内图是个比较年长而且抽烟的印第安人，他会割下敌人的头皮，也常咬着烟头，而且在另一本叙事小说里死掉了。改写之后，温内图才变成善良、年轻、俊美、有正义感、高贵、勇敢、感情真挚的英雄。

作者

卡尔·麦开始写作之前曾多次入狱。最初，他写了几本叙事小说，然后很快就完成了有关卡拉·班·南希、“老铁手”和温内图的游记小说。在那个时代，他虽然从未去过美洲，也没去过东方，但是他有丰富的想象力，他很快就坚信自己就是“老铁手”，还要告诉每一个人。他特别订制了一些大名鼎鼎的武器（银步枪、杀熊机、亨利卡宾枪），然后穿戴着整套的“老铁手”装备去拍照。后来，卡尔·麦因为自我传奇化而备受指责。他的书被翻译成四十多种语言，售出了大约两亿本，然而他在美国、英国等地却默默无闻。

名句

他身上最美的地方却是他的眼睛，这双黝黑、丝缎般的眼睛，根据场合的不同，里面可能充满了爱、仁慈、感激、同情、忧愁，有时也会是轻蔑。

卡尔·麦赞美笔下英雄的一段非常华丽的文字，只是其中一段而已。

德国改用欧洲中部时间 | 贾德森发明拉链，获得专利 | 发明爆米花机

1893

《织工》盖哈特·豪普特曼 | 《印第安酋长》卡尔·麦

台奥多尔·冯塔纳 Theodor Fontane

艾菲·布里斯特

Effi Briest

情节

三十八岁的殷士台顿男爵看上了十七岁的艾菲·布里斯特，向她求婚，她的双亲许可（好对象！），他们婚后搬到了波美拉尼亚地区。艾菲的新家是一幢简朴、有点老式的大房子，有美丽的风景，但是无聊到让人昏昏欲睡。艾菲感到寂寞，觉得老房子也很可怕。后来艾菲生了女儿，但还是生活得很无聊。

克拉姆少校登场了。他的名字很酷，人也很酷。艾菲的丈夫四处旅行公干的时候，艾菲和克拉姆一起准备戏剧演出，剧本叫作《一步之差》，标题正点出了艾菲后来的人生故事。

该来的总会来：艾菲和少校陷入婚外情，刺激，其实是过分刺激。艾菲和丈夫迁居柏林，斩断和克拉姆的情缘，她庆幸自己得救了。

愚蠢的是，殷士台顿在六年后发现了克拉姆当年写的情书，没有其他解决方式，他必须和妻子的旧情人决斗，并且离开艾菲。这就是当时的规则——即使所有的当事人都因此陷入不幸：克拉姆（被射杀）、殷士台顿（既不想决斗也不想终止婚姻）、女儿安妮（再也不许和母亲见面）、艾菲的双亲（因女儿名誉受损而羞愤）以及艾菲本人（太痛苦而去世）。

名句

这真是一言难尽。

每次艾菲的爸爸布里斯特不想辩解或说明某事，他总是这么说。这也是小说的最后一句话：布里斯特以此对罪的问题下了评论。

这话平日也可用，无论如何应该记下来。

入门提示

冯塔纳的著作很容易阅读，但是注意了！虽然情节介绍显得这本书很刺激，但其实作者写得大都很隐晦，很多细节都没有写出来，读者要自己从字里行间读出实际发生了什么（对接吻情节的描写已经是书中非常露骨的了），并且，要明白各种符号的象征意义。

想了解他的作品，可以先读他伟大的情诗（《约翰·迈纳德》《里贝克村的里贝克先生》），然后读《梨树下》——犯罪故事（紧凑，但别期待会有仪式谋杀之类的情节）。

首个汽车赛（巴黎）　德雷福斯事件（法国）　伦敦塔桥通车

1894

《丛林故事》吉卜林　《艾菲·布里斯特》冯塔纳

莱曼·弗兰克·鲍姆 Lyman Frank Baum

绿野仙踪

The Wonderful Wizard of Oz

情节

主要人物：小女孩多萝西，她的狗托托，稻草人、狮子和铁皮人，他们一起踏上寻找奥兹巫师的旅程。

之前发生的故事：一阵强烈的龙卷风将多萝西、小狗托托连同房子一起吹走，他们被吹到了芒奇金国。东方的邪恶女巫统治这个地方，多萝西的房子压死了她，芒奇金国的人终于不再受奴役了。北方的善良女巫给了多萝西一双银色的奥兹魔法鞋，帮助她回家。途中，多萝西遇到了稻草人（他想求巫师赐给他智力），还有懦弱的狮子（他想要勇气）和铁皮人（想要一颗心）。

后来发生的事：请巫师帮忙的事都没问题，他想帮助所有的人，但是，有个麻烦——他们必须先杀死西方的邪恶女巫。他们没有完成任务，多萝西和狮子反而被俘虏了，稻草人和铁皮人则被摧毁。

最后，多萝西成功杀了邪恶女巫，把伙伴们都修好，然后回去找巫师，但是找到的那个人根本不是巫师，而是假装的。因此，他也不能帮助这一小队人，不过，他却说服铁皮人和稻草人，让他们相信自己早已拥有所期盼的。

归途：还是一点用都没有，所有人都必须去找南方的善良女巫（毫无疑问）。路途不是那么平顺，然而狮子在途中成为百兽之王。最后，他们只知道魔法鞋（多萝西一直都穿着）会指出回家的道路，于是多萝西又回到家里——铁皮人统治西方女巫原来的领地，稻草人接管那“毕竟不是巫师的巫师”的子民。

小道消息

在德国知道的人并不多，比较出名的是茱蒂·嘉兰的音乐剧电影（奇特的是剧中的魔法鞋是大红色的）。相反，在美国，每个孩子都知道《绿野仙踪》，多萝西和朋友们可以说是美国人的“汉塞尔与格莱特”*。

作者

评论家起初对这本书的批评相当严厉，认为写得不好。这本书的风格的确相当朴素。鲍姆原本是商人，二十岁的时候忽然觉得自己应该养家禽，他写的第一本书是有关汉堡鸡（他最喜欢的鸡种）的交配和饲养。

此外，鲍姆也出演舞台剧，创作剧本、做点小生意，还是个记者和游商，写过一本有关橱窗装饰的书。鲍姆一直都喜欢给自己的孩子讲睡前故事，因为这些故事，他写成了这本《绿野仙踪》——虽然被评论家毫不留情地批评了，却立刻引发畅销潮，畅销到鲍姆写了十六篇续集，以及许多其他儿童读物——可惜的是，它们在德国却鲜有人知晓。

* 译注：《糖果屋》中的两位主角，这个故事是格林兄弟收集整理的德国童话。

奥斯卡·王尔德被判强制劳役两年 | 发现X射线 | 《波希米亚人》首演（普契尼） | 无线电实验成功，获得专利（马可尼）

1895 《不可儿戏》奥斯卡·王尔德

1896

1897 《德古拉》布莱姆·斯托克

托马斯·曼 Thomas Mann

布登勃洛克一家

Buddenbrooks: Verfall einer Familie

情节

正如标题显示的（每个德国人都知道的），这是有关德国吕贝克一个家族的故事。四代人超过二十个人物登场。

约翰·布登勃洛克经营家族企业“布登勃洛克谷物公司”，他的儿子小约翰也在公司工作。他们的竞争者是哈根斯特罗姆——刚搬来的新富，专门爱找那些名门旧族的麻烦。约翰去世时，小约翰接手经营，他的儿子托马斯也很快就当上学徒。

小约翰强迫女儿冬妮嫁给了一个汉堡商人，虽然冬妮另有意中人。然而，这门“好亲事”很快就显示出并不怎么样——新郎破产，为了公司的利益，冬妮和他离婚了。之后，冬妮再嫁，但是后来也离了婚，因为对方是个骗子。

布登勃洛克家族就这么起起落落。小约翰在这时突然去世，年方二十九岁的托马斯接手经营公司，他并不擅长经营。他的弟弟克里斯蒂安加入公司后情况就更糟糕了，克里斯蒂安是个游手好闲又轻浮的家伙，最后不得不离开了公司。

托马斯迎娶了格尔达，婚后生了儿子汉诺，汉诺是个多愁善感又敏感脆弱的人，托马斯却希望汉诺能接手经营公司。托马斯四十多岁的时候，经营公司的热情就已经燃光烧尽了，哈根斯特罗姆在吕贝克越来越有势力，而布登勃洛克家却一直走下坡路。

没等到五十岁生日，托马斯就去世了，他在遗嘱中声明要将公司出售——他应该已经看清，汉诺永远无法成为合格的继承者，汉诺后来在十六岁时就死于斑疹伤寒。

入门提示

这本书中叙述的情节当然比上面写到的多上千倍。它记录了所有家族成员几十年的生活经历，而且，其中有些人讲的是北德方言，有些用的是法语、波兰语、普鲁士德语，还有其他不同的方言。即便如此，本书仍然被认为是托马斯·曼最“简单”的一本小说。不过，还是要给入门者推荐他的中篇小说《魂断威尼斯》或是《托尼奥·克勒格尔》。

小道消息

在整部小说中都未提及城市的名字吕贝克，然而很明显的，布登勃洛克家族就住在这个汉萨同盟城*里。这本小说问世之后，便招来众怒——许多居民觉得从小说角色看到自己的影子，书商甚至列了张表，详列哪个吕贝克人符合哪个小说角色。

此外，这本小说一开始卖得根本不怎么好——太贵了！上下两册售价12德国马克——相当于今日的70欧元。直到两年后，以单行本上市，售价5马克（30欧元）时，销量才增加了。

* 译注：中古世纪以来，北德各城结成的同盟，吕贝克为其中城市之一。

南非布尔战争爆发

诺贝尔奖首次颁发（S.普吕多姆获首届诺贝尔文学奖）

1898 《星际战争》 H.G.威尔斯

1899 《黑暗的心》 康拉德

1901 《绿野仙踪》 莱曼·弗兰克·鲍姆 《布登勃洛克一家》 托马斯·曼

★1875 年生于德国
✝1955 年卒于瑞士

托马斯·曼出版第一部长篇小说《布登勃洛克一家》的时候才二十五岁，这本书如今被称作德国文学的“世纪之作”，然而当时评论家却多语带保留，甚至非常贬低这本书。几年之后，托马斯·曼的处女作才获得读者的认可。

1905年，托马斯·曼和卡蒂娅·普林斯海姆结婚，两人生了六个孩子，后来都多少有些名气：艾丽卡（作家、演员，热衷参与政治）、克劳斯（作家，请见第108页）、戈洛（历史学家）、莫妮卡（作家）、伊丽莎白（生态学家和海洋法学家）以及米夏埃尔（音乐家）。自从托马斯·曼有一次在狂欢节上装扮成魔术师以后，孩子们就称他为魔术师。

“我所在之处就是德国。”*

“嘘，爸爸在工作”成了曼家里的标准句子。托马斯·曼通常从九点到十二点坐在书桌前写作，然后用餐，下午继续写。他总是对文章字斟句酌，一天很少能写超过一页。1924年他发表了小说《魔山》——终于达到了创作的巅峰，大获成功！看来托马斯·曼获颁诺贝尔文学奖指日可待。然而直到五年之后，斯德哥尔摩方面才抛来橄榄枝，不过结果却令人意外：诺贝尔文学奖颁给了《布登勃洛克一家》——一本已经出版三十年的小说！

所有对曼家族感兴趣的人一定要看：海因里希·布罗尔拍摄的纪实片《曼氏家族》，轰动一时的演员阵容、了不起的原始照片，以及伊丽莎白·曼·博尔杰塞引人入胜的追寻过程。

不久，德国纳粹兴起，托马斯·曼心怀厌憎地看着这一切，他一直都没有真正了解希特勒的胜利对他意味着什么。1933年，他和妻子在国外巡回演讲，接着在阿罗萨度假。艾丽卡警示父母不要再回德国。他们于是前往法国南部，1938年到达美国。直到1952年他们才回到欧洲——不是回到德国，而是到了瑞士苏黎世。此后曼和德国的关系一直不顺畅，但他还是会定期回故乡旅行，1955年，就在他去世前不久，他获颁吕贝克荣誉市民称号。

* 这是托马斯·曼给记者的著名回答——针对记者询问是否觉得流亡是种负担。此外，他还说：“我怀藏着自己的文化，不认为自己是个堕落的人。”

美扶植成立“古巴共和国” | 布尔战争结束

1902

《彼得兔的故事》 毕翠克丝·波特 | 《丹东之死》首演 格奥尔格·毕希纳 | 《底层》 高尔基

杰克・伦敦 Jack London

野性的呼唤

The Call of the Wild

情节

这部小说叙述的是一条狗的生命历程：巴克有一半圣伯纳犬血统、一半牧羊犬血统，舒适而满意地和主人住在加州。然而，有一天它被园丁偷走，被卖到了阿拉斯加充当雪橇犬。

在冰天雪地的寒冷气候下，它温和的社会行为很快成为过去，在这里强者法则才是一切。巴克在群体里的对手是首领施皮茨，最终，巴克打败了它，自己成为领袖犬。

之后，巴克又一次被卖掉——这回被卖给了三个淘金客，他们对雪橇犬完全不了解，起初把巴克喂得太饱，后来又让它饿得半死。生命垂危之际，巴克被约翰・桑顿拯救，再度健壮起来。他们两个快乐又幸福地一起生活在大自然里。巴克在一次次的长途荒野旅行中，和一匹狼结成了友伴。

一天，当它再度穿过森林回家的时候，发现它亲爱的主人已经死亡——被印第安人所杀。巴克进行了血腥的复仇，之后，便听从了荒野的呼唤：它加入了狼群，每年只回文明世界一次，以哀悼约翰・桑顿。

作者

杰克・伦敦是个疯狂的人：十三岁离开学校，因为他必须赚钱。他做过非法的牡蛎工、船员、海豹猎人。取得高中学历后，杰克・伦敦进入伯克利大学（！）就读，因为缺钱他选择了加入到阿拉斯加淘金的队伍，于是再一次辍学。可惜，他淘金没有成功，也没有赚到钱。

后来的杰克・伦敦成了作家，靠着写冒险故事赚取生活费，他四处旅行后写下精彩的故事。之后，他逐渐脱离了社会斗争，转而追求个人享受。由于经济上的挫折和家庭纠纷，他的精神备受打击，年仅四十就死于位于加利福尼亚的农场。服毒自杀？酗酒？肾疾？他的死因一直都未获得证实。

入门提示

《野性的呼唤》有各种改编电影——最著名的是查尔登・海斯顿和雷蒙德・哈姆施托夫主演的电影。这是一部很美的影片，但并未完全忠于原著，因此也不算好的替代品。

这本书是很好的冒险小说，如果读者喜欢动物主题故事的话（请见下文），喜欢冒险主题的还可以看影视片《黄金的召唤》或《海狼》。此外，《海狼》也由雷蒙德・哈姆施托夫担纲主演（哈姆施托夫扮演的“海狼”捏碎生马铃薯是传奇的一幕）——同样的，电影不等同于小说。

同中有异

类似作品还有杰克・伦敦的《白牙》（狗被人虐待，然后被好心人家拯救），或安娜・休厄尔的《黑骏马》（马被好心的家庭卖给无耻的人，受尽折磨，最后被好心的年轻人拯救），迪莎・霍勒施的《黑骏马本托》（马在德国一户好人家成长，后来被卖给了巴西某个坏人，之后逃脱变成了野马群的领袖）。

首届环法自行车赛

第一部西部片上映（《火车大劫案》）

第一架动力飞机试飞成功（莱特兄弟）

1903

《野性的呼唤》杰克・伦敦

《托尼奥・克勒格尔》托马斯・曼

轻松类型

文学入门读物

容易阅读的作品，比如肯·福莱特、阿加莎·克里斯蒂或是约翰·欧文等作家的作品，都属于通俗文学，想要进入所谓严肃文学领域的读者应该特别关注页数少的作品，适当的入门读物是中篇小说、短篇小说或是篇幅相对较短的长篇小说，例如：

格雷厄姆·格林
《第三人》
紧张

马丁·瓦尔泽
《惊马奔逃》
诙谐*

托马斯·曼
《魂断威尼斯》
伟大

斯蒂芬·茨威格
《象棋的故事》
细微处见深刻

J. D. 塞林格
《弗兰妮与祖伊》
怪异

但是注意了！篇幅较短的作品通常也有可能是作者的一次文学试验（所以可读性不一定强），例如阿兰·罗布-格里耶所著的《嫉妒》虽然短，但是没有什么情节（所以不好读）；阿尔贝·加缪的《局外人》带来的挑战也远多于阅读乐趣。

---

*注意！说瓦尔泽的小说诙谐有趣，这在文学圈可能会引发喧嚣，圈子里的人大多认为这本书是“德语文学的杰作”（德国著名文学评论家马塞尔·赖希-拉尼茨基如是说）。

背景文献类型

传记及其他

通常，要了解一个作家可以通过一本关于他的书，如果选对了，一本传记甚至会展开那个时代的全景。以下是精选出的部分书目，提供给喜欢“间接路线”或是想多知道一些的读者：

欧内斯特·海明威
《流动的盛宴》
“迷惘的一代”聚会

西尔维娅·毕奇
《莎士比亚书店》
从另一个角度观察

阿尔玛·马勒-韦尔弗
《我的一生》
不仅关于作家

西格丽德·达姆
《克里斯蒂安妮和歌德》
完全不同的桂冠诗人

乔伊斯·梅纳德
《我曾是塞林格的情人》
和J.D.塞林格在一起的十个月

阿瑟·米勒
《阿瑟·米勒自传》
玛丽莲、麦卡锡以及其他人

阿兰·德波顿
《拥抱逝水年华：普鲁斯特如何改变你的人生》
一切都和普鲁斯特相关——十分幽默

艾丽卡·曼
《我的父亲托马斯·曼》
一窥著名家庭内幕

特别精选

快速浏览文学作品

安东 · 契诃夫
Anton Tschechow
樱桃园
Wischnjowy sad

“樱桃园”是俄国某地的名胜，其主人柳波芙 · 拉涅夫斯卡娅住在巴黎，挥霍无度——正如她的哥哥加耶夫。

他们面临破产，拉涅夫斯卡娅回到俄国，试图挽回局面。有个商人提议铲平樱桃园盖度假屋出租。

绝不！他们想保住樱桃园，但梦想破灭了，拉涅夫斯卡娅的女儿安尼娅爱上大学生彼得。最后，商人得到了那片樱桃园，终于还是实现了他盖度假屋的点子。

注意：《樱桃园》有许多象征意义！樱桃园象征着俄国贵族阶级（美好然而无用），安尼娅和彼得代表着希望（新一代变得主动，在城市里寻找幸福）。本书是俄国最著名的戏剧之一，它并不沉重，甚至是轻松而有趣的。

詹姆斯 · 马修 · 巴里
James Matthew Barrie
彼得 · 潘
Peter Pan

彼得 · 潘住在梦幻岛，是迷失男孩的首领，孩子们时不时就要和虎克船长战斗一番。有天晚上，彼得 · 潘和仙女叮当飞到温迪和弟弟们的房间，带着温迪他们来到梦幻岛，于是温迪成了迷失男孩们的母亲，大家一起经历了无数次冒险（印第安人、海盗、鳄鱼、毒药）。

后来，温迪和弟弟们想回到父母身边，彼得 · 潘有点不情愿地带他们回家。温迪的双亲收养了迷失男孩们，彼得 · 潘却不愿留下，因为他害怕自己终究会长大。这个故事早已闻名全球，尤其受到英国人的喜爱——伦敦甚至竖立了一座彼得 · 潘纪念碑。

亨利希 · 曼 Heinrich Mann
垃圾教授
Professor Unrat oder das Ende eines Tyrannen

主角是教师拉特，他严格管束他的学生们，所有学生都叫他暴君教授。有一次他又想教训学生的时候，却误入风月场所“蓝天使”，在那里他找到了要找的学生，也找到了惩罚他们的理由：他们正欣赏一个叫罗莎 · 弗蕾利希的歌女的放荡表演。

让人感到意外的是，年老、脾气暴躁的拉特却爱上了年轻、美丽的女歌手。他甚至买花送给她，邀请她一起用餐，资助她买寓所——这让他变成了他人的笑柄。后来，他被学校解聘，和罗莎结婚，变成了浪费的无政府主义者——妓院老板、皮条客、赌场主人。最后，罗莎和拉特都进了监狱。

双重道德标准，资产阶级的强迫性，受压抑的本能——都出现在这本书里。

轮胎防滑链获得专利

1904

《樱桃园》首演
契诃夫

《彼得 · 潘》首演
巴里

俄国1905年革命爆发

“桥社”成立

爱因斯坦发表
狭义相对论

1905

《垃圾教授》
亨利希 · 曼

约翰·高尔斯华绥 John Galsworthy

福尔赛世家

The Forsyte Saga

《福尔赛世家》三部曲，讲述了英国一户富裕人家的故事。故事发生在1886到1920年间——对三部曲的故事而言，这是相对较短的一段时间，但是书中包含了众多情节：破碎的婚姻、外遇、激情、困境、家庭成员间的互相仇视、互相谅解。

故事有点喜剧的味道，简而言之，索米斯·福尔赛和伊琳结婚，分居，离婚；伊琳和菲利普谈情说爱，菲利普却死于意外事故。后来，伊琳嫁给乔里恩（前夫的堂兄弟），而索米斯和法国人安耐特结婚，两人生了女儿芙蕾，伊琳和乔里恩则生了儿子乔恩。

这当中，主角身边的几个家庭成员活着、爱着、死去，后来，芙蕾和乔恩相爱了，但遭到了双方父母的阻止（因为家族恩怨）。最后，芙蕾嫁给了一个贵族。对整个福尔赛家族而言，这代表着社会地位的上升。

基本上，这部作品就像英国版的美剧《豪门恩怨》，约翰·高尔斯华绥因为在本书中展现的高雅叙事艺术而获得了诺贝尔文学奖。

塞尔玛·拉格洛夫 Selma Lagerlöf

尼尔斯骑鹅旅行记

Nils Holgerssons underbara resa genom Sverige

这原本是作者接受委托而写下的作品——瑞典教育部门需要一本能够让孩子们学到有关祖国的一些知识的读物，塞尔玛·拉格洛夫非常乐于接受这项委托，因为她成为职业作家之前是一名教师。

她很快就有了个好点子，可以让孩子们了解自己的国家：她让男孩尼尔斯变成了一个小矮人，和大雁们结成好友，还骑着一只家鹅飞越整个瑞典。孩子们于是跟着尼尔斯一起认识祖国各地的风土人情和神话传说，也了解了国家的问题所在。

因为恶作剧和懒惰而被施了魔法的尼尔斯，通过他的冒险经历和感悟，成了善良的男孩。最后，他当然回到了家里，而且身体也恢复了原形。

所有看过这本书的人都为之一振，先是小学生们爱读这本书，继而是整个国家的读者，然后是全世界的人都爱读它。这是罕见的儿童童话变成世界文学名著的例子。

唯一不开心的是瑞典的教育部门：这不合乎他们的想象——对小学课本而言，它太有趣了！

阿尔茨海默病首次被报告

旧金山在大地震中损毁严重

1906
《福尔赛世家》
高尔斯华绥

1906—1907
《尼尔斯骑鹅旅行记》
塞尔玛·拉格洛夫

福特T型车诞生
1908

R.E.皮里首次到达北极点

《舞蹈》初版（马蒂斯）

1909
《雅各布·冯·贡腾》
罗伯特·瓦尔泽

乔治·伯纳德·萧伯纳 George Bernard Shaw

卖花女

Pygmalion

情节

语言学家希金斯和匹克林上校打赌，赌注是卖花姑娘伊莉莎·杜利特尔，她亲切、漂亮，却操着一口低俗的市井方言。希金斯说一定能把伊莉莎训练成淑女，教会她伦敦上流社会的谈吐。

好，就这么赌定了。几星期的训练之后，希金斯真的办到了：卖花姑娘变成了谈吐高雅的淑女，说话带着完美的上流社会的腔调，然而她有时根本不知道自己在说什么（喜剧！）。

伊莉莎爱上了希金斯，但是希金斯只是把她当作研究对象。看清真相之后，伊莉莎愤怒地离开了希金斯的家，去找希金斯的母亲，她从一开始就警告儿子不要做这个实验。

在最后一幕中，伊丽莎和希金斯展开了激烈的争论，这位从前的卖花姑娘赢了。不管她眼下的生活怎么样，她已经成了一个自信的女人*。

入门提示

阅读剧本通常还是有些费力的，然而本书却很容易读。如果可以的话，应该看一看该作品的舞台剧。读者会发现，剧本《卖花女》的内涵远超过音乐剧版的《窈窕淑女》。

小道消息

1.这部戏剧的背景（以及奇特的剧名 *Pygmalion*）来自希腊神话故事：皮格马利翁（Pygmalion）是个艺术家，他爱上了自己塑造的女性雕像。当皮格马利翁又一次向雕像倾诉衷肠的时候，雕像居然活了。这个故事出自奥维德的作品《变形记》。

2.萧伯纳是为著名的英国演员帕特里克·坎贝尔夫人（这是她的艺名，原名是比阿特丽斯·坦纳）创作的这个剧本——这也有点惹恼了她。因为她在舞台上说话就有那么点儿做作，以伪装自己有个好出身。其实，他们两个曾有一段热情洋溢的（尽管是柏拉图式的）恋爱关系。

笑翻现场

在这部剧首映之前，整个伦敦都在猜测：帕特里克·坎贝尔夫人真的会在舞台上说“这他妈不可能”（英文里最“好用”的脏话之一——not bloody likely）吗？大家都知道剧本里有，但她敢说吗？结果：她敢！演出不得不因此而中断了75秒，因为观众都笑翻了。萧伯纳被气坏了，因为他认为这一幕并不好笑，他愤而离席。

同中有异

1956年，根据这部作品改编的音乐剧《窈窕淑女》（*My Fair Lady*）公演。萧伯纳本人并不想出售自己的作品，直到他死后，他的继承人才出售了萧伯纳这部作品的音乐剧版权。

---

* 萧伯纳在原著中没有以希金斯和伊莉莎结婚作为结束，但后来出演主角希金斯的赫伯特·比尔博姆·特里为这部剧设计了新的结局——一个容易让观众满意的“幸福完美”的结局。萧伯纳对此颇多微词。特里致信萧伯纳，大意是说：我改的结局带来了大把的钱，你应该感激。萧伯纳却回信说：你改的结局糟糕透顶，你应该被枪毙！

葡萄牙君主制被推翻

世界上第一辆自行式房车诞生

“蓝骑士派”正式确立（康定斯基 / F.马尔克）

《玫瑰骑士》首演（施特劳斯）

R.阿蒙森首先抵达南极点

1910

《布里格手记》里尔克

1911

《群鼠》盖哈特·豪普特曼

《灼人的秘密》斯蒂芬·茨威格

"泰坦尼克号"沉没

发明填字游戏

世界上第一条流水线（亨利·福特）

1912

《人猿泰山》埃德加·巴勒斯

《蜜蜂玛雅历险记》瓦尔德马尔·邦泽尔斯

《魂断威尼斯》托马斯·曼

1913

《卖花女》首演 萧伯纳

马塞尔·普鲁斯特 Marcel Proust

追忆逝水年华

À la recherche du temps perdu

情节

这部作品由七卷组成，但这并非本书难以三言两语道尽的唯一原因，书中很多部分没有所谓的情节，只有思绪的游走——漫长的思绪游走，而且，人物极其多，居然有五百多个。

故事以叙述者“我”（体质一向孱弱，非常懒散，而且很神经质，有点像马塞尔·普鲁斯特本人）回忆自己的幸福童年开头：那是一个夏天，“我”住在乡下，在那里认识了斯万（该处就干脆来一段外传——斯万与奥黛特的爱情故事），恋爱（起初爱上吉尔贝特，然后是阿尔贝蒂娜），认识贵族阶层的世界。偶尔，书中也会谈及和政治有关的话题，有时也会提及同性间的情感。

“我”最后和阿尔贝蒂娜一起生活，但是对她不好，后来，阿尔贝蒂娜离开了“我”，死于意外。然后，第一次世界大战爆发，“我”没有从军——太病弱了。在最后一卷的结尾，“我”意识到，时间强烈地改变了一切，剩下的只有回忆。这时“我”有个很棒的主意：坐到桌前，写一部小说——找回逝去的时光。

然而，这些稀疏零落的情节只是七卷巨著的骨架。普鲁斯特认为，情节总是被高估，他重视的不只情节，还有时间、空间、爱的回忆、爱本身、艺术以及世纪之交的社会百态。

小道消息

英国喜剧团体巨蟒剧团曾以短剧的形式将普鲁斯特作品的复杂性表现得入木三分，值得一看。短剧的剧情设计是一个“全英普鲁斯特作品概要比赛”，比赛要求参加者必须将这部作品的内容浓缩在十五秒之内说出。结果是，唯一正经参赛的选手在十五秒内说出的不过是第一卷第一页的内容而已。

入门提示

请您翻开第一卷读一读著名的玛德莱娜点心那一幕（大约在书中第六十页）：叙述者“我”正在喝茶吃点心，因为口味 / 气味而被拉进往昔之中——整个回忆于彼处正式展开。

读到玛德莱娜点心这个部分依然喜欢这部作品的读者，可以立刻把其余六卷买下来，接下来几个月（或是几年）中就有“最佳读物”了；而被一路折磨着（例如，有的句子长达二十行）终于读到这一幕的读者，可以就此打住了，因为接下来的三千来页也是这副德行。

或许可以读一读阿兰·德波顿的作品来代替。他的著作《拥抱逝水年华：普鲁斯特如何改变你的人生》让您一窥普鲁斯特“古怪的”生命历程和作品，娱乐性十足——它是以这个句子“就算是最好的书，有时候也应该被丢到角落里”作结尾的。

或者，也可以看看斯泰凡·厄埃的图像小说版《追寻逝去的时光》，他将普鲁斯特的原作分成了很多部分，并用图像小说的方式予以呈现，非常生动地再现了原作的风貌。

纽约中央火车站正式启用
1913

1913—1927
《追忆逝水年华》
普鲁斯特

第一次世界大战爆发
1914

★1871 年生于法国
✝1922 年卒于法国

这个被病魔缠身的人怎么还能写这么多东西？而且他的一部长篇小说还被视为二十世纪极其重要的作品之一（不管是不是所有读者都这么看）！

马塞尔·普鲁斯特一直都病着——各种不同的疾病（哮喘、消化毛病、持续感冒以及其他疾病），还有心理疾病（抑郁症，害怕旅行、老鼠、病毒——他总是戴着防护手套，有严重的恋母情结，任何接触到的事物都可能让他歇斯底里）。

普鲁斯特非常怕冷，不穿上皮大衣的话，他绝不会离开房子，他还把大衣当成被子——额外的被子，因为害怕一氧化碳中毒，所以他的暖炉常常是灭的。在公寓里（他三十七岁的时候才搬进去住，那时候他的双亲已经过世了），天冷时他宁可穿好几件毛衣、用热水袋。如果受邀赴宴，他也会穿上皮大衣——如果他真的被说动，肯离开他的寓所的话。普鲁斯特最喜欢待在床上，他常常会一直睡到晚上，然后醒来写作——也在床上。

普鲁斯特几乎是在床上度过了生命中最后的十四年。

1913年，他开始创作《追忆逝水年华》的第一卷——当时，他根本没有预料到这是巨作的第一卷。后来，他想起很多事情，并想把这些都写进去，于是他修改，删除又补充，补充，补充……甚至是在校样上补充。在原始手稿上，居然找不到一个没有被修改过的字。

瓦尔特·本雅明曾说普鲁斯特完全是他疾病的导演。他想说的是，正因为普鲁斯特本来就是这个样子，才能写出这部不朽的作品。

虽然当时第一卷就已经超出了许多读者的忍耐极限，但这丝毫没有妨碍普鲁斯特受到大众的认可和褒奖。他继续写，最后一卷在他死后才得以出版。普鲁斯特五十一岁时死于肺炎——因为他感冒了还离开寓所。看来，三件大衣和两床被子还是不够啊。

苦艾酒在法国遭禁

1915

《人性的枷锁》
毛姆

《变形记》
卡夫卡

索姆河战役
（超过一百万人丧生）

1916

《青年艺术家画像》
詹姆斯·乔伊斯

詹姆斯·乔伊斯 James Joyce

尤利西斯

Ulysses

情节

1904年6月16日，都柏林市的利奥波德·布卢姆、斯蒂芬·迪达勒斯在散步，途中他们遇到很多人，也彼此相遇。然后呢？呃……不太容易说清楚，这本书其实涉及了很多主题——生命、死亡、性爱、政治、社会——所有这些都交织在从早上八点到半夜两点之间这一千多页的各种描述里。

听起来已经够复杂的了，但这还只是开头而已。乔伊斯有好些点子，足以把他的著作变成英语文学系学生的解读难题：

1.这本书以荷马的《奥德赛》为蓝本，十八个章节各对应一段《奥德赛》的情节。但是乔伊斯后来删除了相应的标题，于是我们必须重新加以架构、理解。比如布卢姆参加葬礼、思考死亡问题这一节，对应了《奥德赛》中的冥王哈得斯情节；布卢姆及迪达勒斯在妓院里，布卢姆产生幻觉，以为自己怀孕了，此处则对应了其中的喀耳刻部分。

2.每章都有其独立的叙述风格，有些容易阅读（例如散文体、新闻报道体、小说体），有些根本难以消化——比如那些令人生畏的内心独白。乔伊斯将主角的全部意识毫不保留地转换成这样的独白，包括所有偏离的想法以及联想，一页又一页地写了一万字，没有句号、逗号，也没有直接的意义。当时正值战争时期，也就难怪本书会被怀疑暗藏着间谍组织的加密信息了。

3.大部分章节对应着某个身体器官（例如肾脏、耳朵、食道）、某种颜色、某一门学科（医学、神学、音乐），或是其他的范畴。乔伊斯还特意留下一份对照表——然而，或许这也只是个玩笑？

乔伊斯谈《尤利西斯》

> 我在这本书里藏了很多谜团，这样就能让后世的学者们可以争执个数百年，争论我写的究竟是什么意思。

乔伊斯谈到本书时是这么说的，并说这样会让他永垂不朽。看来他说得没错。

《尤利西斯》二三事

《尤利西斯》于1918年在一本美国杂志上刊行，随后因内容涉及淫秽而被禁（并非所有的内容都适合青少年阅读）。

1922年，年轻的出版家西尔维亚·毕奇大胆地在巴黎出版了本书，据说这是因为法国印刷商不懂英文。在毕奇著名的“莎士比亚书店”里，这本书被套上假的封面出售——顾客担心会因为购买禁书而被抓。

当时其他作家无不对本书屏息以待——或者为本书感到兴奋（比如T.S.艾略特、萧伯纳、埃兹拉·庞德、罗伯特·穆齐尔），或是觉得厌恶（比如弗吉尼亚·伍尔夫、D.H.劳伦斯）。德国讽刺作家图霍夫斯基将本书比喻为浓缩汤块：

> 没办法直接吃，但是可以用它做出许多道汤品。

俄国爆发二月革命、十月革命　美国卷入第一次世界大战

1917
《德鲁加事件》
里卡达·胡赫

末代沙皇一家被杀　第一次世界大战结束

1918

德国共产党创始人罗莎·卢森堡与卡尔·李卜克内西遇害

1919
《德米安》
黑塞

★1882 年生于爱尔兰
✝1941 年卒于瑞士

“我期待我的读者一生都致力于阅读我的书。”

从1954年开始，詹姆斯·乔伊斯的全球粉丝都在6月16日这天庆祝“布卢姆日”——尤其是都柏林。在这一天，大家可以亲身体验小说中的片段：点一份戈尔贡佐拉奶酪面包和一杯勃艮第酒，或是买一块布卢姆最喜欢的肥皂。

没有哪个作家像乔伊斯那样自信。在很长的一段时间里，他既不成功也没有钱，却是个借钱高手。他为剧院写点东西，喝酒，庆祝，认识了诺拉。1904年6月16日，他们两人第一次约会——后来，乔伊斯在《尤利西斯》里让这个日子变成了永恒。他和诺拉一起生活了一辈子，虽然诺拉从不看他的书。

他们两人到了的里雅斯特，乔伊斯在那里做了大概十年英语教师，后来还发表了短篇小说集《都柏林人》。《都柏林人》出版两年后，他的第一部长篇小说《青年艺术家画像》出版，斯蒂芬·迪达勒斯这个角色第一次出现——这是作者的他我[姓氏迪达勒斯（Dedalus）暗指希腊神话里的艺术家代达罗斯（Daedalus），他为邪恶的牛头人怪物建造了迷宫]。

乔伊斯也拥有了第一批拥趸，其中最著名的是美国诗人埃兹拉·庞德。终于，他不必再向朋友借钱了，他的支持者们会赞助他，连英国首相都给他寄钱！

1920年，诺拉和乔伊斯到了巴黎，遇到了西尔维亚·毕奇，如果不是她大胆地出版了这本书，真不知道《尤利西斯》会是什么样子。而乔伊斯这时已经成了真正的天王级作家：他不遵守合约，无休止地修改，这让西尔维亚无比抓狂。

后来，乔伊斯开始创作《芬尼根的守灵夜》，这部作品直到他去世前不久才得以发表。和这本书相比，《尤利西斯》就像在公园里散步一样——《芬尼根的守灵夜》绝对称得上是过去一百年来最难懂的文学作品，原因之一是乔伊斯在书中创造了新的文字，运用了几十种语言，而没有真正地说个故事。他并不期待这本书会有很多读者，因为就连其他作家都被它给难倒了。

乔伊斯写这本书的时候到底在想什么？他自己给出了答案：为了让评论家在接下来的三百年里都有事可做。这有可能实现。

爱因斯坦获得诺贝尔物理学奖

霍华德·卡特发现古埃及法老图坦卡蒙墓穴

1920
《纯真年代》 伊迪斯·华顿
《怪医杜立德》 休·洛夫廷

1921

1922
《尤利西斯》 詹姆斯·乔伊斯
《荒原》 T.S.艾略特

有多长?

不同语种的字词与篇幅

以下是《少年维特之烦恼》《小王子》《汤姆·索亚历险记》三部作品某个片段的比较：德文需要的空间最大。文章越长，差别就越大。

可以看出英文原文平均比其他欧洲语言翻译文字短三分之一左右。

Wie froh bin ich, dass ich weg bin! Bester Freund, was ist das Herz des Menschen! Dich zu verlassen, den ich so liebe, von dem ich unzertrennlich war, und froh zu sein! Ich weiß, du verzeihst mir's. Waren nicht meine übrigen Verbindungen recht ausgesucht vom Schicksal, um ein Herz wie das meine zu ängstigen? Die arme Leonore! ¶ How happy I am that I am gone! My dear friend, what a thing is the heart of man! To leave you, from whom I have been inseparable, whom I love so dear-

DIE LEIDEN DES JUNGEN WERTHERS

been specially appointed by fate to tor-

THE SORROWS OF YOUNG WERTHER

Ah ! mon ami, qu'est-ce que le cœur de

LES SOUFFRANCES DU JEUNE WERTHER

dont j'étais inséparable ; te quitter et être content ! Mais je sais que tu me le pardonnes. Mes autres liaisons ne semblaient-elles pas tout exprès choisies du sort pour tourmenter un cœur comme le mien ? La pauvre Léonore !

»Hier mein Geheimnis. Es ist ganz einfach: man sieht nur mit dem Herzen gut. Das Wesent-

DER KLEINE PRIN

der kleine Prinz, um es sich zu

THE LITTLE PRINCE

It is only with the heart that one

LE PETIT PRINCE

essential is invisible to the eye,« the little prince repeated, so that he would be sure to remember. ¶ – Voici mon secret. Il est très simple: on ne voit bien qu'avec le cœur. L'essentiel est invisible pour les yeux.– L'essentiel est invisible pour les yeux, répéta le petit prince, afin de se souvenir.

长篇小说

- 约657,000字
  《没有个性的人》
  罗伯特·穆齐尔
- 约575,000字
  《无尽的玩笑》*
  大卫·福斯特·华莱士
- 约1,500,000字
  《追忆逝水年华》
  马塞尔·普鲁斯特

最常出现的字：

冠词

- der
- the
- le

图例

德文 | 英文 | 法文

马克·吐温谈到德语时说：如果一个德国作家出现在某个句子里，接着他就不见了，那么等他再出现的时候，一定是在大洋的彼岸，而且，嘴里还含着个动词。

Tom erschien auf dem Bürgersteig mit einem Eimer voller Weißkalk und einem langstieligen Pinsel. Er besah sich den Zaun – und der

TOM SAWYERS ABENTEUER

auf seine Seele. Ein Zaun: 30 Yard

THE ADVENTURES OF TOM SAWYER

schien ihm hohl und sein Leben

LES AVENTURES DE TOM SAWYER

peared on the sidewalk with a bucket of whitewash and a long-handled brush. He surveyed the fence, and all gladness left him and a deep melancholy settled down upon his spirit. Thirty yards of board fence nine feet high. Life to him seemed hollow, and existence but a burden. ¶ Tom sortit de la maison armé d'un baquet de lait de chaux et d'un long pinceau. Il examina la palissade autour du jardin. Toute joie l'abandonna et son âme s'emplit de mélancolie. Trente mètres de planches à badigeonner sur plus d'un mètre et demi de haut ; la vie n'était plus qu'un lourd fardeau.

长句子

- 1,077个单词
  《维吉尔之死》
  赫尔曼·布洛赫
- 12,931个单词
  《尤利西斯》
  詹姆斯·乔伊斯
- 823个单词
  《悲惨世界》
  维克多·雨果

最常出现的动词

- wird 将
- be 是
- être 是

最常出现的形容词

- neu 新的
- good 好的
- tout 所有的

最常出现的名词

- Prozent 百分比
- person 人
- homme 人

Ee 语言之星：德文、法文和英文最常用的字母是E(e)。

长度数据

- 德文小说的一个句子平均有13个单词。
- 趋势是变短：作品越老，句子就越长（平均而言）。
- 德文词汇共有50多万，英文稍多一点，法文则不然，只有30万——因为法国人经常用现有的单词组合成新的词。

最长的单词

- Donaudampfschifffahrtsgesellschaftskapitän .... 42 个字母**
  多瑙河轮船公司船长（还可以再加长）
- Antidisestablishmentarianism .... 28 个字母
  反政教分离学说
- anticonstitutionnellement .... 25 个字母
  以违宪的方式

* 使用长句子是《无尽的玩笑》这本小说的原则，里面还有无比多的外来语。德国译者花了六年才翻译完成，并因此获得奖项。

** 德语有个特色经常被取笑，就是它能将名词接上名词，不断创造出新的、越来越长的单词。

弗兰茨·卡夫卡 Franz Kafka

审判

Der Prozess

情节

某天早上，约瑟夫·K被逮捕了，没有任何理由，至少没人告诉他任何理由。怪异的守卫在女邻居的卧室审讯他。他不必进监狱，可以继续自由活动，同时等待对他的审判。恶作剧？抓错人了？显然都不是。他被通知去一栋楼的某个房间里接受调查，那儿有可疑的法官、奇怪的观众。一星期之后，K又去了那栋楼。他和法院杂役的老婆纠缠不清，又遇见了更多被告。在那里看到的一切都让K感到头晕目眩。

一切变得越来越荒谬（更多怪异的人物、地点，令人绝望的情节，K和读者心头疑云密布），直到判决下来为止。一年之后，约瑟夫·K被带到采石场处死了。

还必须要知道的事

1.《审判》是小说残篇，卡夫卡生前不断地重新编排篇章，直到去世整部作品也未完成，因此每个版本的篇章顺序都不尽相同。

2.坦白说，没人知道卡夫卡究竟想用这些文字说些什么，其中有太多可诠释的空间。许多聪明透顶的人都以不断地诠释卡夫卡这些文字为乐，但是，《审判》或许只是个好笑的故事，嗯，这是有可能的。

作者

有一位暴虐的父亲，爱情不幸，身患肺结核，四十岁就去世——这便是卡夫卡悲惨的一生。弗兰茨·卡夫卡（1883—1924）原本是保险公司职员，他在晚上写作，写得很快、很多，但是他对自己大部分的作品都不满意，往往还没写完就丢在一边，开始创作新的作品。

卡夫卡是个极端的人：他叮嘱他的作家朋友马克斯·布罗德，在他死后毁掉所有手稿。布罗德没有遵从他的意愿——他深信卡夫卡有过人的天赋，而且，他也习惯了违背卡夫卡的意思——实际上，布罗德就是一直督促卡夫卡创作的那个人。*如果卡夫卡在世时多发表一些作品，或许他会出名快一些。《审判》在写下十年之后才出版，那时卡夫卡已经去世一年了。

小道消息

在德文词典里，甚至出现了一个形容词：kafkaesk，指符合卡夫卡叙述方式的、具备卡夫卡特点的。这个词常被用来形容混乱而阴郁的情况，一切都不是表面看起来的样子，无法信赖任何人。或许卡夫卡自己不会喜欢这个字眼——而且这个单词和他的作品也仅仅是表面契合而已。如前面所说，谁又知道卡夫卡想对我们说什么……

* 译注：关于作家遗愿未受尊重的省思，可以参考米兰·昆德拉的作品《被背叛的遗嘱》。

希特勒在慕尼黑发动啤酒馆政变

1923
《谁的尸体》
多萝西·L.塞耶斯

德国发行“帝国马克”货币

列宁逝世

《蓝色狂想曲》（乔治·格什温）

1924
《魔山》
托马斯·曼

第一份穿越大西洋的传真发送成功

弗朗西斯·斯科特·菲茨杰拉德 Francis Scott Fitzgerald

了不起的盖茨比

The Great Gatsby

情节

尼克（平凡人）搬到长岛，他的表妹黛西和丈夫汤姆住在那儿。尼克的邻居是众人瞩目（而且还非常富有）的盖茨比先生，他喜欢穿粉红色的西装，频繁地举办大型宴会。有一天，尼克也接到盖茨比先生的邀请。原来，盖茨比对尼克有个不寻常的请求：他想见尼克的表妹黛西，因为她曾是——惊喜！——他的至爱，当年他还是个穷光蛋，而且不久就要从军参战。

所以，他想再见黛西。

尼克在家里安排了盖茨比和黛西相聚，他们很快就发展出了一段恋情。黛西只是稍微有些良心不安，因为她知道丈夫汤姆也有个情人，只是不知道那个情人是谁。但是尼克知道是梅特尔·威尔逊，一个汽车商的妻子。

一切都走向戏剧高潮：尼克、汤姆、黛西和盖茨比一起出游纽约（很多酒精，郁积的情绪，争执），在返家的路上，黛西驾驶着盖茨比的车，不小心撞死了汤姆的情人。汤姆以为驾车的是盖茨比，生气地想复仇，他告诉威尔逊自己的猜疑，威尔逊射杀了盖茨比，然后举枪自尽。

对了，或许黛西无论如何都不会离开丈夫，因为到最后也没人知道盖茨比哪儿来的那么多钱——汤姆从过往挖出几个不光彩的故事，让黛西非常不安。

小道消息

这本小说当时并不特别成功，菲茨杰拉德售出了这部作品的舞台剧及电影版权才赚到钱。他的短篇小说带来的收益更多一些。

海明威非常欣赏菲茨杰拉德，对《了不起的盖茨比》也是赞赏有加（即使这本书的封面丑陋又刺眼）。读完这本书之后，海明威忠告菲茨杰拉德——文学家对文学家的忠告：你写了一部优秀的小说，之后就不能写那些媚俗的东西了。

我们可以在海明威的著作《流动的盛宴》里读到这段话，还可以读到许多关于菲茨杰拉德和二十世纪二十年代的趣事。

入门提示

《了不起的盖茨比》容易阅读，对所有喜欢二十世纪二十年代生活气氛的人而言，它是一本堪称完美的读物。财富、香槟、宴会，纸醉金迷的颓废生活以及无边无际的无聊，因为没什么非做不可的事。

这一切都以淬炼的形式出现在菲茨杰拉德的精彩作品里——例如《大如丽兹酒店的钻石》里，珀西对同学炫耀自己的父亲才是世界上最富有的人，他拥有一颗大如丽兹酒店的钻石。

来自疯狂时代的精彩故事。

菲茨杰拉德和海明威在巴黎相遇 | 《我的奋斗》（希特勒） | 礼萨汗成为伊朗国王，建立巴列维王朝

1925

《曼哈顿中转站》约翰·多斯·帕索斯 | 《审判》卡夫卡 | 《了不起的盖茨比》菲茨杰拉德

★1896年生于美国明尼苏达州
✝1940年卒于美国加州

“给我一个英雄，我就能给你一出悲剧。”

菲茨杰拉德旅居昂蒂布角时租住过的别墅后来被改建成了贝勒里弗斯酒店，这个酒店至今依旧营业，目前海景房间每晚价格大概400欧元。

弗朗西斯·斯科特·菲茨杰拉德的写作生涯如英雄般展开，却以悲剧结尾。第一部小说《人间天堂》问世八天后，他和他的至爱泽尔达结婚，他当时二十四岁，泽尔达二十岁。两人是二十世纪二十年代时的梦幻佳偶：年轻、美丽，家世良好，而且充满能量——随时追求冒险。他是容貌俊美的花花公子，她是那个时代的典型美女，美发如波浪，身着时尚衣。在一张精彩的照片里，他们夫妇二人和女儿在圣诞树前跳着查尔斯顿舞。

菲茨杰拉德一家曾旅居在巴黎和蔚蓝海岸，在那段时间里，他们常和其他流亡的美国人开心地聚会。他们是昂蒂布角海滩的首批游客。在那里，他们花了不少钱租了一幢别墅以度过1925年的夏季，菲茨杰拉德不得不为此不停地赚钱——为杂志社写短篇故事，虽然质量并不稳定，但是颇受欢迎。他的第二部长篇小说《夜色温柔》也诞生在这里，一如往常，书中的许多人物源自他的真实生活。他还喜欢“借用”妻子的日记，就连她和一个法国飞行员的绯闻，以及她试图自杀的事情，也被菲茨杰拉德写进作品里。

生活像是上了快车道，充斥着太多酒精、聚会，一切都太多。泽尔达·菲茨杰拉德患上了精神疾病，“梦幻佳偶”变成了噩梦，菲茨杰拉德这颗明星开始坠落。与泽尔达一直不和的海明威指责她应该为此负责，称她是菲茨杰拉德的障碍。另一方面，泽尔达也因为她丈夫的自私而备感痛苦，菲茨杰拉德根本不理解她的文学抱负。她给菲茨杰拉德提供了许多素材，自己也写过一些短篇小说（大部分以菲茨杰拉德的名义发表，因为那样价格会比较高）以及一部长篇小说《为我留下华尔兹》，她是有才华的，但是没能展现出来。

1930年，泽尔达再一次精神崩溃，她不得不接受持续的精神治疗。那时她和菲茨杰拉德已经不在一起生活，但依旧维持着婚姻关系，甚至还会互通情书。在这期间，菲茨杰拉德的健康每况愈下，酗酒、抑郁症折磨着他，四十五岁时，他因心脏病发作离世。八年后，泽尔达死于医院火灾。

《战舰波将金号》（谢尔盖·爱森斯坦）

《淘金记》（卓别林）

第一家希尔顿酒店开业（达拉斯希尔顿酒店）

1925

《达洛维夫人》
弗吉尼亚·伍尔夫

《美国人的成长》
格特鲁德·斯坦因

弗吉尼亚·伍尔夫 Virginia Woolf

达洛维夫人

Mrs. Dalloway

情节

故事发生在伦敦，六月的某一天，达洛维夫人和丈夫等着宾客前来共进晚餐。达洛维夫人有不少事情要做，比如出门为晚上的聚会采买物品。美好的氛围让她想起了自己的青春和年轻时的追求者。然后，她把晚上的聚会准备妥当。

与此同时，精神受了创伤的战争退伍军人塞普提墨斯·沃伦·史密斯正准备自杀。

书中采用了大量的意识流手法。在整本书中，两个主角迷失在各自的思想世界里，不断被真实世界的事情触发联想。沃伦当然回想着可怕的战争，达洛维夫人则回想着自己的生活——尤其是她年轻的时候，以及那些她错失了的机会。已经五十一岁的她，一边等待着年轻时的追求者前来会面，一边为丈夫的重要聚会做准备，并在这种情况下引发了种种自由联想。

最后，达洛维夫人在晚宴中得知沃伦自杀，略显吃惊，她暗想：天呀！我的晚会才开到一半，死讯就来了。

小道消息

虽然伍尔夫看不上詹姆斯·乔伊斯的《尤利西斯》，但她的这部作品中其实有不少受《尤利西斯》影响的痕迹（比如情节发生在一天之内，有许多内心独白）。

同中有异

伦敦大本钟的钟声是个要素，为故事点明了时间。弗吉尼亚·伍尔夫原本想将小说命名为《时时刻刻》（*The Hours*），最后还是决定不要了。

1998年，美国作家迈克尔·坎宁安写了部小说《时时刻刻》——向伍尔夫致敬之作，将伍尔夫的生平和她书中主角达洛维夫人联结在一起，又加入了一个1949年住在洛杉矶读着伍尔夫小说的女性。坎宁安因该书而获得普利策奖。

入门提示

也许可以从坎宁安的小说入手，虽然也不容易读，至少比伍尔夫的小说好理解。

最容易入门的是奥斯卡获奖影片《时时刻刻》，由梅丽尔·斯特里普、妮可·基德曼和朱丽安·摩尔主演。虽然与《达洛维夫人》不太一样，但是会激起大家对女作家弗吉尼亚·伍尔夫的兴趣。

其他

爱德华·阿尔比的舞台剧《谁害怕弗吉尼亚·伍尔夫？》，故事本身其实和这位英国作家根本一点儿关系都没有。提及剧名的灵感，爱德华在接受采访时曾说，自己是在纽约的一家酒吧里看到镜子上用肥皂涂写着“谁害怕弗吉尼亚·伍尔夫？”——这句话改自迪士尼动画《三只小猪》中的歌曲《谁害怕大灰狼》，英语中“伍尔夫（Woolf）”和“狼（Wolf）”谐音。

冒险小说

来自不同世界的故事

三百多年前，丹尼尔·笛福以《鲁滨孙漂流记》开创了一种新的文学类型——冒险小说，直到今日还十分受欢迎。这种文学类型的经典作品还是值得一读的，但是《白鲸》《基督山伯爵》《金银岛》《印第安酋长》这类作品对于现代读者而言，可能是老气多于冒险刺激。想带着书本踏上旅程的人，可以试试下列选择：

亚历克斯·加兰
《海滩》
背包客的噩梦

丹尼尔·凯曼
《丈量世界》
知识中产阶级的讽刺故事

弗兰克·施茨廷
《群》
生态危机主题的科幻惊悚小说

约翰·伯恩
《叛舰喋血》
重新诠释“邦蒂号”暴动故事*

儒勒·凡尔纳
《八十天环游地球》
当然，还有很多凡尔纳的小说，虽然很老，却依旧令人感到有趣和好奇

---

*这本书其实是一本青少年读物，非常适合与美国记者托尼·霍维茨（普利策奖得主）所著的《蓝色航迹：追寻库克船长之旅》搭配阅读。霍维茨搭乘一艘根据“奋进号（Endeavour）”原样复制的帆船，循着詹姆斯·库克当年的足迹，体验了十八世纪时的帆船航行后，写下了《蓝色航迹》。这本书虽然是非虚构类作品，但文笔幽默十足。

诗歌

新手读的诗

我们何时会读诗呢？我们会在学校里读诗，也许，在刻骨铭心的爱情开始或结束的时候也会读一些诗。除此之外呢？睡前会再读些诗吗？很少吧。诗歌可不仅仅用于语文课上或表达相思之情，一首好诗就像一支动人的歌，各种情绪都有适当的诗来表达，例如：

爱伦 · 坡
《乌鸦》
毛骨悚然用

约阿希姆 · 林格尔纳茨
《公园里》
大笑用

威廉 · 莎士比亚
《第18号十四行诗》*
献上自己的膝盖用

爱德华 · 默里克
《春之歌》
高兴用

贝托尔特 · 布莱希特
《一个工人读书时的疑问》
深思用

罗伯特 · 弗罗斯特
《未选择的路》
鼓励用

爱德华 · 利尔
《荒诞歌》
惊讶用

---

*光是诗的开头：*Shall I compare thee to a summer's day? Thou art more lovely and more temperate*...和各种版本的中译文（比如：能否将君比夏日？君之甜美与婉约犹胜之……）比较一下就可以知道，读这首诗一定要细细品味原文，而不是仅仅读懂每一个字就行了。

欧内斯特·海明威 Ernest Hemingway

太阳照常升起

The Sun Also Rises

情节

男人、冒险、酒精和女人——海明威所有的小说几乎都有这四个元素。这本小说的冒险发生在西班牙潘普洛纳的斗牛节期间。

书中的男性角色有杰克（第一人称叙述者）、罗伯特、比尔（这三位都是来自美国的作家）和迈克（一个滑头的家伙）。女性角色有勃莱特（护士，罗伯特的前情人，一直为杰克所爱，想和迈克结婚）以及弗朗西斯（据说和罗伯特订了婚，但罗伯特后来抛弃了她）。

这个热闹的小团体聚在潘普洛纳喝酒、观赏斗牛。冲突当然很快就发生了：罗伯特又想和勃莱特勾搭上（这让迈克生气，伤害了杰克和弗朗西斯，让勃莱特感到无聊），勃莱特和年轻的斗牛士罗梅罗眉来眼去（这让迈克和罗伯特恼火，伤害了杰克）。其实，每个人都不快乐。

小道消息

第一次世界大战之后，像菲茨杰拉德、T.S.艾略特、埃兹拉·庞德、约翰·多斯·帕索斯、海明威等美国作家很热衷住在巴黎写作，他们在咖啡厅、酒吧里讨论、喝酒、写作、恋爱、生活。

在巴黎拥有一个沙龙的美国作家格特鲁德·斯坦因曾对海明威说："你们都是迷惘的一代*。"后来海明威在《太阳照常升起》中引用这句话作为小说的题词，这一文学流派也因此而得名——这一流派的作家大多因为经历了战争的残酷和创伤而感到幻灭，沉迷于酒精和情色，不过，他们都是天才作家。

入门提示

海明威以其简洁、质朴的文风而闻名，但这并不意味着他的书能轻易读进去。

完美的入门书是他对二十世纪二十年代的恢宏记忆——《流动的盛宴》，当然还有中篇小说《老人与海》（请见第134页）。

* 海明威在《流动的盛宴》中也提到格特鲁德·斯坦因这样的说法从何而来：来自一个汽车修理行老板。斯坦因曾经去那儿修理自己的老式福特汽车，负责修理的技工（曾经在部队服役）不仅手艺差，态度还很不认真，这让斯坦因很恼火，便向老板投诉。老板生气地训斥这名技工是 génération perdue（迷惘的一代）。格特鲁德·斯坦因把这个说法直接用到了海明威这群作家身上，她说："你们对什么都不尊重。你们总是喝得酩酊大醉……"

约翰·洛吉·贝尔德公开展示
世界上第一台电视

1926

《圈套》	《太阳照常升起》	《梦幻故事》	《亡命船》
埃德加·华莱士	海明威	阿图尔·施尼茨勒	B.特拉文

★1899 年生于美国伊利诺伊州
✝1961 年卒于美国爱达荷州

海明威是战地记者、非洲大型猎物猎手，当然，也是好色之徒。

海明威患有抑郁症，六十一岁时饮弹自尽，他的父亲、弟弟、妹妹、孙女也都是自杀身亡。一个因悲剧而闻名的家族。

欧内斯特·海明威或许是美国最出名的作家。他写下了伟大的小说，过着刺激的生活。

还在学校的时候，海明威就喜欢写作，而且写得很好。18岁的海明威成了《堪城星报》的一名记者。1918年，海明威入伍，被调入红十字会做救护车司机，这个颇有魅力的十八岁的年轻人到了意大利前线。他受伤了，被送到野战医院，并爱上了照顾他的护士（或多或少可以从《永别了，武器》中读到这段情史）。

回到美国之后，海明威又做了记者。和哈德利结婚之后，他们一起去了巴黎，在那儿度过了二十世纪二十年代——和其他艺术家聚会、喝酒，过着没钱但丰富多彩的生活。1927年，海明威的写作生涯因小说《太阳照常升起》而有突破性进展，也是这一年，他和哈德利离了婚，随即和保利娜结婚。之后，他回到美国，又多次长途旅行，在非洲，他常和丹麦著名作家卡伦·布里克森的前夫一起狩猎。他将所有的经历都写进了他的小说里（只举少数为例：《乞力马扎罗的雪》的故事发生在非洲；《丧钟为谁而鸣》描述的是西班牙内战）。

海明威是个名人，是个潮流作家。他的一生跌宕起伏，充满冒险，就像他笔下的小说一样：充斥着女性和酒精；他曾是在世界各地奔波的战地记者，也曾是拳击手和猎人；他在非洲经历过两次飞机失事，先后结过四次婚，有三个孩子。他因《老人与海》获得了普利策奖及诺贝尔文学奖。

海明威创立了一种全新的写作风格：简洁、含蓄、清晰而没有赘饰——重要的信息从字里行间就读得出来。他曾经用“冰山”比喻自己的写作风格，并称之为“冰山原则”：

> 我总试着依照“冰山原则”来写作，八分之七在水面之下，只有八分之一是可见的。被隐藏的部分是为了让冰山更加坚实，但这要取决于被隐藏的部分是什么。如果一个作家隐藏（省略）的是他所不了解的东西，那只会让他的作品出现漏洞。

艾伦·亚历山大·米尔恩 Alan Alexander Milne

小熊维尼

Winnie-the-Pooh

情节

因为真正的“熊粉”（数量比大家想象的多）绝不会用译名，所以下面会将角色的原名放在括号里标明，让大家在不小心加入熊粉内部对话时，能知道他人在说些什么（同样地比大家想象的来得多）。小熊维尼（Winnie-the-Pooh）是只橘黄色的熊，傻乎乎的。他和小猪皮杰（Piglet）、跳跳虎（Tigger）、兔子瑞比（Rabbit）、忧郁的驴子屹耳（Eeyore）、袋鼠妈妈（Kanga）、袋鼠宝宝小豆（Roo）、猫头鹰（Owl）以及男孩克里斯托弗·罗宾一起生活在“百亩森林”里。

小熊维尼在故事当中经历了不同的轻松的冒险，紧张程度适合目标读者（大约六岁儿童）：小熊维尼拜访兔子瑞比，吃了太多涂了蜂蜜和炼乳的面包，结果被卡在了兔子洞里；或是忧郁的驴子屹耳丢了尾巴，比从前更忧郁了，直到小熊维尼偶然在猫头鹰那里发现了他的尾巴，原来，猫头鹰捡到他的尾巴当门铃拉绳去了……

那么这部作品为什么会有那么多成年粉丝呢？因为文字有趣呀！小熊维尼很好笑！原著更是有趣百倍（熊粉们如是说）。

小道消息

这些角色真的存在！

克里斯托弗·罗宾就是米尔恩的儿子。罗宾一岁生日的时候，爸爸米尔恩送了他一份礼物——一只泰迪熊，罗宾给它取名叫维尼（根据伦敦动物园的一只母熊命名的）。毛绒玩具小驴子屹耳是罗宾同年收到的圣诞节礼物，毛绒玩具小猪则是邻居送给他的礼物。跳跳虎、袋鼠妈妈和小豆则是爸爸米尔恩写故事的时候加进来的——为了增加书里的角色。

可惜袋鼠宝宝被弄丢了，还好，人们还可以在纽约公共图书馆看到其他毛绒玩具——没有洗过，没有整理过——它们看起来就是备受宠爱的毛绒玩具该有的样子。

作者

英国人艾伦·亚历山大·米尔恩主要为舞台剧和电影创作剧本，但让他闻名全球的却是《小熊维尼》。米尔恩为他的儿子克里斯托弗·罗宾写了这些故事——他和儿子之间的对话（儿子罗宾总是带着他的小熊）构成了全书故事框架的一部分。

其他

说到小熊维尼，可不要先想到迪士尼！小熊维尼形象的原始创作者是英国插画家欧内斯特·谢泼德。

谢泼德将四岁的克里斯托弗·罗宾（可爱！）塑造成书中永恒的形象，可他却不想使用真正的熊作为小熊维尼的形象，他就是不太喜欢。后来，他从儿子格雷厄姆的玩具小熊中获得了小熊维尼形象的创作灵感。

赫尔曼·黑塞 Hermann Hesse

荒原狼

Der Steppenwolf

情节

主人公是哈里·哈勒，他自称“荒原狼”。他觉得自己一半是人（相当正常的公民，有点儿聪明，对文化感兴趣），一半是狼（人世的局外人，容易受到各种兽性的诱惑）。

哈勒快五十岁了，就像大家已经注意到的，他正陷入人生危机。书中并未提及原因，但显然他已经失去了名声、钱财以及妻子——足够造成全面危机了。哈勒想自杀，却认识了美丽的妓女赫尔米娜，她让哈勒知道生命何以值得拥有。

赫尔米娜为哈勒安排了一个情人，这个开端就很出人意料。

之后，哈勒进入了“魔术剧院”。现实、梦境、毒品带来的幻境让故事变得有些迷离。哈勒遇到了女扮男装的赫尔米娜，误以为她是自己年少时的朋友赫尔曼。此外，哈勒还遇到了莫扎特，莫扎特组装了一台收音机听亨德尔的乐曲。在魔术剧院中的某个时刻，他试图杀死赫尔米娜/赫尔曼，不过幸好现实生活中并没有真的发生。但整体看来，这一场狂欢让哈勒获得了新的生命意义，能乐观地展望未来。

这让人联想到但丁的《神曲》以及歌德的《浮士德》？是作者故意安排的！

小道消息

在二十世纪六十年代，赫尔曼·黑塞在德国并不“受宠”。人们认为他太装腔作势，总是充满激情，但是美国人突然对黑塞十分赞赏——尤其是对《荒原狼》。摇滚乐队荒原狼乐队（Steppenwolf）就是以本书名命名的，并以歌曲《生而狂野》（*Born to be Wild*）大获成功，广受赞誉，这首歌登上世界畅销排行榜，成为不朽名作！《荒原狼》也因此成为全球畅销书，在德国重获新生。

入门提示

建议初次接触黑塞作品的人可以先读《在轮下》，这是一个校园故事，因此对德国中学生而言，它也常是必修读物——所以并不特别受欢迎。

浪漫主义者则可以从《纳尔齐斯与歌尔德蒙》开始（顺便说一下，本书也采用了对比的手法——理性与感性的碰撞）。

其他的读者或许真的该从《荒原狼》开始。除了几个比较难读的片段之外，每个读者都能找到些让自己颇为兴奋的片段，而且，这本书也不长。

如果以上都不合口味，那就读一读黑塞写的诗吧，有些相当情绪化，但写得都很美。

作者

就像作品透露出来的那样，黑塞有时喜欢上路追寻奥秘。黑塞曾住在自然预言家古斯塔夫·格雷泽尔的洞穴里，与其一起修行，也曾到亚洲游历，寻求精神启示。

经历了各种各样的个人危机之后，黑塞不得不接受心理治疗。只有在和第三任妻子尼农定居瑞士提契诺州的那段日子里，他才终于找到了内心的平静，他在那里完成了最后一部小说《玻璃球游戏》。

贝托尔特·布莱希特 Bertolt Brecht

三毛钱歌剧

Die Dreigroschenoper

情节

故事发生在19世纪的伦敦，乞丐之友公司老板皮恰姆控制着全市的乞丐，乞丐们必须从皮恰姆的公司领一张行乞执照，并向其支付行乞“收人”的一半，才能得到皮恰姆的援助去乞讨。

但是皮恰姆自己并不好过。乞丐们总是惹他生气，他又得知自己的女儿珀莉偷偷嫁给了强盗头子——别名刀子麦基（观众也欣赏了一场“醉人”的婚礼——在一个改装的马厩里举行，里面摆满抢来的礼物）。皮恰姆自然不能放任他们这样下去，于是向警察告发了麦基。

珀莉给爱人麦基报了信，于是麦基逃走，潜入了一家妓院，随即被他的旧情人詹妮背叛。强盗头子麦基入狱，但是警察局局长的女儿露西也是他的旧情人，他再度脱逃，却又再次被背叛（惊喜！——另一个旧情人）。

他被投入死囚牢房里，即将上绞刑架，但在行刑前，麦基被特赦，变成贵族，获得一座城堡以及终生俸禄。

强盗赢了，观众兴奋地大声鼓噪。

小道消息

严格说起来，《三毛钱歌剧》根本不是真正的歌剧，它更像是音乐剧。其中共有二十二首歌，首演时最受观众喜爱的是第七首（《大炮歌》），但最最著名的还是第一首《刀子麦基小调》（有鲨鱼和牙齿的那首）——最后干脆当安可曲再唱一次。《三毛钱歌剧》是布莱希特最成功的剧作。

后来，布莱希特将其改写成了《三毛钱小说》。《三毛钱歌剧》这个书名来自著名小说家、剧作家利翁·福伊希特万格的建议，布莱希特原来称之为“皮条客歌剧”。

同中有异

作品以英国剧作家约翰·盖伊所作的《乞丐歌剧》（*The Beggar's Opera*, 1728）为蓝本创作，情节相似，但呈现却大不同。

入门提示

了解布莱希特作品的完美入门，当然不是读剧本，而是观赏舞台剧。这部作品虽然多少算是政治剧（哎呀，毕竟是布莱希特写的），但仍是特别引人入胜的音乐剧——这要感谢作曲家库尔特·魏尔对这部剧的贡献。

作者

布莱希特是二十世纪重要的剧作家（以及诗人）之一，《大胆妈妈和她的孩子们》《伽利略传》《巴尔》《四川好人》——这些都是全球各剧场一再上演的剧目，也是学生们的必读书。

而且，他还和欧文·皮斯卡托开创了“叙事剧”。叙事剧是一种新的表演形式——通过旋转舞台、投影、演员评论情节等各种方式，促使观众一起思考。

女人们

埃里希·凯斯特纳 Erich Kästner

埃米尔擒贼记

Emil und die Detektive

情节

埃米尔和母亲住在一个小城里，母亲是个理发师，辛苦工作赚钱，埃米尔努力让母亲的生活尽可能轻松些：学习成绩优异，帮忙做家务，不和他人起争执。他是一个完美的儿子，不出一点错，有些上进心，但并非没有幽默感。

假期的时候，埃米尔要去柏林亲戚家，在火车上，他身上仅有的140马克被偷了，那是他原本要带给外婆补贴家用的。埃米尔知道谁是小偷，是同车厢的一个乘客——可疑的格龙德艾斯先生。当他在动物园站下车时，埃米尔开始跟踪他。

幸运的是，埃米尔很快就遇上古斯塔夫和他的邻里小团体。热心的小伙伴立刻提供侦探服务。他们开了作战会议，先是全天监视格龙德艾斯，接着通知埃米尔的外婆：她的外孙必须先完成一项任务。因为朋友们的资金援助，孩子们甚至可以搭乘出租车、打电话。故事中间还出现了埃米尔的表姐小帽子，她常常给大家带面包，说起话来很调皮。

最后，在一家银行里，格龙德艾斯正要把埃米尔的纸钞兑换成零钱之际，这群男孩包围了他。警察逮捕了小偷格龙德艾斯，并将埃米尔带到了亲戚那儿，亲戚们正焦急地等着他。后来警察发现格龙德艾斯竟然是被通缉的银行抢劫犯。埃米尔因此得到了1,000马克奖金，这足够他送给母亲一台电吹风机。真是不可思议！

小道消息

1.作者让自己出现在小说里：在小说最后，他以报社记者角色（凯斯特纳先生）登场，采访埃米尔。“听着，埃米尔，”凯斯特纳先生说，“你愿意到我们编辑部去吗？现在可以先找个什么地方吃点奶油饼。”有点儿突兀，但是很可爱。

2.这个故事让儿童读物发生了革命性的改变：故事并不是发生在幻想或是受到保护的古老世界，而是就发生在大城市的街道上，就在当下。此外，这个故事里成年人的角色少之又少，所有事情由孩子们自己做决定，结果却比警察还成功，这让当时的大人们相当不高兴。

入门提示

对于今天的孩子而言，过于冗长的前言不免有些无趣，但故事还是相当具有冒险精神的——对成年读者也是！孩子们老派的表达方式显得有些可笑，有些也许还会吓人一跳呢。

其他

如果没有瓦尔特·特里尔的插画，这本书的精彩程度肯定会大打折扣，这位德国画家因此而世界闻名。大约八十年后，有个获奖的插画家伊莎贝尔·克雷茨试着以特里尔的风格创作了图像小说——大获成功！

★1899 年生于德国
✝1974 年卒于德国

"只有那些已经长大，却仍然保有赤子之心的人，才是真正的人。"

埃里希·凯斯特纳不仅是模范生，他狡黠的笑容也魅力无穷，让成排的女性为他倾倒。他终生没有结婚，但却和露易丝洛特·恩德勒保持了大约 40 年的恋爱关系，当时，露易丝洛特已经被大家称为"凯斯特纳太太"了。尽管如此，埃里希·凯斯特纳还是情事不断，但都是偷偷摸摸的。

毋庸置疑，埃米尔就像现实中的埃里希·凯斯特纳——模范学生（但是不讨人厌）、妈妈的宝贝儿子（但并不软弱）。凯斯特纳的母亲也是个理发师，辛苦工作好让儿子过上比较好的生活，凯斯特纳也是尽可能地给妈妈帮忙。

埃里希·凯斯特纳原本想当一名老师，但是战后，他的求学之心远胜过去教书的意愿，这令他的父亲非常烦恼——上大学是笔大花费！然而母亲很体谅他，给他在莱比锡找了个便宜的房间。凯斯特纳几乎每天都给母亲写信。虽然凯斯特纳很快就找到了帮报社写文章的兼职工作，但母亲依然会给他寄些装着蛋糕、香烟和钱的小包裹。

1925年，模范生凯斯特纳以优异的成绩完成学业，开始全心投入写作：新闻报道、文艺评论，主要的是诗作。他的诗不是华而不实的作品，而是任何人都用得上的实用诗句，并且极具社会批判性。"你知道那个大炮如花盛开的国家吗？"这位和平主义者讽刺地质问，猛烈抨击了德国人的服从和军国主义思想。他的第一本童书《埃米尔擒贼记》就轰动世界，之后他又出版了《小不点和安东》《飞翔的教室》，最后是他最重要的"成人小说"《法比安》。

1933年，纳粹焚烧他的书。凯斯特纳谴责此举"做作地恬不知耻"，却也只能眼睁睁地看着这一切发生。他被逮捕、审问、监视——随后的大部分时间，他都被单独关押着。他留在了柏林，因为不想离开亲爱的母亲。之后，他匿名为纳粹的文化电影写剧本以维持生计——后来他经常因此而受到非议。

战后，凯斯特纳重拾十二年前被迫中止的写作生涯，他继续写新闻报道、诗歌和儿童读物（《动物会议》《两个小洛特》），并再次大获成功。他抗议军备扩充以及越南战争，德国人的不理性让他感到震惊。此外，他也为自己没能创作出伟大的文学作品备感痛苦。他烟抽得太多，酒也喝得太多，后来又生病了。读者们都很喜欢他。"人的伟大不在于他有多大的影响力。"埃里希·凯斯特纳曾经这么说，但是也许连他自己都不相信这句话吧。

笔名*

作家和他们的假名

Novalis
Georg Philipp Friedrich Freiherr von Hardenberg
诺瓦利斯
（原名：格奥尔格·菲利普·弗里德里希·弗莱赫尔·冯·哈登贝格）

Anne Golon
Simone Changeux
安妮·戈隆
（原名：西蒙娜·尚惹）

Jack London
John Griffith Chaney
杰克·伦敦
（原名：约翰·格利菲斯·伦敦）

Currer Bell
Charlotte Bronte
柯勒·贝尔
（原名：夏洛蒂·勃朗特）

George Eliot
Mary Ann Evans
乔治·艾略特
（原名：玛丽·安·埃文斯）

Stendhal
Marie-Henri Beyle
司汤达
（原名：马里-亨利·贝尔）

Brynjolf Bjarme
Henrik Ibsen
布林尤尔夫·比亚尔墨
（原名：亨利克·易卜生）

Truman Capote
Truman Streckfus Persons
杜鲁门·卡波特
（原名：杜鲁门·施特雷克富斯·珀森斯）

Ellis Bell
Emily Brontë
埃利斯·贝尔
（原名：艾米莉·勃朗特）

Richard Bachman
Stephen King
理查德·巴克曼
（原名：斯蒂芬·金）

Acton Bell
Anne Brontë
阿克顿·贝尔
（原名：安妮·勃朗特）

W.C. Fields,
Mahatma Kane Jeeves**
William Claude Dukenfield
W. C. 菲尔兹
马哈特马·凯恩·杰夫斯
（原名：威廉·克劳德·杜肯菲尔德）

Dorothea van Male u. a.
Hugo Claus
多罗西亚·凡·马勒等
（原名：雨果·克劳斯）

Molière
Jean-Baptiste Poquelin
莫里哀
（原名：让·巴蒂斯特·波克兰）

Joachim Ringelnatz
Hans Bötticher
约阿希姆·林格尔纳茨
（原名：汉斯·伯蒂歇尔）

Utta Danella
Utta Schneider
乌塔·达内拉
（原名：乌塔·施耐德）

图例 **Jean Améry** ——— 粗体：**笔名**
Hans Mayer ——— 细体：真名

John le Carré
David John Moore Cornwell
约翰·勒卡雷
（原名：大卫·约翰·穆尔·康威尔）

Jean Améry
Hans Mayer
让·埃默里
（原名：汉斯·迈耶）

Isak Dinesen
Karen Blixen
伊萨克·迪内森
（原名：卡伦·布里克森）

Janosch
Horst Eckert
雅诺什
（原名：霍斯特·埃克特）

Anthony Burgess
John Burgess Wilson
安东尼·伯吉斯
（原名：约翰·伯吉斯·威尔逊）

George Orwell
Eric Arthur Blair
乔治·奥威尔
（原名：埃里克·亚瑟·布莱尔）

Lewis Carroll
Charles Lutwidge Dodgson
刘易斯·卡罗尔
（原名：查尔斯·勒特威奇·道奇森）

Gorch Fock
Johann Wilhelm Kinau
戈尔希·福克
（原名：约翰·威廉·基瑙）

Voltaire
François Marie Arouet
伏尔泰
（原名：弗朗索瓦·马利·阿鲁埃）

Heinz G. Konsalik
Heinz Günther
海因茨·孔萨利克
（原名：海因茨·君特）

Fernando Pessoa
Antonio Nogueira de Seabra
费尔南多·佩索阿
（原名：安东尼奥·诺格伊拉·德·塞亚布拉）

Pablo Neruda
Neftalí Ricardo Reyes Basoalto
巴勃罗·聂鲁达
（原名：内夫塔利·里卡多·雷耶斯·巴索阿尔托）

Erich Maria Remarque
Erich Paul Remark
埃里希·玛丽亚·雷马克
（原名：埃里希·保罗·雷马克）

Mark Twain
Samuel Langhorne Clemens
马克·吐温
（原名：萨缪尔·兰亨·克莱门斯）

Hans Fallada
Rudolf Ditzen
汉斯·法拉达
（原名：鲁道夫·迪岑）

Peter Panther, Theobald Tiger, Ignaz Wrobel u. a.
Kurt Tucholsky
彼得·潘特、特奥巴尔德·蒂格、伊格纳茨·弗罗贝尔等
（原名：库尔特·图霍夫斯基）

A Lady
Jane Austen
一位女士
（原名：简·奥斯丁）

Patricia Highsmith
Patricia Plangman
帕特里夏·海史密斯
（原名：帕特里夏·普朗曼）

*在法语里，笔名是“Nom de Plume”，以前在德国也常用这个词，来自plume，意思是“羽毛（笔）”。

**有趣的是，“Mahatma Kane Jeeves”也可理解为“my hat, my cane, Jeeves”——翻译过来的意思大约是“吉夫斯，递给我帽子，还有手杖”。（Jeeves是英语中优秀仆人的代名词）

特别精选

快速浏览文学作品

阿尔弗雷德·德布林 Alfred Döblin

柏林，亚历山大广场

Berlin Alexanderplatz

弗兰茨·毕勃科普夫盛怒之下杀死了情人，入狱四年。出狱后，他决定今后要规规矩矩做人，可惜根本就不成功。

他交友不慎，赖因霍尔德是个粗暴的罪犯，总是有办法让弗兰茨帮他干些不法的勾当。

弗兰茨再次尝试有尊严、善良地活着时，却被赖因霍尔德推下了飞驰的汽车。他失去了一条手臂，然而依旧没能脱离那个让他成为皮条客和赃物掮客的环境。

冲突变得更加激烈了。赖因霍尔德想染指弗兰茨的女朋友米泽，米泽不从，于是被赖因霍尔德谋杀了。弗兰茨虽然和这一切无关，却因为害怕警察而躲了起来，后来还是被发现、逮捕了。在接连的沉重打击下，弗兰茨终于精神崩溃，并被送去治疗，其间他逐渐醒悟了，决心重新做人。最后，赖因霍尔德获刑入狱，弗兰茨被无罪释放，开始了新生活。

小说运用了蒙太奇、意识流、内心独白等艺术手法，这让本书成为超越时代的小说（重要！要点！），然而，阅读起来并不轻松有趣。

埃里希·玛丽亚·雷马克

Erich Maria Remarque

西线无战事

Im Westen nichts Neues

非常重要的反战作品！世界名著！

保罗·博伊默尔和他的同学自愿上前线，光是军中训练就已经粗暴到足以让他们觉醒，而在西边前线，成千上万士兵的无谓牺牲让他们更直接体验到了战争的残酷。

最后保罗战死了，就在战争结束前不久，在一个安静而平和的日子，军队指挥部战报上的记录仅有一句：西线无战事。

即使是存活下来的人也失去了一切——被战争夺去童年、青少年时代，以及曾经坚信的一切。迷惘的一代，就连海明威都这么描写。

雷马克不想控诉，他只想叙述——以简洁的纪实风格来叙述，从平凡士兵的视角来看这场残酷的战争。

第一届奥斯卡金像奖
颁奖典礼举行

1929

《柏林，亚历山大广场》
德布林

《西线无战事》
雷马克

《丁丁历险记》
埃尔热

利翁·福伊希特万格 Lion Feuchtwanger

成功

Erfolg

本书是《候车室》三部曲的第一部。一切从二十世纪二十年代初的慕尼黑开始。因为与“主流”文化观念不同，博物馆馆长克鲁格遭到诬陷被判入狱。他的女朋友约翰娜想尽一切方法救他出狱，却没有成功。克鲁格被害身亡，朋友们想将他的遭遇公之于世。

《成功》的结尾影射了民族社会主义德意志工人党，即“纳粹党”，然而在这本书中还是隐讳地称之为“真正德意志人”。福伊希特万格是最早意识到纳粹会带来巨大危险的人之一。

写三部曲的第二部时，福伊希特万格已经流亡海外，可以直指纳粹了——《奥倍曼兄妹》叙述了一个犹太家庭在1932年到1933年之间的故事。福伊希特万格在那个时候还深信这个鬼政权很快就会结束。

第三部《流亡》于1940年出版，描述了战争爆发前移民到巴黎的生活和遇到的困难。

从1933年到1940年，福伊希特万格都住在法国，后来德国入侵法国，他不得不经过西班牙和葡萄牙逃到美国，但他一直和其他留在德国的知识分子保持着沟通与争论——这也是《流亡》一书的主题之一。

罗伯特·穆齐尔 Robert Musil

没有个性的人

Der Mann ohne Eigenschaften

这是一部“精神长篇小说”，一本“思想性随笔”。

情节嘛……嗯……是这样的：时间是1913年，乌尔里希正想度个寻找生命意义的假期，但是不怎么顺利，因此他干脆做些别的——他加入一个委员会，他们正为奥匈帝国皇帝弗兰茨·约瑟夫登基七十周年庆典做准备。但是这个委员会的工作不是那么顺利，所有的人都太自我——无法取得共识，而乌尔里希也没有找到生命的意义。故事悲伤、离奇，但是写得很漂亮。

奥地利作家罗伯特·穆齐尔也是个伟大的格言大师——他发明了一个很好的格言公式：格言 = 尽可能短小的完整语句。《没有个性的人》堪称“格言工厂”：

利己主义是人类生活中最可靠的特性。

还有：

忌妒的前提是一个人想把爱当成财产。

谁还管情节——光是这样的句子，这部作品就值得一读。

第一把电动剃须刀获得专利（雅各布·希克）

美国开始建造帝国大厦

1930

《成功》利翁·福伊希特万格

《没有个性的人》罗伯特·穆齐尔

库尔特 · 图霍夫斯基 Kurt Tucholsky

格利普霍姆堡：一个夏天的故事

Schloss Gripsholm: Eine Sommergeschichte

“来个短篇的爱情故事如何？请您考虑一下！这本书不会卖得很贵，先印一万册。”出版人恩斯特 · 罗沃尔特写了这封信。

然而这并不是真的。图霍夫斯基虚构了他和出版人之间来往的书信，作为小说的开头。出版人在出版了一系列政治图书之后，想推出些文学作品，但是，爱情故事？省省吧，还是写篇夏天的故事吧，图霍夫斯基说。

有了这份（虚构的）委托，图霍夫斯基于是写了彼得（第一人称叙述者）和女朋友莉迪娅一起到瑞典度假的故事。他们租下了格利普霍姆堡。在城堡里，先是彼得的男性朋友到访，然后是莉迪娅的女性朋友到访（喔喔，有个晚上是三个人睡在一起，这在当时是相当大胆的安排）。除了这些轻松的情节之外，也有一些严肃的事：彼得和莉迪娅帮助一个女孩脱离了暴虐的儿童之家负责人的控制。

图霍夫斯基二十二岁的时候就发表了第一部小说——《莱茵斯堡》，读者尤其钟爱他明快的风格和文中充满挑逗意味的弦外之音。

卡尔 · 楚克迈耶 Carl Zuckmayer

科佩尼克上尉

Der Hauptmann von Köpenick

威廉 · 福格特十分绝望，他陷入了死循环：刑期结束出狱后，他却无法找工作，因为他没有居留证，而没有工作证明又无法申请居留证。他在一家旧货铺发现了一套旧的上尉制服，于是制订了个冒充军官以取得证件的计划。穿着上尉制服，他征召了几个刚换岗下来的士兵，一路畅通无阻地到了科佩尼克市政厅。

然而，那里根本没有发放居留证的部门——计划行不通。福格特向警察自首，他不得不再度入狱——这一次他得到了承诺：出狱之后可以拿到居留证。

这是以真实历史事件为蓝本创作的。1906年，现实中的威廉 · 福格特走进科佩尼克市政厅，但不像楚克迈耶描写得那么绅士，他直接洗劫了那里的银库。楚克迈耶的这部戏剧在德国魏玛共和国时期非常成功，不过，纳粹对其中的反军国主义的潜台词极为不满。

圣雄甘地绝食抗议
新印度选举法案

《人猿泰山》上映
（主演：约翰尼 · 韦斯默勒）

1931

《格利普霍姆堡》
图霍夫斯基

《科佩尼克上尉》
楚克迈耶

《大地》
赛珍珠

1932

《美丽新世界》
赫胥黎

《拉德茨基进行曲》
约瑟夫 · 罗特

奥尔德斯·赫胥黎 Aldous Huxley

美丽新世界

Brave New World

这是一部反乌托邦小说。反乌托邦是乌托邦的对立面，乌托邦指的是虚构的美好的社会，反乌托邦就是虚假的美好的社会。这部小说的背景设定在公元2540年，在那里，人被分成几个等级：阿尔法是各方面条件最好的人，埃普斯隆是等级最低的人。他们都是在生育与培育中心长大的。

主角是莱妮娜（贝塔）和伯纳德（阿尔法），是生育与培育中心的职员。他们参观一个野人保留区，那里的人类还“像以前那样”生活——包括自然繁殖，这让他们感到恶心。他们在那里认识了“野人”约翰，约翰的母亲是生育与培育中心主任失踪的前女友。莱妮娜和伯纳德带着母子二人一起回到“文明世界”，在那里，约翰变成了“明星”，他的“发掘者”伯纳德也是。

一切当然以悲剧收场：约翰爱上莱妮娜，她却因为从小接受的洗脑教育失去人性，根本无法处理情感问题。约翰想要反抗却失败了，于是逃到山上的旧灯塔隐居，伯纳德则被流放了。之后，约翰被卷入了一场性爱狂欢派对，第二天醒来，约翰十分悔恨，最终自缢身亡。

这本书在德国曾被译作《勇敢新世界》。后来，大家才意识到原书名引自莎士比亚的戏剧《暴风雨》中的名言，而“brave”在莎士比亚时代根本不是“勇敢”之意，而是“美丽”！

阿加莎·克里斯蒂 Agatha Christie

东方快车谋杀案

Murder on the Orient Express

比利时侦探赫尔克里·波洛搭乘的火车上，夜间有个男人被刺十二刀死亡。碰巧的是，列车刚好被困在雪地里，因而没有人能离开火车。然而，警察也无法上车，不过，有波洛一个人就够了。他调查每一位乘客，奇怪的是，每个乘客都有不在场证明。

最后，波洛发现这是团伙作案。被谋杀的人曾绑架并杀害了一个婴儿（阿加莎由林白幼子绑架案获得写作灵感）。

原来火车上的乘客都认识绑架案被害人一家，他们决定向绑匪报仇，于是策划了这起案件，每个人都刺了绑匪一刀。最终，波洛巧妙地让这些人免于被逮捕。

这是波洛的第八个案子，是阿加莎最受欢迎的小说之一（虽然雷蒙德·钱德勒觉得本书过于简单、平庸）。这位英国作家总共写了六十六部长篇侦探小说和许多短篇小说。

希特勒成为德国元首 | 纳粹德国焚书事件 | 长刀之夜（清洗纳粹冲锋队） | 唐老鸭首登银幕

1933

《叛舰喋血》 J.N.霍尔 / C.B.诺德霍夫

1934

《东方快车谋杀案》 阿加莎·克里斯蒂 | 《夜色温柔》 菲茨杰拉德 | 《北回归线》 亨利·米勒

畅销书

有史以来销售最多的书*

1954
J.R.R.托尔金
《魔戒》
1 亿 5,000 万本

*J.K. 罗琳作品的销量的确比托尔金的高，截至本书（德语版）出版前总销量超过四亿本，然而出版社未提供各册小说的销售数字，因此《哈利·波特》未出现在统计结果里。而《魔戒》并非三部曲，它原本是一部小说，出版商却违背托尔金的意愿分为三册出版（参考第 111 页）。

1937
J.R.R.托尔金
《霍比特人》
1 亿本

1937
拿破仑·希尔
《思考致富》
7,000 万本

2003
丹·布朗
《达·芬奇密码》
8,000 万本

1887
亨利·赖德·哈格德
《她》
8,300 万本

1939
阿加莎·克里斯蒂
《无人生还》
1 亿本

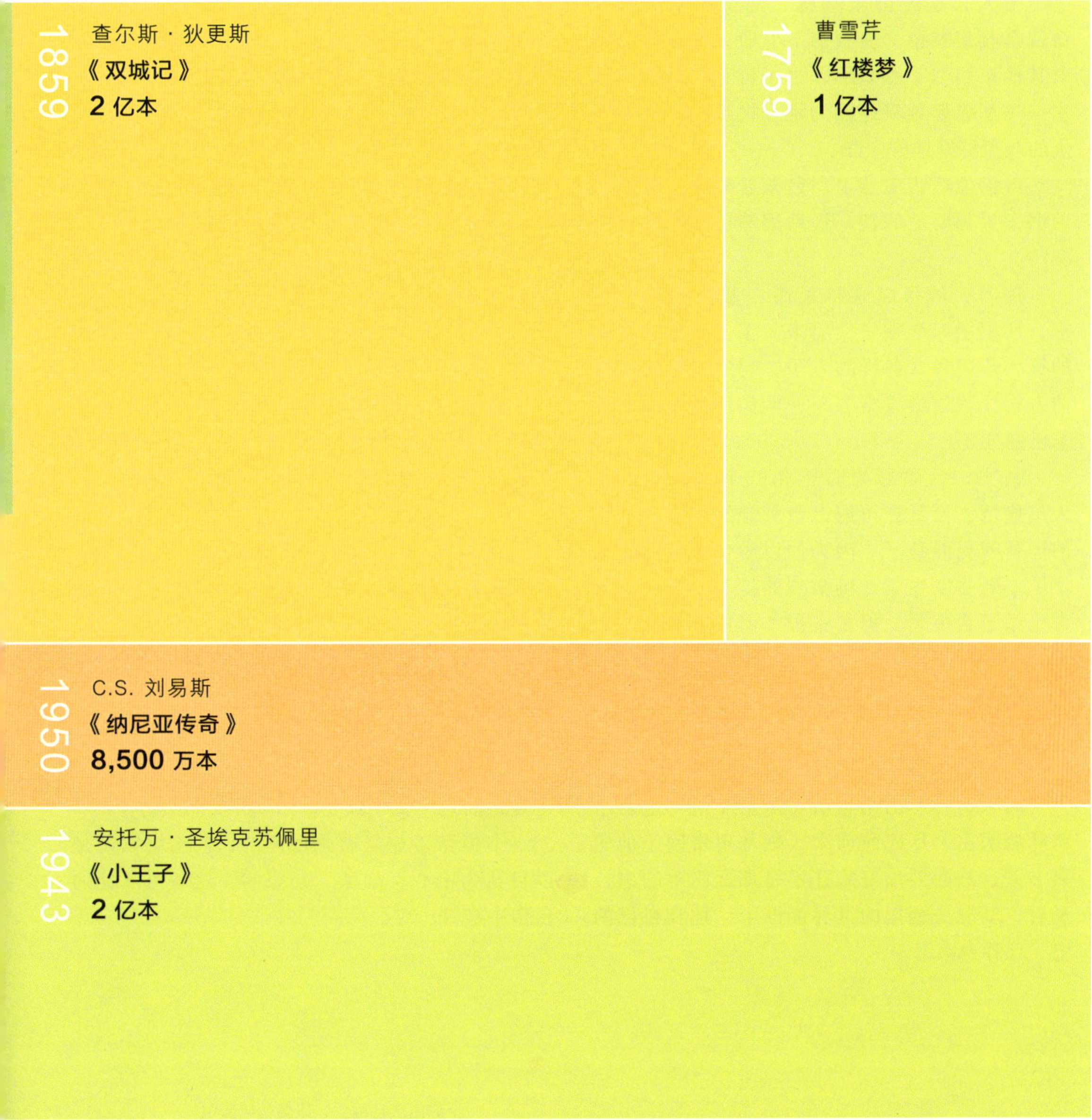

*宗教和政治类书籍不在此比较之列，如果将《圣经》和《霍比特人》相比，第一肯定胜之不武，对第二也不公平。《圣经》的发行量只能估计（大约 20 亿到 30 亿本）。《毛主席语录》《共产党宣言》等也是同样的情况。

另外，这些数据是 2012 年前的数据，现在肯定会更多！当然，还会有更厉害的作品出现，只能以后再修正啦。

埃利亚斯·卡内蒂 Elias Canetti

迷惘

Die Blendung

情节

主人公是彼得·基恩，他认为自己的使命就是收集书籍。他藏书上万册，除了书，他对其他东西都不感兴趣。妻子台莱瑟是他的管家——基恩娶她只是因为她会把那些宝贝书籍上的灰尘好好地掸干净。

可惜他打错主意了。台莱瑟根本不在乎他的书，只想要他的钱，最后居然还把基恩赶出家门。

接着，故事越来越荒谬：基恩在城里乱逛，认识了一个骗子，后来，骗子骗走了基恩的钱，还用各式各样的点子，想通过各种离奇的方式让骗局继续下去——例如他甚至说台莱瑟已经死了。

其实，台莱瑟当时正和一个疯狂的神职人员偷情。当基恩再遇上台莱瑟的时候，基恩的神智就更混乱了（因为他以为台莱瑟已经死了），随后发生了一场激烈的打斗。基恩认为自己杀了台莱瑟，但警察根本不把他的话当一回事，因为台莱瑟明明还活着。基恩搬回了自己的家，和台莱瑟以及她的情夫同住。基恩以为这一切都是自己的幻觉（因为他一直以为台莱瑟已经死了）。

后来，基恩的弟弟格奥尔格（恰巧他是个精神病医生）从巴黎前来，把基恩带回了他的藏书室。然而要治好癫狂不是那么简单的事，最后，基恩头脑里的世界崩溃了，他和自己的书一起葬身火海。

小道消息

这个基恩真是疯狂！他的身上带有作者的某些性格特征。甚至，卡内蒂还有个兄弟，真的就叫格奥尔格，也住在巴黎——并且是个精神病医生。

入门提示

专家们对《迷惘》早就伤透脑筋。汉斯·马格努斯·恩岑斯贝格尔说这本书令人难以忍受，简直是文学怪兽。

原因或许大家已经料到——这本书中有许多内心独白，这在当时是非常流行的。

想要开始阅读卡内蒂的作品，从他的自传三部曲开始比较好，尤其是第二部《耳中火炬》，描述了他从1921年到1931年的生活。

作者

埃利亚斯·卡内蒂一直有伟大的文学计划（因此他根本没有从事其他职业）。1981年，他获得了诺贝尔文学奖。《迷惘》是他唯一的一部长篇小说，他还创作了三部剧作以及其他一些作品——评论、旅行报道、日记、自传和著名的社会心理学研究作品《群众与权力》（非常复杂而且不无争议）。

卡内蒂多少是有些古怪的，甚至可以说是以自我为中心、虚荣、易怒的，这些可从他的自传中窥知一二。

纽伦堡种族法颁布　世界上第一只饮料罐诞生　企鹅出版社成立，以廉价平装书彻底改变图书市场

1935

《非洲女王号》 C.S.福里斯特　《迷惘》 卡内蒂　《群星俯视》 A.J.克罗宁

克劳斯·曼 Klaus Mann

梅菲斯特升官记

Mephisto. Roman einer Karriere

情节

所谓的影射小说就是书中人物都是真实存在的，但是对他们的真实信息进行了加密，以免招致当事人不满，然而《梅菲斯特升官记》在这方面并不算成功——人物身份相当容易辨认，后文会在括号中加注释说明。

故事发生在20世纪20年代中期到1936年——在这段时间，汉达里克·荷夫根（即古斯塔夫·格林德根斯）从乡村小演员变成超级巨星，只因为他把灵魂卖给了纳粹。

故事开门见山：荷夫根想往上爬，他在汉堡艺术剧院（即汉堡小剧场）参与了不少工作，还时常打压自己的演员同事。他有一个情人——黑皮肤的朱丽叶，但是却和芭芭拉·布鲁克纳（即艾丽卡·曼）结了婚，她是内阁大臣布鲁克纳（即托马斯·曼）的女儿，但这并没有妨碍荷夫根继续私会朱丽叶。

荷夫根前往柏林，他变得越来越有名，他依旧和朱丽叶偷偷会面，虽然那个时候他已经和芭芭拉离婚了。后来，他扮演了毕生最重要的角色——歌德的作品《浮士德》中的梅菲斯特（双关语，出卖灵魂的家伙）。1933年，荷夫根的处境开始变得艰难：他的名字被列入纳粹黑名单，受到就业禁令的威胁。

荷夫根觉得纳粹分子的想法很愚蠢，但是由于他与一位女同事——洛特·林登塔尔（即艾米·戈林，空军总司令之妻）——多次搭档演出且关系暧昧，因此受惠。接着，他被最高层提携，事业上得以平步青云，人却变得越来越虚伪无情。

他帮助了一个老朋友，却背叛了朱丽叶，朱丽叶被迫离开了德国。荷夫根无法承受有个黑皮肤情人的传言，为此，他和老相识尼科莱塔（即帕梅拉·韦德金德*）结了婚。

但荷夫根并不快乐。他主演《哈姆雷特》，演得很糟，却依然好评如潮。他意识到，观众并非为他的天赋喝彩，而是为了他的权力。

小道消息

这部长篇小说在克劳斯流亡期间得以出版发行，当然，立即就被纳粹禁止了。1945年之后，也没有哪家德国的出版社敢出版这本书——都害怕惹上官司。1956年《梅菲斯特升官记》由民主德国的出版社印行；在联邦德国，格林德根斯的养子以出版该书会侵害其养父（格林德根斯）名誉权为由向法院提起了诉讼，1966年，联邦德国法庭作出判决——禁止本书出版。

直到格林德根斯的养子迁居国外，联邦德国才于1981年出版了这部小说——判决仍然存在，但是格林德根斯的继承人并没有提起新的诉讼，大概因为即便提了，也不大可能会赢吧。

其他

克劳斯·曼一再声明，他的小说不是影射小说，他写的不是特定的某个人的历史，而是在刻画一类人的典型特征。

---

*译注：剧作家弗兰克·韦德金德之女，克劳斯·曼兄妹自小的朋友。

西班牙内战爆发　　伦敦水晶宫被烧毁　　爱德华八世为了辛普森夫人放弃王位

1936

《牙买加旅馆》达芙妮·杜穆里埃　　《梅菲斯特升官记》克劳斯·曼　　《黑暗的边界》埃里克·安布勒

★1906 年生于德国
✝1949 年卒于法国

"直到终结才得平静。"

一定要读克劳斯·曼的自传《转折点》——二十世纪上半叶，一个著名家族的生活记录，包括家庭成员之间的诸多生活细节。

克劳斯·曼是托马斯·曼的长子，但他的生活并不轻松。父亲强势、严格、冷漠，对敏感的克劳斯而言，很难找到自己的道路。克劳斯总是被拿来和父亲比较，他想向父亲证明自己是优秀的，但总是觉得自己不够好。

克劳斯·曼抗拒着，他要按照自己的方式生活：酒精、毒品、迷醉的狂欢，和姐姐艾丽卡·曼的关系异常亲密——后来，他还自认是同性恋，这在当时是犯罪！当然，他那"一贯正确"的父亲对此无比鄙视。

在那个不平静的时代里，他的生活也不安宁。起初，克劳斯·曼为剧院写作，其作品《安雅和埃丝特》于1925年在汉堡首演，主演：他自己、他的未婚妻帕梅拉·韦德金德、他的姐姐艾丽卡和她当时的丈夫古斯塔夫·格林德根斯，主题：女性的同性之爱——丑闻。不久，他的第一篇小说《虔诚的舞蹈》出版，主题：同性恋！众人大感震惊，但都想看看托马斯·曼的儿子到底写了些什么。

1933年，希特勒成为德国总理。同年，克劳斯·曼离开德国，去了法国，很快成了当时重要的流亡作家。1938年，他的小说《火山》出版，以宏大的场景描述了流亡移民的希望、日常的奋斗以及破碎的梦想。一年之后，克劳斯移民美国，以令人惊奇的方式开始使用外语在异域文化环境中立足——他用英语写了自传《转折点》，还到处演讲，甚至在1941年加入了美军。

即便如此，他依旧没能平静下来，毒品、抑郁、一次又一次的巨大失望——尤其是战后他在德国依然没有取得成就。遗憾的是，他在1949年5月自杀，这并不令人意外。

玛格丽特·米切尔 Margaret Mitchell

飘

Gone with the Wind

情节

美得令人难以置信却又固执任性的郝思嘉爱上了无聊得令人难以置信的卫希礼，其实，她本可以轻松拥有迷人又有趣得令人难以置信的白瑞德的爱情。卫希礼早就看出这位女邻居与自己完全不同，在一次花园宴会上，他宣布了自己和同样无聊得令人难以置信的梅兰妮订婚的消息。郝思嘉一气之下接受了梅兰妮的哥哥——乏味得令人难以置信的查尔斯的求婚。

之后，美国内战爆发，引发了无尽的痛苦（查尔斯死了，卫希礼精神受创，一切都崩塌了）、紧张和激情（郝思嘉和白瑞德的情感）。

出于经济原因，郝思嘉再婚了，不幸的是，那男人后来也死了。郝思嘉对卫希礼旧情难忘，但还是和白瑞德结了婚。本书的结局并不欢乐：郝思嘉还是喜欢卫希礼，一直和白瑞德争吵，女儿骑马死于意外后，白瑞德彻底失望了。郝思嘉最后终于认清：自己爱的是白瑞德，但白瑞德已经受够了（他说：说实话，亲爱的，我他妈的一点儿都不在乎*），他离开了她。

名句

Tomorrow is another day.

“明天又是崭新的一天。”

郝思嘉不想做决定的时候总是这么说——这也是小说的最后一个句子（对哭哭啼啼的读者而言，代表着希望——也许郝思嘉明天就有什么法子能赢回白瑞德）。玛格丽特·米切尔甚至考虑过把这个句子当作书名。

小道消息

光是在美国，这本书出版后的三个月内就卖出了一百万册。1937年，玛格丽特·米切尔获得普利策奖，1939年，根据本书改编的著名电影《乱世佳人》上映。

同中有异

如果喜欢不幸的爱与历史相结合的作品，也可以尝试看看鲍里斯·帕斯捷尔纳克的《日瓦戈医生》（不幸的爱加上革命——比较有深度），或是安娜玛丽·泽林科的《我与拿破仑——瑞典皇后黛丝蕾秘史》（不幸的爱加上拿破仑——比较媚俗）。

---

* 电影制作人大卫·赛兹尼克无论如何都要在电影里用上这个著名的句子：“*Frankly, my dear, I don't give a damn*（说实话，亲爱的，我他妈的一点儿都不在乎）.”——甘愿为说脏话支付5,000美元的罚金。

J.R.R. 托尔金 John Ronald Reuel Tolkien

霍比特人

The Hobbit

情节

霍比特人是虚构的矮小生物，生活在中土世界。有一天，伟大的巫师甘道夫与十三个小矮人拜访主角比尔博·巴金斯，希望比尔博帮助他们从恶龙史矛革那里夺回宝藏——然后可以获得其中十四分之一作为报酬。比尔博接受了冒险邀约，虽然他相当害怕。

首先，他们必须越过整个中土世界，但很快被半兽人抓住。逃走的时候，比尔博迷路了，却在洞穴通道发现了一枚能让人隐身的戒指。这枚戒指原本属于脏脏黏黏的生物咕噜，丢了戒指的咕噜非常生气。不过，比尔博还是设法让自己和戒指脱了险，并和其他人会合，继续后面的旅程。

可惜，甘道夫很快就和他们道别了（后会有期）。之后不久，矮人和霍比特人的旅行队伍再度被捉，这次是被森林精灵抓到，但是借着魔戒和狡猾的计策，比尔博救出了所有的人，最后终于到达目的地：孤山——矮人从前居住的地方，现在却被恶龙史矛革所占据。比尔博察看地形，被恶龙发现了，恶龙没有捉住他，转而摧毁了附近的长湖镇。多亏比尔博知道恶龙那个唯一的致命弱点，恶龙最终还是被弓箭手射杀了。

接下来，是对宝物的激烈竞争：被毁家园的居民要求补偿，矮人则坚持要他们的财产。大战即将爆发，甘道夫来了，警告大家半兽人的军队即将来袭。原本争执的各方人马快速联合起来，战胜了半兽人。最终，小霍比特人比尔博满载而归，让自己过得舒舒服服的，并把这一切都写了下来。

入门提示

不确定自己是否要阅读史诗般的巨著《魔戒》的读者，可以从《霍比特人》这本容易阅读的书入手，对故事梗概先有个大致的了解。

小道消息

托尔金把这些故事当作孩子们的睡前故事。有一天，在大学的工作让他感觉无聊，他就随手写了一句话：在地底洞府里住着一个霍比特人。后来，这句话衍生出了霍比特人的冒险故事。中土世界越来越像一回事的时候，他把《霍比特人》又重新修改了一下，好让故事听起来比较“成熟”一点（也为了在内容上配合其他几卷）。

名句

在地底洞府里住着一个霍比特人。
In a hole in the ground there lived a hobbit.

这是小说的第一个句子，优美、短小、简洁，让人印象深刻——容易记住，也方便偶尔引用一下。毕竟，这是一个无比成功的奇幻作品系列的开头。

《布兰诗歌》（卡尔·奥尔夫）
乔治六世登基，成为英国国王
《格尔尼卡》（毕加索）
“兴登堡号”飞艇空难事件

1937
《人鼠之间》约翰·斯坦贝克
《霍比特人》J.R.R.托尔金
《没有上帝的青春》欧登·冯·霍瓦特

★1892 年生于南非
✝1973 年卒于英国

托尔金在孩提时代就对各种外来语充满热情。

《魔戒》被分成了三册出版，却不是三部曲。托尔金一再强调这是一部长篇小说，被分成三部只是因为，如果一册出版的话会使大多数人望而却步。第二次世界大战后，纸张价格高涨，分册出版还可以让读者慢慢把书买回家。

J.R.R.托尔金绝对是那种别的孩子在踢足球的时候，他在学习奇奇怪怪知识的孩子。

托尔金从小就对语言感兴趣；他的母亲能教他一些法语、拉丁语和德语。在学校里，他对古英语产生了浓厚的兴趣，后来又对哥特语——一种传承得不怎么好的语言相当着迷，托尔金还为此自创了一些词汇。从学校毕业之后，托尔金开始在牛津大学研读古典语言，学习威尔士语和芬兰语，并发明了一种全新的语言：昆雅语（中土世界的精灵说这种语言）。

托尔金和青梅竹马伊迪丝结婚，婚后不久，他便不得不参战，目睹了可怕的索姆河战役，后来因为生病被送回家，开始写那些萦绕在脑中的奇幻故事。他的想法显然很长远：计划要完成一部有关中土世界的伟大奇幻作品。战后，托尔金编修了《新英语字典》，后来当上了牛津大学的英语教授，他在这里开始创作霍比特人的故事，而且真的找到了愿意出版该书的出版社。出版社想立刻出续集，托尔金也非常乐意满足这个愿望，但是，这需要时间——而且，这根本就不是童书。1954年，《魔戒》出版，彻底改变了奇幻文学。从托尔金之后，这类作品就被称为奇幻小说，从没有哪个作家能创造出这样一个前后如此持续而连贯的幻想世界。不是立刻，而是在20世纪60年代，《魔戒》成了世界畅销书。直到今天，所有粉丝仍然可以说出那句名言：

> 至尊戒，驭众戒；至尊戒，寻众戒，魔戒至尊引众戒，禁锢众戒黑暗中，魔多妖境暗影伏。

托尔金余生都投入到神话巨著《精灵宝钻》的创作之中，可惜直到去世也未完成。在他死后，该书由他的儿子克里斯多弗整理出版。这部作品出版之后一切就很清楚了：托尔金不是为了让几个神话生物聚在一起才写作——他关心一切。

特别精选

快速浏览文学作品

A.J.克罗宁
A.J. Cronin
城堡
The Citadel

安德鲁·曼森完成医学教育之后在威尔士矿区当助理医师，这个地方充斥着贫穷与疾病。曼森夜以继日地工作，开始事业有成，后来在伦敦开了间诊所，用安慰剂给富有的忧郁症患者治疗，赚了很多钱。曼森这时虽然能给家人提供优渥的生活，但是妻子克里斯蒂娜对他的发展却感到失望——年轻时的理想主义者变成了不择手段的无良医师。该来的总是会来：命运的打击，彻悟，洗心革面。

这部医师小说很大程度上带有自传色彩。苏格兰作家克罗宁（贫穷但是有天赋）以优异的成绩完成学业后，先是在威尔士当了几年医师，之后在伦敦开设了诊所，主要给上流社会的有钱人做些不必要的过度治疗。三十多岁时，克罗宁得了胃溃疡，于是只得强制休息、思考。克罗宁想，这时刚好可以写本书。他的处女作《帽商的城堡》当时全球轰动——可惜，如今已经被人们遗忘了，这也很正常。克罗宁的大作《城堡》以及矿工小说《群星俯视》差不多就是通俗小说——特别容易阅读！

卡伦·布里克森
Karen Blixen
走出非洲
Den afrikanske Farm

直到梅丽尔·斯特里普主演的那部全球闻名的电影问世之后，这本小说的书名才被改为《走出非洲》。丹麦作家卡伦·布里克森（笔名是伊萨克·迪内森）在书中叙述她在肯尼亚经营农场的经历，有自传色彩，但也是个伟大的关于爱的故事，笔触带有极强烈的激情与诗意——注意：完全不同于电影！不过小说的第一个句子和电影里的第一句台词一样：我在非洲有个农场……

1903年，卡伦·布里克森和丈夫布罗尔移民到肯尼亚，他们在那儿买了一个农场种植咖啡豆，可实际上，那个地方完全不适合种植咖啡豆。她尝试着做不可能的事情，而她的丈夫却热衷于四处狩猎，和妓女鬼混。而且没错，卡伦·布里克森的确爱上了聪明的丹尼斯·芬奇·哈顿，但这根本没写进小说里，而她也不是为了哈顿才和丈夫离婚的——这只是电影版本。

卡伦·布里克森在肯尼亚的农场生活了十七年，后来失望地返回了丹麦，专心写作。

卢沟桥事变
日本发动全面侵华战争

美国金门大桥建成

1937

《城堡》
A.J.克罗宁

《走出非洲》
布里克森

《有钱人和没钱人》
海明威

《美国》三部曲
约翰·多斯·帕索斯

达芙妮·杜穆里埃
Daphne du Maurier
蝴蝶梦
Rebecca

第一人称的叙述者（年轻、天真）是马克西姆·德温特（年长、神秘）的第二任妻子，马克西姆带着她住进曼德利庄园。融入这里的生活并不容易，因为到处都是神秘的丽贝卡的痕迹。丽贝卡是马克西姆的第一任妻子，离奇地死于一次船难，马克西姆指认了她的尸体。

女管家丹弗斯太太尤其排斥新的德温特夫人，这让她的日子着实不好过。这时，潜水人员无意间发现了一具尸体——真正的丽贝卡的！

马克西姆对妻子坦白：是他杀了丽贝卡，因为丽贝卡欺骗他，也不曾爱过他。法院调查后发现，丽贝卡患有绝症，是厌世自杀。马克西姆和太太重返曼德利庄园，可惜庄园已毁于大火。

希区柯克的同名电影拍得很有创意，但还是原著更引人入胜。

A.S.尼尔
Alexander Sutherland Neill
最终存活者
The Last Man Alive

A.S.尼尔于1921年在英国设立了一所反传统的学校：夏山学校。他为学生们虚构了一个故事，在每一章的结尾，他都会让学生发表评论，并且允许学生根据他们的判断而改变故事情节（这也是小说的故事框架）。

故事是这样：有个百万富翁驾着飞艇拜访夏山学校，并且带着尼尔和几个孩子乘飞艇做了一次空中航行。突然，他们穿过了一朵怪异的绿云，当他们着陆的时候，人类都已经变成了石头。于是，他们踏上了环游世界的旅程，想去看看世界其他地方是否也一样。

在旅程中，他们经历了相当多（有时非常残酷）的冒险，根本无法彼此容忍，并且建立新秩序。最后，只有老师幸存下来。这样极端的结局，大部分是学生自己造成的。

桑顿·怀尔德
Thornton Wilder
我们的小镇
Our Town

一个虚构的二十世纪初的美国小镇：一切都很美好，和谐又宁静。作者在三幕戏之间叙述了1901年至1913年小镇生活的巨大变化。第一幕中，主角艾米丽和乔治处于孩童时代；第二幕中，艾米丽和乔治结婚了；在最后一幕，艾米丽已经逝去了，但她可以返回生者的世界生活一天。其实，当下的每一天都那么平淡无奇，艾米丽感慨不已。

整本著作采用了布莱希特式的戏剧表现手法：几乎没有舞台装饰，没有幕布，观众可以看到变换场景的样子。有个舞台经理，偶尔会跟着一起演，有时则进行叙述和评论，有时又会和观众对谈。观众应该懂得：生活的每一天虽然平平淡淡，但是依然值得我们去珍爱！

大众甲壳虫汽车面世 | 发明复印机 | 发明实用圆珠笔（拉迪斯洛·比罗） | 托马斯·曼移居美国 | 发现核裂变

1938

《蝴蝶梦》杜穆里埃 | 《最终存活者》A.S.尼尔 | 《我们的小镇》桑顿·怀尔德

雷蒙德·钱德勒 Raymond Chandler

长眠不醒

The Big Sleep

菲利普·马洛诞生!

著名的私家侦探马洛第一次出现就是在这部小说里(有人可能以为他是亨弗莱·鲍嘉创造出来的一个角色)。

马洛接到的第一份委托来自好莱坞的一位老人:老人因为二十岁女儿的赌债而被勒索,接着便是一连串令人难以置信的复杂调查,形形色色的死者和一个接一个的犯罪嫌疑人。当然,马洛会一步一步地挖出真相——不被势力强大的黑帮吓倒,也不被性感的女人诱惑。

雷蒙德·钱德勒创造了一个被模仿了千百次的侦探,他独来独往,迷人又无法接近,聪明又刚正不阿,具有一种让人佩服的冷幽默。毕竟,还是要提到亨弗莱·鲍嘉,他在传奇电影《夜长梦多》中扮演了侦探马洛。当时,这部影片在德国上映时的片名有点误导观众——《死者睡得最沉》。

弗朗茨·韦尔弗 Franz Werfel

被侵占的天堂

Der veruntreute Himmel

副标题是“一个女仆的故事”,这个女仆名叫泰塔·利内克,她一生只有一个愿望——关于后世的愿望——天堂的幸福。因此她以自己的方式进行“赎罪”:她用自己所有的积蓄支持侄子,让他能研读神学。然而当她年届七十退休了,想在侄子家安享晚年的时候才发现:那个家伙骗了她!侄子根本没有当牧师,也不知把她的钱都挥霍到哪儿去了。

泰塔料想自己的计划无论如何都不会如愿进行,于是,她前往罗马朝圣。就在聆听教皇教诲训示的时候,她晕倒了。

弗朗茨·韦尔弗在二十世纪二三十年代是颇受欢迎的作家。1938年,和妻子阿尔玛移民到法国南部,两年后,他们以冒险的方式(和亨利希·曼等人一起步行穿越比利牛斯山)逃到葡萄牙,后来又流亡到美国。请读者务必读一读他的妻子阿尔玛·马勒-韦尔弗的自传!

西班牙内战结束 | 第二次世界大战全面爆发 | 伦敦大轰炸 | 德军占领巴黎

1939
《愤怒的葡萄》约翰·斯坦贝克
《长眠不醒》雷蒙德·钱德勒
《被侵占的天堂》弗朗茨·韦尔弗

1940
《丧钟为谁而鸣》海明威

阿尔贝·加缪 Albert Camus

局外人

L'Étranger

故事发生在二十世纪三十年代的阿尔及利亚，主角默尔索不是个讨喜的角色。母亲的葬礼结束后不久，他就开始和女人厮混。后来，默尔索帮一个皮条客代写一封信给他的阿拉伯情妇。皮条客对这个女人很恶劣，这让她的哥哥非常生气，甚至发生了打斗。默尔索后来偶然在沙滩上遇到了皮条客情妇的哥哥，这个阿拉伯人拿着刀子，默尔索在慌乱中射杀了他并因此被逮捕。

小说的第二部分描述的是审判过程。法官想找出默尔索杀人的动机，却发现很困难，因为在主角的生活经历中没有任何犯罪动机。默尔索的主要性格特征就是冷漠。

《局外人》是存在主义文学代表作，相当难读。法国人就是这样，从电影就看得出来，对白很多而行动很少。如果你对法国文学感兴趣，一定不要错过加缪。

安娜·西格斯 Anna Seghers

第七个十字架

Das siebte Kreuz

1937年，七名男子从集中营逃走，指挥官下令在七棵梧桐树上钉上十字架，发誓要在七天内将逃犯追回并吊死在树上。

这几个人不是接连被抓住，就是死在逃亡途中——只有一个人逃脱，他就是格奥尔格·海斯勒。这是一场心力交瘁的逃亡，首先，格奥尔格必须面对他的爱人莱妮爱上了别人（一个纳粹分子）的困境，所幸后来他得到了许多人的协助：让他搭便车，给他衣物、食物、金钱以及许多挽救他生命的小东西。这正是本书的主题：团结。

在曾经的东德（德意志民主共和国），《第七个十字架》是学生的必修读物，而在那时的西德（德意志联邦共和国），它被不公正地遗忘了。安娜·西格斯是德国流亡文学的重要作家（她的小说《过境》描述的就是关于"二战"欧洲难民的命运），她在墨西哥生活了六年（并写出了许多精彩的故事），1950年移居东柏林，担任东德作家协会主席长达二十多年。

日本偷袭珍珠港

巴巴罗萨计划（德军进攻苏联）

1941

《好奇猴乔治》雷伊夫妇

《圣克莱尔的双胞胎》伊妮德·布莱顿

《最后一个大亨》菲茨杰拉德

1942

《局外人》加缪

《第七个十字架》安娜·西格斯

斯蒂芬·茨威格 Stefan Zweig

象棋的故事

Schachnovelle

情节

在一艘从纽约开往布宜诺斯艾利斯的船上，惹人讨厌的石油百万富豪麦康纳，挑衅同样不讨人喜欢的世界象棋冠军琴多维奇，要比一局棋。琴多维奇当然毫不费力地获胜了，麦康纳还想扳回一局。麦康纳意外地获得了一个陌生人的支援，陌生人自称是B博士。琴多维奇的许多棋步都在B博士的预料之中，他低声指导麦康纳如何有效防御，棋局最后以和局结束。

琴多维奇觉得自己的名誉受损，想再来一局；另一边，B博士却显得有些慌乱，不想再来一局。

怎么会?！我（第一人称叙述者）思考着，试着找出背后的原因。这时，B博士向“我”讲述自己的故事：纳粹接管奥地利的时候，他被盖世太保逮捕，之后被单独囚禁。他无法逃脱，没有人可以说话——他所遭受的酷刑就是一切都被剥夺，长达数月。有一天，他接受审讯时偷了一本书，却失望地发现不是小说，而是著名棋局的合集。因为除了这本书他也没有别的选择，于是他开始翻阅那些棋谱，还在格子床单上演练那些棋路，直到读到烂熟。后来，他还和自己对弈，强迫自己分裂意识：黑方的自我对局白方的自我，最后他发疯也就不足为奇了。幸运的是，他因此被送进医院，治愈后，善良的医生宣称他失去了行为能力，所以他不必再回监狱去了。然而，他不适合再下国际象棋。

在船上，要说服B博士和世界冠军再比赛一局并不容易，但是他还是又下了一局。B博士赢了，琴多维奇想翻盘，B博士答应了。这绝对是个错误。很快，大家不愿见到的事情发生了——B博士旧病复发，他变得焦躁、恶劣，不受控制。“我”警告他停止下棋，B博士在即将失去理智的最后一刻终止了棋局。

小道消息

国王g8往h7，城堡向前，c8到c4……听起来给人一种很内行的感觉，其实，茨威格并不很懂下棋，书中的第二主角琴多维奇因此也不是太可靠：来自单纯的环境，除了下棋什么也不会，一直学不会下盲棋。这样的人当个小说角色很不错，但是国际象棋世界冠军可不是这么容易就能当上的。

入门提示

《象棋的故事》也许是接触世界文学最适合的入门书：简短、紧凑、激动人心、语言很棒，容易阅读。

名句

众所周知，世上没有任何东西比虚无更能对人类灵魂造成这样的压力。

这是B博士谈论自己被隔离拘禁时说的。

德国反纳粹地下组织“白玫瑰”成立 | 原子裂变成功，开启人类原子能时代 | 中途岛战役 | 《白色圣诞节》（平·克劳斯贝）

1942
《象棋的故事》
斯蒂芬·茨威格

★1881 年生于奥地利
✝1942 年卒于巴西

“在不幸之中方能自知。”

斯蒂芬·茨威格为十九世纪九位杰出作家——巴尔扎克、狄更斯、陀思妥耶夫斯基、荷尔德林、克莱斯特、尼采、卡萨诺瓦、司汤达、托尔斯泰——作传，分三册出版，合称《世界建筑师》。

与其用超级无聊的法国大革命历史书籍折磨学生们，不如把斯蒂芬·茨威格写的《玛丽·安托瓦内特传》放到学生手上，《玛利亚·斯图亚特传》《麦哲伦航海纪》《鹿特丹的伊拉斯谟》也行。斯蒂芬·茨威格以创作历史人物传记而闻名。他写的是真实的人物，表达的是真实的情感，而不是枯燥乏味的史实或是无趣的时间表。虽然并非与史实分毫不差，但正因为如此，很值得一读。

斯蒂芬·茨威格在他伟大的著作《人类群星闪耀时》一书中，以强大的语言架构能力描述了十四个历史事件。全书以一个绝妙的想法为基础：他认为历史上极少数一些跨越时空仍具有影响力的事件的发生，可能取决于某一天、某一个时间点，甚至取决于某一分钟之内，比如“滑铁卢的世界时刻”，在这一分钟之内，法国元帅决定服从命令，因此错过了拯救拿破仑的时机；比如一个年轻的法国人创作了《马赛曲》的那个夜晚；比如斯科特确认阿蒙森已经先他一步到达南极的那一刻。

星光璀璨的时刻经常以悲剧结尾——就像茨威格自己的经历：这个坚定的和平主义者为躲避纳粹的迫害逃到伦敦，他的书再也不被允许出现在德国及奥地利，他出版的那些书都是在瑞典印刷的。身为一名流亡的作家，茨威格是少数能够获得成功，也还赚得到钱的——然而，时势的发展以及失去精神家园让他无比绝望。最终，他移居巴西，1942年在巴西自杀身亡。

伊妮德·布莱顿 Enid Blyton

沉船秘宝

Five on a Treasure Island

情节

本书是二十二册故事集的第一册，在本书中，五个小伙伴刚认识。朱利安、理查德*和安娜三兄妹要在芬妮姨妈家度过假期，芬妮和丈夫昆廷——一个古怪的学究，以及他们的女儿乔治娜一起住在紧临大海的屋子里。

一开始，他们还有些不和：表姐乔治娜露出刁蛮本色，因为她根本不想和亲戚有什么瓜葛。而且，她更希望自己是个男孩，如果别人不叫她乔治，她就会大发脾气。

但是聪明的朱利安知道如何驯服小表姐，很快，四个孩子就成为密友。对了，第五个朋友蒂姆（只有在电影和广播剧里才叫蒂米），是一条狗。

这五个好朋友的第一次冒险是这样的：在暴风雨中，有艘船骸被冲上岸，孩子们在船上发现了一个木箱，箱子里有张宝藏图。很显然：宝藏就被藏在乔治居住的小岛上某处。五个朋友找到通往宝藏洞穴的秘密通道，却不幸遇上了来偷东西的坏家伙，乔治、朱利安和蒂姆被关了起来。理查德用巧计通过秘密通道解救了他们，他们逃脱了，坏人被逮捕。

故事中有很多吃吃喝喝的情节，这是伊妮德·布莱顿常会安排的，尤其是野餐中的火腿奶油面包、果汁和水果罐头，或是芬妮姨妈端出的冷烤肉、蛋、培根、布丁，当然还有各式蛋糕。

小道消息

真正由伊妮德·布莱顿写的《疯狂侦探团》系列小说一共只有二十一本（加上一册短篇故事），其他一些书（超过六十册！）虽然挂着布莱顿的名字，却是由人代笔的。

这是遗产管理协会允许的，然而有一定的条件：书中角色只能在假期当中冒险，而且必须维持最初的人物设定，不能改变个性，不能有手机，不能用时下的少年惯用语，因此朱利安绝不会对乔治说“耶！酷哦，老大”。

给纯粹主义者的建议

当然，可以通过阅读原文，也可以通过阅读旧版本（可以在二手书店购买）感受真正的伊妮德·布莱顿风格，德译本虽然还有改进空间，但是让人有种美妙舒适的怀旧感，译本还会出现像“射门点子”（新译本为“绝佳点子”）、糕饼（新译本为“饼干”），还有“你真是个好家伙”（新译本为“你真的太棒了！”）之类有年代感的词。新版本因为艾琳·索珀的原创插画而增色不少，这些插画真的是典型的布莱顿风格——可惜只有封面有。

* 在英文原版里，理查德通常被称为迪克——德文版本里依旧采用了“理查德”。那条狗在原版当中名为蒂莫西，也被称为蒂姆，在电影当中曾分别被叫作迪克、蒂米和乔治。

★1897 年生于英国
✝1968 年卒于英国

的确，她可能是个可怕的母亲——没有爱心，控制欲强，傲慢，至少她自己的女儿伊莫金在自传里是这样写的，然而读过她的书的读者却根本无法想象。书中的孩子很棒，大人也很棒，让人真想立刻一起登上“冒险船”，和顽皮小伊一起上寄宿学校，或是和斯塔布斯、巴尼等人一起探索秘密港湾之谜。她的书里总是有超级美味的食物（午夜派对！野餐！），无数冒险，最后至少有个很棒的大人让所有的事回到正轨。这样的作家会是个女暴君？！真的很难想象，而且也从未得到过证实。

伊妮德·布莱顿平均每天能写下一万字，她总共创作了七百多本书。

伊妮德·布莱顿原本是教师，但是二十七岁的时候放弃了这个职业，以便全心投入写作。推出第一本儿童小说和几篇故事之后，到了二十世纪四五十年代，布莱顿已经成为史上最多产的童书作家——几乎所有的书都成了系列小说：《疯狂侦探团》《少年冒险团》《神秘7》《顽皮小伊》《马洛里之塔》《神秘事件薄》等等，每一本都畅销全球。

注意了：封面上写着伊妮德·布莱顿的书（顺便提一下，亲笔签名是她的点子！）不一定就是她写的。在德国，她的小说系列直到二十世纪八十年代仍旧畅销不衰，一些德国作家因为太喜爱她的作品而以她的名义续写，《蒂娜和蒂妮》甚至完全是由一位德国女作家创作出来的。

小说中的女孩乔治其实写的就是伊妮德·布莱顿自己，她也想当个男孩——她青年时期的照片看起来就像小说中的野丫头乔治（乔治娜）。

目前，布莱顿粉丝俱乐部仍然存在，但是她的书在青少年群体里已经不流行了，因为太刻板、老派，动作太少，只有《沉船秘宝》依旧受欢迎，可惜早已不是原汁原味的布莱顿版的少年侦探团了。

维洛古拉*类型

大孩子、小孩子看的书

凡是深入研究经典童书的人都会发现，很多书几乎都像是过眼云烟，唯一的例外是阿斯特丽德·林格伦，她的大部分作品都成功地跨越了时代。

儿童文学在过去几十年间有长足的发展，可惜有许多了不起的童书及青少年文学未曾受到应有的关注，当然，那些被贴上老少咸宜的标签而登上销售排行榜的作品除外（比如《哈利·波特》《暮光之城》或是《饥饿游戏》）。

任何愿意涉猎儿童文学，没有老少咸宜的标签也愿意大胆去读的人，都可以尝试阅读下列书籍：

玛丽亚·帕尔
《暖暖华夫心》
拥有无数疯狂点子的孩子们

弗兰克·科特雷尔·博伊斯
《杰作》
来自威尔士的非常滑稽的故事

凯特·戈尔迪
《晚上十点的问题》
少年和他不怎么正常却可爱的家庭

约翰·D. 菲茨杰拉德
《我的天才兄弟和我》**
精致的少年恶作剧

卡尔·希尔森
《地下》
怪异而充斥着笑话的环境犯罪小说

约翰·格林
《纸镇》
关于长大成人的，杰出的青少年文学

---

*维洛古拉是著名童话故事人物长袜子皮皮居住的房子，常被人们用来指代儿童文学。

**重新被发掘的美国青少年文学，作者描述的是其家庭的故事，不过也添油加醋了一番。系列小说《伟大的脑子》在二十世纪六十年代非常成功，可惜目前还没有简体中文版本。整个系列的书让人想到《汤姆·索亚历险记》，但更现代，比较适合儿童阅读。

硬核类型

超级文学爱好者读物

想对严肃文学作品有所认识的话，就不得不面临选择的痛苦，因为“难读”的、“深奥”的严肃文学作品有很多。和通俗文学相反，严肃文学作品即使在数百年后仍然会经久不衰，被视为文化财富。只有在极少数的情况下，艺术性和娱乐性才会达到统一（请见第72页）。

如果认为阅读不应该像看电视连续剧那样，就请选读以下作品吧：

詹姆斯 · 乔伊斯
《尤利西斯》*
1,000 页

马塞尔 · 普鲁斯特
《追忆逝水年华》
3,000 页

大卫 · 福斯特 · 华莱士
《无尽的玩笑》
1,500 页

赫尔曼 · 麦尔维尔
《白鲸》
1,000 页，其中许多页都是关于捕鲸的

弗兰茨 · 卡夫卡
《城堡》
只有400 页，但是……

当然，还有许多著作介于非常容易阅读和硬核类读物之间，是可以在游泳池边阅读的世界文学作品（比如海明威、冯塔纳、乔纳森 · 弗兰岑，以及其他许多名家的作品）。

---

* 如果读这些作品让你感觉太绝望的话，可以改读短篇小说集《都柏林人》，这也是一部读起来不轻松的作品，但至少比较清晰。

特别精选

快速浏览文学作品

安托万·圣埃克苏佩里
Antoine de Saint-Exupéry

小王子

Le Petit Prince

小王子住在一颗小行星上，每天都要清理火山口，拔掉猴面包树苗，以免日后树苗长大把小行星撑破。有一天，草丛里长出了一朵美丽的花，小王子细心地照顾她、保护她，但是她却变得挑剔而且烦人（注意：这里是隐喻，花朵即女性）。小王子苦恼极了，便离开了家乡去其他小行星旅行，他要去外面的世界看看。

最后，他到了地球，在那里驯服了一只狐狸（就是这只狐狸说出了那句名言：只有用心才能看清楚事物的本质，只用眼睛是看不到的。这句话经常出现在报纸的结婚启事和诗集上）。

然后，小王子遇到了叙述者（即作者），后者紧急降落在沙漠里，小王子要求他画了一只羊，向他讲了自己的故事，并和他一起寻找水井。

然而，小王子非常想家，为了回到他的小行星去，他让蛇咬了自己一口。

装腔作势！有些人可能会打着哈欠这么说；感人！其他人可能会心醉地这么想。无论如何，这本书都是成功的：《小王子》是世界上超级畅销的书之一。

科特·戈茨 Curt Goetz

塔季扬娜

Tatjana

第一人称叙述者认识了一个名叫约翰逊的人，一天，约翰逊对他说出了自己的故事：年纪较长的医生爱上了一个十三岁的俄罗斯女大提琴手。她是个神童，医生是在一场音乐会上注意到她的，马上就被迷住了。就在演出后不久，乐队指挥请来医生，因为塔季扬娜罹患一种脑炎。医生急忙前往，还真的给塔季扬娜帮上了忙，不过，是帮她把死去的情人从寓所移走，那位情人显然是在幽会的时候心脏病发作死亡的。事情才刚办完，塔季扬娜就开始诱惑医生，随后，他们在美国结婚——没过多久，她就死了。

这部作品让人想到《洛丽塔》，但《塔季扬娜》是先问世的，而弗拉基米尔·纳博科夫是科特·戈茨的崇拜者。除了《塔季扬娜》之外，戈茨还创作了小说《贝弗利山的死者》，以及两本散文集。可惜的是，戈茨几乎被人们遗忘了，这有些不公平——戈茨是位杰出的喜剧作家（作品《蒙得维的亚的房子》被拍成电影）。移民美国之后，他在米高梅电影公司工作，参与了许多剧本的创作。

华沙犹太隔离区起义
凯鲁亚克加入美国海军
1943
《小王子》安托万·圣埃克苏佩里
《玻璃球游戏》黑塞

让－保罗·萨特 Jean-Paul Sartre

禁闭

Huis clos

那句著名的台词“地狱啊，就是他人”（也常被译作“他人即地狱”），即来自这部舞台剧。这句话几乎可以用在任何时候，可以加入深深的叹息，或是摆出一张扑克脸。

故事叙述了三个人——艾丝黛尔（富有，诱人）、伊内丝（女同性恋，聪慧，邮局职员）以及加尔森（怯懦，记者），他们死后，鬼魂被关进同一个密闭的空间（即地狱）。生前，他们都罪孽深重：加尔森虐待他的妻子；伊内丝杀死表兄，和表嫂在一起，后来两人一起开煤气中毒而死；艾丝黛尔谋杀了自己和情人的孩子，导致情人开枪自杀。

三个人都有足够的理由下地狱。而这个密闭空间里除了有点热之外，看不到任何地狱之火的踪影，因为“地狱啊，就是他人”。他们三人彼此折磨，伊内丝想要得到艾丝黛尔，艾丝黛尔却对加尔森有兴趣，加尔森则想得到伊内丝的认同。没人会失去别人——因为没有谁能得到别人，逃离这个空间似乎也不可能。然而，门突然打开了，然后呢？因为害怕那是陷阱，三个人依然都留在原地。

作为知识分子的哲学性文学作品，本剧是相当有趣的，但搬上舞台，其戏剧表现则略显苍白无力。

威廉·萨默塞特·毛姆

William Somerset Maugham

刀锋

The Razor’s Edge

一个寻找生命意义的男人——拉里，因为第一次世界大战而受到精神创伤（迷惘的一代！请参考第90页），无法步入正常的生活秩序。他的未婚妻伊莎贝尔对拉里的“游手好闲”相当不满，为他在芝加哥安排了工作，并且给他下了最后通牒。

拉里不能也不想接受这样的安排，于是解除了婚约，后来，伊莎贝尔嫁给了两人共同的朋友加里，拉里则为寻找生命意义而选择了旅行，他去了煤矿区、修道院、印度教静修处（通常，这是二十世纪无业旅行者必去的几站，矿区除外）。

几年之后，拉里、加里、伊莎贝尔和叙述者在巴黎重逢。拉里要和一个他们年少时共同的朋友结婚，却被伊莎贝尔阻挠，因为她其实还爱着拉里。最终，拉里计划重返美国，过平淡的生活。结局如何，书中未作说明。

毛姆声名显赫，生平也颇有意思。他学医，第一次世界大战时为英国情报部门工作，结了婚但其实是同性恋，和他风度翩翩的秘书关系暧昧。他在蔚蓝海岸有一幢别墅，他的作品非常成功——他是那个时代真正的名人！

阿斯特丽德·林格伦 Astrid Lindgren

长袜子皮皮

Pippi Långstrump

情节

在这个小小的城市的边缘有座老旧而荒芜的花园，花园里有幢老屋，屋子里住着长袜子皮皮。皮皮九岁，独自一个人住在这里。

这本世界闻名的童书是这么开场的。老屋叫作维洛古拉，而皮皮其实也不是一个人住在那里，而是和她的斑点马以及小猴子尼尔松先生住在一起。旁边住的是杜米和阿妮卡——两个非常可爱、很守规矩而且听话的孩子。

不受拘束的皮皮疯狂的点子一个接一个，乖巧的邻居小孩总是惊讶地看着，甚至会被说服一起玩。这一切都是因为皮皮的超能力，她能毫发无伤地从很高的地方跃下（就这样戏弄了警察），能吃下许多蛋糕，能像个专业的杂耍演员一样保持平衡（并且从燃烧的房子救出被困的小孩），把恶霸小男孩挂在树枝上，还把两个小偷举到了柜子顶上。

皮皮的母亲已经过世，而她的父亲是某个南海岛屿*的国王，所以皮皮总是随心所欲——熬夜到很晚，讲疯狂好笑的瞎掰故事，把马带进厨房里，在地板上做姜饼，把蛋黄抹到头发上，脚踩板刷清洗地板。

成年人吓坏了，同时想要教育这个可怜的孤儿。塞德尔格伦太太邀请皮皮参加咖啡宴（而皮皮的举止却完全不在"状态"），老师尽力辅导（但是算术不是皮皮的长项），警察前来想把她带到孤儿院。皮皮认为这没有必要：我已经住进儿童之家了，我是个儿童，这里就是我的家。在接下来两本续集——《长袜子皮皮出海去》和《长袜子皮皮到南岛》里，孩子的逻辑不断挑战着成年人的理性思维。

小道消息

皮皮的全名是皮皮露达·维多利亚·鲁尔加迪娅·克鲁斯蒙达·埃弗拉伊姆·长袜子，在同名电影里，把第四个名字改成了"薄荷巧克力"。此外，只有在电影里那匹马才有名字——小叔叔。

同中有异

2007年，德国出版了"元皮皮"，也就是这本小说的原始版本，当年阿斯特丽德·林格伦曾把这个版本的手稿寄给瑞典一家出版社，但是被拒绝了。于是她对故事进行了修改，皮皮变得比较友善，文本整体也没有那么肆无忌惮。

* 在原版小说当中，皮皮的父亲是个黑人国王，而黑鬼（Neger）这个字眼在书中频繁出现。2007年，德国出版社在新版小说中起先加了一条批注，说明这个单词当时是常见的表达方式，如今一般会说"黑人（Schwarzer）"，两年之后"黑鬼"这个字眼完全从该书的德文版中删除。于是皮皮的父亲在德文版中变成了南海国王，而皮皮也不再是黑人公主，而是塔卡图卡公主。

★1907 年生于瑞典
✝2002 年卒于瑞典

"我永远站在孩子的那一边。"

阿斯特丽德·林格伦的传记有很多，最好的是为儿童读者写的那几本，例如克斯汀·永格伦所写的《拜访阿斯特丽德·林格伦》。

其实是在写了《长袜子皮皮》之后，阿斯特丽德·林格伦才真正成为作家。1941年，她的女儿卡琳因为肺炎卧病在床，卡琳说了一句所有生病的小孩都会说的话："妈妈，可以讲故事给我听吗？"就像天下所有的母亲一样，林格伦回答："可是，要讲什么故事呢？"卡琳说："讲长袜子皮皮的故事吧。"这个名字是卡琳在那一刻才想到的，而她的母亲也立刻构思出了适合这个奇特名字的女孩形象。

四年之后，阿斯特丽德·林格伦在雪地上滑倒，扭伤了脚，这时轮到她卧床休养，她终于有时间写下了《长袜子皮皮》，然后把稿子寄给一家出版社——还加了附注：希望您不会通知儿童服务中心。出版社虽然没有那么做，但是也不想出版这部手稿。

阿斯特丽德·林格伦开始着手修改文字，一年后，又将书稿寄给了另一家出版社。这本书终于得以出版，却引发了不小的争议，批评家们认为这本书文字轻率、粗鲁，而且皮皮是个绝对的坏榜样。有位著名瑞典文学研究专家表示，没有哪个正常孩子会吃掉整个奶油蛋糕，或是赤脚踩到糖上，这些都是疯子的幻想。

相反，孩子们立刻就爱上了皮皮，显然家长不像教育专家那样害怕皮皮。虽然有负面的评论，但这本书的销量非常好，阿斯特丽德·林格伦也未曾停止写作，《大侦探小卡莱》*《吵闹村的孩子》《小飞人卡尔松》《疯丫头马迪根》《淘气包埃米尔》《狮心兄弟》……每本书都受到孩子们的喜爱。

阿斯特丽德·林格伦获奖无数——如今，没有人会对她有一点点负面批评，她是文学界真正的女英雄。

---

* 译注：原著书名为 *Kalle Blomquist*，主角是个少年侦探，曾看过瑞典版"千禧年系列"的读者是否觉得耳熟？主角的外号就是 *Kalle Blomquist*，指的就是他像侦探那样到处挖掘秘密。

联合国大会首次召开 | 纽伦堡审判宣判 | 德国电视指南杂志 *Hörzu* 创刊

1946

《希腊人左巴》尼科斯·卡赞扎基斯 | 《罪恶之家》约翰·贝恩顿·普里斯特利 | 《魔鬼的将军》卡尔·楚克迈耶

阿尔贝·加缪 Albert Camus

鼠疫

La Peste

情节

在阿尔及利亚的奥兰城里，原本一切都很正常，突然间有老鼠死了，起初只是几只，接着是几百只，然后人也开始死了。之后的很长一段时间，没人敢说出这可怕的事：奥兰正遭受鼠疫侵袭。

就像迈克尔·克莱顿或理查德·普雷斯顿的恐怖片：城市因致命病毒而陷入瘫痪，人们急切地寻找抗疫药剂和疫苗，好心的医生工作到虚脱以救治还能被救治的人。这位好心的医生名叫贝尔纳·里厄。

基本上所有情节都像恐怖片一样地发展，包括所有恶心的细节。这部著作是哲学作家所写的小说，因此充满象征、隐喻和符号。鼠疫代表恶（战争），面临这种情况每个人应该怎么做——团结还是自私？书中通过神父角色将宗教元素带入其中。

作者

阿尔贝·加缪是作家，也是哲学家。他提出了荒诞哲学，简而言之，就是人类有无数无意义的痛苦，但人类仍然应该与之对抗，而且最好是和别人一起（团结！）。

加缪出生于阿尔及利亚，和他的第二任妻子在奥兰生活多年。在法国疗养期间（加缪患有肺结核），奥兰被英美联军占领了——加缪回不了奥兰，于是在巴黎开始写书。

小道消息

加夫列尔·加西亚·马尔克斯曾为《鼠疫》写下评论：加缪没有迷失在他的小说里。戏剧性的不是那些穿过后门溜到坟场的人——瘟疫的恐惧对这些人而言，终于过去了——而是那些躺在闷热的卧室，咯血却不能逃离被封锁的城市的人。

入门提示

总而言之，《鼠疫》是加缪最容易读的一本书，故事情节扣人心弦，而且不会让人感到混乱、难以理解。如果感兴趣的话，还可以读一读关于这本书不胜枚举的诠释。

沃尔夫冈·博尔歇特 Wolfgang Borchert

在大门外

Draußen vor der Tür

情节

这是一个战争返乡者的故事：贝克曼被俘虏三年后从西伯利亚回到家乡汉堡。他衣衫褴褛、瘦弱、有枪伤，而且，必须面对自己的家已经不存在的现实。

贝克曼的妻子投入了别人的怀抱，他素未谋面的孩子已经死去，他的双亲开煤气自杀，他不知道该往哪里去。他想淹死自己，然而易北河不想要他，他被冲上了岸。有个女人把他带回了家，但是女人的丈夫一来，贝克曼又必须离开。

他想去找从前的上校。战争期间，上校临阵脱逃，把二十个男人交给他指挥，但后来，其中十一个都死了。每天晚上贝克曼都会梦到这些人的家属质问他：我的父亲/儿子/兄弟/未婚夫在哪里？这本是上校应该负的责任，但是上校只是笑。贝克曼压抑着自己的罪恶感，希望尽可能不再想起。

全剧以贝克曼的独白结束，他绝望地大叫："难道没有人回答吗？"

小道消息

《在大门外》是博尔歇特唯一的剧作，仅用八天就写完了，起初以广播剧的形式在西北德意志电台播出，作者因此一举成名。

作者

沃尔夫冈·博尔歇特和剧中的主角贝克曼有许多相同之处，他的精神和身体也被战争所毁。1946年1月，他一个晚上就写完了短篇小说《蒲公英》，批评家非常惊讶：这个人具备不可思议的天赋，一定会声名鹊起。

沃尔夫冈·博尔歇特的大作几乎是在两年内完成的，虽然那段时间他几乎都卧病在床，却创作了五十多篇短篇小说。

入门提示

这部作品的文本并不通俗易懂。书中的很多人物没有名字，现实和梦境交错，却没有直接的关联。这部剧作可以被无限诠释，因而颇受德文教师的喜爱，但学生们却对它痛恨不已。

事实上，这不是篇容易消化的作品，也本应如此。博尔歇特比较易读（然而同样压抑）的作品是他的短篇小说（《面包》《厨房时钟》）。

名句

您还能活下去吗，上校，您能不尖叫地活上一分钟吗？

这是贝克曼对前任上校提出的一个问题。

杜鲁门签署马歇尔计划 | 柏林封锁和柏林空运事件 | 以色列国建立，本-古里安任总理 | 圣雄甘地遇刺身亡

1948

《问题的核心》格雷厄姆·格林 | 《裸者与死者》诺曼·梅勒

乔治·奥威尔 George Orwell

一九八四

Nineteen Eighty-Four

情节

故事背景设定在1984年的伦敦。因为几场战争，世界被三个超级大国——大洋国、欧亚国以及东亚国——所瓜分。英国属于大洋国，是个集权国家，这里的每间公寓里都有电幕，随时监视着所有国民，录下所有谈话，同时不停地播放宣传影片。

主角温斯顿·史密斯在真理部工作，负责伪造报纸上的文章，只有关于党派最好的消息才会被收录到档案里。国家的领导人是著名的“老大哥”，然而从来没有人见过他。

史密斯慢慢地厌倦了这个系统，但是他一直很紧张，甚至不敢思考自己的不满，否则他可能会成为思想犯而立刻被判死刑。在他的公寓里恰好有个拍摄死角，他在那里写日记——这当然也是被严格禁止的。

在工作中，他注意到了一个年轻的女孩——茱莉亚，她是思想警察的一员吗？毕竟，她佩戴着青年反性同盟的饰带……茱莉亚其实也是反抗阵营的一员。有一天，她塞给温斯顿一张纸条，上面写着“我爱你”。这两个人偷偷地在查林顿先生的房间会面，后来他们才发现：查林顿先生其实是一名思想警察。

温斯顿和茱莉亚被逮捕、刑讯、洗脑，他们互相出卖，一切都混乱不已。最后，温斯顿成为“思想纯洁者”，他只爱“老大哥”。

小道消息

这本书之所以叫《一九八四》，是因为奥威尔是在1948年创作完成的，然后他把后面两个数字颠倒了一下（1984在当时还显得很遥远）。这一点每个人都知道，对吧？然而你知道吗？奥威尔曾犹豫是否要把书名改成《欧洲最后一个人》。

入门提示

看完前五十页的时候，乐观主义者通常会很兴奋（“当时已经有这么棒的科幻构想了啊！”），悲观主义者则会感到压抑（“几乎一切都变成了现实……”），然后，可能就会感到“审美疲劳”。如今，大家已经读过太多末世、反乌托邦等主题的科幻小说，（自愿）成为脸书成员，知道秘密警察的真面目。因此，如果你实在看不下去“两分钟仇恨”（即大众心理宣泄活动）和那些新话（即大洋国政党规定的官方语言，极其奇怪），可以选择看一看由这部小说改编拍摄的电影，时长只有105分钟。

名句

老大哥在看着你。

Big Brother is watching you.

很久以来，这句话常被引用——不管是开玩笑还是认真的。自从有个相关的电视节目以后，这句话就有点被用烂了，但随着美国国家安全局（NSA）对全球数亿公民的窃密事件被曝光之后，这句话变得更有爆炸性了。

康拉德 · 阿登纳成为
联邦德国首任总理

民主德国（东德）
与联邦德国（西德）成立

发明德式
咖喱肠

1949

《一九八四》
乔治 · 奥威尔

《阿莱夫》（小说集）
博尔赫斯

★1903 年生于印度
✝1950 年卒于英国

"如果说自由意味着什么的话，那就是对人们说出他们不想听的话的权利。"

乔治·奥威尔本名是埃里克·亚瑟·布莱尔。1933年，他首次以笔名发表作品。传闻他曾经说："我要称我自己为乔治·奥威尔，因为这是个不错的英文名字。"或者也因为乔治五世统治时，他喜欢到萨福克的奥威尔河畔郊游。

乔治·奥威尔一生都因这个世界而饱受煎熬。他不合群，好斗，被金钱与权力所困扰。

从伊顿公学毕业之后，他曾在缅甸做警察，每天都看到不公平的事。英国人对殖民地居民并不友好，奥威尔甚至不得不下达处决令、镇压令。他忍耐了五年，尔后，良知获胜了。他请辞，写下著名的随笔《绞刑》，开始了写作生涯。

但是他必须先解决生计问题——做些零工，比如当采啤酒花工、服务员、洗碗工、助理教师等。之后，他以这些生活经历创作了纪实作品《巴黎伦敦落魄记》。渐渐地，他能依靠写作维持生活了，他的主题一直都是正义、团结、人类尊严，奥威尔想把政治写作变成艺术。

调查英格兰北部的矿场时，矿工的真实处境让他深感震惊——为此，他写了《通往威根码头之路》。不仅仅对于写作，奥威尔对自己的要求也很高，他过着自己所追求的生活：简单、禁欲、自主。至少有好几年的时间，他住在一个小村子里，自己种植蔬菜和水果，自己制作家具，他说：真正的幸福来自辛勤工作和简朴生活。他还认为，人类只有保存生命中的纯朴方能维持人性。

对奥威尔来说，光是报导西班牙内战是不够的，他还参战并因此而身受重伤。后来，第二次世界大战爆发，奥威尔曾在英国广播公司（BBC）的战地宣传部门工作，之后成了一名战地记者。他曾被英国当局严密监视数十年，也饱受肺结核折磨之苦。

1945年出版的《动物农场》是一部隐喻斯大林主义的政治寓言小说，这部作品使奥威尔声名大噪。四年后，《一九八四》出版。不久，奥威尔死于肺结核，享年只有四十六岁。

阿瑟·米勒 Arthur Miller

推销员之死

Death of a Salesman

情节

推销员威利·洛曼今年六十三岁，三十年来他都为同一家公司工作。年纪越大，他越意识到美国梦不会成真。他常回忆起美好的往昔，以及有所成就而已经去世的哥哥。另一方面，威利越来越落魄，不得不靠他的朋友查利帮衬。

威利的儿子比夫和哈皮也并非如他所期望的那样。比夫是个优秀的足球运动员，但是仅此而已。自从撞见父亲和另一个女人在一起之后，比夫就完全懈怠下来，只是一味地和父亲威利争吵。哈皮的工作不好，他没有上进心，又痛恨上司，出于沮丧还勾引了上司的妻子。

威利的妻子琳达是个好女人，她尽心照顾丈夫，但完全不知道家中的真实情况。

威利后来被解雇了，儿子比夫试着强迫他认清并接受现实。威利却依然对自己的能力深信不疑，他要最后扮演一次“美国英雄”：他假装开车发生意外，用死亡让儿子比夫获得保险赔偿金，帮助儿子获得成功。

入门提示

读剧本虽然很有野心，却没什么意义。如果附近的剧场没有上演这部戏，可以看看由沃尔克·施隆多夫导演的同名电影，由达斯汀·霍夫曼主演，约翰·马尔科维奇饰演比夫。

作者

没错！阿瑟·米勒就是曾经和玛丽莲·梦露结婚的那个人，虽然婚姻只维持了四年，但是他因此声名大噪（他却对此感到非常不舒服）。

身为作家，米勒和梦露结婚之前就已经是“明星”了：他33岁时发表《推销员之死》，一举获得普利策奖；几年后，又创作了戏剧《萨勒姆的女巫》（1953），以猎巫事件隐喻麦卡锡时代对共产主义者的政治迫害——这让他立刻招致麦卡锡主义者的愤怒，陷入了麻烦之中。

兰尼埃三世成为摩纳哥亲王 | 第一届法兰克福书展 | 第一个国际SOS儿童村

1949
《推销员之死》
阿瑟·米勒

格雷厄姆·格林 Graham Greene

第三人

The Third Man

情节

1945年，维也纳被战胜的协约国占领，划分成好几个势力范围。罗洛·马丁斯想和老朋友哈利·莱姆在这里碰面，然而他刚抵达就得知哈利被车撞死。

葬礼上，马丁斯认识了警官卡洛韦（书中的第一人称叙述者）。卡洛韦邀请他去喝一杯，并告诉他，自己曾经追捕过哈利，因为哈利参与了可恶的黑市交易，而且差点儿就被自己逮到了。

之后在旅馆里，马丁斯接到电话，有个名叫库尔茨的奥地利人想和他见面。在与库尔茨交谈时，马丁斯发觉哈利的死似乎有些不太对劲。于是，他决定展开调查（在这期间他爱上了哈利的女朋友安娜）。

事情变得越来越可疑。马丁斯发现意外发生时，事故现场的两个人都认识哈利。哈利的邻居科赫先生声称现场还有第三人，然而第二天傍晚，科赫也死了。

卡洛韦传讯罗洛·马丁斯，马丁斯终于得知他的朋友哈利·莱姆做了什么——青霉素黑市走私。糟糕的是，为了获利更多，哈利稀释了这些青霉素，这对病患造成了灾难性的后果。

最后，卡洛韦和马丁斯确信：哈利还活着，他就是现场的第三个人，而当时的死者并非哈利！他们将哈利引入陷阱，但是哈利逃脱了，接着就是著名的维也纳下水道追逐——最后，马丁斯射杀了他的朋友哈利。

小道消息I

格雷厄姆·格林在前言里提及何以写下这本书：导演卡罗尔·里德让他创作一个电影剧本，而他不习惯一上来就直接写干巴巴的电影剧本。他必须先写一个故事，有更多的原材料之后，才能找到感觉往少里写电影剧本。后来，他觉得电影比原来的故事更好（电影在书出版前一年就上映了）——电影的完成度更高，是故事的最终版本。

小道消息II

电影有几点和书不一样：主角不叫罗洛·马丁斯，而是霍利·马丁斯（演员约瑟夫·科顿不满意罗洛这个名字）；原本那个美国坏蛋库勒替换成了罗马尼亚人（因为哈利的扮演者奥逊·威尔斯是美国人，这部戏里已经有了一个美国人的反派角色）；俄国人绑架安娜的戏被删掉了（电影不想显得太政治化）；结尾一点儿都不圆满（马丁斯和安娜在书里至少还有一丝在一起的希望）。

此外，还可以听听《第三人》的电影主题曲，也被称为“哈利·莱姆主题曲”，由齐特琴演奏家安东·卡拉斯创作（导演卡罗尔·里德偶然在一家酒馆挖掘到正在演奏齐特琴的卡拉斯，便邀请其为电影创作主题曲。卡拉斯也因此一举成名）。《第三人》主题曲甚至登上了音乐排行榜！

入门提示

值得阅读（虽然电影确实比较好）！！！

J.D.塞林格 Jerome David Salinger

麦田里的守望者*

The Catcher in the Rye

情节

霍尔顿·考尔菲尔德今年16岁，但他的处境可不怎么好。他在学校里学习成绩不好，和女孩子交往也是平平淡淡，还总是被室友利用。第四次被学校开除的时候，霍尔顿决心彻底逃离周围的一切。他搭上火车前往家乡纽约，然而不是回到父母身边，而是住进旅馆里。

他在酒吧未喝成酒，后又去夜总会喝了威士忌，回到旅馆被电梯员说服召妓。霍尔顿只想和妓女聊聊天，却被皮条客不依不饶勒索——第一天结束。

第二天早晨，霍尔顿离开了旅馆。和从前学校的朋友萨莉去了剧院和溜冰场。霍尔顿对她诉了一些苦，可惜她不想和霍尔顿一起逃学。接着霍尔顿去看了电影，过程也不怎么愉快。寒冷的深夜里，霍尔顿沮丧地坐在中央公园湖边的长凳上（他一直都想知道湖里的鸭子冬天去哪里了，这象征他强烈的同情心）。

后来，霍尔顿去他以前的老师家借住，却在半夜离开了，因为他怀疑老师在性骚扰自己。他四处游荡，在车站候车室过了一夜——第二天结束。

第三天早晨，霍尔顿决定逃到西部去。他和九岁的妹妹菲比碰面，告诉她自己的计划，菲比哭着想和他一起走。最后霍尔顿做了让步，和菲比去了动物园。菲比坐上旋转木马，看着妹妹可爱的样子，霍尔顿也终于快乐起来。

作者

对于塞林格的作品，建议全部阅读。他的作品一目了然：一部长篇小说，为数不多的几部中短篇小说——没了。《麦田里的守望者》的大获成功令他不安——他更愿意低调地生活。1965年，他发表了生前最后一部短篇小说，之后，直到他去世都不曾再露面。

小道消息

想知道关于这位神秘作家的内幕消息，可以读一读《我曾是塞林格的情人》，是由乔伊丝·梅纳德写的一本不错的自传，她在大学时代曾和塞林格交往了十个月，这并非一本八卦之书！

入门提示

《麦田里的守望者》是一本风格独特的小说，长销不衰，也是德国教师最喜欢让学生们读的作品之一（因为有许多诠释的可能性）。如果厌倦了霍尔顿·考尔菲尔德的故事，可以试试读一读《弗兰妮与祖伊》。

---

* 想要稍微炫耀一下的人，可以如下解释这奇特的书名：十八世纪的苏格兰诗人罗伯特·彭斯写了一首诗，标题是《走过麦田来》，这首诗后来成了一首著名的童谣。副歌中的*Gin a body meet a body, comin' through the rye*（如果有人遇上穿过麦田而来的人），霍尔顿·考尔菲尔德却听成*Gin a body catch a body, comin' through the rye*（如果有人抓住穿过麦田而来的人），霍尔顿潜意识里想保护在麦田里玩耍的孩子们，他觉得自己像是站在麦田旁的悬崖边上，想要抓住每一个跑向悬崖的孩子（这是小说里不断重现的主题）。

第一批利乐包装面世

1951

《空中有苍鹰》
西格弗里德·伦茨

《麦田里的守望者》
J.D.塞林格

特别精选

快速浏览文学作品

弗里德里希·迪伦马特 Friedrich Dürrenmatt

法官和他的刽子手

Der Richter und sein Henker

汉斯·贝尔拉赫是伯尔尼城的警长，正在调查一宗谋杀案：他的优秀刑警同事乌尔利希·施密特被枪杀了。因为贝尔拉赫生病了，案件不得不交由钱兹继续侦查，然而，钱兹就是凶手！贝尔拉赫很快就知道了真相，于是设计利用钱兹充当刽子手，杀掉他的死对头加斯特曼。

加斯特曼曾在四十年前犯下一起谋杀案，贝尔拉赫却一直未能证实他的罪行。这一次，贝尔拉赫借助一系列巧计让加斯特曼成为施密特案件的主要嫌疑人，并且在调查过程中被钱兹枪杀。

然后，贝尔拉赫邀请钱兹来家中，一边与其就餐，一边指控钱兹才是杀害施密特的真正凶手，还出示了证据，但随后却放走了他。不过第二天，钱兹就死了——他的车与火车相撞，他当场死亡。

一部简短、激动人心的世界文学作品。此外，这位瑞士籍的作家还写了两部侦探小说和许多优秀的剧本，如《老妇还乡》《物理学家》。

欧内斯特·海明威 Ernest Hemingway

老人与海

The Old Man and the Sea

古巴渔夫圣地亚哥已经连续八十四天没有捕到鱼了，第八十五天，一条大马林鱼上钩了（小知识：马林鱼是旗鱼科鱼类的俗称，有些种类可以长到四米多长）。这条马林鱼太大了，圣地亚哥无法把它拉上船，反而被它拖着在海里走。他们缠斗了两天两夜。

老人越来越疲累无力，但也对这条鱼产生了无比的敬意。第三天，老人终于赢得了战斗：他用鱼叉解决了这条马林鱼。老人把它往海岸的方向拖，随后鲨鱼来了，老人拼尽全力地护卫他的战利品，然而一切都是徒劳！最后，马林鱼被吃得只剩下骨架，被筋疲力尽的老人拖回了海岸。

读者和评论家都为这本书而振奋不已。两年后，海明威获得诺贝尔文学奖，如果没有这本小说，也许他得不到这个奖呢（因为他之前的那些小说都没有那么受欢迎）。

然而，海明威此后却因为这本书招致了非常多的批评——他崇尚狩猎和大男子主义（这本书中的名言是“人可以被毁灭，但不能被打败”）。如今，人们一致认为，海明威的这部大作如此之壮丽，足以让人忽略他男权主义的倾向。

第一枚氢弹爆炸成功

1952

《法官和他的刽子手》 弗里德里希·迪伦马特

《老人与海》 海明威

伊恩·弗莱明 Ian Fleming

皇家赌场

Casino Royale

情节

主角：詹姆斯·邦德，英国军情六处特工，代号007（他拥有杀人执照），身高183厘米，体重76千克，三十多岁，当然，非常有魅力。

任务：邦德要在赌场上瓦解苏联间谍勒·希弗瑞的阴谋。在（俊俏的）法国间谍维斯珀·琳达和美国中央情报员费利克斯·莱特的帮助下，邦德在赌桌上打败了勒·希弗瑞，勒·希弗瑞却随后绑架了维斯珀。邦德被惹恼了，开始了高速追捕，他的车（隐秘地装备着手枪的灰色宾利）失去控制后，他不仅也被勒·希弗瑞绑架，还遭受了酷刑。

幸好，另一个苏联情报员及时出现，解决了勒·希弗瑞*，并故意在邦德的手上刻了象征苏联间谍组织的俄文符号（哦，这个当然不能就这么留着，上级会让邦德移植皮肤遮住这个标记！）。邦德和维斯珀获救，可以休养一下了。邦德想和维斯珀结婚（是的！虽然他要因此永远放弃间谍工作！），但是维斯珀举止反常，最后自杀而死，因为——她是双面间谍，一直在监视着邦德！于是，邦德终于又可以为女王服务了。

小道消息

伊恩·弗莱明是一位狂热的观鸟爱好者，小说主人公就是以鸟类学家詹姆斯·邦德的名字命名的，他写了一部精彩的专业书籍《西印度群岛的鸟类》。

作者

当然，伊恩·弗莱明本人就曾是一名间谍。第二次世界大战期间，他为英国情报局工作，主导过几次颇具规模的行动。不过，詹姆斯·邦德的原型并不是他自己，而是一个英国海军军官。第一部邦德小说是弗莱明重回记者岗位的时候所写下的，并不是特别成功，然而弗莱明还是坚持写下了这个系列小说，慢慢地007邦德就变成了明星。

同中有异

弗莱明写了十二部邦德小说，在他去世后，不同的作者试着写下续集。1981年由约翰·加德纳接手，写了十四本续集，并将故事背景移到了二十世纪八十年代（这些全部得到了原著版权继承人的许可）。1996年，美国作家雷蒙德·本森取代加德纳，本森也有严格的写作条件：故事背景要移转到现代，不可涉及冷战，而要和当前政治相关，M必须是女性。

也许这是个不错的主意，因为虽然不是弗莱明的手笔，但是至少故事扣人心弦。相反的，作者百岁诞辰时出版的邦德小说，虽然在时间和内容上都和作者最后一部原著（《终极武器》）相衔接，一切都正确地放在二十世纪六十年代，但却相当无聊。

之后，美国惊悚小说作家杰夫里·迪弗、英国小说家威廉·博伊德成为新的邦德小说写手。

---

*苏联内部清除变节间谍叛徒，反而帮助了邦德。

炙手可热的奖项

最重要的文学奖

开膛手奖（即欧洲犯罪小说之星奖）
Ripper Award

颁发给欧洲优秀的犯罪小说。该奖项根据连环谋杀犯“开膛手杰克”命名，这惹恼了许多人。如今网页上虽然不再说明名称由来，但依旧维持原名。

马克·吐温美国幽默奖
Mark Twain Prize For American Humor

颁发给美国优秀的喜剧从业者，因为马克·吐温总是以幽默激发思考。史蒂夫·马丁和乔治·卡林都曾拿过这个奖。

€ 7600

€ 7600

€ 125000

€ 1250000

0€

美国国家图书奖
National Book Award（简称NBA）

奖金：约 1 万美元

类别：小说、非小说、诗歌、青年文学

1950 年起颁发

这个奖是美国除了普利策奖以外最重要的一个文学奖项。除了上述四个类别之外，每年还会颁发两个终身成就奖。

普利策奖
Pulitzer Prize

奖金：约 1 万美元

类别：21类（包括小说、非小说、新闻、摄影等）

1917 年起颁发

除美国国家图书奖（NBA）以外，颁发给美国作家最重要的奖项——根据美国报业巨头约瑟夫·普利策遗愿所创立。

塞万提斯奖
Premio Miguel de Cervantes

奖金：约 12.5 万欧元

类别：终生成就奖

1976 年起颁发

对西班牙语文学世界而言，塞万提斯奖是和诺贝尔文学奖一样重要的奖项，通常由一位西班牙作家和一位拉丁美洲西语作家轮流得奖。颁奖典礼一律于4月23日——塞万提斯的逝世纪念日——举行。

诺贝尔文学奖
NobelPriset i Litteratur

奖金：目前约为 1,000 万瑞典克朗

1901 年起颁发

诺贝尔想奖励那些在文学领域创造展现理想主义的最佳作品。根据这个宽泛的标准，瑞典文学院基本上自由选择入选作品，但每次评选结果出来都会受到批评。尽管如此，文学界每年还是一再引颈等待着由五位老先生组成的委员会做出的决定。

高额奖金也意味着名声高涨。

图例

奖金 | 类别 | 重要奖项 | 怪异奖项

布莱姆·斯托克奖
Bram Stoker Award

颁发给对恐怖文学有特殊贡献者。

埃德加·爱伦·坡奖
Edgar Allan Poe Award

颁发给美国优秀的推理文学作品，也被亲切地称为“埃德加”。

《书商》代尔格莱姆年度最古怪书名奖/代尔格莱姆奖
Bookseller Diagram Prize

旨在鼓励大众搜寻古怪的书名。该奖是由“代尔格莱姆集团（Diagram Group）”的创始人布鲁斯·罗伯逊和特雷弗·邦福德提出的，当时他们在法兰克福书展上逛得有点无聊。这个奖很快就大受欢迎——看看得奖书名就了解原因何在了，《如何避开巨轮》，或是《同性恋母马故事大全》，或是《以成吉思汗的方式管理牙科诊所》……从 2008 年开始，也为最古怪的德语书名设立了一个奖项。

€ 62000

布克奖
Booker Prize
约 5 万英镑
长篇小说
1969 年起颁发

颁给英国、爱尔兰或英国联邦作家的最佳英语长篇小说。这个奖项最初是由英国食品企业集团布克（Booker McConnell）所赞助的，布克拥有一些作家（如阿加莎·克里斯蒂、伊恩·弗莱明等）的版权，将部分集团利润用来资助该奖项。2002—2019年，这一奖项由布克奖基金会颁发，主要赞助方是英仕曼集团。如今这个奖项由Crankstart基金会赞助。

€ 50000

格奥尔格·毕希纳奖
Georg-Büchner-Preis
5 万欧元
1923 年起颁发

对德语文学界的作家而言，这是最重要的一个文学奖项，颁发给那些以德语写作，因其出色的文学作品脱颖而出，并且对塑造当代德国文化生活有着杰出贡献的作家。

€ 25000

德国图书奖
Der Deutsche Buchpreis
获奖者奖金2.5万欧元，其余进入短名单的五位作者各得2,500 欧元
长篇小说
2005 年起颁发

由德国书业贸易协会创办的文学奖，在德国是最受重视的文学奖项，评选于每年法兰克福书展即将开始前完成，每年10月在法兰克福书展上举行盛大的颁奖典礼。

€ 10

0€

龚古尔文学奖
Le Prix Goncourt
10 欧元
叙事作品
1903 年起颁发

最重要的法语文学奖，虽然获奖者只能得到象征性的10欧元支票，但以前的奖金曾是5,000法郎呢！然而，通货膨胀……不过，这都无所谓！得奖的作品一定会登上畅销书排行榜，这一样会为作者带来收入。

特别精选

快速浏览文学作品

萨缪尔·贝克特 Samuel Beckett

等待戈多

En attendant Godot

两个男人在一棵树下等待某个叫戈多的人，戈多却没有出现。这两个人也根本不知道何时以及为何与他这么约定。等待之际，两人有一搭没一搭地聊着。

接着，另外两个人加入他们。波卓用绳子牵着幸运儿，并命令他四处走动。之后，幸运儿又被命令表演跳舞和“思想”，结果却以完全荒谬的独白结束。

以上是第一幕。

第二幕（即第二天）开始，那两个男人继续等待，幸运儿和波卓再度经过。波卓（变瞎了）不得不被幸运儿（变哑了）牵着走，两个人并不记得昨天发生的事。戈多依然没有出现。

其实，观众也在徒劳地等待着——等待戏剧的故事情节，等待展现某种意义、某种逻辑。然而这部戏获得了巨大的成功。人们可以对这部作品随意解读（不论是导演、评论家还是观众），因为贝克特本人并未给出任何说明。

弗朗索瓦丝·萨冈 Françoise Sagan

你好，忧愁

Bonjour tristesse

塞西尔今年17岁，和她的父亲雷蒙一起生活，雷蒙英俊而有魅力。父女俩和雷蒙的现任情人爱尔莎一起到蔚蓝海岸度假。塞西尔母亲的旧时好友安娜突然出现了，她是经营时装的。关键是，她和雷蒙以往的年轻情人气质完全不同。雷蒙爱上了安娜，爱尔莎伤心离开，安娜和雷蒙很快就宣布了婚讯。

这绝对不合塞西尔的意——她有些担心自己眼下的散漫生活很快就会一去不回了。于是，她设了一个小小的、精致的诡计，让安娜看到雷蒙亲吻爱尔莎。伤心的安娜边哭边开车离去，结果发生了致命意外。这令所有人震惊！不过，塞西尔和雷蒙很快又回到了从前散漫闲适的生活状态。只是在想到安娜的时候，塞西尔才会有点伤心。

弗朗索瓦丝·萨冈写《你好，忧愁》时只有18岁，这是她的第一本小说。这本书出人意料地大获成功，但在当时也是个小丑闻（对于二十世纪五十年代那些“老古板”来说，这本书太过放纵了）。弗朗索瓦丝·奎雷兹的父母是有远见的，坚持让她用笔名发表作品，于是她借用了普鲁斯特小说中角色的姓氏，自称萨冈。

1953
《等待戈多》首演
萨缪尔·贝克特

威廉·戈尔丁 William Golding
蝇王
Lord of the Flies

一群六到十二岁的孩子在战时被撤离去安全的地方，然而途中飞机失事，所有成年人罹难，孩子们被迫在一个无人岛上开始自救。他们找到饮用水、野果和野猪，尝试着共同生活。拉尔夫被推为首领，起初一切进行得还不错。孩子们在小岛上探索，借助眼镜点燃火堆释放求救信号，建起茅屋。然而，后来他们分裂成了两个相互对立的阵营，一方以拉尔夫为中心（理性，坚持有秩序地做事情），另一方以杰克为主（冒失妄为，忽视自己的义务）。很快，双方就爆发了一场真正的战争，杰克带领他的"猎人们"把越来越多的孩子拉到了自己的阵营，甚至杀死了拉尔夫队伍中的两个男孩。就在拉尔夫即将被抓住时，英国海军来到岛上，救了这群孩子。

故事当然是对专制制度和文明世界的批判，但同时也是心理学层面的一次探讨。

同中有异

类似鲁滨孙遭遇的悲剧故事还可以看一看亚历克斯·加兰的作品《海滩》（类似嬉皮士公社的团体，有着自己的规则——最后同样没有成功），或是美国电视连续剧《迷失》（也译作《LOST档案》，讲述的是空难幸存者在岛上相遇——随时都会有人死去）。

阿斯特丽德·林格伦 Astrid Lindgren
小飞人卡尔松
Lillebror och Karlsson på taket

"我是个英俊、绝顶聪明而且不胖不瘦、风华正茂的人"——那天，飞进斯万德松（小家伙）房间的时候，卡尔松就是这么说的。在把小家伙的蒸汽机玩爆炸后，卡尔松说了句"小事一桩"，然后就飞回了他在屋顶上的小房子。

慢慢地，小家伙和卡尔松成了朋友。虽然卡尔松常常很自私、专横、贪吃、自以为是，而且一点儿都不和蔼，但小家伙还是喜欢卡尔松（反正他不被允许养狗！），并且和这个奇怪的小胖叔叔经历了许多冒险。

与卡尔松相关的书共有三册，在每一册里他都无法无天，也正因此才非常有趣。

第一台电动滴滤咖啡机　麦卡锡听证会结束　德国赢得世界杯足球赛冠军（伯尔尼奇迹）

《魔戒》（第一部《护戒同盟》）J.R.R.托尔金

《你好，忧愁》弗朗索瓦丝·萨冈

1954 《蝇王》威廉·戈尔丁

《在网下》艾丽丝·默多克

《钢穴》艾萨克·阿西莫夫

1955 《小飞人卡尔松》林格伦

弗拉基米尔·纳博科夫 Vladimir Nabokov

洛丽塔

Lolita

情节

主人公亨伯特·亨伯特*是个生活在美国的法籍文学学者。他一直都被年轻女孩所吸引，他称这些女孩为“性感少女”。他搬到新英格兰，立刻迷恋上了房东太太的女儿多洛蕾丝（被亨伯特称为洛丽塔）。多洛蕾丝虽然才12岁，但却十分早熟。

洛丽塔的母亲夏洛特爱上了亨伯特，于是向他施压要么和自己结婚，要么就搬走。为了能留在洛丽塔身边，亨伯特同意了——虽然他很鄙视夏洛特。他在日记里写下了自己对这对母女的感情，夏洛特偶然中读了日记，她惊怒交加，随后在寄信时被经过的汽车撞死了。

亨伯特从夏令营接走了洛丽塔，和她开始了一段情感纠葛。他们一起在美国各地旅行，从一家汽车旅馆换到另一家。他的激情很快就变成情欲的束缚，他做了洛丽塔要求的一切，而洛丽塔却毫不留情地利用了他。

有一天，洛丽塔离开了——和某个身份不明的追求者一起私奔了。几年后，亨伯特才得知那个人原来是剧作家克莱尔·奎尔蒂，奎尔蒂承诺让洛丽塔在电影里演个角色（然后又强迫她出演色情片）。亨伯特枪杀了奎尔蒂，然后面临法律的制裁。洛丽塔则已经结婚，但生活一贫如洗，后来死于分娩。

小道消息

纳博科夫在这部作品中使用了许多对其他著作的隐喻和滑稽模仿，还有很多双关语和容易引起歧义的词句，只有熟悉文学和不同语言的人才能理解。比如：洛丽塔结婚后的姓氏为席勒，她名字（Lolita Schiller）的英语发音听起来就像“洛丽塔的杀手”（Lolita’s killer），这可能是在暗示她是（间接）被丈夫杀死的。

入门提示

故事听起来似乎是有不少性暗示的精彩小说，但是看一百页“蓓蕾似的乳房”之类的内容也相当乏味。除此之外，字里行间还有不少隐藏的典故，所以整体读起来并不是那么轻松。

想开始了解纳博科夫作品的话，建议阅读他的第一部小说《玛丽》，一个引人入胜的爱情故事，全书只有一百多页。

名句

她是洛，她是早上普普通通的洛，她是穿着休闲裤装的洛拉，她是学校里的多莉，她是在正式文件上签字的多洛蕾丝。但是在我的臂弯里，她一直都是洛丽塔。

---

*亨伯特·亨伯特（Humbert Humbert）这个名字是叙事者自己取的假名，因为听起来特别古怪。

亨利·米勒 Henry Miller

柯利希的宁静日子

Quiet Days in Clichy

情节

啊，20世纪30年代巴黎的“波西米亚人”过着怎么样的生活啊！他们大都在饮酒，聚会，欢爱或写点东西。美国人乔伊（第一人称叙述者，也是作者的另一个自我）和卡尔合租在一起，他们有时有钱，有时没钱，和形形色色的女人（很多还是妓女）消磨着时光。

是的，书中有些性暗示，但并不多，而且相当简洁。当时让人（尤其是保守的美国人）惊愕不已的内容，如今的读者看了，可能只会一笑而过，比如书中这样的描述：她把一只手放在我身上，我就如同一只受过训练的海豹一样，对她轻微的爱抚马上就有了兴奋的反应。

此外，米勒还描述了“迷惘的一代”（又出现一次！见本书第90页）在巴黎时散漫、放荡的生活：生活混乱的卡尔、乔伊一起搭讪带回家的某个女孩，竟然随身带着枪，女孩还用口红在浴室的墙上写诗，这很有情调，也很有趣；赤裸的卡尔把空头支票分给那些赤裸的女孩，女孩们觉得自己被骗了，白忙活了一场，因而坐在浴缸里大声斥责卡尔。

小道消息

看到这个书名，你可能会以为这部小说描写的是乡村风情，其实恰恰相反，柯利希是巴黎西北部的一个小镇（乔伊和卡尔居住的地方），而柯利希广场*就在蒙马特区中心（乔伊、卡尔勾搭女孩的地方）。

作者

实际上，亨利·米勒就是个“坏家伙”，他有过五任妻子和无数情人；最引人注目的是他和琼·曼斯菲尔德的婚姻。20世纪30年代初期，亨利和琼住在巴黎，在那里，他们认识了阿娜伊丝·宁，过起了“三人行”的婚姻生活！关于这段三角关系，不管是亨利·米勒还是阿娜伊丝都在各自的传记里详细记述过。

入门提示

入门的完美选择。小说内容轻松，有趣，充满欢乐。米勒的其他作品主题大都比较黑暗、粗野，反叛意味十足，而且充满了性暗示——《北回归线》或《性爱之旅》是了解米勒的进阶级作品。当然，对于跨性别读者来说，可以看一看阿娜伊丝·宁的作品《亨利和琼》。

---

*顺带一提，书中主角乔伊和作者亨利·米勒常去的维普勒咖啡厅依旧伫立着，就在柯利希广场14号。

德国电视节目上首次出现广告（宝莹洗涤剂）

《上流社会》（格蕾丝·凯利主演）

摩纳哥亲王兰尼尔三世与格蕾丝·凯利结婚

1956

《老妇还乡》弗里德里希·迪伦马特

《柯利希的宁静日子》亨利·米勒

《堕落》加缪

马克斯·弗里施 Max Frisch

能干的法贝尔

Homo Faber

情节

《能干的法贝尔》（*Homo Faber*）书名系拉丁文，意思是“有技术专长的人”。瓦尔特·法贝尔就是这样一个人：他50岁，是名工程师，为人十分理性，不相信巧合或命运。偏偏就是这样的他，在小说中遭遇了一系列巧合事件。

法贝尔从纽约飞往墨西哥，坐在德国人赫伯特·亨克旁边，结果赫伯特是约阿希姆·亨克的弟弟。约阿希姆和法贝尔曾经是非常好的朋友（巧合！），而约阿希姆后来和法贝尔曾经的情人汉娜结了婚（巧合！）。汉娜和法贝尔分手是因为他对汉娜怀孕不太高兴。

飞机出了事紧急降落（巧合！）。成功获救之后，法贝尔决定和赫伯特去拜访他的哥哥约阿希姆。但是约阿希姆在位于危地马拉的农庄自缢。法贝尔又回到纽约，从那里搭船前往欧洲。在船上，他认识了年轻的莎白，她让法贝尔想到了汉娜，而事实上莎白就是汉娜的女儿（巧合！）。他们两人相恋，法贝尔陪着莎白到希腊，回家看望母亲。莎白在沙滩上被蛇咬了，法贝尔急忙赶去帮忙，赤裸的法贝尔突然出现在莎白面前让她受到惊吓，摔下堤岸时头部受到了撞击。莎白在医院去世——然而不是因为被蛇咬了，而是因为脑部出血（法贝尔忘了告诉医生她摔倒的事，医生以为她只是中了蛇毒）。

法贝尔从汉娜那儿得知自己就是莎白的父亲（命运！）——他自己其实可以很简单就推算出来。

整本小说是以法贝尔为第一人称写的，法贝尔在尝试重构所有发生的不幸，好为自己辩解：合理化自己当初弃汉娜于不顾、长时间不愿正视莎白是亲生女儿的事实，以及逃避自己为莎白的死亡负责等等。

小道消息

俄狄浦斯式的命运悲剧！整本书和希腊神话有许多相似之处。不过，只有先研究明白古希腊众神，才能理解其中的象征和隐喻。绝对不要忽视法贝尔的赫耳墨斯袖珍打字机这个细节，赫耳墨斯是众神的使者、亡灵的接引神，他的任务之一是将死者带到冥界。这清楚地表明：小说的结尾法贝尔在接受胃部手术时没能幸免一死。

入门提示

《能干的法贝尔》当然不属于复杂的长篇小说，但也不是能轻松读完的——书中有太多叙事层次、象征（如上所述）、时间跳跃和空间切换。

适合入门者阅读的是小说《蒙托克》。这本书具有自传色彩，讲述了弗里施和一个年轻女子在长岛共度周末的故事。这是一部带有八卦效应的伟大文学作品——出版之后，弗里施和第二任妻子就离婚了，因为他的妻子很介意现在所有的人都知道丈夫的绯闻。

★1911年生于瑞士
✝1991年卒于瑞士

“文学凸显某个时刻，这是它存在的原因。”

马克斯·弗里施曾说“成熟的女性更好”，但这并未妨碍他身边的女伴一个比一个年轻。伴随他走完人生最后一段路程的女人，就是他旧情人的女儿。

马克斯·弗里施的照片几乎都是戴着黑色的牛角眼镜、抽着烟斗的，他看起来挺严肃，还有些古板。你可以想象他坐在书桌边打字，或是在他的建筑事务所设计独栋住宅，但是不见得能想象得出他引诱美女的样子，然而他的确就这么做了。他一生都在不断追寻，依照自己内心的意愿，寻找正确的表达——追寻自我。

弗里施在大学里学习的是日耳曼语言文学，学业中断后当了记者。二十三岁时，他就创作了第一部长篇小说。接着，他又创作了一篇短篇小说，故事的主角是一个在当艺术家还是平凡人之间挣扎的男人。弗里施非常不满意这本书，还因此决定不再写作。在朋友的资助下，他进入大学开始攻读建筑专业，并开设了自己的建筑事务所。很快，他又重新开始写作了，起先只是作为副业，主要是写剧本（例如《中国长城》）。然而后来，他却成了战后最重要的德语剧作家。

1954年，弗里施发表长篇小说《施蒂勒》，一举成名。随后，弗里施关闭了建筑事务所，离开了家庭（他曾多次背叛妻子），创作了《能干的法贝尔》和他最重要的舞台剧本《毕德曼和纵火犯》。弗里施爱上了女作家英格博格·巴赫曼*，巴赫曼希望他能够理解自己的恋情，他却做不到，所以这段关系并未维持多久。后来，弗里施认识了比自己年轻三十岁的玛丽安娜·厄勒尔，不久便与她结了婚。女人、情史、旅行、写作——就是弗里施的生活；罪恶、身份认同、自我辩解以及两性关系、婚姻、爱情——就是弗里施的写作主题。可以说，他最重要的主题是他自己，而这也是他饱受评论家诟病的地方，加之他巨细无遗的日记常是他作品的基础，使这一点更加凸显。

即便如此，若没有弗里施，德国战后文学就好像缺了点什么。

---

*译注：英格博格·巴赫曼（Ingeborg Bachmann），奥地利人，二十世纪最重要的德语诗人及作家，享年仅四十七岁。为纪念这位作家，1977年起，每年以她之名颁发英格博格·巴赫曼文学奖，这是德语界重要的文学奖项之一。

杰克·凯鲁亚克 Jack Kerouac

在路上

On the Road

情节

年轻的作家萨尔和妻子离婚了，那个时候他正在写自己的第一部小说。随后，离经叛道、难以教化的迪安的到来，彻底分散了他的注意力。迪安带着萨尔一起踏上了马不停蹄地穿越美国的旅程。萨尔忘记了离婚的痛苦和他的工作——那是疯狂而危险的生活，充斥着毒品、性、女人和波普爵士乐。

之后，萨尔继续写他的小说。一年后，迪安又出现在他身边，狂欢又从头开始。然而当萨尔病重时，迪安却弃他于不顾。萨尔恢复了健康，他的不安也被治愈了，他在纽约找到了一个心爱的姑娘，安定了下来，并开始写另一部小说。当迪安又一次出现，他不再追随迪安了。

《在路上》可以说是所有公路电影的灵感来源：迪安和萨尔搭便车，坐在皮卡的后车厢里，偷车，或者跳上货运列车，四处旅行。他们随身携带一切，永远在路上，只为不错过任何东西。最后，只有其中一个坚持下去了。

小道消息

1951年，当时还处于计算机的“史前时代”，作家只能用打字机写作，而在美妙的灵感不断迸发时，作家却不得不停下来换纸，这很让人恼火。为了避免发生这样的事，凯鲁亚克想出了个天才点子——把打字纸黏成36米长的一卷，借着咖啡和迷幻药的“威力”，他只花了三周就写完了《在路上》的初稿，初稿几乎没有标点符号。

出版商对此并不热情，于是凯鲁亚克不得不把稿子重新誊到普通的纸张上，并且多次进行修改（包括把真实人物的姓名改成虚构的）。所以，这部小说过了好几年才出版。

《在路上》长卷初稿于2001年被拍卖，成交价243万美元，原始版本（真实姓名版！）于2010年出版。

作者

杰克·凯鲁亚克提出了“垮掉的一代”这一称号，“垮掉的一代”是“迷惘的一代”（海明威、菲茨杰拉德等人）的后继者，是嬉皮士运动的先驱。“垮掉的一代”是反传统的，他们随性而发，富有创造力，他们躁动不安，还有点混乱，他们想反抗二十世纪五十年代时普遍存在的庸俗，宣扬享受当下——而且少不了毒品。凯鲁亚克通过小说《在路上》将他的生活态度印到纸上——这是他的突破，也是他写作生涯的巅峰。虽然他之后还创作了不少作品，但是基本上都难逃被时代淘汰的命运。

名句

我们必须上路，绝不停下脚步。

迪安·莫里亚蒂如是说——这个句子说明了一切。

悉尼歌剧院设计方案确定

1957

《在路上》 杰克·凯鲁亚克

《日瓦戈医生》 帕斯捷尔纳克

鲍里斯·帕斯捷尔纳克 Boris Pasternak

日瓦戈医生

Доктор Живаго

情节

故事发生在二十世纪初的俄国，尤里·日瓦戈（人称尤拉或是尤罗奇卡）很想成为诗人，但是以此为职业的话还是要慎重考虑的，因此他选择了成为一名医生，和安东宁娜（人称冬妮亚）结婚，并生了孩子。第一次世界大战爆发，日瓦戈在战地医院工作，结识了年轻、美丽的护士拉里莎（人称拉拉或是拉罗奇卡）。

尤里和拉拉分别了，但是在周遭社会变革（十月革命、内战）频发之际，两人一再相遇。两人相恋。因为两人都已各自有了家庭，所以这份混乱的情感让他们备感困扰（责任感！）。日瓦戈被游击队掳走，之后，他逃了回来。得知家人都逃到国外了，他决定和拉拉一起生活，然而幸福并未眷顾他们。拉拉的丈夫被共产党人迫害——她也随之深陷险境。日瓦戈说服她逃亡到远东共和国，此后余生都在思念她。

日瓦戈后来因心脏病突发死在街上。在书的尾声，读者（获得安慰）知悉拉拉和日瓦戈有个女儿。最后，读者还可以读到日瓦戈的诗——这是献给诗歌爱好者的。

小道消息

1957年，《日瓦戈医生》意大利文版出版，不久，俄文版出版（不过是在国外），但在帕斯捷尔纳克的祖国——苏联，这部小说在很长时间里都是禁书，直到1988年才解禁。1958年，帕斯捷尔纳克凭借该书获得了诺贝尔文学奖，不过迫于苏联有关部门施压，他拒绝了这个奖项。即便如此，他还是被苏联作家协会开除。1989年，在帕斯捷尔纳克去世多年后，他的儿子才代他领取了诺贝尔奖。

作者

鲍里斯·帕斯捷尔纳克起初想当音乐家，后来又学习哲学，最后成为诗人。据说这是因为一个德国城市——帕斯捷尔纳克曾在马尔堡大学求学，在那里遇到一个女孩，痴狂地爱上她，然而女孩拒绝了他的求婚，就是那个晚上，他想成为诗人……不久，他声名鹊起。然而，因为政治观点和政府不合，他陷入麻烦之中，只得深居简出，埋头翻译歌德和莎士比亚的作品，直到战后才创作了这部长篇小说。

入门提示

嗯……这部小说并不难读（没有内心独白，没有复杂交错的叙述层次，也没有缺少标点等其他问题），但是，小说很长，情节比较松散。此外，书里许多人物的名字超级复杂，还有各种别称、昵称。

无论是谁，如果期待书中也有同名电影（奥马尔·沙里夫和朱莉·克里斯蒂主演）那种媚俗的呈现，肯定会大失所望的。

朱塞佩·托马西·迪·兰佩杜萨 Giuseppe Tomasi di Lampedusa

豹

Il Gattopardo

情节

这是关于西西里古老贵族萨利纳家族的故事。萨利纳家族（“豹”是这个家族的族徽）50岁的法布里契奥亲王，不得不面对社会的动荡和政局的变革。

故事发生的历史背景：西西里岛一直被其他列强所统治。1860年，西西里岛爆发起义，朱塞佩·加里波第率“千人远征”前去支援。之后，波旁王朝覆灭，西西里全境得到解放。随着意大利的统一不断推进，西西里贵族社会逐渐没落——萨利纳家族也随之衰微。

亲王的外甥唐克雷迪加入了加里波第一方，为统一意大利奋战。他爱上了安琪莉卡——堂卡洛杰罗市长的女儿。堂卡洛杰罗虽然和亲王一样富有，但是没有贵族的礼仪教养，更没有百年的家族历史传承，仅仅是个新贵。

亲王心想：那又怎样，时代在改变。所以，他支持外甥唐克雷迪和美丽的安琪莉卡结婚。虽然他更希望唐克雷迪和自己三个女儿中的一个结婚，但是她们都太固守旧传统，等明白这些的时候已经太迟了。

虽然亲王一直在努力适应这些变化，萨利纳家族还是没落了。

小道消息

直到2004年，这部小说在德国也通常被译作《豹》，后来有译者发现：书名中的“Gattopardo”在意大利语中根本不是“豹”，而是一类小型猫科动物（例如虎猫或是薮猫）。

而且，注意了！——讽刺的是，兰佩杜萨的家族族徽上的豹子，却被仆人们说成是虎猫。真是满满的贬损意味。啊哈！整个家族都是这样的风格……

作者

实际上，本书是朱塞佩·托马西·兰佩杜萨（1896—1957）在叙述自己的家族故事（法布里契奥是以其曾祖父为原型创作的），兰佩杜萨家族族徽上也是只豹子，这个家族也是西西里的贵族，也像萨利纳家族一样失去了财产和社会影响力。

兰佩杜萨只写了这一本长篇小说，但是没有人想出版它。直到他去世一年后，这本书才得以出版，并大获成功。在卢奇诺·维斯康蒂将之拍成电影（由伯特·兰卡斯特、克劳迪娅·卡汀娜和阿兰·德龙主演）之后，本书在全球更是声名远播。

名句

假如我们希望一切如故，就得先让它一切都变。

唐克雷迪准备去参加加里波第的起义战斗前，是这么对亲王说的，然而，没有任何事物是真正可以维持原状的。

君特·格拉斯 Günter Grass

铁皮鼓

Die Blechtrommel

情节

奥斯卡·马策拉特，年届三十，被强行送入了疗养与护理院（精神病院的委婉称谓）。在那里，他撰写回忆录，也述说他在“疗养院”里的生活。到这里，一切都还清晰明了，然而，奥斯卡记述的以前的生活不仅详尽无比，而且十分诡异。

奥斯卡的回忆是从外祖母受孕怀了他母亲阿格内斯开始的（当时一个逃亡的纵火犯躲到了奥斯卡外祖母的裙子底下）。阿格内斯后来嫁给了阿尔弗雷德·马策拉特，但是她一直和表哥扬关系暧昧，后来就生下了奥斯卡。奥斯卡三岁生日时得到了一面铁皮鼓，为了不加入成人世界，他决定不再长大。铁皮鼓成了他的全部，要是有人想要拿走鼓，奥斯卡就会尖声大叫，叫声足以震碎玻璃。奥斯卡觉得这项天赋太实用了，并在各种小把戏当中使用它。不久，他的母亲因为负罪感而疯狂吃鱼，导致中毒去世。

接下来是各种复杂的情节，纳粹分子、奥斯卡和扬都牵涉其中，而扬被处死。

奥斯卡认识了女孩玛丽亚，他们用汽水粉调情，并发生了性关系，但没几天奥斯卡却看到玛丽亚和他的父亲在沙发上亲热。玛丽亚生了一个孩子（库尔特），奥斯卡认为那是他的儿子。之后，奥斯卡随王冠马戏团的侏儒演员贝布拉及罗丝维塔离开了城里，他们一起登台表演，奥斯卡表演的就是高声尖叫震碎玻璃。奥斯卡和罗丝维塔共度了一段美好的时光，但罗丝维塔很快死于炮弹轰击。

于是，奥斯卡回到柏林，回到了父亲和三岁的库尔特（可能是其同父异母的弟弟，也可能是其儿子）身边。不久，苏军攻入了柏林，奥斯卡的父亲被苏军击毙。在父亲的葬礼上，奥斯卡把铁皮鼓扔进坟墓，并决定开始长大。奥斯卡很快就长到了1.21米，但他再也无法唱碎玻璃。他成了石匠的学徒，爱上了女邻居（没有结局），组建了一支乐队，之后又赚了很多钱（其间发生了一系列荒谬的事情）。

在一次散步途中，奥斯卡发现了一根手指，他把手指放在盛着酒精的玻璃瓶里，经常对着手指祈祷朝拜。手指是一个被情敌谋杀的女人的，奥斯卡因此被指控涉嫌杀人，然后被送入精神病院。不过，最后他被证明是无辜的。

同中有异

这让你想到约翰·欧文？没错！不过应该反过来说，《马戏团之子》《为欧文·米尼祈祷》《盖普眼中的世界》等书都会让人想到《铁皮鼓》，因为君特·格拉斯一直都是欧文的偶像。

入门提示

格拉斯的作品中总是有大量复杂且超级荒诞的情节，《铁皮鼓》可以说是了解他的最佳入门书。如果你对复杂、琐碎的故事情节感到不知所措的话，可以读一读小说《猫与鼠》，比《铁皮鼓》短多了！

巴迪·霍利死于飞机失事 | 古巴革命战争结束（卡斯特罗出任总理） | 纽约古根海姆博物馆开馆 | 《宾虚》上映（查尔顿·赫斯顿主演） | 第一款迷你轿车面世（Morris Mini-Minor）

1959

《铁皮鼓》君特·格拉斯 | 《裸体午餐》威廉·巴勒斯

★1927 年生于德国
✝2015 年卒于德国

“我认为，对读者所做的最糟糕的一件事就是低估他。”

除了写作之外，格拉斯也是一位出色的雕塑家和画家，他亲自为自己的许多书绘制插画。他最著名的雕塑作品是青铜雕塑《比目鱼》，目前陈列在丹麦森讷堡。

烟斗，像海豹胡子般的胡须，看起来总是有点心情不好，这些是我们辨识这位伟大的德国作家的几个特点。他有许多孩子（和三任妻子生育了六个亲生孩子，还有两个继子），住在吕贝克附近。君特·格拉斯在但泽（今波兰格但斯克）长大。1943年，16岁的格拉斯成为防空部队的一名高射炮助手，后来，他甚至被征召选入纳粹党卫队（这件事后来引发人们的愤怒）。

在开始写作之前，格拉斯在大学主修雕塑和平面设计。《铁皮鼓》是他的第一部长篇小说，写这本书的时候他才32岁。第一次在四七社（德国作家团体组织）朗读这本书时，格拉斯就一举成名。在国外，这部小说同样轰动。然而也有负面的评价，有些人对其中的情色描写非常不满。德国文学批评家马塞尔·赖希-拉尼茨基则对小说的整体结构提出了批评，不过后来他修正了自己的评价。

无论如何，格拉斯是当代著名的德语作家。他在大选中支持德国社会民主党，是维利·勃兰特的拥趸，并自称是“民主社会主义者”。他的小说通常会涉及德国历史（纳粹主义和战后社会形态）。

1999年，格拉斯获得了诺贝尔文学奖，成为德国人最喜欢的作家。2006年，他的回忆录《剥洋葱》出版，其中记述了他曾加入纳粹党卫队的那段历史。书出版前，他公开了这个事实，德国国内一片哗然。有人认为格拉斯应该归还诺贝尔文学奖，或者至少捐出奖金。莱赫·瓦文萨（波兰政治活动家）要求他放弃格但斯克荣誉市民的身份。新书的宣传推广活动也被中止。有些人则为格拉斯辩解，比如他的好友美国作家约翰·欧文。

争议很快就平息下来，毕竟格拉斯当年才17岁，而那时战争也即将结束了，但这仍然令人唏嘘，就像他为以色列和伊朗之间的冲突所写的饱受争议的诗《非说不可的话》一样。

披头士乐队首次亮相（汉堡）
《惊魂记》上映（希区柯克）
避孕药面世
肯尼迪当选美国总统

1960

《兔子，跑吧》厄普代克
《杀死一只知更鸟》哈珀·李
《火车头大旅行》米切尔·恩德
《绿鸡蛋和火腿》苏斯博士
《亲亲》罗尔德·达尔

斯坦尼斯瓦夫·莱姆 Stanislaw Lem

索拉里斯星

Solaris

情节

索拉里斯是一颗遥远的星球，人类在那里建立了观测站。心理学家克里斯·凯尔文被派往索拉里斯星，协助科研人员进行研究。奇怪的是，凯尔文发现那里一片狼藉，像荒废了一样。只有斯诺特和萨特里厄斯两个人还在那里工作，不知道为什么，这两个人的言谈举止都有点不太正常。

有一天醒来，凯尔文看到已死去的妻子哈丽正坐在他面前。他疯了？还是正在见证科学上的大发现？今日的科幻片爱好者也许会立刻想到“阿凡达”，但是当时还没人能想到这些。这个哈丽的确是由索拉里斯海洋制造的，索拉里斯海洋就是一个由某种原生质构成的生命体，它可以通过人类的情绪和记忆创造出似真还伪的“复制品”。所以，这是外星智慧生物索拉里斯海洋正在以观测站的科学家为对象进行科学实验，而观测站的科学家们还以为是自己正在研究这颗星球呢。

就像凯尔文遇到了“客人哈丽”，斯诺特和萨特里厄斯也分别遇到了自己的“客人”，并且十分抗拒这些“客人”。他们想要摆脱那些“客人”，但是凯尔文却爱上了这个“复制的哈丽”。最后研究人员发现，这些“客人”是由中微子聚合而成，这意味着“客人”是可以被摧毁的，只要用硬 X 射线照射即可。

凯尔文不想这么做，“哈丽”却和他的意见相反。于是，“哈丽”给他下了安眠药，让萨特里厄斯和斯诺特对她进行了硬X射线照射。就这样，“哈丽”被消灭了。

小道消息

美国导演史蒂文·索德伯格根据该作品改编的电影《飞向太空》被批评得体无完肤，莱姆也是批评者之一，因为索德伯格在凯尔文和哈丽的爱情故事上着墨太多——对莱姆而言，这反而是微不足道的一条线索。莱姆真正关心的是个哲学问题——人类是否能和外星智慧生物沟通（答案：不太可能）。

作者

波兰作家斯坦尼斯瓦夫·莱姆被视为天才科幻作家（继儒勒·凡尔纳之后），他也是一位哲学家。他的作品不像《星际迷航》那样，没有太多的探索行动和星际场景描写，更多的是关于科技的可能性和极限的探索，以及人类如何因为科技进步而改变。

和儒勒·凡尔纳一样，莱姆也预测了许多新技术的出现，比如基因工程、纳米技术、互联网。但现实中的莱姆对科技的进步并不那么热衷，例如，他从不使用互联网进行研究。

名句

我们不需要其他世界，我们需要的是镜子。

这是斯诺特所说的一句话，是小说的主题体现，也是斯坦尼斯瓦夫·莱姆的核心思想，他关心的一直都是人类及其行为。

美国发动越南战争　建造柏林墙　人类首次进入太空（苏联航天员加加林）

1961

《第二十二条军规》约瑟夫·海勒　《索拉里斯星》莱姆　《安多拉》马克斯·弗里施

特别精选

快速浏览文学作品

多丽丝 · 莱辛 Doris Lessing

金色笔记

The Golden Notebook

女作家安娜 · 沃尔夫遭遇写作瓶颈。她写了四本笔记，记录自己在各个阶段的感受：黑色笔记记载了她对非洲的记忆，红色笔记记录她的政治活动，黄色笔记收录了她关于小说的各种构想，蓝色笔记则记录她的其他事情。实际上，她成功地通过这些笔记克服了抑郁情绪，四本笔记的末尾都画上了粗黑线。她感到了平静并开始写新的笔记——金色笔记。

整部作品以一个主线故事为框架展开，这个主线故事本身就是一篇完整的小说——标题是“自由女性”。“自由女性”讲的是关于安娜和莫莉（一个平庸的女演员）的故事，两人都是单亲妈妈，积极参与政治，思想比较前卫。小说里涉及了爱情、性爱和男性（也涉及女性性高潮——这在20世纪60年代着实令许多人惊愕不已），但是作者多丽丝 · 莱辛始终拒绝人们把她的作品视为女权主义的檄文。

附注：诺贝尔文学奖得主最著名的作品不一定是最易读的，对于入门者来说，《野草在歌唱》或是《第五个孩子》更为适合。

约翰 · 勒卡雷 John Le Carré

柏林谍影

The Spy Who Came in from the Cold

就像书名所点出的，这是部间谍小说，但是具备较高文学水平（书中少了跟踪、追逐、枪战、女人的元素，多了一些社会批判、政治、心理分析的探讨，还有一个非常不幸的结局）。

故事发生在20世纪50年代的柏林。阿历克 · 利玛斯供职于英国情报机构，但是情况发展越来越糟糕：他在东德经营起来的情报网几乎被彻底破坏。利玛斯回到伦敦，只能在办公室里做些无聊的工作，最终还被解雇了。他变得越来越堕落，做各种杂七杂八的工作，酗酒，甚至被投进了监狱。

原来，一切都只是个计策，好让对手以为他容易被收买。接着便是复杂的（双面）间谍和（反）间谍的你来我往——一个让另一个上当，好人变坏人，坏人变好人……

最后的对决发生在东柏林，利玛斯才意识到自己不过是被英国情报机构利用的一枚棋子。当利玛斯和情人丽兹要逃出柏林墙的时候，丽兹被射杀了，利玛斯赶到她身边时，也被射杀了。

这是约翰 · 勒卡雷的第三本小说，也是他的成名作。对勒卡雷来说，詹姆斯 · 邦德已成为过去式了，他笔下的英国情报机构是卑鄙的，而特工顶多也只是悲剧英雄罢了。

滚石乐队成立

金宝汤罐头（安迪 · 沃霍尔）

法拉利 250 GTO问世

1962

《发条橙》安东尼 · 伯吉斯

《金色笔记》多丽丝 · 莱辛

《我有一个梦想》（马丁 · 路德 · 金）

1963

《柏林谍影》约翰 · 勒卡雷

《V.》托马斯 · 品钦

托马斯·品钦
Thomas Pynchon
V.

本尼·普罗费恩是个毫无计划、随遇而安的人。赫伯特·斯坦西尔则完全不同，他执着地追寻父亲日志里提及的字母V.——斯坦西尔推断那代表他的母亲，为了确认V.的身份，他陷入了各种荒唐的想象。

以上就是小说的主要情节，这种后现代小说无法用几句话来归纳表述。这部作品有多层叙述视角、多条时间线、多种情节架构，读者必须自行整合梳理。听起来这本书并不容易阅读，但小说大获成功。

小说出版之后，品钦就从公众视野中消失了，他虽然不时地写本（成功的）小说，但是几乎没多少人知道他到底长什么样子。他曾开过自己的玩笑，为《辛普森一家》里的“托马斯·品钦”（头上罩着纸袋的卡通人物）配音。

海因里希·伯尔* Heinrich Böll
小丑之见
Ansichten eines Clowns

汉斯·施尼尔是个小丑，二十多岁，事业有成，和女朋友玛丽幸福地生活在一起。然而他们想结婚的时候，问题来了：玛丽是天主教徒，汉斯却无论如何不想屈从于教会的权威。玛丽离开了汉斯。汉斯开始酗酒，事业也一落千丈，没有人帮助他。最后，他坐在波恩火车站前的台阶上，等待玛丽回心转意。

小说出版之后招来了不少麻烦，书中对天主教会的批评显然并不为人所乐见。但伯尔不过是写了一个爱情故事，一个因为价值观、信仰不同而破裂的爱情故事。

* 译注：伯尔于1972年获得诺贝尔文学奖，作品有《九点半钟的台球》《亚当，你到过哪里？》。

罗尔德·达尔 Roald Dahl
查理和巧克力工厂
Charlie and the Chocolate Factory

查理家境贫寒，他最大的梦想是参观威利·旺卡（神秘的）巧克力工厂。但是，这位古怪的老板一直把大门锁得紧紧的——直到有一天，威利·旺卡发出一条举世震惊的通告：他在巧克力包装里藏着五张金奖券，找到金奖券的人就能进入巧克力工厂。

查理真的得到了众人梦寐以求的金奖券，被威利·旺卡先生带领着参观工厂——和其他四个孩子一起。但是，其他孩子都很惹人讨厌，并在参观过程中陆续发生了意外，最后只剩下了查理，因为他是最可人的孩子。威利·旺卡让他成为工厂的继承人，查理全家搬进了巧克力工厂。

罗尔德·达尔不仅写童书，还为成年读者写过精彩的恐怖故事。

“我是柏林人”演讲（约翰·肯尼迪）

约翰·肯尼迪遇刺身亡

C.克莱首次获得拳王称号，并将自己的名字改为穆罕默德·阿里

1964

《小丑之见》海因里希·伯尔

《分裂的天空》克丽斯塔·沃尔夫

《三个小侦探》罗伯特·阿瑟

《查理和巧克力工厂》罗尔德·达尔

犯罪类型

神经强壮型读者适读

据统计，在所有的畅销书中，超过四分之一是犯罪推理小说和恐怖小说。这些小说各具特色，有斯堪的纳维亚的忧郁阴沉型，有美国的动作派，还有英国的踏实风格……主角可能是探长、特工，也可能是病理学家、记者。要在这些作品里做出选择是非常困难的，但下面还是选出五部紧张刺激的作品，它们各有其突出方式：

D. W. 巴法

《伊万杰琳号》

恐怖的法庭推理小说

塔娜·法兰奇

《神秘森林》

文笔优美的犯罪小说

斯特拉·雷明顿

《即时危险》

女主角是英国军情五处MI5*女特工

梅兰妮·麦格拉斯

《白热》

女主角是个独立、坚强的因纽特女子

爱伦·坡

《莫格街凶杀案》

被公认为第一部现代侦探小说！

---

*其实，真正的女主角是作者——斯特拉·雷明顿，她曾是英国军情五处局长（连她的孩子都不知道），也是詹姆斯·邦德电影中M的原型。这样的背景让她笔下的丽兹·卡莱尔系列间谍小说很有趣，但就文学性来说，它们的确表现平平。

爱情故事类型

浪漫型读者适读

爱情故事总是有接近媚俗边缘的危险，而且，通常都会跨越这个界限——于是，作品立刻就会被归入通俗小说。《少年维特之烦恼》是畅销书，在世界文学排行榜上都名列前茅；《P.S.我爱你》把塞塞莉娅·艾亨送上了畅销排行榜，但是文学评论家们对它则大都有些嫌弃。

以下这五本书或许永远无法成为文学经典，然而它们除了带给读者令人心碎的故事之外，还有其独特之处，赚取了读者的眼泪之后仍然会让他们回味无穷，甚至，其中有两本连男性读者都会爱不释手。

大卫·尼克斯
《一天》
一生的爱，但又不是

奥德丽·尼芬格
《时间旅行者的妻子》
科幻极小值，聪明的故事设定极大值

安妮·弗蒂耶
《朱丽叶》
莎士比亚怎么办？*

乔纳森·特罗普尔
《还会有人爱我吗？》
哀伤又好笑！

丹尼尔·格拉陶尔
《我们不见面，好吗？》
电子邮件贯穿始终的爱情小说，好得出人意料

---

* 书中的美国人朱丽叶是“那个”朱丽叶的后人，在意大利锡耶纳遇上“那个”罗密欧的后人。先不管这些营造出来的巧合，通过这本小说读者可以知道许多有关莎士比亚著名悲剧的趣事，有了冒险、爱情以及历史这些元素，即便小说有些媚俗也值得原谅了。

加夫列尔·加西亚·马尔克斯 Gabriel García Márquez

百年孤独

Cien años de soledad

情节

这是一部托尔斯泰作品级别的家族史诗！然而，它不是依时间顺序叙述的，所以总结起来极度困难。故事涉及六代人和三十几个主要角色，大部分角色的名字还都叫奥雷里亚诺或阿尔卡蒂奥，让人读着头晕。

第一代的何塞·阿尔卡蒂奥和乌尔苏拉结婚，他们原本就有血缘关系。乌尔苏拉拒绝行房，因为害怕会生下长着尾巴的儿子——在她的家族里，乱伦曾经造成过这样的恶果。因为妻子仍然是处女，何塞被他人耻笑，盛怒之下，他杀了对方。他和乌尔苏拉离开村子，和一些年轻人一起外出寻找安身之所，从而建立了名为马孔多的聚居地。

孩子们在这里一个个诞生。何塞·阿尔卡蒂奥和乌尔苏拉的大儿子——惊喜！——也叫何塞·阿尔卡蒂奥，年纪轻轻就拥有巨大的阳具，后来他和一个会用纸牌占卜的女人私通，并使那女人怀了孕，其子（名字也叫何塞·阿尔卡蒂奥）在祖父母身边长大。这个非婚生儿子后来结婚生了一对双胞胎儿子，一个叫何塞·阿尔卡蒂奥第二，一个叫奥雷里亚诺第二。奥雷里亚诺第二和费尔南达结婚，他们生了一个儿子（也叫何塞·阿尔卡蒂奥），两个女儿梅梅、阿玛兰妲，梅梅后来非婚生的儿子奥雷里亚诺爱上了自己的姨妈阿玛兰妲，他们生的儿子真的长着尾巴！

除了家族故事之外，小说也涉及了内战和文明进步、自然灾难和宗教、现实与神话，也就是说——所有可能的都加进去了。

小道消息

1.据说，马尔克斯在墨西哥城沉醉于写作，花了一年半的时间完成了这本书，但是却没有足够的邮费寄给出版社。

2.这是魔幻现实主义（注意：文学术语！）最重要的作品。也就是说，鬼魂就像真实的政治一样自然地出现在这本小说里。

3.这本书自问世以来，已经卖出了三千多万册。

4.在拉丁美洲人们亲切地叫马尔克斯“加博”（Gabo）——加夫列尔（Gabriel）的昵称！

入门提示

虽然“家族史诗”听起来颇紧张刺激，但是《百年孤独》有些特殊，读起来让人相当“混乱”。其实，书中也没有哪个角色是可以让读者循线阅读追踪其几十年命运的——简而言之，读者必须要有时间和耐心……

了解马尔克斯作品较适合的入门读物当然是《一桩事先张扬的凶杀案》——简短、炫丽、紧凑。还可以读一读《霍乱时期的爱情》，故事易于理解（没那么魔幻，更现实主义一些），是关于历史以及爱情的。

哥伦比亚革命武装力量（FARC）成立

萨特拒绝接受诺贝尔奖

1964

《飞天万能车》 伊恩·弗莱明

《赫索格》 索尔·贝娄

马尔科姆·X被谋杀

1965

《早上七点，世界依旧美好》 埃里克·马尔帕斯

★1927（或1928）年
生于哥伦比亚
✝2014年卒于墨西哥

“对这个世界而言，你可能只是一个人，但是对某个人而言，你可能就是全世界。”

奇怪的是，加西亚·马尔克斯不想透露自己的生日是1927年3月6日还是1928年的3月6日。为什么呢？！一般只有上了年纪的好莱坞明星才会想隐瞒自己的生日。

对于拉丁美洲和文学界而言，加夫列尔·加西亚·马尔克斯绝不只是某人那么简单，就像许多南美作家一样，马尔克斯在政治方面相当活跃，比如，他反对智利皮诺切特的独裁统治，而且一直反对资本主义。顺便说一下，他和古巴领导人菲德尔·卡斯特罗交好——他因此多次受到资本主义世界的指责，但这是他一生唯一的“丑闻”，没有这点“丑闻”的话，他就是个完人了。

马尔克斯出生在一个小村落，有十五个（！）兄弟姐妹。他是个好学生，曾在波哥大大学攻读法律。之后，他结了婚，并以一名新闻工作者的身份大获成功。但是，他一直都没钱。马尔克斯在世界各地旅行，写报告文学作品，出版了他早期的几部小说。孩子出生后，全家搬迁到墨西哥城，然后，凭借《百年孤独》获得了令人难以置信的成功，困扰多年的很多问题也都迎刃而解了。

这部小说问世之后，加博有个苦恼：读者们是那样狂热，让他担心这已经是他所能取得的最高成就——他才四十岁！“登山者登顶之后怎么办？”他自问并给出了答案：“走下山，尽可能谨慎而有尊严地走下山。”多么谦逊的一个人！

马尔克斯在这部魔幻现实主义大作之后绝非走下坡，他又继续创作了许多伟大的长篇和短篇小说，此外，他还写短评、报告文学、专栏，并写了一部自传，确切地说，是自传的第一卷（《活着为了讲述》），记述了他二十三岁前的生命历程，比较适合已入门的加博迷，作者在其中叙述得相当详细。

1982年，加夫列尔·加西亚·马尔克斯以其长篇小说《百年孤独》获得诺贝尔文学奖，瑞典文学院说得好：这部作品把幻想和现实融为一体，勾勒出一个丰富多彩的想象中的世界，反映了拉丁美洲大陆人民的生活和斗争。

英国夺得世界杯足球赛冠军（温布利进球）
第一个国际扫盲日（1966年9月8日）
大学生本诺·奥内佐格在柏林的示威游行中被警察射杀

1966
《大师和玛格丽特》米哈伊尔·布尔加科夫
《大班》詹姆斯·克拉维尔
《骂观众》彼得·汉德克

1967
《百年孤独》马尔克斯

西格弗里德·伦茨 Siegfried Lenz

德语课

Deutschstunde

情节

这部小说的外围框架故事发生在1954年，汉堡附近某个青少年教养院里。21岁的西吉·耶普森被要求写一篇作文，题目是《尽职的快乐》，他交的作文本上却一个字都没有，因为他的想法太多，没法在一个小时之内把这一切都写下来。作为惩罚，他被关进禁闭室里，补写作文。西吉开始写作——并且再也无法停止。他写的是自己在纳粹时期的童年以及之后的时光，因为“责任”在当时扮演着重要角色。

1943年，西吉的父亲是个责任意识极强的警察，在石勒苏益格-荷尔斯泰因州任职，这里也是表现主义画派画家马克斯·路德维希·南森生活的地方。纳粹对南森发出禁画令，并指派西吉的父亲负责监视他，西吉的父亲一丝不苟地监视着（虽然他和南森是朋友），还让10岁的儿子帮忙监视，可西吉反而帮助南森藏起了那些被禁的画作。

战争结束之后，双方的责任感变成了双重的偏执——身为警察，西吉的父亲觉得自己应该继续监视南森，并将其画作付之一炬，而西吉则尽一切可能“拯救”画家。最后，西吉因为偷藏南森的画作而被送进了教养院。

西吉确信自己是代替父亲受罚。不过，在交出厚厚的一摞作文之后，西吉很快就被释放了。

小道消息

有些细节是否是史实并不重要，却让这本书变得特别有趣：马克斯·路德维希·南森的原型就是埃米尔·诺尔德！这位表现主义画派艺术家原名叫埃米尔·汉森（！），住在北石勒苏益格。1941年，纳粹对他发出禁画令，其实，他的作品从1938年开始就被贬低为“堕落艺术”，诺尔德也因此隐居在希布尔的房子里，画一些小幅的水彩画，他称之为“未作的画”（因为他根本不被允许画画）。

入门提示

《德语课》的挑战在于学生们必须花好几堂课的时间来读，毕竟老师们所喜爱的元素都在里面：框架故事小说、直面历史、象征主义、隐喻、道德，而且，还有真实的画家故事背景——太棒了！如今数百万学生不得不撰写关于西吉作文的论文，这也就不足为奇了。

因此，《德语课》最适合那些在学校打瞌睡，或是出于其他原因而没有经历被强迫进行小说分析的入门者。

想要了解伦茨，可以先读他的短篇小说集《我的小村如此多情》（描绘故乡马祖里的风土人情），或是《灯塔船》（是犯罪小说，也是一个有关善与恶、抵抗、宽容的寓言），或是干脆读他最新的畅销书《默哀时刻》。作为入门的入门，可以看看由扬·费德（Jan Fedder）和阿克赛尔·米尔伯格（Axel Milberg）主演的同名电影《灯塔船》。

★1926 年生于德国
✝2014 年卒于德国

“我承认我需要通过故事来了解这个世界。”

西格弗里德·伦茨热爱钓鱼。在新版《灯塔船》（2008年）电影里，他得以客串一个角色——钓鱼的人，甚至还有台词“早安，弗莱塔克”。

四十出头的时候，伦茨留着像他朋友赫尔穆特·施密特那样的发型，也总是叼着烟斗，参加社会民主党的竞选活动。不过，伦茨的脸上总挂着调皮的笑容。当时他已经是个成功的作家，是真正的国民作家，因为全德国的人都爱他和他的书。评论家们则批评他的作品庸俗、匠气，甚至市侩，但是他的读者是忠实的，他的书销量惊人，即使在国外，销量也是数以百万计的。

伦茨生在东普鲁士，战争期间曾被征召加入海军，之后做了逃兵，被英军俘虏。战后，他在汉堡大学就读，开始担任《世界报》的编辑，同期开始创作他的第一部长篇小说《空中有苍鹰》。这本书于1951年出版，当时伦茨才25岁。他决定放弃固定工作，转而成为一名自由作家。

伦茨会定期写新书，以保持和出版商的良好合作。他有时住在汉堡，有时住在丹麦，和妻子幸福地共同生活了五十多年。2006年，伦茨的妻子去世，伦茨的灵魂似乎也随之而去了。这时，乌拉——他的邻居，也是他太太最好的朋友——出现了，乌拉照顾这位作家，帮助他重新开始写作。三年之后，乌拉和伦茨结婚。

伦茨没有丑闻，没有卑鄙行为。每个认识伦茨的人都会盛赞他的友善。为庆祝他85岁生日，老朋友赫尔穆特·施密特也来了，两个人都坐在轮椅上，施密特说：“西吉，我们还能撑几年！”西格弗里德·伦茨脸上还是那顽皮的笑容。

三年后，伦茨去世。在那之前不久，他成立了西格弗里德·伦茨基金会，以支持有才华的艺术家和科学家，尤其是作家。此外，基金会还设立了西格弗里德·伦茨文学奖。

约翰·厄普代克 John Updike

夫妇们

Couples

情节

其实，这本书只是写了几对夫妻的故事，他们住在虚构的新英格兰塔博科斯小镇。

书中的妻子大都是家庭主妇，丈夫的职业则是牙医、建筑承包商，还有一些不知道究竟是做什么职业的。

读着读着，你就会感到混乱。这些成年人在聚会上碰面，一起烤肉、喝鸡尾酒、打棒球，也不是所有角色都会一起出现，有时需要打电话叫其中一些人过来——然后，偷情开始。

红发的皮特欺骗妻子安杰拉，他先是和乔治妮（丈夫是弗雷迪）厮混，然后和福克西（丈夫是肯，并且怀有身孕！）偷情，之后又和比阿（丈夫是罗杰）私通。温柔的马西娅瞒着丈夫哈罗德和高大的弗兰克（妻子是丰满的珍妮特）交往。珍妮特发现丈夫的私情，想要报复，于是有些不情愿地和哈罗德上床……

到了某个时候，所有的人都知道了发生的一切，有人很生气，有人则感觉无所谓。

最后，皮特和安杰拉离婚，肯和福克西也离婚了，皮特和福克西结了婚。

入门提示

这部小说呈现了相当阴暗的美国中产阶级群像，他们对伴侣不忠有可能只是因为无聊。小说本身并不难读，然而面对五百多页的小说，你可能更希望有本简明版可读。

因此，对入门者来说，《东镇女巫》要适合得多（注意：和杰克·尼科尔森以及雪儿主演的电影非常不同！），或者读《S.》（有个女性突然加入某个教派），当然，也可以读《兔子，跑吧》——著名的兔子系列第一部。

小道消息

约翰·厄普代克也创作童书，可惜目前只有《第一本童书》（已经绝版了）被翻译成了德文，里面是针对二十六个字母编写的二十六首小诗。当然，还是英文原版（*A Helpful Alphabet of riendly Objects*）优美得多，书中还配有他儿子戴维拍的照片，并且题词献给自己的孙子们。

尼克松成为美国总统 | 勃兰特出任联邦德国总理 | 阿帕网ARPANET建立（互联网先驱） | 人类首次登陆月球（阿姆斯特朗） | 首届伍德斯托克音乐节

1968 《夫妇们》 约翰·厄普代克

《好饿好饿的毛毛虫》 艾瑞·卡尔

1969 《教父》 马里奥·普佐

《五号屠场》 库尔特·冯内古特

彼得·汉德克 Peter Handke

守门员面对罚点球时的焦虑

Die Angst des Tormanns beim Elfmeter

情节

主角叫布洛赫，是个安装工，从前是个有名的守门员。从书的第一句就能得知以上信息——之后就不容易读了，因为整部小说都是以精神已经明显错乱的布洛赫的角度来叙述的——没有情节，故事的意义（如果有）必须由读者自行费力厘清。

不管怎么说吧，一天早上，布洛赫突然有了个荒谬的想法——自己被解雇了。读者不知道他从前的生活是怎样的，但是从此时开始，就是个“疯子”的生活。布洛赫搬进旅馆，在饭馆和某个女孩调情，后来，和电影院女售票员上床——在这之前两人没说过一句话。第二天早上，女售票员惹烦了布洛赫，布洛赫稀里糊涂地就勒死了她。

接着，他搭车前往南方边境小镇，在那里住进了旅馆。在接下来好几页的篇幅里，除了买袜子、散步、吃冷盘、听音乐、睡觉，他什么特别的事都没有做。其间，布洛赫出现了价格偏执（一直询问这个或那个东西多少钱），不时地有稽查员出现，提醒布洛赫和读者先前发生的罪行。

直到最后几页，终于提到了一场足球赛，特别描写了点球和守门员。守门员挡住了球——他站在那里根本没动，罚球手将球踢到他手里。小说结束。

小道消息

导演维姆·文德斯觉得好友彼得·汉德克*的这个故事很棒，很快就把小说改编成了电影。影片就叫《守门员面对罚点球时的焦虑》，于1972年上映，汉德克和文德斯两人都深信电影是成功的，观众却傻傻地期待着看一部体育题材电影，结果呢，当然很不满意。

作者

奥地利作家彼得·汉德克在1966年以一部舞台剧本获得突破性成功，剧本有个精彩的标题——《骂观众》。这部剧没有情节，只有演员和观众对话，在结尾处，还会对观众稍加斥责，然后以演员为自己鼓掌结束。当时颇受欢迎。

汉德克面对南斯拉夫战争时亲塞尔维亚的态度，以及他出席斯洛博丹·米洛舍维奇葬礼并致词，这些就不是那么受欢迎了。

入门提示

好消息：这本书只有大约一百页。因此，如果偶尔想要读些具有文学价值的书，或者想要自我吹嘘的话，也不怕读着有些费力，汉德克的这篇小说是不错的选择。

---

*译注：两人的交情果真匪浅：如果看过文德斯导演的电影《欲望之翼》，可能会注意到片中一首寓意深远的诗——是的，那是汉德克写的《儿童之歌》（*Lied vom Kindsein*）。

“阿波罗13号”事件 | 美国策动柬埔寨政变 | 华沙之跪

1970

《守门员面对罚点球时的焦虑》 彼得·汉德克 | 《爱情故事》 埃里奇·西格尔

摇滚歌手吉姆·莫里森去世

1971

1972

《惧恨拉斯维加斯》 亨特·S. 汤普森

特别精选

快速浏览文学作品

亚历山大·索尔仁尼琴
Alexander Solschenizyn

古拉格群岛

Archipelag Gulag

一部重要的政治性作品。作者描述了自己在劳改营的经历，还有其他囚犯的回忆。整本书记述的是苏联劳动集中营的残酷生活——是一本真实记录，是一份论战传单、报告，是一部编年史，也是一部文学作品。

这是索尔仁尼琴最重要的一本书，当时在苏联是绝对禁止出版的，到了2009年，却成了俄罗斯中学生的必读书！

此外，书名是在影射契诃夫的作品《萨哈林旅行记》，内容涉及沙皇帝国的罪行。群岛指的是遍布苏联境内的劳改营，古拉格是俄文"劳动改造营管理总局"的缩写，是苏联最强的镇压机关。

对这部巨著望而却步的读者可以从《伊凡·杰尼索维奇的一天》开始——整个主题在本书中浓缩精简，但是具备同样的冲击力。

达里奥·福 Dario Fo

不付钱！不付钱！

Non si paga! Non si paga!

起初只是一场家庭主妇们反对物价高涨的示威抗议，接着，人们开始兴高采烈地抢劫超市。安东尼娅也拿了许多食物回家，她把东西藏在床下——她的丈夫乔瓦尼是个守法的共产主义者。安东尼娅的朋友玛格丽塔也拿了些食物，她把东西藏在了大衣底下，乔瓦尼惊讶玛格丽塔怎么会这么胖了，安东尼娅说她"怀孕"了，两人很快离开了公寓。

当安东尼娅和玛格丽塔回来的时候，有个警察上门寻找被抢的货品。为了转移警察的注意力，玛格丽塔假装早产，警察和女人们上了救护车。不一会儿，玛格丽塔的丈夫路易吉前来，乔瓦尼责备他有关他妻子怀孕的事，路易吉却根本听不懂。他们两人一起去寻找太太们，接着发生了许多极其荒诞的事：男人偷了面粉，把赃物偷偷装进了棺材里，太太们则继续假装怀孕，警察们怀疑自己眼睛要瞎了而昏倒。最后，公民战胜国家权力。

智利政变

1973
《古拉格群岛》
亚历山大·索尔仁尼琴

德国赢得世界杯足球赛冠军

1974
《不付钱！ 不付钱！》
达里奥·福

越南战争结束

微软公司成立

红色高棉占领金边

1975
《无命运的人生》
凯尔泰斯·伊姆雷

《洪堡的礼物》
索尔·贝娄

凯尔泰斯·伊姆雷
Kertész Imre

无命运的人生

Sorstalanság

1944年，布达佩斯十四岁的柯韦什·久尔吉被投入奥斯维辛集中营。书中叙述的是他在集中营的经历，听起来很天真，也确实应该如此，这正是这部小说的特点：第一人称叙述者以一个男孩的角度，体验恐怖和残酷；读者已经了然一切，久尔吉却才逐步了解这种系统性的毁灭。他不会评判，也不会愤怒。

久尔吉从奥斯维辛前往蔡茨集中营，他生了病，被送进了医疗站——一直到集中营被解放。当他回到布达佩斯，父亲已经去世，寓所里住的是陌生人，于是他去寻找母亲。

其实，书中叙述的就是凯尔泰斯本人的故事。小说在匈牙利出版后并没有引起什么大反响，直到十年之后才获得成功。

马里奥·巴尔加斯·略萨
Mario Vargas Llosa

胡利娅姨妈和作家

La tia Julia y el escribidor

故事发生在秘鲁首都利马，二十世纪五十年代中期，十八岁的马里奥正在学习法律，却想成为作家，于是，他到了巴黎。他爱上了年长自己十四岁的姨妈胡利娅——年龄不是问题，她漂亮、风趣而且刚离婚。对于和年轻的外甥消磨时间这件事，胡利娅姨妈并不排斥——当然，没有性关系（毕竟那是二十世纪五十年代），但这件事依然演变成了丑闻。

先不谈其中的爱情故事，小说还涉及广播肥皂剧。马里奥在电台兼职，他的同事彼得罗·卡玛乔要为每天的广播系列剧撰写续集。这是一份充满压力的工作，有时卡玛乔把一切弄得一团糟。

这是一本非常有趣的小说，是接触这位诺贝尔奖得主作品的完美入门书。

斯蒂芬·金 Stephen King

闪灵

The Shining

杰克谋到了一份在一家地处偏远的旅馆当冬季临时管理员的工作，便和儿子丹尼以及妻子温迪去那里过冬。杰克酗酒，之前还虐待过丹尼——这次是他维系家庭的最后机会。不幸的是，旅馆里到处都是幽魂，杰克心中最糟糕的那部分被唤醒。丹尼有通灵的能力，他被鬼魂掐住脖子——温迪立刻就以为是杰克干的，她想和丹尼离开旅馆。但是他们被雪困住了，无法离开。借着心灵感应，丹尼呼叫旅馆厨师帮忙，但是厨师被杰克（被鬼魂附身）击倒。在最后一刻，丹尼和温迪终于得以逃脱。

这是斯蒂芬·金早期的作品，以如今的眼光看，那些恐怖情节的描写显得有些老派。

美国苹果公司成立

1976
《夜访吸血鬼》
安妮·赖斯

《星球大战Ⅳ》（乔治·卢卡斯）

德意志之秋
左翼恐怖主义事件

1977
《胡利娅姨妈和作家》略萨
《闪灵》斯蒂芬·金
《荆棘鸟》考琳·麦卡洛

马丁·瓦尔泽 Martin Walser

惊马奔逃

Ein fliehendes Pferd *

情节

赫尔穆特·哈尔姆和妻子萨比勒每年都会住进博登湖畔的同一个度假小屋，他们话说得不多，肌肤之亲更少。赫尔穆特四十多岁，是个教师，喜欢阅读克尔恺郭尔，只想尽可能少地参与社交生活，到咖啡馆喝杯咖啡对他而言都已经过分了——那里太温暖，人太多，太让人不舒服。

这时克劳斯·布赫出现了，他是赫尔穆特从前的同学，有吸引力，擅长运动，喜欢与人结伴。克劳斯一直劝说赫尔穆特，直到他同意一起吃饭。同行的还有海伦妮，昵称海尔，是比克劳斯年轻许多的太太。萨比勒期待和布赫家的聚会，赫尔穆特则非常不安——尤其是面对克劳斯和海尔那样的健康狂人的时候，他们只吃沙拉，滴酒不沾。

克劳斯在其他的聚会上也显得独立而自由，他写书，性生活和谐，而且很快就会移居到巴哈马。此外，他还大说特说赫尔穆特年轻时的尴尬逸事。

一天，他们在波涛汹涌的博登湖驾船航行，克劳斯把自己装扮成一个大胆的冒险家，非常冒险地将船驶过巨浪。赫尔穆特在慌乱中松开了船舵，舵柄将克劳斯打入急流，克劳斯从大家的视线里消失了。赫尔穆特感到非常自责，海尔则完全不知所措，赫尔穆特一家不停地安慰她（有时也会借助酒精）。悲痛之余，海尔反而庆幸自己摆脱了克劳斯，她坦言真实的克劳斯是什么样的：他的一生什么都没做成，觉得自己是个失败者，还因此也禁止海尔有所追求——海尔在大学主修音乐，却不得不卖掉她的钢琴。突然，大家以为已经遇难的克劳斯出现了，他要求海尔跟他一起走。海尔无言地照做了。赫尔穆特一家不安地启程离开了——前往蒙彼利埃。

小道消息

这部小说是瓦尔泽在空闲时写下的，当时他的长篇小说《心灵的活动》停滞不前。《惊马奔逃》是他最成功的作品，评论家都相当兴奋——盛赞这本书是世纪之作，瓦尔泽甚至被比作歌德。首印的25000本书几乎是立刻销售一空，目前销量已超过百万。

入门提示

绝对没错。这本书有趣、紧凑、简短。中年危机状态以及情节构成虽然有些过时，但在第一部分，赫尔穆特和烦人的克劳斯聊天的情节，直到今日读起来还是非常有趣。

习惯了瓦尔泽风格的人可以继续欣赏他的第一部畅销作品《菲利普斯堡的婚事》，或是直接选读他的丑闻小说《批评家之死》（批评家指的就是马塞尔·赖希-拉尼茨基，瓦尔泽多次因为他的负面评价而受挫）。

---

*书名指的是小说中一段狂野的具象性的情节：克劳斯和赫尔穆特两家人去远足，突然间一匹脱缰的马跑过，克劳斯跑在马的后面，当马停下来的时候，他跳上马背，真的骑着马回来了。所有的人都深受触动。克劳斯说：“你不能阻挡一匹逃跑的马，它必须感觉自己前方的路仍然是自由的。而且，奔逃的马是不讲道理的。”请读者自由诠释吧！

约翰·保罗二世成为教皇　第一个试管婴儿诞生

1978

《堕落街》	《针眼》	《惊马奔逃》	《盖普眼中的世界》	《水泥花园》
克里斯蒂安·F.	肯·福莱特	马丁·瓦尔泽	约翰·欧文	伊恩·麦克尤恩

约翰·欧文 John Irving

盖普眼中的世界

The World According to Garp

情节

这部作品中充满了怪诞的故事，就像欧文所有的小说一样。对其他作者来说，可能只要讲其中一个故事就够了，欧文却把所有的故事都讲了出来，并且合成了这么个大部头。

从医院那著名的一幕开始。第二次世界大战时，珍妮是一名护士，想要一个孩子，但是不想要丈夫。于是她找上一个受重伤的士兵……士兵去世，她怀孕了，然后以士兵的名字给孩子取名为T.S.盖普。

战争结束后，珍妮到寄宿学校工作，小盖普在那里度过了美好的童年。他爱上海伦，海伦梦想着和一位作家结婚，于是盖普的职业目标也就锁定了——成为一名真正的作家！

但是在这之前，盖普先和母亲迁居到维也纳，珍妮在那儿写下她带有自传性质的第一本书，成了女权运动的象征人物。盖普写了一篇短篇小说。海伦也真的和盖普结了婚。盖普又写了一本长篇小说。他们两人生了两个儿子，认识了一对夫妻，两对夫妻发生了四角恋情。

之后，海伦和大学生迈克产生婚外情，盖普知道了，后来发生意外（悲剧！）——盖普撞上了迈克的车，盖普的儿子因而丧生。

后来，海伦和盖普克服了这一切，生了个女儿，盖普写下了他另一部成功的长篇小说。

盖普的母亲珍妮被一个男人枪杀（悲剧！），因为他认为珍妮的女权主义破坏了他的婚姻。最后，盖普被一个女人枪杀，因为她以为盖普反对女权主义。

小道消息

盖普所写的作品其实都和欧文现实中的著作相关。盖普打动了他未来妻子的短篇小说标题是《格里尔帕策民宿》，故事发生在奥地利（即欧文的《新罕布什尔旅馆》）；盖普的第一部长篇小说《拖延》，讲述的是在维也纳解放动物园里动物的故事（即欧文的《放熊归山》）；盖普的第二部长篇小说《戴绿者的第二春》处理的是“有趣的”四角恋情（即欧文的《158磅的婚姻》）；盖普的第三部长篇小说叫《本森哈沃眼中的世界》，虽然情节和《盖普眼中的世界》完全不同，却也是关于一个要为儿子的死负责的父亲的故事。

作者

在德国，约翰·欧文的小说直到二十世纪八十年代才广为人知。1979年，《盖普眼中的世界》（欧文的第四部长篇小说）首先被翻译成德文，然后是《新罕布什尔旅馆》，再后来，才是比较早期的作品。于是，人们终于可以读到他的系列作品了，欧文的作品成了德国那十年间人们必读的小说。

欧文的作品虽然怪诞，但却关注着社会，再加上他超凡的叙事能力、和性相关的一些深奥想法，这便成就了他超棒的小说，甚至连批评家们都喜欢他——这是很少见的！

虽然《独居的一年》之后的新作已经不再那样让人兴奋了，但欧文仍被看作是一位杰出的作家（他自己也知道这一点）。

两个家庭乘热气球逃离东德 | 撒切尔夫人当选英国首相 | 《迷墙》（平克·弗洛伊德乐队） | 伊朗推翻君主制 | 北大西洋公约组织双重决议

1979

《永远讲不完的故事》米切尔·恩德 | 《奥斯瓦尔德叔叔》罗尔德·达尔 | 《银河系搭车客指南》道格拉斯·亚当斯

翁贝托・埃科 Umberto Eco

玫瑰的名字

Il nome della rosa

情节

故事框架：老修士阿德索讲述他的年轻时代——这份自述被多次翻译，终于从十四世纪流传到了二十世纪。接着是主要情节：圣方济各修士巴斯克维尔的威廉和他的弟子阿德索旅行到意大利的本笃会修道院，他们（包括与教皇一起）在那里讨论神学问题。

但是在这之前，威廉必须快速查清一桩修士谋杀案。然而，这桩谋杀案很快演变成了连环谋杀案——五个修士相继神秘死亡。最终，威廉注意到了藏书馆的盲眼老修士布尔戈斯的豪尔赫，他守护着一本亚里士多德的著作，书中有一篇文章提到"笑"是好事——豪尔赫认为笑能消除恐惧，没有了恐惧也就没有了信仰，因此他绝不能让其他修士读这本书——为了确保书不被翻阅，他在书页上涂了毒药，摸了书页的人就会死。

豪尔赫觉得自己已经暴露了，就放火把整个藏书馆烧了，自己也葬身火海。威廉和他的弟子逃过一劫。

以上是主要情节，书里还谈到了有关教堂、信仰、哲学以及中世纪历史等诸多方面的问题。

入门提示

期待历史犯罪小说的读者会失望。令人兴奋的谋杀、追捕情节不断被各种题外话打断，这就要求读者的脑筋必须跟得上作者，并且对各个领域的主题都感兴趣。

作者

翁贝托・埃科绝非只是作家，他还是（或者说主要是）符号学家，教授语言符号学的知识，所以他的书中有很多这方面的知识也就不足为奇了。埃科是世界顶尖知识分子中的佼佼者，写作对他而言只是爱好——却是回报率超高的爱好，因为他所有的小说在全世界都很畅销，销量都是以百万册为单位的。

小道消息

1.主角的名字是向夏洛克・福尔摩斯致敬——巴斯克维尔的威廉让人想到《福尔摩斯探案集》中的一个案子《巴斯克维尔的猎犬》，而他的弟子阿德索（Adson）和华生（Watson）名字的发音只差一个字母（d和t发音相近）。

2.2012年，在意大利出版了修订版，因为埃科后来发现中世纪没有南瓜、胡椒和小提琴。

名句

昔日玫瑰以其名流芳，今人所持唯玫瑰之名。

Stat rosa pristina nomine, nomina nuda tenemus.

阿德索在小说最后这么说，引述的是本笃会修士伯恩哈德的话。这话听起来很了不起，但是和书名其实没有什么关系。埃科选择这个书名只是因为他喜欢，而且他认为可以给读者很大的想象空间。

| 查尔斯王子与戴安娜成婚 | 第一架航天飞机试飞成功（“哥伦比亚号”） | 波兰颁布戒严令 |

1981

| 《好人在非洲》威廉·博伊德 | 《一桩事先张扬的凶杀案》马尔克斯 | 《午夜之子》萨尔曼·鲁西迪 | 《浪潮》托德·斯特拉瑟 | 《水音乐》T.C.博伊尔 |

特别精选

快速浏览文学作品

伊莎贝尔·阿连德 Isabel Allende

幽灵之家

La casa de los espiritus

二十世纪八十年代女性最喜爱的书！人们通常把它看作是《百年孤独》的简明版。

当然，这是一个有关智利家族的爱、痛苦及生活的故事。埃斯特万·特鲁埃瓦想和美丽的罗莎结婚，罗莎死了，正如她的妹妹克拉拉（具有通灵的超能力）预见的那样。埃斯特万悲痛万分。他对女人的占有欲极强。九年后，埃斯特万回乡，跟克拉拉结了婚。克拉拉生了三个孩子。女儿布兰卡怀了佩德罗的孩子，因为门不当户不对，埃斯特万大发雷霆，殴打了克拉拉，克拉拉离开了他。

埃斯特万进入政界，代表保守派参选。布兰卡的女儿阿尔芭上大学，爱上了一个社会主义者。左派赢得选举，佩德罗当上了部长。埃斯特万的财产被充公，他参与了政变计划，但政变发生时，一切都走了样，埃斯特万非常失望。埃斯特万和女儿布兰卡和解，帮助佩德罗逃亡，并救外孙女阿尔芭出集中营。

听起来还挺靠谱的一个故事，却融合了一些神秘元素，比如有的人长着绿色头发，可以在房间里飞来飞去，能够预知未来。文学评论家对这部作品并不看好，然而它依然获得了全球性成功。

玛格丽特·杜拉斯 Marguerite Duras

情人

L'Amant

二十世纪三十年代初期，越南还是法国的殖民地，胡志明市还被称作西贡，这部自传性小说的故事就发生在这里。叙述者是一个十五岁的女孩（在西贡长大的法国人），认识了一个年纪明显大上许多而且富裕的华人，开始和他发生关系。

女孩的母亲很震惊（对当时的法国人来说，和华人发生关系是败坏风俗的），却容忍了这样的关系，因为女孩要的是他的钱，女孩的哥哥也是，哥哥的赌债都是由这个华人偿还的。最后，华人还买了船票让这一家法国人得以回到故乡。由于旧式社会礼教的束缚，华人还是听从了父亲的安排，和一个家境优渥的华人女子结婚了。

女孩回到法国的时候十八岁，这时她才意识到自己是真的爱那个华人。她让自己全情投入写作，试着忘记他。几十年后，华人打电话给她，对她说自己依然爱着她。

噢！好美的爱情故事！但是就文学性来说，显得有些杂乱——时空上的跳跃，叙述视角的切换，有时相当突兀，不一定能让人沉浸其中。而且，《情人》这部小说和据此翻拍的电影很不一样。

马尔维纳斯群岛战争 | Commodore 64 电脑问世 | 赫尔穆特·科尔成为德国总理 | 芭芭拉·卡特兰一年完成了23部作品 | 首次分离得到HIV病毒 | 微软公司推出文字处理软件（MS Word）

1982
《幽灵之家》 伊莎贝尔·阿连德 | 《暗杀》 哈里·穆里施 | 《紫颜色》 艾丽斯·沃克

1983
《比利时的哀愁》 雨果·克劳斯

米兰·昆德拉
Milan Kundera
不能承受的生命之轻
L'Insoutenable Légèreté de l'être

二十世纪八十年代大学生们最钟爱的文学作品！故事发生在“布拉格之春”期间。托马斯（成功的外科医生，追寻性爱冒险）认识了特雷莎（女服务员，寻找伟大的爱情），两人开始交往。托马斯情事不断，特雷莎都默默地承受了，因为她知道如果不这样就会失去他。

“布拉格之春”事件之后，两人移居瑞士。托马斯在那里找到了工作，和旧情人依旧来往。特雷莎愤然离去，回到了布拉格。不久，托马斯也回到了布拉格，和特雷莎重修旧好。由于拒绝和当权者合作，他失去了医生的工作，不得不以擦窗户为生。后来他们搬到乡下，在生产合作社工作。不幸的是，两人死于一场车祸。

因为出版审查的缘故，这部长篇小说直到2006年才首次在捷克出版。

帕特里克·聚斯金德
Patrick Süskind
香水
Das Parfum

十八世纪的巴黎，格雷诺耶是个奇怪的人，他本身没有任何气味，但拥有绝对灵敏的嗅觉。他闻到一个特别好闻的女孩，在癫狂欣喜之中把女孩掐死。格雷诺耶到了格拉斯，成了一名香水师的学徒。在那里，他要研制一种人的体香。为了这个目的，他杀死了许多年轻的女性，只为萃取她们的香气。他被逮捕并被判死刑，行刑当天有成千上万的人前去围观。然而，格雷诺耶在他们眼中突然不再是杀人犯，而是很棒的人，因为他散发着不可思议的香味。格雷诺耶身上涂着他用处女的体香制成的香水。人们被香水迷惑，无罪释放了他，处决变成了一场醉人的性爱狂欢。格雷诺耶与流氓、罪犯和妓女混在一起，因为极端的占有欲，这些人竟然分食了他。

保罗·柯艾略 Paulo Coelho
牧羊少年奇幻之旅
O Alquimista

年轻的安达卢西亚牧羊人圣地亚哥想要见识外面的世界，因为梦见过金字塔的宝藏，他首先去了埃及。他到了一处绿洲，在那里，他爱上了法蒂玛，还遇到了一个炼金术士。虽然他更愿意和法蒂玛待在一起，但炼金术士还是说服了他继续寻找宝藏。

圣地亚哥一路上学着认识生活这所大学校里的各种事物，他还学到重要的一课——倾听自己的内心。在这期间，他还曾经变成了风。

最后，他在安达卢西亚的家里发现了宝藏，并且和法蒂玛结了婚。这时他意识到：应该始终忠实于自己的梦想、守护美好的爱情。

这是巴西作家柯艾略在德国首部成功的作品。接着，他出版了其他具有类似神秘内容的作品——读者大感兴奋，文学评论家们则不怎么乐见。

英国矿工大罢工

1984

《情人》 玛格丽特·杜拉斯

《不能承受的生命之轻》 米兰·昆德拉

拯救生命（Live-Aid）群星演唱会

17岁的鲍里斯·贝克尔获得温布尔登网球赛冠军

1985

《香水》 帕特里克·聚斯金德

1988

《牧羊少年奇幻之旅》 柯艾略

文学星座图

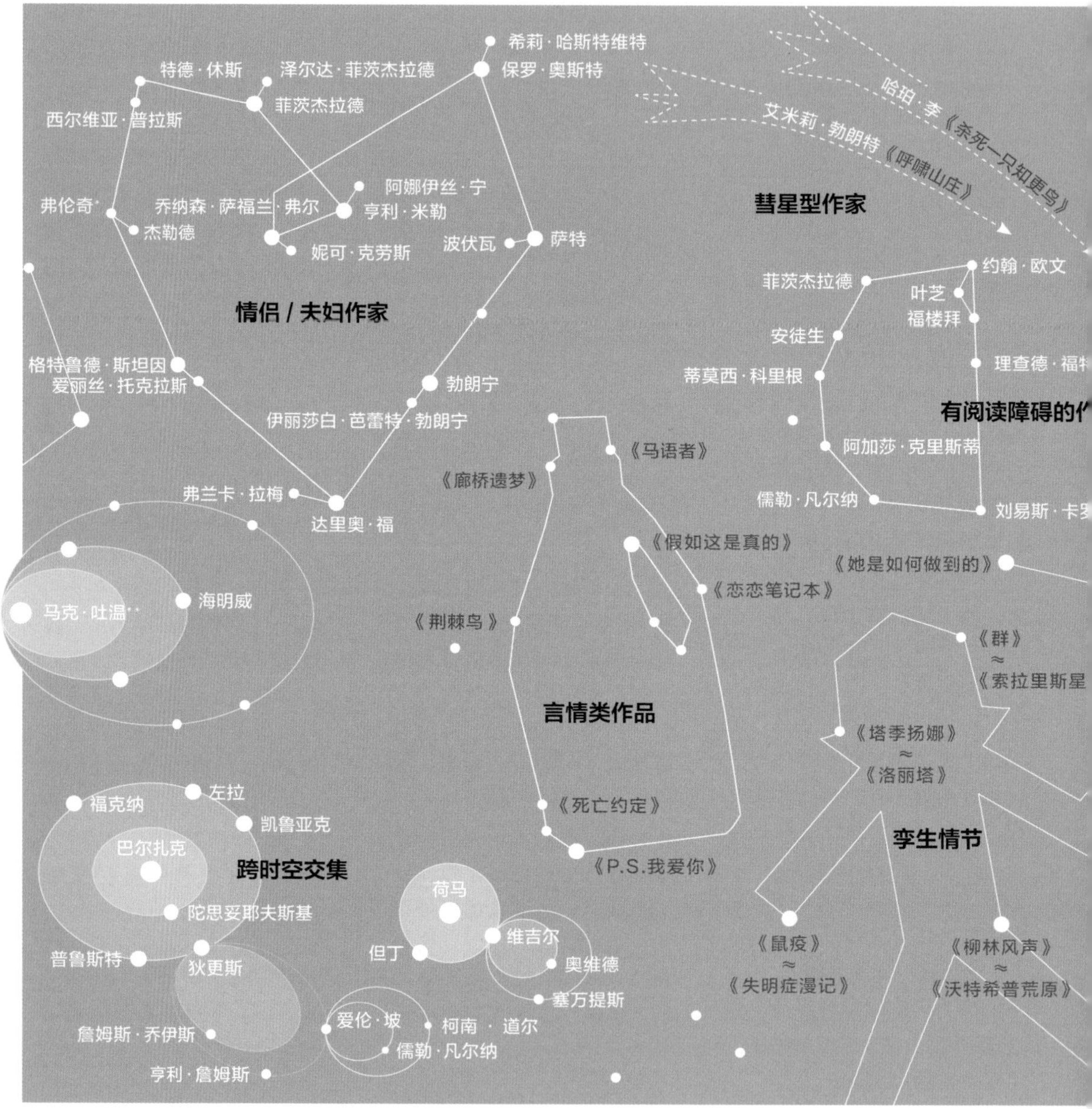

*译注：肖恩·弗伦奇（Sean French）和尼奇·杰勒德（Nicci Gerrard），英国作家，两人以尼奇·弗伦奇的笔名合著犯罪、悬疑小说。

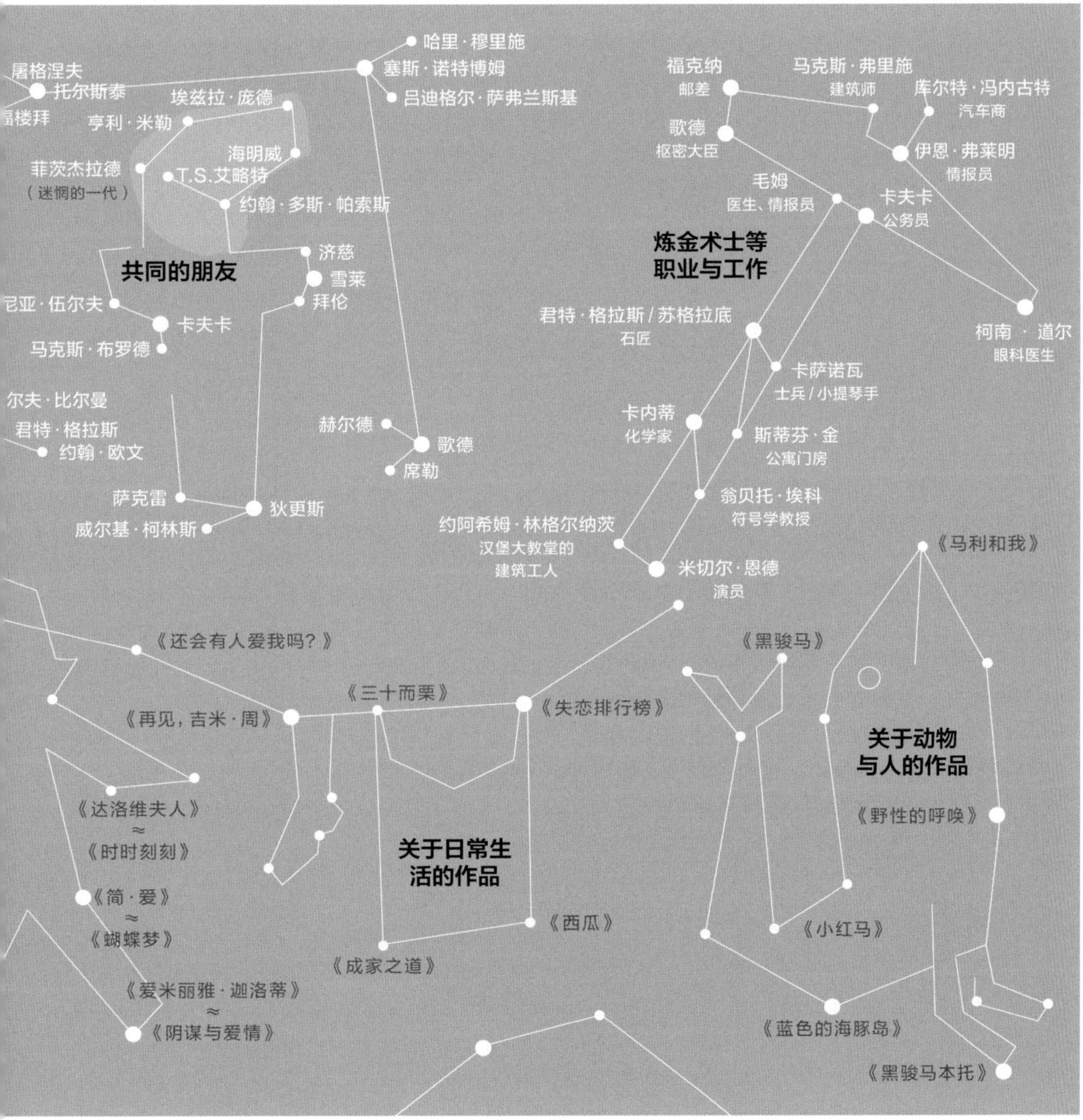

★★马克·吐温的作品影响了许多美国作家，谈及马克·吐温的时候海明威这样说：整个美国文学都深受他的作品《哈克贝利·费恩历险记》的影响，从那以后，再没有可以与之比拟的作品。

贝诺尔特·克鲁尔 Benoîte Groult

心航

Les vaisseaux du cœur *

情节

一个家世不错的女孩遇上了一个布列塔尼的渔夫，在最好的年纪，他们发生了性关系，而且，在之后的几十年当中发生了很多次。

稍微详细地说明一下：乔琪认识高文很久了，她和家人定期都会到布列塔尼半岛度假，但是有一年夏天——乔琪十八岁，高文二十四岁——纯真无邪的年纪，两人夜间在海里游泳，激情一发不可收拾。

在那之后，他们有段时间没见，可是一旦见面，就又会陷入激情之中。

基本上，事情就是这样持续的：他们碰面，然后上床。在某个时间点，高文虽然向乔琪求婚，但是——哎，阶级差别！乔琪可不怎么乐意和一个渔夫一起生活。

然后是一段平静期，高文和村子里的一个女孩结婚，生了四个孩子。乔琪和一个成功的男人结婚，生了一个儿子，后来离了婚。

突然间，他们在非洲偶然相遇，往昔的激情重新燃起。他们终于能在塞舌尔岛上度过一个比较长的浪漫假期。后来，这样的假期越来越多。最终，乔琪嫁给了一个友善、聪明的妇科医生，却依然渴望和布列塔尼渔夫的性爱。直到高文去世，乔琪才发现自己其实深爱着高文。

小道消息

整个故事都是自传性的。克鲁尔虽然没有布列塔尼的渔夫，但是有个美国飞行员，两人于1945年陷入爱河，五十多年来定期相会（中间相隔数年），虽然她在这期间结过几次婚。这部小说长期以来被视为家庭主妇的色情小说——然而，或许正因如此才畅销。如今，克鲁尔被视为女权主义作家……

名句

高文内心是撕裂的，一方面想要珍爱她，另一方面，又想要立刻在她体内喷发，就像火山爆发似的。

同中有异

不管是不是女权主义，在考琳·麦卡洛的《荆棘鸟》当中也可以看到类似的跨越几十年的激情。拉尔夫神父不能与美丽的梅吉相爱，但还是经常和她发生性关系。不同的是，《荆棘鸟》不是自传性作品，麦卡洛的故事也更悲惨。

---

* 法文书名直译是“心脏的血管”，一语双关！一方面代表令人心痛的爱，另一方面则是医学性的——在故事结尾，高文死于心脏搭桥手术。

莫里斯蠕虫电脑病毒出现 | S.格拉芙赢得网球赛大满贯 | 两伊战争结束 | 《日瓦戈医生》俄文版在苏联正式出版

1988

《撒旦诗篇》萨尔曼·鲁西迪 | 《心航》贝诺尔特·克鲁尔 | 《傅科摆》翁贝托·埃科 | 《沉默的羔羊》托马斯·哈里斯

保罗·奥斯特 Paul Auster

月宫

Moon Palace

情节

第一人称叙述者马可·斯坦利·福格回忆他在二十世纪六十年代成长期的过往。十一岁的时候，他成了孤儿，在舅舅家和寄宿学校里长大。马可二十岁的时候，舅舅过世，他也大受影响，由于没钱也没有赚钱的技能，他不得已流落街头。

山穷水尽之际，他被从前的朋友——中国籍大学生凯蒂——拉了一把，一切都渐入佳境：和凯蒂恋爱、结交新朋友、打工，然后受雇于一位富有而暴躁的老人——埃奉，为他诵读书报。埃奉给马可讲了自己的人生故事，并让马可记录下来寄给自己的儿子（所罗门）。把自己的财产分给穷人之后，埃奉没多久就过世了。

四个月后，所罗门和马可联络，很快他就发现自己认识马可的母亲；几次戏剧性事件（凯蒂怀孕但坚持堕胎，两人分手；马可搬去和所罗门同住，他们一起前往芝加哥到马可母亲坟前）发生之后，还有惊人的发现——所罗门居然是马可的父亲！在又一连串戏剧性事件（所罗门跌入未覆盖的坟墓而死，凯蒂不愿复合，马可放了一万美元遗产的汽车被偷）发生之后，马可徒步前往加州，开始了自己的新生活。

小道消息

主角的名字马可·斯坦利·福格是为了纪念三位旅人：马可·波罗（探险家）、亨利·莫顿·斯坦利（非洲探险家）和菲利斯·福格（儒勒·凡尔纳小说中的环游世界者）。

作者

保罗·奥斯特是美国当代著名的作家之一，也许还是最有魅力的：肤色偏深、头发浓密、眼眸深邃。他和女作家希莉·哈斯特维特维持着一种理想的开放式婚姻关系（根据他本人的说法），他们非常美丽的女儿是个歌手。奥斯特每天用纸笔写作——然后用打字机誊稿，面对计算机，他有许多顾虑——生怕有可能在瞬间一切都消失了！他甚至为自己钟爱的旅行用打字机奥林匹亚（1974年以40美元购得）写了一本书。

柏林墙倒塌 | 首届“爱的大游行”电子音乐节 | 哈维尔当选捷克斯洛伐克总统 | 德国允许商店周四延长营业时间 | 伊斯兰宗教组织下令追杀萨尔曼·鲁西迪 | 巴黎拉德芳斯新凯旋门竣工

1989

《长日将尽》石黑一雄 | 《月宫》保罗·奥斯特 | 《杀戮时刻》约翰·格里森姆

肯·福莱特 Ken Follett

圣殿春秋

The Pillars of the Earth

情节

这部伟大的中世纪悲剧史诗的最初几页就让人潸然泪下：石匠汤姆的妻子埃格妮丝不得不在寒冷的森林里生下小儿子，并在分娩时不幸死去，汤姆无法喂养初生的小儿子，只好把他留在他母亲的坟边。幸运的是，孩子被修士菲利普发现，带回了附近的修道院。

菲利普把这个弃儿养大，并带到王桥镇。在那里，菲利普成为修道院的院长。汤姆和他的大儿子、小女儿结识了艾伦，艾伦和她十一岁的儿子杰克就住在附近的森林里。艾伦和汤姆相爱，于是大家就在一起生活。汤姆接受了菲利普院长的委托——在王桥镇盖一座新的大教堂。接踵而至的却是一连串命运的打击（艾伦不得不离开汤姆，菲利普和主教交恶，主教想在别的地方盖大教堂，因为缺少石料而使工程延宕），几年之后，艾伦回到汤姆身边。此时，杰克已是非常有名的石匠，他爱上了阿莲娜（她曾经富有，之后变穷、被殴打和强暴，后来生活又变好了一些）。菲利普任命杰克担任修建大教堂的建筑总监，但是要求他必须加入修道院。

汤姆去世了，阿莲娜违心地同意了与阿尔弗雷德（汤姆的大儿子）结婚，但却怀了杰克的孩子。杰克逃往西班牙（途中认识了哥特式建筑，这很重要！），大教堂的兴建出现新问题，阿莲娜带着儿子追随杰克而去。

最后，杰克一家三口又回到了王桥镇，杰克成为大教堂建筑师。经历了各种命运打击，几年之后，杰克和阿莲娜终于被允许成婚，大教堂也建成了！那个被遗弃的小儿子知道了汤姆是自己的父亲，杰克也获悉他的生父何以身亡。

故事结束在1174年，彼时杰克已经五十岁了，他计划按照哥特式风格重新设计大教堂的墙壁，这完全符合潮流。

入门提示

在许多方面，这本书都非常适合入门阅读。例如，当作第一本大部头来读——这部小说的篇幅超过一千页。

或者当作了解中世纪的入门读物——除了主线情节之外，它还讲述了整个黑暗时代，尤其是亨利一世死后那段时期的英国历史。

或者当作了解建筑艺术的入门读物——可以从这部小说中了解许多罗马式、哥特式和中世纪的建筑技巧——而且一点都不无聊。

无论如何，这部作品都可以当作历史小说的入门读物。你绝对找不到有哪本中世纪史诗像这部小说一样，以绝妙的文学形式融合了爱情、悲剧、激情、阴谋。

小道消息

2007年，虚构的王桥镇故事续篇《无尽世界》出版。故事发生在两百年之后，是关于建造一座桥梁的故事（加上爱情、悲剧、激情、阴谋和瘟疫），虽然不像《圣殿春秋》那样令人惊艳，但依然畅销全球。

德国赢得世界杯足球赛冠军 | 德国统一 | 海湾战争 | 德国第一条城际高速列车（ICE）通车

1989 《圣殿春秋》 肯·福莱特

1990 《占有》 A.S.拜厄特

1990–1991

1991 《苏菲的世界》 乔斯坦·贾德 | 《无面杀手》 亨宁·曼凯尔

★1949年生于威尔士

“我不想变成抱着中世纪书籍的那种人。”

这位英国通俗小说界的大佬值得你到YouTube上输入“ken follett damn right”（肯·福莱特在乐队中担任贝斯手）——看看他在舞台上同样不凡的范儿！在他的官方网站上，你甚至可以看到他穿着无袖背心和美国星条旗图案裤子的照片！

肯·福莱特每一次出现在公众视线里都是绝对的绅士姿态——白色的头发弯曲成柔顺的波浪，深色的西装、衬衫、领带和英式的浅笑。

起初，他的书远不像现在这么畅销。由于对记者的工作感到沮丧，福莱特很早就开始写作，不过是利用晚上下班后的闲暇时间。他的小说真的出版了，然而几乎没有读者，直到福莱特赢得出版界的“超级杯”——《针眼》于1978年赢得埃德加·爱伦·坡奖。这是一部谍战、恐怖小说，故事发生在第二次世界大战期间。他在写作本书的时候就发觉自己写出了某种特别的风格，某种明显优于他之前作品的风格，他对太太说：“这真是太棒了！”他的感觉对极了，《针眼》在全球各地登上畅销书排行榜，肯·福莱特一夜成名！

因为《针眼》大获成功，他继续写了多部间谍故事——也都反响不俗，他后来的科学恐怖小说也是。然而他的（女性！）读者最喜欢的还是他的《圣殿春秋》和续篇《无尽世界》。

但是他不想就此把自己的作品限制在中世纪，六十岁出头的时候又开始了一项非常有野心的计划：《世纪神话》*，福莱特想以三部的篇幅，描述二十世纪西方文明的故事。

每当对耗费精力的资料搜集、规律的写作和阅读感到厌烦时，他就和他的乐队“Damn Right I Got The Blue”一起登上一个完全不同的舞台。

* 该计划已完成，中文译本已出版，译名为“世纪三部曲”：《巨人的陨落》《世界的凛冬》《永恒的边缘》。

克林顿当选美国总统
1992
《发现天堂》哈里·穆里施
《国境以南，太阳以西》村上春树

德国实行五位数邮政编码
1993
《船讯》安妮·普鲁

卢旺达种族大屠杀
1994

尼克·霍恩比 Nick Hornby

失恋排行榜

High Fidelity

情节

洛·弗莱明三十五岁，是伦敦一个二手唱片行的老板，刚被女朋友萝拉抛弃。洛欺骗了萝拉，萝拉怀孕了但洛却不知道，因为萝拉知道洛欺骗了自己，所以没有告诉他。

洛起初相当生气，尤其当他确认萝拉和伊恩在一起的时候。伊恩之前一直住在他们楼上的公寓里，他们一直听到楼上的床事，萝拉曾说楼上的动静“持续不断”，这个说法如今对洛而言是致命一击。他不肯“服输”，便和茉莉上床，却没有达到期望的效果。他不断想到萝拉，慢慢地，他意识到自己犯了错。

这时他想到去拜访自己最难忘的前五名前女友*，找出和这些女孩子无法长相厮守的原因。这时候萝拉和伊恩的进展也不怎么顺利。萝拉的父亲去世了，洛受邀参加丧礼，萝拉和洛走得越来越近，最后两人又复合了。

两人好像都学到了些什么，但到最后读者还是无法得知洛是否真的成熟了。后面洛又对一个女记者心动了，并再次遗憾自己和萝拉的关系无法像最初那样（心动），但是小说的最后一句（今晚，有史以来第一次，我大概知道我该怎么做了。）似乎暗示了洛已准备好迈入新的人生阶段。

作者

尼克·霍恩比是个看起来亲切又风趣的英国人，曾是教师，阿森纳足球俱乐部的忠实球迷（他的第一部小说《极度狂热》也与之相关），他对音乐也充满热情。自从《失恋排行榜》出版之后，他成了流行文学界的翘楚——虽然没人知道到底什么是“流行文学”（Pop-literature），那似乎只是随意地、轻飘飘地描述三十岁左右人们日常生活的作品。尽管如此，至今也没有哪位作家能像尼克·霍恩比这样，充满幽默而毫不尴尬地处理这个主题。然而，他早已拓展了自己关注的领域，比如：抑郁症患者（《自杀俱乐部》）、青少年怀孕问题（《砰！》），以及婚姻问题（《如何是好》）。

同中有异

“有趣，日常生活——我也办得到！”看到《失恋排行榜》的成功之后，许多作家一定会这么想，而且读者也要求“有趣，日常生活——多多益善！”的确有少数几位作家办到了，以类似的方式将乐趣和（某种程度上的）复杂性结合在一起，比如托尼·帕森斯的《成家之道》《男人与男孩》，乔纳森·特罗普尔的《还会有人爱我吗？》，或是爱丽森·皮尔森的《她是如何做到的》。

---

* 书中有许多“前五名”列表，这是第一个，其他大部分是有关歌曲或电影的（前五名带字幕电影、我老爸排行前五名的电影、我老妈排行前五名的电影）。除此之外，洛也喜欢以1-2-3或A-B-C的方式来列举分析自己的生活。这种列表的方式在当时是新鲜玩意儿，后来被抄袭了几百万次。

以色列总理拉宾遇刺身亡 | 《包裹德国国会大厦》（克里斯托/珍妮-克劳德） | 斯雷布雷尼察大屠杀 | 德语正字法改革 | 克隆羊多莉出生

1995 | 1996

《失明症漫记》若泽·萨拉马戈 | 《侏罗纪公园：失落的世界》迈克尔·克莱顿 | 《失恋排行榜》尼克·霍恩比 | 《安琪拉的灰烬》弗兰克·迈考特 | 《无尽的玩笑》大卫·福斯特·华莱士

J.K. 罗琳 J. K. Rowling

哈利·波特1–7

Harry Potter 1-7

情节

故事背景：哈利还是个婴儿的时候，他的父母被邪恶的伏地魔杀害，哈利本来也应该这么死去，但是索命咒反弹到伏地魔身上，从此以后，伏地魔就没有了身体，哈利的额头上有了个漂亮的闪电形状的疤。

第一部：哈利十一岁，进入霍格沃茨魔法学校，该校由法力强大、待人亲切的阿不思·邓布利多担任校长（在这之前，哈利都和那些对此一无所知的亲戚一起生活，他们既不知道哈利的身世，也不知道哈利拥有魔法力量）。哈利认识了最好的朋友罗恩和赫敏，很快就学会了一些魔法技巧，以及骑着飞天扫帚进行魁地奇球赛。同时，他还第一次直面对手伏地魔，阻止他得到魔法石而永恒不死。

第二部（入学第二年）：恐怖密室里的怪物对学员发动恶毒的攻击。哈利、罗恩和赫敏杀死怪物，再次击败伏地魔。

第三部：被传为万恶不赦、危险的杀人犯小天狼星越狱，每个人都害怕他会杀害哈利，事实上他的目标是罗恩的宠物斑斑。小天狼星其实是哈利的教父，而斑斑正是背叛哈利父母的家伙。

第四部：哈利必须参加一次非常困难的魔法学校三强争霸赛，完成危险的任务。这是伏地魔的诡计，他又复活了。

第五部：魔法部不希望伏地魔复活的事情曝光，对抗伏地魔的战斗因此困难重重。最后预言出现：哈利和伏地魔不能共存！不是哈利杀死伏地魔，就是伏地魔杀死哈利。

第六部：邓布利多帮助哈利找出所有和伏地魔有关的信息，最后，他们找到了关键细节，但邓布利多也因此而丧了命。

第七部：哈利终于杀死了伏地魔。

小道消息

直到目前为止，《哈利·波特》在全世界已经售出超过五亿册*，之前从未有任何系列童书获得过这样的关注，每当《哈利·波特》新书发售，都会有粉丝在书店外彻夜排队，有些书店甚至特别安排在午夜开始营业。第五部《哈利·波特》在正式发售前，居然有几千本新书直接从货车里被偷走。

作者

罗琳花了五年的时间构思第一部——而她当时就已经计划好一共会写七部。起初，没有人对这个领社会救助金的单亲妈妈的手稿感兴趣，好在罗琳最后还是找到了一家愿意出版这本书的出版社。几年之后，她已经成了亿万富豪，还从来没有人靠写书赚了这么多钱。

---

*《哈利·波特》是第一部真正老少咸宜的作品——从此以后，老少咸宜就成了童书出版界的灵丹妙药，因为它大大扩展了目标读者范围。

戴安娜王妃去世	布莱尔成为英国首相	火星“探路者号”探测器登陆火星	签署《京都议定书》

1997

《欲望都市》坎迪斯·布什奈尔	《哈利·波特与魔法石》J.K.罗琳	《美国牧歌》菲利普·罗斯

菲利普·罗斯 Philip Roth

人性的污秽

The Human Stain

情节

1998年夏天，美国上下正因莱温斯基绯闻案持续发酵而震惊不已——当事人克林顿在事件发生后的一年中，从否认到作证，再到说出“我撒谎了”，在世界面前丢尽了脸。在这样不安的气氛之下，古典文学教授科尔曼·西尔克被冠上种族主义者恶名的事件愈演愈烈。起因是科尔曼曾在1996年把两个从没在他的课堂上出现过的学生称为“害怕课堂光芒的幽灵”，然而他不知道的是，这两个学生是黑人！

于是，煽动攻讦开始了！科尔曼提前退休，他的妻子因为舆论压力死于中风。否认和无罪抗辩在这种情况下都是不可能被接受的，然而对于科尔曼来说，澄清整个误会至关重要。于是，科尔曼拜托他的邻居——作家内森·祖克曼写一本有关他的书，书名就叫《幽灵》，好将一切导正，祖克曼拒绝了，却和科尔曼成了朋友。

读者慢慢才得知原来科尔曼是个黑人，只是肤色很浅。几十年来，科尔曼一直隐瞒着这个“缺陷”，甚至他的妻子和四个孩子都不知道。为了前途，他否认了自己出身非裔美籍家族的事实。

科尔曼开始和三十四岁的清洁女工福妮雅（同样命运坎坷）交往，好让自己的身心得以释放，却没想到这让他大学里的那些敌人重燃怒火：认为他是性剥削！科尔曼的孩子也大感震惊。

最后（书的结尾），科尔曼和他的情人死于车祸。

小道消息

这部小说有许多隐喻藏在文字里，很难一对一翻译，例如：

1.英文书名里的Stain指的是缺陷、耻辱或简单的斑点，也藏有针对莱温斯基绯闻的暗示，该绯闻案的证据是沾有精液的衣服。

2.主角的终生大谎就藏在他的名字里：科尔曼·西尔克即炭人·白丝（Coleman Silk）。

3.“他们究竟是真有其人，还是只是幽灵而已？”这是原文里科尔曼质问缺席学生的话，在英语里，“幽灵（spook）”还有另外一层含义——对黑人的一种蔑称，所以科尔曼才因此被视为歧视黑人的种族主义者。

作者

菲利普·罗斯是美国当代的伟大作家，《人性的污秽》是他的代表作。

书中内森·祖克曼这个角色也出现在他其他的作品里，常被视为作者的另一个“自我”。祖克曼有时是主角，有时是配角——而且越来越老，出现在《退场的鬼魂》里时，已经年老力衰、不举、失禁，还拼命地试图阻止一个年轻人为某位老作家创作传记，祖克曼非常崇敬这位老作家。这本书真正想说的是，我们绝不该从作品中揣测作者的生活……

2012年，菲利普·罗斯退休了，他在电脑上贴了一张便利贴：与写作的斗争结束了！

万艾可在美国上市 | 格哈德·施罗德出任德国总理 | 莱温斯基绯闻案 | 谷歌公司成立 | 科索沃战争

1998

《独居的一年》约翰·欧文 | 《基本粒子》米歇尔·维勒贝克 | 《时时刻刻》迈克尔·坎宁安

1999

《诱惑法则》勃莱特·伊斯顿·埃利斯

乔纳森·弗兰岑 Jonathan Franzen

纠正

The Corrections

情节

兰伯特一家是相当典型的二十世纪九十年代美国家庭：父亲（艾尔弗雷德）、母亲（伊妮德）和三个孩子（加里、奇普和丹妮丝），艾尔弗雷德和伊妮德结婚将近五十年，生活平平淡淡，有些无聊，但已经相互习惯。然而艾尔弗雷德患上了帕金森病，甚至逐渐精神失常了，伊妮德想筹办最后一次家族共度的圣诞聚餐。这是大致的故事框架。

这本书以倒叙的方式讲述了家族历史，尤其是孩子们的生活状态：加里，成功但是不满足的银行投资经理，他的妻子操控着孩子们，令人生厌；奇普，文学教授，因为和学生的绯闻而使职业生涯被毁，在立陶宛卷入了某项非法交易；丹妮丝是高级餐厅的主厨，有一段不幸福的感情，她和餐厅老板夫妇的绯闻最终让她丢了工作。

兰伯特家的孩子们没有一个真正满足于生活，每个人都一再尝试修正自己的生活和人生规划。就连伊妮德在丈夫死后也有新的计划——她已经七十五岁了，她将开始改变自己的生活——小说以这句话结尾。

小道消息

奥普拉·温弗瑞邀请乔纳森·弗兰岑上她的节目“奥普拉读书俱乐部”，但是他根本不想让奥普拉推销他的书，担心他的书被庸俗化——弗兰岑认为奥普拉的推荐书单上都是“只有感伤、没有深度的书”。他一下子就被脱口秀女王从邀请名单中剔除了。事后，弗兰岑向奥普拉表达了歉意，但直到九年后，他的新书《自由》出版，两人才终于和解——奥普拉推荐了这本书，弗兰岑上了她的脱口秀。

入门提示

这本书虽然很厚，但是非常容易读，入门者可以跳过弗兰岑针对一些主题的长篇大论，比如经济犯罪或是生物科技方面的论述。你不说是不会有人知道的，虽然跳跃式阅读对作者有那么点儿不够尊重，但是如果有助于让人读下去，无论采取什么方式都是可以的。

G.W.布什当选美国总统 | 互联网泡沫破裂 | 普京当选俄罗斯总统 | 美国“9·11”事件 | G.W.布什提出“邪恶轴心”论

2000：《我在伊朗长大》玛赞·莎塔碧；《人性的污秽》菲利普·罗斯

2001：《赎罪》伊恩·麦克尤恩；《纠正》乔纳森·弗兰岑

2002：《雪》奥尔罕·帕慕克

多老？

作家的年龄与死亡

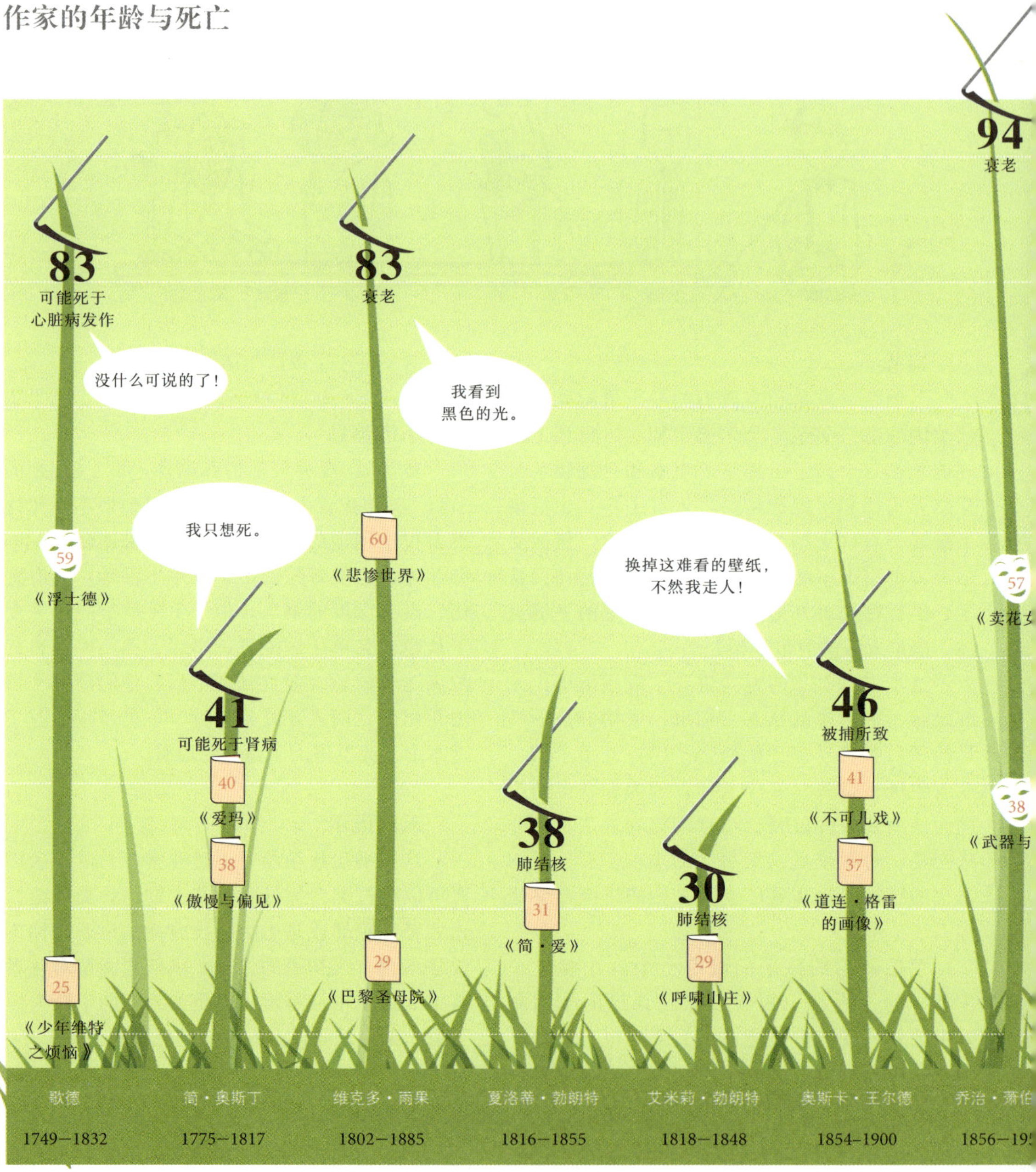

图例

29 著作出版时的年龄 | 小说 | 戏剧 | 遗言 | 死亡年龄

其他死亡原因：酒精／杰克·伦敦 | 车祸／阿尔贝·加缪、安东·契诃夫 | 决斗／亚历山大·普希金 | 谋杀（被法西斯主义者）／加西亚·洛尔卡 | 枪杀（自杀）／海因里希·冯·克莱斯特、亨特·汤普森 | 窒息（大笑之际）／安东尼·特罗洛普 | 溺亡（自杀）／保罗·策兰 | 煤气中毒（自杀）／西尔维娅·普拉斯 | 毒品／格奥尔格·特拉克尔、戈特弗里德·贝恩

特别精选

快速浏览文学作品

杰弗里·尤金尼德斯
Jeffrey Eugenides
中性
Middlesex

主角是雌雄同体人，以卡利俄珀的身份长大，青春期的时候，决定要当个男孩，自称为卡尔。卡尔以倒叙的方式讲述了家族的故事：他的祖父母是亲姐弟，在第一次世界大战后，他们移民到美国，在那里选择了新的身份结了婚，这在当时是很便利的。后来，他们生了儿子，儿子爱上了表亲的女儿，并且结婚生了女儿卡利俄珀。虽然在孩童时代卡利俄珀就觉得自己有些不一样，但是直到青春期才知道到底是怎么回事。

这是一部家族史诗，一场希腊和美国的文化碰撞——充满了幽默、讽刺和怪诞，但也不乏严肃性。本书获得普利策奖！

弗兰克·施茨廷
Frank Schätzing
群
Der Schwarm

海洋的还击：鲸鱼发起攻击，爆炸的龙虾喷出致命的毒液，拥有了导航本领的蚌类使船只翻覆，水母毒死渔夫，百万只深海多毛虫引发海啸。全世界的科学家都被动员起来了，试图找出事件发生的原因。他们发现有种未知的智慧生物——YRR，它们受够了人类对海洋生存空间系统性的破坏，因此计划大规模地消灭人类。研究人员想说服YRR放弃这个计划；军方试图杀掉YRR。这是一场和时间的竞赛，人类面临即将被毁灭的危险。这部一千多页的小说震撼人心，使这位德语作家取得了轰动性的成功。在这之前，他主要创作的是地域性犯罪小说。本书出版几个月后，苏门答腊岛附近因地震引发了大海啸……

乔纳森·萨福兰·弗尔
Jonathan Safran Foer
特别响，非常近
Extremely Loud and Incredibly Close

九岁的奥斯卡，他的父亲死于2001年的“9·11”恐怖袭击。在父亲的遗物中，奥斯卡发现一个写着“布莱克”的信封，里面有一把钥匙。于是，他找遍全纽约，想找到那把钥匙可以开启的那扇门。戏剧性的结果：布莱克是奥斯卡的祖父，他不仅失去了儿子，还在几十年前的德累斯顿大轰炸当中失去了挚爱。

这是无数以“9·11”事件为主题的小说之一，或许也是最成功的一部，因为恐怖袭击不是这本书的主要情节，而只是背景。但是弗尔也承受了许多批评：小主角让人难以置信，整个故事太过媚俗。

2002
《中性》
杰弗里·尤金尼德斯

2003
伊拉克战争爆发　Skype公司成立　SARS爆发
《达·芬奇密码》丹·布朗　《追风筝的人》卡勒德·胡赛尼

2004
印度洋海啸　脸书上线（Facebook）
《群》弗兰克·施茨廷

2005
A.默克尔当选德国总理
《特别响，非常近》乔纳森·萨福兰·弗尔　《暮光之城》之《暮色》斯蒂芬妮·梅尔

斯蒂芬妮·梅尔
Stephenie Meyer

暮光之城
Twilight

十七岁的贝拉爱上爱德华，可惜他是个吸血鬼。虽然爱德华属于放弃吸食人类血液、只吸食动物血液的家族，但这依旧不会是一个幸福的爱情故事。当地很快就出现了其他吸血鬼，他们把人类当作目标，尤其盯上了贝拉！贝拉很快就顺应现况，也不介意让吸血鬼咬一口，因为成为不死一族，她和爱德华的相处也会容易一些。相反，爱德华希望贝拉至少读完大学。最终，他们成功击退了邪恶的吸血鬼。

这本书像是吸血鬼版的《罗密欧与朱丽叶》，原本是为十四岁左右的青少年写的，但很快就在各个年龄层的读者间风靡开来。

奇玛曼达·恩戈兹·阿迪契
Chimamanda Ngozi Adichie

美国佬
Americanah

米歇尔·奥巴马为什么要把头发拉直？这个问题和它的答案（因为没有哪个问题能比这个更直观了）实际上充分阐释了这本小说以及美国的文化冲突。

20世纪90年代，年轻的伊菲麦露（和青梅竹马的恋人奥宾仔）离开了祖国尼日利亚，前往普林斯顿大学求学。她没有工作签证，甚至到了卖淫的边缘，她感到很羞愧，与奥宾仔断绝了往来。后来，伊菲麦露遇到了一位有钱又聪明的白人男子，他能给她绿卡，她博客上那些关于美国种族主义的内容也越来越受欢迎。尽管如此，她最终还是回到了尼日利亚，与奥宾仔和好。

书中涉及了各个层面的歧视，（大量）关于头发的表述，让人们意识到肤色是歧视中相当重要的因素。

珍妮弗·伊根
Jennifer Egan

时间里的痴人
A Visit from the Goon Squad

本书由十三个相互关联的故事组成，包含大量人物，这些人物都与唱片公司高管本尼·萨拉查和他的助手萨莎有关。故事以不同年龄段的大多数具有自我毁灭性的人物为中心，随着年龄的增长，他们被生活送向不可预见的、有时甚至是不寻常的方向。故事的时间从20世纪70年代到现在，再到不久的将来。故事大都发生在纽约市及其周边地区，有的也发生在旧金山、意大利和肯尼亚。

特别的加分点：变换的时间线、叙述视角以及叙述形式——有一章写得像PPT报告，让批评家有点接受不了。非常现代！极具实验性！有点像看脸书的感觉！作者凭借本书获得众多赞誉和荣耀（包括普利策奖）。

2008	2010	2011	2013	2015	2016
全球金融危机；奥巴马当选美国总统	阿拉伯之春	福岛核电站事故	棱镜门丑闻曝光（斯诺登）	欧洲难民危机	英国脱欧公投正式开始
《现金》理查德·普莱斯	《时间里的痴人》珍妮弗·伊根		《美国佬》奇玛曼达.恩戈兹·阿迪契	《臣服》米歇尔·维勒贝克	《底层》尤丽·策

其实……

多，更多，再多一点！

……还有许多重要、著名、疯狂、成功的作品和作家，本来一定要提到的，比如：汉斯·克里斯蒂安·**安徒生**（从名字A开头说起），据说他旅途中总是带着一根绳索，好在旅馆发生火灾的时候能够自救；还有凯瑟琳·**曼斯菲尔德**的精彩故事（她不仅有丈夫，还有个女朋友，可惜她去世得太早）；玛琳·**豪斯霍弗**和她的小说《隐墙》（现代女版的鲁滨孙故事）；斯堪的纳维亚半岛的奥古斯特·**斯特林堡**和克努特·**汉姆生**；充满传奇色彩的艾米莉·**狄金森**（二十岁开始写诗，平时只穿白色的衣服，根本不走出家门）；令人感到惋惜、几乎被遗忘了的约翰·**范特**和他的小说《班蒂尼》（其实，《问尘情缘》应该更好看一些）；还有托马斯·**伯恩哈德**、威廉·**福克纳**、约翰·**斯坦贝克**，以及**席勒**的戏剧！米夏埃尔·**恩德**、鲁德亚德·**吉卜林**和伟大的伊姆加德·**科伊恩**（二十世纪三十年代的畅销书作家，可惜早已被遗忘了，直到1970年才重新被发掘，但是如今依然不太知名）；还有令人难以置信的艾丽斯·**托克拉斯**和格特鲁德·**斯泰因**（疯狂又可爱的一对，在斯泰因位于巴黎的沙龙里，当时流连在这里

的所有人后来都变得非常有名——海明威以及毕加索等人）；道格拉斯·**亚当斯**（不仅是《银河系搭车客指南》系列，还有《最后一眼》——是和动物有关的！）；《蒂凡尼的早餐》（只为霍莉·戈莱特丽这个名字就应该永远感激杜鲁门·**卡波特**）；纳丁·**戈迪默**（她的作品总是和南非有关）；作品中充满浪漫与美好的安娜·**加瓦尔达**（《只要在一起》，最爱的小说！）；《安琪拉的灰烬》，弗兰克·**迈考特**的自传体小说（获得普利策奖！）；还有唐娜·**塔特**和她的《校园秘史》（发生在大学里的希腊式悲剧，故事节奏紧张）；约翰·**格里森姆**——二十世纪九十年代的恐怖小说之王（《陷阱》是地铁畅销书第一名）；还有**村上春树**，还有加博尔·**沃绍里**显得有些俗气但又令人心痛的小说《蒙普迪》（后改编为电影《鸳鸯梦》）；还有其他更多作家和作者，比如**莎士比亚的**作品（《罗密欧与朱丽叶》或《哈姆雷特》等等——本书的问题就在这里……），米歇尔·**维勒贝克**的《基本粒子》（一本阴郁的小说，但是很快就被贴上了“潮书”的标签，也许因为其中非常丰富的性爱情节吧），克里斯塔·**沃尔夫**的作品《分裂的天空》，彼得·**霍格**的作品《斯米拉小姐对雪的感觉》（突然间所有人都知道因纽特人对雪有一百种以上的形容词，但其实根本不是的，那些只是词素而已），路易斯·**贝格利**，若泽·**萨拉马戈**，理查德·**鲍尔斯**，伊恩·**麦克尤恩**、大卫·福斯特·**华莱士**——《无尽的玩笑》（疯狂……），还有济慈、叶芝、里尔克、雪莱的诗歌……

但是，一本书就是一本书，只是一本书——总有结束的时候。

真可惜，一切都过去了。

《冒险岛》中的菲利普·曼纳林如是说。

索引

H

J

K

L

M

N

O

P

Q

R

S

T

W

X

Y

Z